东吴史学文丛

丛书主编 王卫平 池子华

明清社会与经济近代转型研究

余同元 著

苏州大学出版社
Soochow University Press

图书在版编目(CIP)数据

明清社会与经济近代转型研究 / 余同元著，—苏州：苏州大学出版社，2015.9
(东吴史学文丛 / 王卫平，池子华主编)
ISBN 978-7-5672-0814-8

Ⅰ.①明… Ⅱ.①余… Ⅲ.①社会发展史－研究－中国－明清时代②经济史－研究－中国－明清时代 Ⅳ.①K248.07②F129.4

中国版本图书馆 CIP 数据核字(2014)第 231005 号

明清社会与经济近代转型研究
余同元　著
责任编辑　盛　莉

苏州大学出版社出版发行
(地址：苏州市十梓街 1 号　邮编:215006)
苏州工业园区美柯乐制版印务有限责任公司印装
(地址：苏州工业园区娄葑镇东兴路 7-1 号　邮编：215021)

开本 700 mm×1 000 mm　1/16　印张 21　字数 400 千
2015 年 9 月第 1 版　2015 年 9 月第 1 次印刷
ISBN 978-7-5672-0814-8　定价：44.00 元

苏州大学版图书若有印装错误，本社负责调换
苏州大学出版社营销部　电话：0512-65225020
苏州大学出版社网址　http://www.sudapress.com

总 序

苏州大学是国家“211 工程”重点建设高校和江苏省属重点综合性大学，其前身为创建于 1900 年的东吴大学。1952 年全国院系调整时，东吴大学与苏南文化教育学院、江南大学数理系等合并为苏南师范学院，同年定名为江苏师范学院，在原东吴大学校址办学。1982 年经国务院批准改名为苏州大学。迄今为止，苏州大学已是一所拥有 6 个校区、113 年办学历史的著名高校。

历史学是苏州大学的传统学科之一，其源头可以追溯到东吴大学时期。1952 年江苏师范学院成立之初，设历史专修科；1955 年，原北京师范大学历史系主任、著名史学家柴德赓教授受命南下，创建了江苏师范学院历史系。

“文革”结束以后，历史系在学科建设、教学研究、人才培养、学术交流等方面均取得长足发展。在此期间，中国史中的太平天国史、江南社会经济史等逐步成为历史系的特色研究领域，出版了《太平天国在苏州》《左宗棠评传》《苏州手工业史》《六朝史》等颇具影响的学术著作；世界史教师也通力合作，先后编写了《世界古代史》《世界近代史》《世界现代史》《世界当代史》等系列教材，在高校历史学界产生了较大影响。

继 1983 年中国近现代史、世界史成功申报硕士点后，1991 年中国近现代史专业开始招收博士研究生，并于 1994 年正式取得博士学位授予权。1993 年以后，中国近现代史学科还被江苏省政府列为重点建设学科。1995 年，结合苏州大学院系调整，历史系更名为社会学院。

现在的社会学院包含了 5 个系 8 个本科专业，而历史学系无疑居于龙头地位。进入 21 世纪以后，苏州大学历史学科的发展更为明显，学科建设和科研水平不断提高。2005 年，历史学被评为一级学科硕士点；2007 年，获评历史学博士后流动站；2008 年，历史学专业成为江苏省品牌专业，中国古代史获评江苏省精品课程；2010 年，历史学被评为一级学科博士点，后因一级学科的变化，调整为中国史一级学科博士点和世界史一级学科硕士点。与此相应，中国史成为江苏省一级学科重点学科。而历史学科教师承担的国家社科基金课题每年均有斩获，成为科研中的一个亮点。

从“九五”时期开始，历史学科即参与苏州大学“211 工程”建设项目，并作出了积极贡献，先后出版了“苏南发展研究丛书”、“苏南历史与社会研究丛书”、“吴文化研究丛书”等系列研究成果。在此过程中，我们积极落实学校“服务社会”的办学宗旨，努力服务于地方经济与社会发展，为各级政府部门既提供了有效的决策咨询服务，又承担了多项大型文化工程的建设任务，如：《苏州通史》(编纂)、“苏州文献丛书”(古籍整理)等；还构建了“江苏省吴文化研究基地”、“江苏省红十字运动研究基地”等重要科研平台。所有这些，都为学科建设和人才培养打下了坚实的基础。

苏州大学历史学科的发展，源于长期办学的深厚积累，得益于学校领导及相关职能部门的大力关心和支持，更是与广大教师的辛勤耕耘、努力工作分不开的。为此，2012 年 9 月，经历史学科诸同仁的充分商讨并得到社会学院的同意，我们决定编辑出版“东吴史学文丛”。“东吴史学文丛”收录了我校历史学科多位在职教授的研究成果，每位教授的成果单独成集。它们在一定程度上反映了各位教授的成长历程和治学特色。

在“东吴史学文丛”的编辑出版过程中，王玉贵教授付出了大量的劳动，苏州大学出版社的领导和各书稿责任编辑给予了大力支持，在此一并表示感谢！

苏州大学社会学院院长
王卫平
2013 年春节

目 录
Contents

江南结构转型与江南道路蹊径别生
——代前言

书中选取五十岁前旧作16篇，列上、中、下三编而成一集，旨在温故知新也。

上编冠以“明清社会的近代转型”之名，收录《明清社会近代转型及转型障碍》《传统工业行业分化与明清工匠职业分工的发展》《传统工匠及其现代转型界说》《明末清初的社会震荡与文化变奏》《清末历史发展中的时代共性与民族个性》五篇，主要讨论明清社会转型的表现、途径、性质及相关问题。

其中，《明清社会近代转型及转型障碍》[1]一文，论述明清社会转型的研究范式和明清社会近代转型开始的时间标志，同时讨论明清社会近代转型的要素、过程、表现和障碍。认为从明代隆庆年间开始，以“边禁”“海禁”“银禁”等三禁开放为标志的中国传统社会近代转型进程已正式开启。江南区域已经出现从农业时代向早期工业化时代转型，从自给自足的产品经济向半自给的商品经济和市场经济转型，从封闭社会向半封闭兼开放和全球化社会转型的趋势。整个转型之所以在清代曲折迂回，端在障碍众多，关键原因来自于当时内外环境的特殊性和农牧社会融合的缓慢性。

《传统工业行业分化与明清工匠职业分工的发展》[2]一文，在通览中国历史时期手工业行业、职业与工种演化的基础上，重点通过对明清江南地区工业行业与职业工种的数量、类型、规模及其变化特征的论述，来认识明清江南地区工业行业分化与职业分工的发展脉络，并借以说明传统工匠职业分工是与传统工业行业分化密切相关的一体两面的历史运动，行业分化与职业分工彼此互动、相辅相成，体现了明清江南社会经济发展中社会分工与专业化的高度发达，构成了江南区域早期工业化发展的一个重要标志。

《传统工匠及其现代转型界说》[3]一文，对“工匠”“传统工匠”“传统工匠

---

〔1〕 余同元：《明清社会近代转型及转型障碍》，《江南大学学报》2011年第5期，《新华文摘》2012年第3期第161页摘要介绍。

〔2〕 余同元：《传统工业行业分化与明清工匠职业分工的发展》，《第十一届明史国际学术讨论会论文集》，天津古籍出版社，2007年。

〔3〕 余同元：《传统工匠及其现代转型界说》，《史林》2005年第4期，中国人民大学复印报刊资料《经济史》2005年第6期全文转载。

现代转型”等概念和范畴加以界说。认为中国历史上作为传统工业技术主体的工匠,可分为上(“巧匠”“哲匠”等科技专家)、中(专业技术化与职业化的“匠人”与“匠师”)、下(“百工”“工人”等熟练工人)三个技术层次;其现代转型包括技术转型与角色转换两方面内容,既是传统工匠向现代技术工人、科技专家转型中科技主体的身份地位转化和职业角色转换的双轨式发展过程,又是现代区域发展中人力资源开发的动力过程,还是传统农业社会向工业化与现代化社会转型的核心标志。在中国社会经济史研究中,工业史研究成果较多,而对传统工业生产者——工匠的历史研究成果却很少。特别是关于“工匠”与“传统工匠”的基本定义问题,存在着简单化和模糊化倾向,缺少专门讨论。定义是逻辑推理的前提,也是理论思考的基础,只有前提和基础一致,“传统工匠”历史研究才有学术意义。

《明末清初的社会震荡与文化变奏》〔1〕一文,概述《崇祯十七年:1644 年中国社会震荡与文化变奏》一书的基本内容和写作思路。同时论述明末清初社会震荡与文化变奏的内在关系及其推动当时社会转型的历史影响。认为中国历史上长期存在的北部边疆问题与农、牧民族矛盾的问题,在明清王朝鼎革之际发生了重要变化;以社会大分化、大冲突和大整合为主要内涵的剧烈的社会运动始终与长城内外农、牧社会文化二元一体化的民族运动彼此互动,使文化转向与社会转型因素同步增长,达到了将中国传统社会导向近世社会的新起点。但专制与反专制的较量势难分晓,以暴易暴的革命途径与成败相因理不常泰却依然故我。

《清末历史发展中的时代共性与民族个性》〔2〕一文,概述光绪(1875—1908 年)、宣统(1909—1911 年)两朝历史发展的主要内容。认为其时正值 19 世纪末 20 世纪初的世纪之交,既是中国历史上最后一个封建王朝——清王朝统治走向覆灭的末世期(泛称“清末”),又是中国社会近代化(亦称“现代化”或“早期现代化”)转型中的社会结构与社会制度坍塌和重建的关键期(亦称转型的“瓶颈期”),还是整个世界历史发生时代性重大转变的质变期——英、法、德、美、俄、日等世界主要资本主义国家先后由自由资本主义进入帝国主义阶段,世界政治经济格局发生巨大的变动,世界历史已经步入全球一体化的新时代。自秦汉以来两千年的专制统治和自宋明以来千年的反专制斗争,

〔1〕 余同元:《明末清初的社会震荡与文化变奏》,原为《崇祯十七年》再版自序。《崇祯十七年》已多次再版,该序是该书 2002 年于台湾老古文化出版社再版时所作,曾提交在武夷山召开的第九届明史国际学术讨论会讨论,收入《第九届明史国际学术讨论会论文集》,厦门大学出版社 2003 年出版。

〔2〕 余同元:《清末历史发展中的时代共性与民族个性》,原为《〈清代通史·光绪宣统卷〉绪论》,该文曾提交第 11 届清史国际学术讨论会交流讨论。《清朝通史·光绪宣统卷》是朱诚如主编的大型《清朝通史》的第十三册,2003 年于紫禁城出版社出版。

以及改朝换代历史的治乱分合与成败循环之定势，到了清末民初，一起淹没于“走向共和”的强大呼声之中。

中编冠以“长城文化带演变与农牧社会二元一体化”之名，收录《论中国历史上农牧民族的二元一体化发展》《明代长城文化带的形成与演变》《明代后期长城沿线的民族贸易市场》《明代马市市场考》《清代边疆与内地一体化发展的途径与标志——兼说“走西口”“跑口外”与“闯关东”的历史内涵》五篇。主要论述明清长城文化带的演变和农牧经济社会的二元一体化过程，探讨中国传统的地缘政治、地缘经济与地缘文化的近代转型。

其中，《论中国历史上农牧民族的二元一体化发展》〔1〕一文，论述中国历史时期农、牧民族的二元一体化原因、过程和影响等相关问题，认为历史时期中国长城两边农、牧经济、民族及社会的二元一体化，以历代塞外游牧人口的南移和中原农耕人口的北移及农、牧人口的叠移为前提，以农、牧民族的经济共生关系特别是民间自由贸易关系的发展为动因，以历代长城文化带的演变，尤其是它的过渡功能和内边疆形态的变化为脉络，以明末长城地带民族贸易市场的兴盛和清代满汉的政策的颁行为标志，既是中华民族多元一体格局形成的核心内容，也是历史时期整个亚欧大陆农牧世界二元一体化的历史缩影。

《明代长城文化带的形成与演变》〔2〕一文，认为中国历史上，长城既是中原王朝的边防线，又是汉族同北方少数民族的融合线，既是农、牧经济的自然分界线，又是农业文化与游牧文化的汇聚线。从周秦到明代，有20多个诸侯国和王朝修筑长城，将历代所修长城的长度加起来，超过十万里。每个朝代长城的修筑都标志着一条特殊的文化带兴起，也都是长城文化带整体发展过程中的一个特定阶段。在每个发展阶段中长城文化带的演变都体现了长城地带经济文化发展的规律和特点，并揭示了其同内地政治、经济发展的内在联系。明代构筑了中国历史上最后一道长城，它位于历代长城的最南边。沿着这道长城，以辽东、蓟镇、宣府、大同、山西（又称三关镇或太原镇）、延绥（又称榆林镇）、宁夏、固原、甘肃等九大军事重镇为中心的九边地区是明代长城文化带的大致范围。明代长城文化带的形成与演变是周秦以降长城地带特殊的政治、经济发展之总结，也是中国长城文化带发展的最后定形。其过程大致分为三个阶段：第一，洪武开国至土木之变（1368—1449年），以发展战争经济为基本内容的生产型文化带形成和发展阶段。第二，土木之变到隆庆和

〔1〕 余同元：《论中国历史上农牧民族的二元一体化》，《烟台大学学报》1999年第3期，《新华文摘》1999年第10期摘要介绍。

〔2〕 余同元：《明代长城文化带的形成与演变》，《烟台大学学报》1990年第3期，中国人民大学复印报刊资料《明清史》1990年第8期全文转载。

议(1449—1517 年),以经济战争消耗为主的消费型文化带兴起和发展阶段。第三,隆庆和议到崇祯失国(1517—1644 年),以民族贸易为主要内容的交换型文化带形成和发展阶段。

《明代后期长城沿线的民族贸易市场》[1]一文,对明代后期长城沿线的民族贸易市场兴起的过程、表现、性质及影响进行系统讨论。认为秦、汉以来长城两边经济、文化分合发展的历史表明,在这两个区域及两个社会之间,必然有某种贸易的存在,以体现其根本的经济共生关系。长城沿线农、牧民族的和平互市贸易在明代以前便已萌生,但真正能够于和平环境中实现平等互利的贸易往来,则是明后期明、蒙通贡互市以后的事。以隆庆和议为界,分为前后两个时期,前一时期分别于永乐年间(1403—1424 年)、正统年间(1436—1449 年)和嘉靖年间(1522—1566 年)开放市场,以官办的朝贡贸易为主;后一时期马市性质发生变化,由朝贡贸易发展为自由贸易,官市过渡到民市,在更大规模的民族贸易市场上,民间自相往来、有无互通的贸易占据主导地位。隆庆和议以后,长城沿线"华夷兼利"的民族贸易市场普遍建立并历五六十年盛而不衰,才使农、牧民族贸易乃至全部的民族关系产生了划时代的变化。

《明代马市市场考》[2]一文,对明代长城地带 50 余处马市市场的设置、分布与市易情况进行考证性研究。因马市内容和性质的不同,马市市场的名称也形形色色,或称"关市""通市""互市",或称"大市""月市""小市",或称"官市""私市""民市",或称"茶市""木市"等。这些称呼包括了各个时期各个地区不同类型的马市市场。这些市场到底有多少,它们是怎样开设的,又是如何分布的,以及它们各自的贸易对象和贸易内容、贸易特点等问题,都是需要一一澄清的大问题。本文考证后认为,明代后期长城沿线九边地区,具备市规市法和市易功能的明代马市市场近 70 个,其中可详考的 50 余个;这些市场的兴盛使明代农、牧民族之间的贸易进入新的发展阶段,同时也使长城文化带发展成为农牧交换型"半农半牧带",从而推动了长城文化带发挥地带过渡功能,渐成"农牧过渡带",大大促进了长城两边农、牧经济和文化的二元一体化。

《清代边疆与内地一体化发展的途径与标志——兼说"走西口""跑口外"与"闯关东"的历史内涵》[3]一文,对清代中原农耕人口北移进入内蒙古地区(以归化城地区和鄂尔多斯地区的移民垦殖为主)的移民史进行系统梳理,并以清代内蒙古地区汉族移民的迁入过程和影响为讨论重点,深入探讨晚清时期长城内外农牧民族社会经济与文化的二元一体化发展的历史进程。清代

[1] 余同元:《明代后期长城沿线的民族贸易市场》,《历史研究》1995 年第 5 期。
[2] 余同元:《明代马市市场考》,《民族研究》1998 年第 1 期。
[3] 余同元、王来刚:《清代边疆与内地一体化发展的途径与标志——兼说"走西口""跑口外"与"闯关东"的历史内涵》,《西北民族研究》,天津古籍出版社,2005 年。

大量中原汉族移民通过“走西口”“跑口外”“闯关东”等途径迁入内蒙古等北部边疆地区。其中，移往内蒙古东部的昭乌达、卓索图、哲里木等地的主要是山东、直隶、河南等地人民，历史上称为“闯关东”；迁往察哈尔、归化城土默特的主要是直隶、山西等地人民，称“跑口外”；迁往内蒙古西部的伊克昭盟、乌兰察布盟等地的主要是山西、陕西、甘肃、河南等地人民，称“走西口”。认为正是“走西口”“跑口外”与“闯关东”三大历史运动，实现了近代中国边疆与内地的全面大融合。

下编冠以“江南早期工业化及近代技术经济兴起”之名，收录《明清江南早期工业化社会的形成与发展》《从明末清初到清末民初：江南产业技术理论化的差异性与关联性研究》《明清江南织布技术的理论化——以清代三部〈布经〉为例》《清代技术经济史发微——关于〈匠作则例〉之技术标准化及其产业经济效应研究》四篇，主要讨论明清江南区域早期工业化社会的形成、江南传统产业技术理论化的表现及近代技术经济的产生问题。

其中，《明清江南早期工业化社会的形成与发展》[1]一文，专门以传统的江南工业，特别是明清江南区域支柱产业中从业人数增长为关键指标，分期估算明中期到清末民初江南传统工业从业人数增长情况，论述明清时期江南地区早期工业化社会形成、发展的时间和标志，以与学界论述早期工业化的诸方名家相呼应。中国早期工业化社会形成于何时？形成的主要标志是什么？学术界有多种说法。本文认为明代中期以后，江南纺织业等传统支柱产业从业人数空前增加，清中期以后江南工业更为发达，从业人员也更加众多。根据传统工业从业人口增长这一早期工业化社会形成与发展的关键标准，分期估算明中后期到清末民初江南传统工业从业人数，说明江南早期工业化社会形成于明代中后期，此后到清末民初是江南早期工业化社会的发展时期。

《从明末清初到清末民初：江南产业技术理论化的差异性与关联性研究》一文，对明清江南及其周边地区200多种工业科技文献的生成及其作者、版本、内容等进行分期分类研究，梳理其技术理论化内涵，分析其技术科学化的意义，并讨论江南在明末清初和清末民初两个时期技术理论化的外在差异性和内在关联性。强调从科学技术驱动区域工业化的角度看，江南早期工业化过程与工业现代化过程，本质上就是技术科学化过程和科学技术化过程，旨在揭示明清江南区域社会经济由传统向现代转型的内在脉络。认为产业技术理论化主要指江南及其周边地区传统工业技术由经验形态向理论形态的转变过程，它以传统工业文献的形成及其科学内涵的增长为主要标志。

---

〔1〕 余同元：《明清江南早期工业化社会的形成与发展》，《史学月刊》2007年第11期。

《明清江南织布技术的理论化——以清代三部〈布经〉为例》[1]一文，介绍清代流行于江南的三部《布经》内容体例，分别论述其文本化过程及其所体现的织布技术理论化特点。这三部《布经》分别是山西商人范铜编著的八卷本《布经》和徽商编写的两本《布经》。各地商人到江南地区经营棉布生意，在长期的返销过程中，在辨别棉布优劣、染色好坏方面积累了系列经验，为了能更好地收购和贩卖棉布，他们便把这些经验编成书籍，供学徒们学习。从三部《布经》的内容看，可以确定成书年代在乾隆时期，更加重要的是，书中用数量来表示颜料的搭配比例，对布的各要素均做了详细的定义，这些量化标准都是当时同类书中所未有的。

《清代技术经济史发微——关于〈匠作则例〉之技术标准化及其产业经济效应研究》[2]一文，以清代《匠作则例》的技术标准化及其产业经济效应为例，来研究清代技术经济的兴起。乾隆以后，清朝各部院衙门编纂则例日益普遍，各部院下属机构乃至地方政府也纷纷编制各类技术则例，如《工部则例》《内务府则例》《宗人府则例》《光禄寺则例》《太常寺则例》《军器则例》等，保存下来的清代则例种类繁多，数量丰富，是清代技术经济发展的一大特点，它体现了传统产业技术理论化与标准化的发展，以及这种理论标准的经济实践作用。清代各种国家技术则例在江南地区推广使用，内容日渐完备，是江南近代技术经济兴起的重要条件。

另附有《醍醐海阔、德性山高》《做学问先学做人》[3]两篇，总结本人本科及硕士研究生阶段习研明清史之经历，兼述业师张海鹏先生及当年诸多恩师之教益。限于篇幅，论文选集不能收入《明清江南地缘结构转型及江南近代技术经济兴起》等论文。为了弥补，这里借前言之地，谨以《江南结构转型与江南道路蹊径别生》为题，概要叙述明清江南地缘结构之变化与近代技术经济之兴起，以使全书内容略成体系。

一、西北到东南区位变局与明清江南地缘结构之转型

顺治皇帝所说“万里江山一局棋”，与美国学者布热津斯基所说“大棋局”意义相近。司马迁在《史记》中说：“夫作事者必于东南，收功实者常于西北。”

---

〔1〕 余同元、黄康健：《明清江南织布技术的理论化——以清代三部〈布经〉为例》，《故宫学刊》第4辑，紫禁城出版社，2009年。

〔2〕 余同元、何伟：《清代技术经济史发微——关于〈匠作则例〉之技术标准化及其产业经济效应研究》，《明清论丛》第13辑，紫禁城出版社，2012年。该文于2011年9月提交北京“辛亥革命一百周年暨第十四届清史国际研讨会”。

〔3〕 余同元：《醍醐海阔、德性山高——张海鹏教授与明清史研究》，日本《明代史研究》2002年第30号；《做学问先学做人——张海鹏先生门下辱教记》，《张海鹏先生诞辰80周年暨徽学国际学术研讨会论文集》，安徽教育出版社，2012年。

说明中国自古有着东南区域和西北区域的地缘差别。宋元以前，西北中国是前庭，东南中国是后院。明代“边禁”“银禁”与“海禁”开放以后，东南中国由“后院”变成“前庭”，中国地缘战略开始发生近代转型。[1] 地缘是由地理位置联系而形成的系列关系。地缘关系是指以地理位置为纽带而形成的、一定地理范围内共同生活、活动、交往而产生的区域社会关系。明清江南地缘关系及江南的空间范围划分，不仅反映了江南区域率先开启社会经济近代转型的地域特征，而且也反映了中国经济重心南移以来，由于政治重心与经济、文化重心的分离，其帝国基石地位和分权制约的枢纽作用日益提高的历史事实，充分说明地理因素是影响社会发展的最基本和最持久的因素。最大的国家战略实质上是地缘政治的协调，从地缘政治角度看，近现代边防的根本问题是确保陆权，海防的根本问题是发展海权。一旦边防危机与海防危机同时爆发，国家战略资源的有限性使其不能二者兼顾，必须正确处理确保陆权与发展海权的协同关系。无论是从中国《孙子兵法》还是西方的陆权海权理论看，地缘政治关系始终是战略地理学中至关重要的核心因素。明清江南地缘结构与空间范围的变化反映了当时地缘政治变化的历史背景和时代机遇。下面首先分析明清时期地缘政治江南、地缘经济江南和地缘文化江南的战略地位和地缘结构变化情况。

先看西北中国到东南中国区位变局下的“战略江南”。

中国版图兼有南农北牧两大区域，历代长城内外对峙，农牧民族分合，正是欧亚大陆农牧世界二元一体化的历史缩影。自秦汉至宋元，中国边防主要在北边。如果把中国比作一个大庭院，宋元以前这个院子的大门朝北开，因为影响中国农业民族的主要威胁是来自北方的游牧民族。历代中原王朝所谓的“边防”主要指万里长城沿线的防御情况，其内容包括北部的边患和战略防御、边防部署、长城修筑与驻兵战守等活动，形成了著名的“长城文化带”。[2] 但至明初，开始构筑海防体系，永乐至宣德年间进一步完善海防设施。海上防线由水军担任，陆上防线由陆军担任。沿边、沿海各卫所分别负责防守一定地域，并彼此呼应，连成一片，构成基本完整的、有纵深有层次的防御体系。在这个强大防御体系生成过程中，中国东南海防地位日益提升，迅速发展并超过西北边防。

现代地理学家以黑龙江漠河到云南腾冲为两端，在中国地图上画一斜线，称“胡焕庸人口线”，斜线以西以北为西北中国，拥有占中国领土面积60%左右的土地和占总人数5%的人口，大体上是历史上游牧民族或少数民族的主要活动区；斜线以东以南为东南中国，拥有占领土面积40%左右的土地和

---

〔1〕 余同元：《明清社会近代转型及转型障碍》，《江南大学学报》2011年第5期。

〔2〕 余同元：《中国长城文化带的演变》，《崇祯十七年》，台湾老古出版社，2002年，第477—484页。

占总人口数 95%的人口，基本上是历史上农耕民族(汉族)的主要活动区。之所以长期出现东南中国与西北中国这种二元区域双轨发展的局面，是因为中国是典型的陆海复合型国家。

打开世界地图，由东起东北亚的大兴安岭、燕山、阴山、祁连山、昆仑山、兴都库什山、萨格罗斯山、高加索山，向西直至欧洲境内的喀尔巴阡山画一横线，将亚欧大陆区划为南北两部分：横线以南多为湿润的平原森林地带，宜于农耕，其中西亚的美索不达米亚平原、东亚的黄河、长江流域、印度的恒河流域等都是人类历史上出现最早的农耕中心。横线以北多为干燥的高原荒漠地区，与农耕地带平行，东起西伯尼亚经中国东北、蒙古高原、中亚、咸海、里海以北、高加索、南俄罗斯直到欧洲中部，是历史上游牧民族活动的地带，其核心地区是蒙古高原至中亚一带。农牧分界线划分的方法略有不同，台湾三民书局 1982 年版姚大中《古代北西中国》以亚洲东北部的堪察加半岛尖端与阿拉伯半岛西端相连接画一直线。台湾文物出版社 1986 年版札奇斯钦《蒙古文化概说》云："自东北亚洲大陆的嫩江、松花江流域，沿长城线，经西藏高原，伸向阿拉伯半岛画一条线。"这条线正好横穿中国，将中国分为西北中国和东南中国两部分。西北中国与东南中国之间的分界线时有迁移，与历代长城位置的移动基本同步，反映了自然的农牧过渡带与人文的长城文化带之变迁特点。[1] 明代长城文化带进一步南移，农牧民族二元一体化进程加速，到隆庆五年"俺答封贡"，边禁开放，长城文化带由"内边疆"形态变成了巨型民族贸易带。[2]

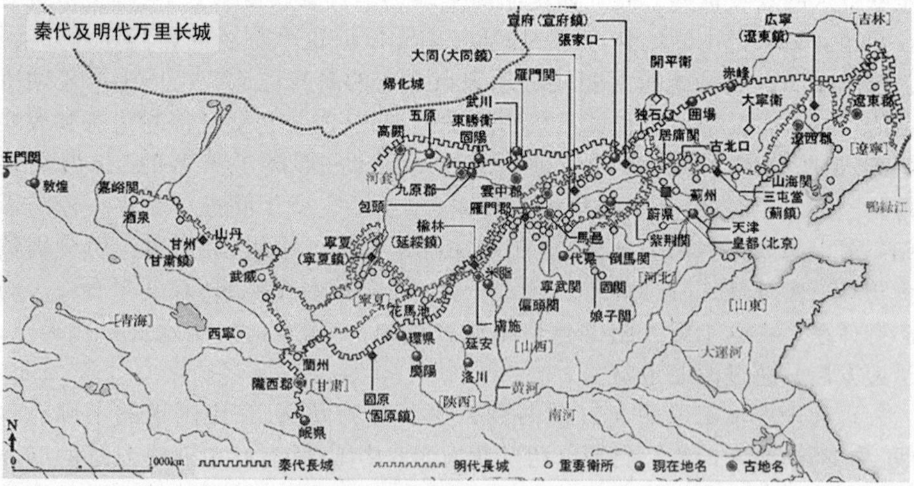

秦代及明代万里长城图[3]

[1] 余同元：《明代长城文化带的形成与演变》，《烟台大学学报》1990 年第 3 期。
[2] 余同元：《论中国历史上农牧民族的二元一体化》，《烟台大学学报》1999 年第 3 期。
[3] 安介生：《走进中国名关》，长春出版社，2007 年。

15世纪中后期,日本进入战国时代,封建主和寺院大地主为扩充实力,弥补内战损失,怂恿、支持海盗活动,因而倭寇逐渐猖獗。嘉靖年间,明廷内政日趋腐败,倭寇乘机与少数奸商相勾结,窜犯今山东、江苏、浙江、福建、广东沿海,占据岛屿,攻城略地,深入久踞。倭寇所到之处,烧杀掳掠,给沿海民众带来深重灾难,成为明朝的严重祸患。沿海民众不堪倭寇侵略,奋起抗击。戚继光指挥军民与倭寇水陆交战十余次,取得重大胜利。明嘉靖二十五年(1546年)开始,明政府全面整治海防。编绘了《筹海图编》的郑若曾又编绘《长江防御图》与《太湖防御图》。他写出《江南经略》,包括46幅《江防图》和29幅《湖防图》,这些地图是明代江南江河湖泊战备图的代表。其中所绘《江防图》的范围主要为长江下游,西起今江西瑞昌,沿江而下,东到长江口的金山卫,这个范围也是倭寇进犯可能到达的地方。图上重点描述江防设施、哨所驻地、各营防区范围及其界线、倭寇出没路线等。图上注记文字较多,除了地名、山名、港名、寺名之外,还标注了防区的起止地点,不同巡司间的距离,巡逻水军的兵员多少、舰只数量、巡逻周期等。太湖是倭寇从水路容易进犯的地区,《江南经略》中绘制的《湖防图》,有大的《太湖全图》和28幅小的《太湖沿边设备之图》,分别描绘了太湖的全景和沿太湖周边的港渎及其防备情况,共有港渎等约250处。嘉靖中期至万历中期,在海防发展的基础上还出现了很多海防理论著作,如《筹海图编》《筹海重编》《虔台倭纂》《皇明海防纂要》等。自海防地位日益提升,中国地缘战略发生整体转型,过去作为后院的东南沿海地区,现在变成了中国的前庭门户。

明代郑若增海防图[1]

[1] 《万里海防图》,美国国会图书馆藏。

顾祖禹《读史方舆纪要》曰：

以东南之形势而能与天下相权衡者，江南而已。春秋时勾吴实雄长于东南，以兵威破楚、臣越、败齐，又阙深沟于商鲁间，北属之沂，西属之济，以会晋公午于黄池。当是时，微越之故，吴且霸天下。……或者曰：明太祖以江南而奄有中原，为千古创见之局。此实不然，从来建事功者，得失虽殊，成亏或异，而其能法非以有为则一也。楚南公之言曰：楚虽三户，亡秦必楚。故西北与东南恒有互为屈伸之理。[1]

综观明清西北边防与东南海防关系史，发生了多重的变化。

一是前庭与后院的关系：明清时期东南沿海由后院变为前庭和门户。

二是陆权与海权的关系：郑和下西洋、皇明筹海、海权时代开启。

三是守成与开拓的关系：洋防与岸防，战略防守与战略出击。

四是守内与御外的关系：明代防入与清代防出。

五是重中之急与急中之重的关系：晚清塞防与海防之争。

其次看政治中心与经济中心分离下的"财富江南"。

中国之一统，多指南、北方之统一。统一国家大多定都于北方之北京，而以南方之南京为陪都，形成一个南北向的政治、经济、文化轴心带，这是经济中心南移导致政治中心和文化中心带变换之大势。宋元以降，中国经济中心南移了，政治中心却不能随之南迁，统一王朝由西向东，由长安而洛阳而开封而北京逐渐移动，可以出现以北京为主、南京为辅的两京制度，却难以出现以北京为辅、南京为主的两京局面。这就是本文所说的历代统一王朝时期政治中心与经济中心分离的现象。

北宋末，赵构重建宋室社稷，李纲建议："自古中兴之主，起于西北，则足以据中原而有东南；起于东南，则不能复中原而有西北。"[2]后来，张浚为川陕宣抚处置使，汪若海对张浚说："天下者常山蛇势也，秦、蜀为首，东南为尾，中原为脊。今以东南为首，安能起天下之脊哉！将图恢复，必在川、陕。"[3]中国历史上的三次大一统局面中，有两次是以关中为基础完成统一的。秦汉和隋唐都是以关中为基础统一天下，又以关中为基础统治天下。

地气之盛衰，久则必变。唐开元、天宝间，地气自西北转东北之大变局也。秦中自古为帝王州，周、秦、西汉递都之；苻秦、姚秦、西魏、后周，相问割据；隋文帝迁都于龙首山下，距故城仅二十余里，仍秦地也，自是混一天下，成大一统。唐因之，至开元、天宝而长安之盛极矣。盛极必衰，理固然也。是时地气将自西北趋东，此正地气自西趋东北之真消息，

〔1〕 顾祖禹：《读史方舆纪要》卷十九，中华书局，1957年。

〔2〕《宋史纪事本末》卷六十。

〔3〕《宋史纪事本末》卷六十八。

特以气虽东北趋而尚未尽结，故仅有幽、蓟，而不能统一中原。而气之东北趋者，则有洛阳、汴梁为之迤逦潜引，如堪舆家所谓过峡者。至一二百年而东北之气积而益固，于是金元遂有天下之半，元明遂有天下之全，至我朝不惟有天下之全，且又扩西北塞外数万里，皆控制于东北，此王气全集于东北之明证也。而抑知转移关键，乃在开元、天宝时哉？[1]

至明清时期，不仅经济中心和文化中心皆移至江南，而且更为重要的是，随着海上侵略势力到来和东南海防的日益重要，国家战略重心也向东南转移。对此，黄宗羲《明夷待访录·建都》提出了著名的“建都之问”：

或问：北都之亡忽焉，其故何也？曰：亡之道不一，而建都失算，所以不可救也。

……有明都燕不过二百年，而英宗狩于土木，武宗困于阳和，景泰初京城受围，嘉靖二十八年受围，四十三年边人阑入，崇祯间京城岁岁戒严，上下精神敝于寇至，日以失天下为事，而礼乐政教犹足观乎？江南之民竭于输挽，大府之金靡于河道，皆都燕之为害也。

认为明清时期战略形势发生了巨大的变化，国家首都应该建于南京而不是北京，这样才能使中国的政治中心与经济、文化中心统一起来。黄宗羲的观点是否正确？揆诸明清史实，“门庭”与“仓库”已然转型换位，建都的战略反思尤为必要。

元代以江南地区为主要经济掠夺对象，导致《草木子·克谨篇》所说的“贫极江南，富夸塞北”，或“贫极江南，足实塞北，富极腹里”的极端不均现象。13世纪后半叶，进入中原和南部中国的蒙古人口，最多不会超过七八十万，而当时居住在宋、金旧土的汉族人口大约有7 000多万(不包括云南和吐蕃之地的人口数)。《元史·食货志》云：京都“百司庶府之繁，卫士编民之众，无不仰给于江南”。在中书省和九个行省中，江南三省(江浙、江西、湖广)每年所征税粮近六百五十万石，占全国总数二分之一强，而江浙一省就征近四百五十万石，占全国总数三分之一多。元末农民义军以“贫极江南，富夸塞北”作为宣传口号，表达了江南人民对于民族掠夺的愤恨之情。至元二十年，各地大小起义200余处，至元二十六年就增加到400多处，几乎南方各地都有起义发生。

黄宗羲《建都篇》又曰：

或曰：有王者起，将复何都？曰：金陵。或曰：古之言形胜者，以关中为上，金陵不与焉，何也？

曰：时不同也。秦、汉之时，关中风气会聚，田野开辟，人物殷盛，吴、

---

〔1〕 赵翼：《廿二史札记》卷二十。

楚方脱蛮夷之号，风气朴略，故金陵不能与之争胜。今关中人物不及吴会久矣，而东南粟帛灌输天下。天下之有吴，犹富室之有仓库匮箧也。

今夫千金之子，其仓库匮箧必身亲守之，而门庭则以委之仆妾。舍金陵而勿都，是委仆妾以仓库匮箧。昔日之都燕，则身守夫门庭矣。

历史时期建立于东南的政权，有春秋时期的吴、越，三国时的孙吴、东晋，南朝的宋、齐、梁、陈，五代十国时的南唐、吴越，南宋、元末明初的周(张士诚)和清太平天国等。但皆是祚长命短，更加说明政治中心与经济中心分离的长期性。明代学者李乐、张萱均有论说。“国朝定鼎金陵，本兴王之地，然江南形势终不能控制西北。”[1]“南京之形势跨江南北，以为甸服。岷峨以西，五岭以北，川流以万数，皆会于江，绕钟山而之海；岍岐之南，太华恒岳之间，川流亦以万数，皆会于河，入于淮，朝宗畿甸而之海。无事则坐享扬越之粟而无转输之劳，有事则席卷全吴之甲而为张皇之本，故正统间有建议南迁者。殊不知以天下大势观之，终不若燕京之胜，而今日都之诚是也。”[2]

第一，政治中心与经济中心分离还是统一？或者问为什么分离？

第二，政治中心是否随经济中心迁移？或者人臣能否替代天子守边？

第三，所谓“时不同”有哪些主要表现？“明清江南”地缘结构如何？

第四，金陵能否重新成为首都之佳选？或者江南能否成为真正的政治中心？

第五，如何避免再度“贫极江南、富夸塞北”？如何处理中国前庭与后院的关系？

再看闭关到国际开放中的“枢纽江南”。

邹逸麟先生《谈历史上“江南”地域概念的政治含义》[3]一文，论江南地区历代政治地位变迁，分“中原王朝心目中的异域地区”“南北对峙：江南为另一政治中心”“高度中央集权体制下的江南”三大阶段。这里重点讨论明清“江南”国际枢纽地位的形成。英国地理学家麦金德提出了世界“地理中心(枢纽)”概念，也就是“世界岛”理论。即：谁统治了东欧平原，谁就控制了心脏地带；谁统治了心脏地带，谁就控制了世界岛；谁统治了世界岛，谁就统治了全世界。如果将明清中国比作一个“孤岛”，那这个岛的内“心脏”无疑就是地缘江南，即上文所谓的“中国的心房”。它的空间形态虽在南方，但它的政治、经济、文化要素早已开始国际化和全球化，并通过空间的层级的互动与北方的宫廷联为一体。整个明清时期，由于“海禁”政策时作时息，使江南的国际化进程受到较大影响。但自明中期“银禁”“海禁”“边禁”等“三禁开放”后，江南

---

〔1〕 李乐：《见闻杂记》卷一，上海古籍出版社，1986年，第139页。

〔2〕 张萱：《西园闻见录》卷六十二《兵部十一》，民国哈佛燕京学社印本。

〔3〕 邹逸麟：《谈历史上“江南”地域概念的政治含义》，《浙江学刊》2010年第2期。

毕竟不同于以往,开始正式步入全球化与市场化轨道。

明初海禁(洪武到永乐)从洪武十四年(1381 年)开始,朱元璋正式宣布“禁濒海民私通海外诸国”,明成祖较大程度上放松了海禁,出现了郑和下西洋的盛况,但未能明令废除海禁。明中期(洪熙到嘉靖)历经几朝,海禁态度略有不同,洪熙朝到弘治朝海禁政策再次强化;正德年间实行抽分制,表明海禁逐步废弛;嘉靖年间海禁政策高度强化后产生“嘉靖倭患”。明后期(隆庆到崇祯),隆庆帝继位不久即下令开放海禁,准贩东西二洋,此即“隆庆开放”。

清代“海禁”断断续续,总体上朝开放方向发展,就时间而言包括两个时期。第一个阶段为 1655 年至 1684 年,顺治十二年六月下令沿海省份“无许片帆入海,违者立置重典”,次年六月发布申严海禁敕谕,直到 1684 年康熙平定台湾后才下令重开海禁。第二阶段为 1716 年康熙帝颁布“南洋禁海令”至 1727 年雍正帝废除“南洋禁海令”为止。[1]

江南对外贸易港口众多,凡港口开放处便设置市舶机构加以管理。宋代江南便设有江阴军(今江阴)、平江府(今苏州)、上海镇、青龙镇(今青浦)、华亭县(今嘉兴)、澉浦(今海盐)、宁波等多处市舶。元代太仓刘家港码头可容万斛之舟,番商云集,号称“六国码头”,至正二年在太仓设庆元市舶司,太仓港称“天下第一码头”(《太仓州震阳县志》)。张寅《太仓州志》曰:“凡海船之贸易往来者,必经刘家河泊州之张泾关,待潮而发,经昆山抵郡城之娄门。”明洪武元年,太仓黄渡市舶司设立。郑和下西洋出海之港,“九夷百番进贡方物,道途相属,方舟大船,次第来泊,太仓复旧之宏观”。利玛窦说:“一年到头,苏州商人同国内其他贸易中心的商人进行大宗贸易,这样交换的结果,人们在这里几乎没有买不到的东西。”明代八大码头,苏州居其二,“今天下大码头,若荆州、樟树、芜湖、上新河、枫桥、南濠、湖州、瓜州、正阳等处,最为商货辏集之所。”康熙二十三年弛海禁,江苏设江海关,苏州有浏河口、七丫口、白茆口、福山、徐六泾五处,康熙五十五年苏州每年“造船出海贸易者多至千余”。[2]

周文英《水利书》曰:“元至元十四年间,海舟巨舰,每自吴淞江青龙江取道,直抵平江城东葑门湾泊。商贩海运船户黄千户等于葑门墅里泾置立修造海船场坞,往来无阻。”洪武元年在太仓黄渡设置市舶机构,后改设至浙江定海。江南丝织品对外贸易主要以日、俄、朝、南洋等地为大宗,“清光绪间,运俄绸缎岁有巨额,以海参威为无税口岸,运商皆由此进口”。日本市场方面,清朝末年尚有苏缎商“自往设庄营业,关税值百抽五”。“苏、浙、闽商往长崎贸迁借居者络绎不尽。”朝鲜市场更是当时江南丝绸的主要出口地,“向为中国大宗贸易,每岁产额几千万元,工商之赖以生活者几千万人,其对外贸易较

〔1〕 叶萍:《明清禁海立法之比较》,《法制与社会》2008 年第 11 期。
〔2〕 黄锡之:《历史上的苏州海外贸易》,《海交史研究》1996 年第 1 期。

大者向有二种,一行销高丽、安东等处者,名高丽纱缎,一行销南洋群岛各处者,各曰阔货”[1]。

随着时代的变迁,划定“江南”的空间范围及其标准也在发生变化。“明清江南”是一个高度中央集权体制下“士商相杂”的异质区域,其区域范围在八府一州之外,至少还应该包括皖南、扬州和浙东地区。正如张建雄在《商帮的江南》一文中指出:“是江南的地域环境为商帮搭建了平台,而商帮更造就了繁华的江南。”与此同时,“文化人的介入终于使传统的本末观出现危机,并造就了晚明以降士商相杂的社会现象。”[2]皖江悠悠、越水滔滔、吴波漾漾,大运河联系了这三个水系,而整体是以太湖为中心的长江下游泛长三角地区。[3] 可见广义的江南可称为“文化江南”,由长江下游三个古文化融合而成,即楚文化、吴文化、越文化漫长汇合,奠定“明清江南”的地缘结构及地域范围,充分反映了中国文化空间的近代转变。

第一,明清江南地缘经济结构及其区域范围变化。

明清江南以太湖流域为中心,包括苏南、皖南、两浙在内,这正是《汉书·地理志》所说“三江”江南流域。地缘经济(Geo-Economics),或称“区域经济”“地区经济”,反映不同地区内经济发展的客观规律及其内涵与外延的相互关系,是一定区域内经济发展的内部因素与外部条件相互作用而产生的生产综合体。李伯重界定的八府一州及其周边地区,可以作为地缘经济上的核心江南范围,但不能完全包括江南商品经济与市场经济要素及其分布密切结合的整个区域实体。长江下游“三江”水系是一个流动着的循环系统,形成整体三江江南区域,唯其因水而成,号有三江五湖之利。《江南经略》曰:

> 南畿胜势在长江,留都守御,舟师为急。……扬有咸台,富商走集,民颇丰洽,俗亦浮靡。濒湖农田,涂垫为患。安庆当长江委流,东约全楚,为江表门户。徽州山多田少,民逐末利,风俗用偷。池在山麓,江浒寇盗窜伏。镇江凿山通漕,江潮下上,谷土岁易,利归豪右。苏、松、常三郡,市浮于农,文胜于质,加之田赋不均,税徭日困。沿海兵戍,本以备倭。而滨海滨江之民,擅鱼盐之利,间作弗靖,出没江湖,肆行剽劫。[4]

“明清江南”就是这个广义的长江下游三江流域的历史地理范围。自明代中后期开始,中国社会近代转型的进程已经启动。这个转型的社会经济基础在江南核心区域最先形成,表现为明清江南社会经济结构率先松动与缓慢

---

[1] 苏州市档案局:《苏州丝绸档案汇编》,江苏古籍出版社,1995年,第921页。

[2] 张建雄:《士风乍起》,文汇出版社,2012年。

[3] 余同元:《明清宫廷与江南历史文化互动》,2011年11月10日提交北京故宫学学术研讨会,收入大会论文集,紫禁城出版社出版。

[4] 郑若曾:《江南经略》卷一下《南畿总论》,《四库全书》第728册,上海古籍出版社,1987年。

转型之上。[1] 在此基础上,江南工商业进一步发展,率先步入早期工业化社会。[2]

第二,明清江南地缘政治结构及其区域范围变化。

所谓政治就是上层建筑领域中各种权力主体维护自身利益的特定行为,以及由此结成的特定关系。地缘政治是一种探讨个人、组织或团体,根据空间分布等地理因素经营政治的方法及手段。要求从整体空间背景上来观察一国政治格局及各地区、各民族、各集团之间的相互关系,以地理因素为基础,对经济、社会、军事、政治等方面进行分析。作为地缘政治江南的地理范围,比地缘经济江南要大得多。

《读史方舆纪要》曰:

> 南京亦曰南直隶,府十四,曰应天、凤阳、安庆、庐州、淮安、扬州、苏州、松江、常州、镇江、徽州、宁国、池州、太平;州四,曰广德、和州、滁州、徐州。属府州十三,属县九十六,而淮安为漕运通渠,凤阳为陵寝重地,安庆为陪京上游,苏松为边海襟要,皆特设重臣,申严封守。[3]

《抚吴疏草》曰:

> 皖郡于江北孤城,西连蕲黄,北接庐凤,南滨大江,为陪京第一门户,长江第一锁钥也。……安庆扼吴楚之咽喉,司金陵之门户,故皖郡安则江南俱安,皖郡危则江南俱危。[4]

《甲申纪事》曰:

> 徽宁在万山之中,在江南形势,如人之有背脊也。[5]

明代《联苏松常镇并浙之嘉湖杭严八府属一督抚以保江南腹心议》一文说:

> 今西北尽戎马之场矣,识者谓江南丰艺,必当巩固以备巡幸,且财赋所自出也。然其腹心则在苏、松、常、镇、杭、嘉、湖七府之地。以形势言之,北则长江天堑,南则钱塘襟带,东则大海汪洋,西则万山屏蔽,真山川天险以卫。……如常山之蛇,以镇江为首,苏州为腹,杭州为尾,湖州带山,松江负海为左右翼,常、嘉为喉、脘、肠、胃诸经络,严州虽稍穷远,然地连杭界高山巅,抗蔽钱塘,不可它属,以之为足,然后可以扼险守要。……其浙抚则移居浙东绍兴,以保障宁、绍、温、台、处、金、瞿七府,以为江南尻脊外蔽可耳。[6]

---

〔1〕 余同元:《明清社会近代转型及转型障碍》,《江南大学学报》2011 年第 5 期。
〔2〕 余同元:《明清江南早期工业化社会的形成与发展》,《史学月刊》2007 年第 11 期。
〔3〕 顾祖禹:《读史方舆纪要》卷九,中华书局,1955 年,第 423 页。
〔4〕 张国维:《抚吴疏草》,《四库未收书辑刊》第 8 辑第 6 册,北京出版社,2000 年。
〔5〕 冯梦龙:《甲申纪事》卷十一,台北正中书局,1981 年。
〔6〕 顾炎武:《天下郡国利病书》第十一册《浙江上》,第 3—5 页,《四部丛刊三编》,上海书店,1985 年。

可见地缘政治江南包括整个长江下游三江流域，沿三江水道设置系列军事重镇，扼守军事要点，构成国家东南战略枢纽。如果以南京为江南之首脑，苏州、松江、常州、镇江、嘉兴、湖州、杭州、严州八府则是江南之“腹心”，安庆、池州、徽州、太平、宁国、广德等皖南府州为江南之“脊背”，浙东绍、宁、温、台、处、金、瞿七府则为江南之“尻脊外蔽”。所以乾隆《江南通志》曰：

江南于天文占斗、牛、女、奎、娄、房、心，分野在星纪降娄、大火之次。其地广轮数千里，左临大海，旁界五省。……江之南首重金陵，而安池太平峙其上游，镇常苏松广其辅翼。西北则平原旷邈，以群山为几案，东南则百川汇流，以沧海为池沼。漕河自南讫北，蜿蜒其中，转输飞挽，樯帆相望，东南形胜于兹为最矣。〔1〕

第三，明清江南地缘文化结构及文化江南范围变化。

还有地缘文化江南，是指地理空间尺度上楚文化、吴文化与越文化相互融合，彼此之间相互依赖、相互影响，各种复杂的相互关系构成的江南区域文化总体。地缘文化是指局部地理环境引起的社会、文化差异与因缘关系。文化与经济的扩展遵循地缘政治扩张的路径，它们是支持一个国家影响力的根本力量。这些文化和经济力量首先在国内聚集，然后向外发展。因为，江南文化是古代吴文化、楚文化和越文化的重叠与融合。地缘文化学探讨区域文化内涵特征及其发展规律。江南区域文化整体中包含着古代吴、楚、越三大文化内涵。三楚、三吴与吴越文化彼此重叠，相互融合成一体，形成楚辞越韵唱吴歌的历史旋律。

同时，文化地理学从地理角度研究文化，着重研究文化是怎样影响人们的生活空间的。由于人们在社会生活中的感受与理解不同，加上地理环境、物质要素、生产方式和社会形态等方面的区域差异，文化要素必然会表现出种种不同阶层不同区域的类型和个性，这就是文化多样性与统一性特征。表现在文学艺术及科学技术方面，出现江南区域内不同地区间文化彼此竞争与融合，形成流派纷呈的局面。如明清时期三江江南范围内，新安理学、吴中实学、浙东史学、桐城文学、皖吴经学，以及泰州学派、太谷学派，等等，无不争奇斗艳于江南大地，成为江南区域文化的重要分子。

还有，如果说语言是文化的核心要素，那么吴方言就可以是文化江南的核心标志，以此划定标准和方法来确定文化江南的地理范围将会获得越来越多的学术认同。若以吴语区作为文化江南的范围，又有狭义吴语区和广义吴语区之别。狭义的吴语区通常以苏州话为代表，因为苏州话因声音委婉动听，有“吴侬软语”的美称，主要通行于吴中地区。广义的吴语区主要指中国

---

〔1〕 赵宏恩：《（乾隆）江南通志》卷一《舆地志》，《四库全书》第511册，上海古籍出版社，1987年。

江苏南部、上海、浙江大部分地区、江西东北部、安徽南部和福建西北角,以及这些地区迁出的吴语移民区。

由此可见,“明清江南”与“禹贡扬州”“汉志三江”“魏晋江东”“唐宋江左”一脉相承,皆因水而兴,后渐形成皖南、苏南、浙江水网体系。所以日本学者斯波义信在其著作中讨论江南范围时,提出“长江下游大区域”的说法,其范围包括今天的江苏、安徽两省的南半部与浙江全省,还包含了长江北岸通州、扬州部分地区。这样的江南地缘结构与范围,具备明清整个长江下游三角洲地区的历史地理关联性和区域文化整体性特征。

唐宋以来,历代中央政府最大难题之一,就是国都在北方,经济中心和文化中心在江南,如何解决两大中心之间的分离与统一?如果国都设在江南,问题又将如何变化?对此,邹逸麟先生《谈历史上“江南”地域概念的政治含义》一文认为,明代中叶后,江南商品经济进一步发展,士绅阶层地位上升,或科举入仕,或经商致富,“士商合一”,形成了新的社会势力,既与朝廷政策对立,又干预地方事务,实质都是反封建反专制的。因此,中央政权对这一地区产生先天的忌恨,满清入关后最头痛的是江南士绅阶层,统治者更加关注江南地区的控制和经营。下面就“明清江南”与国家政治中心首都之间的政治空间和空间政治变化试加概述。

一是政治的空间障碍日益增生。

空间障碍之一:边防与海防变局使战略抉择难上加难。

西北中国与东南中国之间的分界线时有迁移,与历代长城位置的移动基本同步,反映了自然的农牧过渡带与人文的长城文化带的变迁特点。[1] 明代长城文化带进一步南移,农牧民族二元一体化进程加速,到隆庆五年“俺答封贡”,边禁开放,长城文化带由“内边疆”形态变成了民族贸易带。[2]《汉书·天文志》曰:“夫天运三十岁一小变,百年中变,五百年大变,三大变一纪,三纪而大备,此其大数也。”这就是中国传统社会近代转型的总根据。近代中国社会的开放性源头来自沿海的东南中国。明清社会的开放,最先是在东南沿海登陆,在江南形成规模,然后在全国引发政治、经济、文化大变动。

明后期海防建设主要是形成水军和修筑城池,加强沿海城镇防守。清代蔡方炳《海防篇》说:“海之有防,历代不见于典册,有之自明代始,而海之严于防自明之嘉靖始。”《广东通志》亦曰:“古有边防而无海防,海之有防自明始。”明代真正的海军(也称常备海军或专职海军)是从嘉靖年间开始完善的。此

---

〔1〕 余同元:《明代长城文化带的形成与演变》,《烟台大学学报》1990 年第 3 期,中国人民大学复印报刊资料《明清史》1990 年第 8 期全文转载。

〔2〕 余同元:《论中国历史上农牧民族的二元一体化》,《烟台大学学报》1999 年第 3 期,《新华文摘》1999 年第 10 期摘要介绍。

前水军都是陆军加舰船，如洪武时水军等 24 卫、永乐时郑和下西洋舰队以及福建五水寨水军，平时都是只有战船，到执行任务时才调各卫所陆军上船组成水军。嘉靖中期开始招募士兵，形成了不同于卫所的营、总、哨、队、什的编制，由总督—总兵—参将指挥。嘉靖时期新建的水军，不仅船和人结合有利于专业训练和战斗力提高，而且这时舰船上还较多地使用了火器。抗倭将领俞大猷主张："大兵船一只要用佛郎机铳二十门，中哨船一只要用十二门，小哨一只要用八门。"戚继光的战船，使用火器有佛郎机、鸟铳、火砖、喷筒、火箭等，形成百步范围火器杀伤系统，用火器的士卒已占战斗士卒的 50%。在舰队的组成上，大、中、小各种型号舰船混合编队，互相补充，提高了整体战斗力。〔1〕

16—17 世纪，欧洲殖民势力东来。葡萄牙人、西班牙人、荷兰人相继来到中国。1522 年葡萄牙人米儿丁·甫思多灭儿带兵到广东沿海，企图用武力打开通商大门。1549 年明军在浙江巡抚朱纨、副使柯乔、都司卢镗等人率领下围攻侵占福建诏安马溪的葡萄牙海盗，使之受到重创。1549 年荷兰殖民者侵略澎湖失败。1553 年，葡萄牙占据澳门，其后，西班牙、荷兰和英国的殖民势力相继来华。1622 年，荷印总督率军犯澳门被击败，北上一度占据澎湖，1624 年被明军击退，后荷军占领台湾。

18—19 世纪中后期，清朝东南海疆、西北边疆同时爆发危机，引发了清廷内部半年之久的海防与塞防轻重缓急之争。面临严重的边疆危机，清政府首先把财政支出重点用于支持西征军费和塞防，1875—1884 年十年间，西征和塞防军事支出达 8 000 万两，占十年间整个国家财政支出的十分之一。1875—1894 年 20 年间，海防经费总共筹款约 4 200 万两，其中一半用于北洋海军建设，约 1 000 万两为宫廷所挪用(主要用于修建颐和园)，而中法战争的军费支出约在 3 000 万两以上。〔2〕

空间障碍之二:政治中心与经济文化中心分离日益加剧。

宋元以降，统一王朝的政治中心与经济中心分离的现象日益加剧。中国历史上的三次大一统局面中，有两次是以关中为基础完成统一的。秦汉和隋唐都是以关中为基础统一天下，又以关中为基础统治天下。关中向西北层层渐高的梯级地势，给历代经营西北者显示出了一个层层递推的逻辑:欲保关中之安全，必须控制陇西;欲控制陇西，必须控制河西;欲控制河西，必须抚定西域。文化江南的立论前提虽是地缘文化结构的抽象空间，但其空间结构及其区域文化内在规律和模型则有具体点、线、面可以支撑。区域空间结构理

〔1〕 参见范中义《明代海防述略》及卢苇《明代海南的设置兵备利海防》,《暨南学报》1990 年第 4 期。
〔2〕 在西征军费和中法战争军费中，债务收入占三分之一;参见周育民《塞防海防与清朝财政》,《上海师范大学学报》2007 年第 5 期。

论不是寻求单个经济活动和经济现象的最佳区位,而是揭示多个客体在空间中的相互作用和相互关系。它将区域内的各事物看成是具有一定功能的有机体,并且从时间变化上来加以考察,故可视为动态的总体区位理论。五代宋元时期,苏松常杭嘉湖地区就渐成一个有着内在经济联系和共同地缘特征的区域整体。所谓江南胜景,鱼米之乡,佳丽之地,三秋桂子,十里荷花,遍地绮罗,盈耳丝竹,千百年来使人神驰梦想;粉墙黛瓦、砖雕门楼、幽深小巷、亭廊楼台、小桥、流水、人家,斑驳的墙院、墨绿色的青苔,烟雨缠绵,风情难解,无不深深镌刻成永恒;天道与人文在这里奇迹般交汇成明媚灵秀的瑰丽画卷,构成地缘江南的人文基础,也是形成中国新文化中心的标志。

空间障碍之三:"时空压缩"增大了闭关与开放之矛盾。

明清江南的地缘结构变化,实质上是一种"时空压缩"的抽象空间变化。区域空间结构理论不是寻求单个经济活动和经济现象的最佳区位,而是揭示多个客体在空间中的相互作用和相互关系。它将区域内的各事物看成是具有一定功能的有机体,并且从时间变化上来加以考察,故可视为动态的总体区位理论。"时空压缩"概念最初是美国学者戴维·哈维(David Harvey)在其《后现代的状况》(The Condition of Postmodernity)一书里提出的,认为"全球化"概念带有很强的意识形态性,因此要把注意力转向"地理上发展不平衡"之上,而资本主义发展事实上就是新的"空间调整"和再分配的一个完整过程;他强调时间与空间概念是社会地建构起来的,并总结有四个因素会影响到时空概念及其相关实践的改变:"(1) 先进的传播和运输技术,(2) 分配过程不断增加的合理性,(3) 加速通货运行的原水平或世界水平的货币市场,(4) 在某些地理场所(如城市、民族、地区等)里不断减少的资本空间关联。"[1]美籍华裔学者杨庆堃教授运用"时空压缩"理论,研究中国近代交通技术发展所引起的空间距离和空间性质的变化,于 1948 年发表《中国近代空间距离之缩短》论文,认为空间本是隔离人与事之间关系的因素,两地相距越远,两地人群的关系越淡漠,两地之间的组织越松散;但空间对人、对事的隔离作用,随交通、运输、通信的发展而变化。

明清江南出现"时空压缩"现象,是江南率先步入全球化与国际市场化的表现。整个明清时期,由于"海禁"政策时作时息,使江南的国际化进程受到较大影响。但自明中期"银禁""海禁""边禁"等"三禁开放"后,江南开始正式步入全球化与国际市场化轨道。清代"海禁"断断续续,总体上朝开放的方向发展。冀朝鼎先生在《中国历史上基本的经济区和水利事业的发展》一书中指出,由于海禁开放和世界贸易,中国东南沿海地区受到西方工业主义的影

---

〔1〕 刘德寰:《年龄论·社会空间中的社会时间》,中华工商联合出版社,2007 年。

响而发生了巨大变化。随着铁路修建、工商业发展，起到列强经济与政治行动基地作用的东南商埠，就成了强有力的经济与政治重心，甚至每一港口都控制着一个主要区域。新区域地理轮廓上与老区域一致，主要是以地形条件为标志，但经济基础、区划含义以及区域范围则与老区域大不相同。这一“不同”的变化早自明代中后期已露端倪。随着商品流通的不断扩大，明清江南白银需求迅速增加，外国白银输入主要来自日本、美洲和墨西哥。西方商人需要中国价廉物美的丝绸、陶瓷、棉布、各种手工业品和茶叶——这些商品主要来自江南，于是他们将美洲白银航运到亚洲，通过马尼拉等东南亚贸易中心和澳门、广州等中国东南沿海港口交换中国江南货物，使白银大量流入江南地区。江南市场与国际市场联系因此空前加强，形成了以江南为中心的东亚市场圈。所以，龙登高教授把江南视为“中国的心房”和“东亚的心房”。[1]

这些“时空压缩”力量首先在江南聚集，然后向外发展，容易产生新的向心力和离心力。一方面朝廷专制控制加强，另一方面江南国际化加速，集权与分权，计划与市场，保守与开放，传统与现代，如此等等，都可能成为明清朝廷与江南社会政治互动中新生的空间障碍。

二是明清空间障碍的政治调整。

空间调整之一：南北两京制到南北巡狩制。

明朝建国前，朱元璋多方征求建都意见。冯国用认为“金陵龙盘虎踞，帝王之都，先拔之以为根本。然后四出征伐，倡仁义，收人心，勿贪子女玉帛，天下不足定也。”[2]谋臣叶兑也认为“定都建康，拓地江广，进则越两淮以北征，退则画长江而自守。”[3]渡江克太平后，朱元璋再次询问建都事宜，陶安对曰：“金陵古帝王都，取而有之，抚形胜以临四方，何向不克?”[4]洪武元年(1368年)八月，朱元璋正式下诏，以金陵为南京，大梁为北京。洪武八年四月，明太祖朱元璋罢建中都役作，而北京大梁时属“四面受敌之地”，不宜建都。洪武十年，南京宫殿及太庙等工程修建完毕，洪武十一年正月，明太祖朱元璋决定去掉大梁北京的称号，改南京为京师。南京明故宫是北京故宫的蓝本，《明史·舆服志》称北京“规制悉如南京，壮丽过之”。明末清初，国家一分为四，南明政权、李自成大顺政权、张献忠大西政权共同抵抗满清政权南下，四主争雄，九州干戈，鹿死谁手？遂现“联明抗清”局面。

清代南方中心开始由南京向苏杭南移，政府控制江南的核心位置向苏州移动。明清时期皇帝南巡增多，主要目的是加强对南方的控制和统治，途中

〔1〕 龙登高：《江南市场史：十一至十九世纪的变迁》，清华大学出版社，2003年，第203页。
〔2〕 张廷玉等：《明史》卷一百二十九，列传十七《冯国用传》，中华书局，1974年，第3795页
〔3〕 张廷玉等：《明史》卷一百三十五，列传二十三《叶兑传》，中华书局，1974年，第3915页。
〔4〕 张廷玉等：《明史》卷一百三十六，列传二十四《陶安传》，中华书局，1974年，第3925页。

对地方士子进行现场选拔，几乎成了南巡中的主要政治活动。明代皇帝南巡影响较小。正德十四年(1519年)八月武宗南巡。嘉靖十八年(1539年)嘉靖皇帝南巡承天府，共13天。清代康熙乾隆十二次南巡。康熙皇帝和乾隆皇帝南巡主要是加强对江南的控制，其在江南停留时间最长，处理政事最多的地方是苏州。

康熙六次南巡江南简表(525天)

第一次	康熙二十三年(1684年)九月二十八日出发，十一月二十九日返回，共63天
第二次	康熙二十八年(1689年)正月初八日出发，三月十九日返回，共70天
第三次	康熙三十八年(1699年)二月初三日出发，五月十七日返回，共103天
第四次	康熙四十一年(1702年)九月二十五日出发，十月二十六日返回，共32天 康熙四十二年(1703年)正月十六日出发，三月十八日返回，共61天
第五次	康熙四十四年(1705年)二月初九日出发，闰四月二十八日返回，共78天
第六次	康熙四十六年(1707年)正月二十二日出发，五月二十二日返回，共120天

乾隆六次南巡江南简表(634天)

第一次	乾隆十六年(1751年)正月十三日出发，五月初四日返回，共111天
第二次	乾隆二十二年(1757年)正月十一日出发，四月二十六日返回，共105天
第三次	乾隆二十七年(1762年)正月十二日出发，五月初四日返回，共112天
第四次	乾隆三十年(1766年)正月十六日出发，四月二十三日返回，共97天
第五次	乾隆四十五年(1780年)正月十二日出发，五月初九日返回，共117天
第六次	乾隆四十九年(1784年)正月二十一日出发，四月二十三日返回，共92天

从上述两组表格中可见，康熙、乾隆皇帝十二次南巡，共计达1 159天。康熙、乾隆皇帝南巡途中，对江南地方士子进行考核和选拔几乎成了主要活动。“乾隆十六年，大驾始南巡江浙，大昕进赋一篇，特赐举人，授内阁中书学习行走。”“乾隆十六年，圣驾南巡，督抚学臣录取诗赋者于行在。浙江取谢墉、陈鸿宝、王又曾三人江南取蒋雍植、钱大昕、吴烺、褚寅亮、吴志鸿五人，皆特赐举人，授为内阁中书学习行走。”[1]苏州作为江南财富最为集中的区域，是南巡首选之地。不过也有诸多不可告人的政治、经济企图，苏州富商大户也借此机会巴结邀赏和大力赞助南巡。如：“乾隆十六年，第一次南巡，江南地方官科派绅富承办，人心惶惶，苏绅在籍刑部员外蒋楫，独力捐办御跸临幸大路，计费白金三十余万两。”[2]

〔1〕 章乃炜：《清宫述闻》，紫禁城出版社，2009年，第77页，第79页。
〔2〕 章乃炜：《清宫述闻》，紫禁城出版社，2009年，第348页。

空间调整之二：增加江南入仕参政人数。

前人多从“中国历代人物之地理分布”方面去研究政治文化与地理环境之间的互动关系。丁文江在《历史人物与地理的关系》一文中根据二十四史中汉、唐、宋、明各代人物，分省列表为：

前汉	后汉	隋唐	北宋	南宋	明、清
山东	河南	陕西	河南	浙江	浙江
河南	陕西	河北	河北	福建	南直隶

日本桑原骘藏在《由历史上观察的中国南北文化》一文中，以科举取士为例，将明清两代登科第者列表统计：

明代从洪武四年(1371 年)起至万历四十四年(1616 年)，每科状元、榜眼、探花和会元总共 244 人，其中南方 215 人，占 88%；北方 29 人，占 12%。

清康熙十八年(1769 年)开制科，共取 50 人，其中南方占 42 人。乾隆元年制科共取 15 人，南方占 14 人。明清两代共出状元 203 人，南方占 188 人。明代南直隶和清代江南行省的苏州府与徽州府都成了有名的“状元之乡”。

明代宰相分布沿袭南宋形成的南盛北衰态势。在 117 名宰相中，北方 32 人，占 27%；南方 85 人，所占比例为 73%。在南方，宰相分布除向东南沿海的福建、广东以及西南地区的广西、云南扩散以外，主要仍然分布于长江流域，其中仅长江下游的江浙沪地区便有 38 人，占整个南方地区的 45%。

清代江浙地区宰相密集。在清朝有籍贯可查的 187 名宰相中(总 221 名)有旗人 83 人，其余皆为汉人，其中有 58 名来自南方，占非旗人宰相的 56%，在南方宰相中，除了 3 名来自福建，1 名来自广东以外，全部来自长江流域，约占 93%，其中江苏 20 人，浙江 14 人。二者之和占长江流域各省份的 63%，可见江南地区宰相分布占有绝对优势。〔1〕

清廷对付江南士大夫的策略，则用种种软硬手段进行镇压和笼络。

一是通过科场案、通海案、哭庙案、奏销案沉重打击了江南地区衿绅的势力。

二是大兴博学鸿词科，后修《大清一统志》《四库全书》，参与者东南士人为多。雍正年间大兴文字狱的罹祸者、乾嘉时考据学大兴而有成就者，均以江南士大夫居多。

三是南巡召试，选拔特殊异等江南人才。如康熙、乾隆皇帝的十二次南巡，体察民情，处理政事，巡幸召试，亲自选拔各类人才，如康熙四十二年、四

〔1〕 余意峰：《中国历代宰相籍贯分布的时空变迁规律》，《华中师范大学学报》2000 年第 1 期。

十四年两次南巡召试选取 73 人。[1] 说明康熙、乾隆二帝笼络江南士人和加强江南控制的政治目的远大于其巡游猎奇。

《紫垣随笔》载：

> 长洲彭定求，南宫第一，殿试大魁天下。孙启丰亦会状联元。《陔余丛考》：苏州钱湘舲棨以乙亥解元掇会元、状元。《藤阴杂记》：同胞及第，昆山徐氏，而后惟武进庄存与，乙丑榜眼，弟培因，甲戌状元。《钝翁续稿》：世祖定鼎以来，临轩策士，凡十有三，而以第一人及第者，吴郡独居其五。《西斋偶得》：本朝状元，自国初迄乾隆辛卯，共五十一科，江苏三十二人，内徐州一人，江宁二人，松江一人，镇江三人，扬州二人，太仓州二人，常州七人，苏州十四人。且太仓初固隶苏州，宜顾宁人先生云：土产状元也。[2]

> 状元官至大学士者，顺治朝傅聊城以渐、吕武进宫、徐长洲元文，乾隆朝于金坛敏中、梁会籍国治、王韩城杰，嘉庆朝戴大庚衢亨，道光朝潘芝轩世恩，共得八人。道光复又有翁叔平同龢、陆凤石润庠二人。[3]

江南地方政府、士绅及乡村宗族势力也要借助朝廷和中央权力来主宰地方，因而造成中央与地方层级间的权力互动不断加强。范金民教授在《明清江南进士数量、地域分布及其特色分析》一文中有详尽的研究。如杨朝麟在苏州《紫阳书院碑记》中说："本朝科第，莫盛于江左，而平江一路尤为鼎甲萃薮，冠裳文物兢丽增华，海内称最。"吴江叶氏家族，自明代成化二十三年叶绅以进士起家，到乾隆五十四年，前后"七世进士，登乡榜者尤多"，为当地科第最盛之家。长洲彭氏，彭珑于顺治十六年题名进士后，其子定求于康熙十五年登状元，其堂侄宁求康熙二十一年探花，定求孙启丰于雍正五年夺魁，祖孙状元。后启丰子绍观、绍升、绍咸，孙希郑、希洛、希曾，曾孙蕴辉，皆成进士，后人希镰又登九列。有清一代，彭氏先后出了 2 个状元，1 个探花，14 个进士，31 个举人，7 个副榜，附贡生 130 余人。"科目之盛，为当代之冠"，有"昭代科名第一家"之称。吴县潘氏潘世恩为乾隆五十八年状元，其弟世璜为下一科探花，其孙祖荫为咸丰二年探花，其余翰林、进士、举人不可胜数，李鸿章题匾为"祖孙父子叔侄兄弟翰林之家"，时人有"天下无第二家"之赞。[4]

清代笼络江南士大夫政策取得了意想不到的效果。但每当政局一有风吹草动，江南依然成为最不安定地区。如晚清对变法与新政支持者，亦以东

---

〔1〕 参见宋元强：《清代的召试》，2011 年"中国辛亥革命百年纪念暨第十四届清史学术研讨会"论文。

〔2〕 章乃炜：《清宫述闻》，紫禁城出版社，2009 年，第 145 页。

〔3〕 章乃炜：《清宫述闻》，紫禁城出版社，2009 年，第 162 页。

〔4〕 范金民：《明清江南进士数量、地域分布及其特色分析》，《南京大学学报》1997 年第 2 期，第 171—178 页。

南人士为多,而废科举、开学堂、兴报业、制造社会舆论,等等,均使江南士绅成为一股较大的在野政治势力。

空间调整之三:江南士人结社与抗争的历史作用增强。

明代后期,随着江南地区经济、社会、文化以及人们生活方式、价值观念的诸多变化,其区域性社会文化特征也愈益凸现出来,江南各阶层人士不仅对其区域文化表现出强烈的认同意识,还通过各种形式为维护地方利益及其生活方式做出不懈的努力,乃至形成了要求变“独治”为“众治”的地方分权思想。[1]

清代江南人民反抗民族压迫斗争一直没有停止。如顺治二年六月清兵进入苏州,下令剃头。有不愿剃而激于义忿者悬梁自缢或投水而死。明少詹事徐湃泛舟投虎丘后溪而死,中书舍人文震亨闻发令绝食六日而死。玄妙观前一卖面饼人,拒不剃发,歌曰“发兮发兮,白者父之精而黑者母之血兮,吾无发兮其何以见父母兮。”闰六月十一日夫妇同缢而死。梨园人周之兰与妻同投井而死。[2] 抗争的结果必然是中央政府对江南控制政策的被迫调整。

晚明江南群体抗争事件分布表[3]

府	苏州	松江	杭州	嘉兴	湖州	常州	镇江	应天
数量	38	11	4	8	1	7	4	4

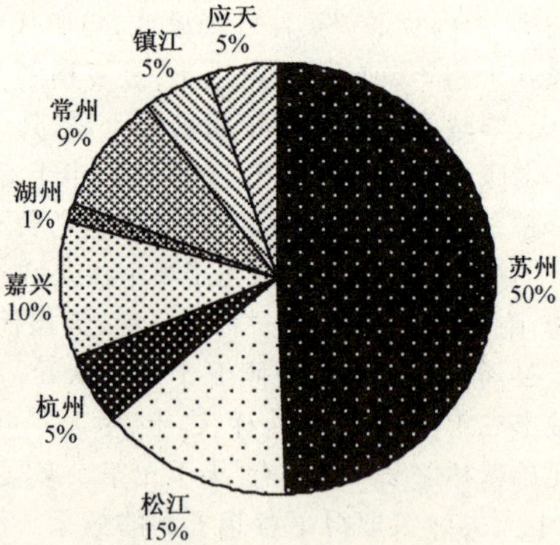

晚明江南群体抗争事件地域分布图

三是明清政治空间调整的历史启示。

---

〔1〕 陈江:《晚明苏州民变所见江南人士之地方意识》,《论史传经》,上海古籍出版社,2004年。

〔2〕 陈生玺:《论清初江南地区的反剃发抗清斗争》,《明清史论文集》第2辑,天津古籍出版社,1991年。

〔3〕 汪莉:《晚明江南社会与群体抗争事件研究》,南京大学2012年博士学位论文。

启示之一:要加强中国空间战略的历史地理诠释。最重大的战略是地缘政治,对中国传统空间障碍的深入认识,首先要掌握空间诠释的政治视角,进行"空间政治"的历史地理学研究。地缘江南已成为明清中国的"心脏",即人们所谓的"中国的心房",它的空间形态虽在南方,但它的政治、经济、文化要素早已开始国际化和全球化,并通过空间的层级的互动与北方的首都联为一体。"空间已经成为国家最重要的政治工具。国家利用空间以确保对地方的控制、严格的层级、总体的一致性,以及各部分的区隔。因此,它是一个行政控制下的,甚至是有警察管制的空间。空间的层级和社会阶级相对应,如果每个阶级都有其聚居区域,属于劳动阶级的人无疑比其他人更为孤立。"从政治与空间发展的关系来看,社会冲突对空间生产具有特殊作用:"今时更甚以往,阶级斗争介入了空间的生产。只有阶级冲突能够阻止抽象空间蔓延全球,抹除所有的空间性差异。只有阶级行动能够制造差异,并反抗内在于经济增长的策略、逻辑与系统。"〔1〕

启示之二:要确保陆权与发展海权关系之正确协调。辽阔的海洋和广袤的大陆既是一种资产也是一种负担,国家因此必须面临战略上的两难抉择和安全上的双重风险。晚清"海防""塞防"轻重之争,"海防"论认为"新疆不复,于肢体之元气无伤;海疆不防,则心腹之患愈棘",因而反对出兵西征,收复新疆失地,要求把"塞防"经费用以扩充海军之需。左宗棠主张"东则海防,西则塞防,两者并重,不能扶起东边倒却西边。"当时俄环于西北、日逼于东南,塞防、海防二者如何处理？迫切需要清政府做出抉择。明清江南棋局变化自有其变化的时代背景和地缘机遇。美国海军少将马汉发表《制海权对历史的影响》和《制海权对法国大革命和帝国的影响》两书,创立了系统的海权学说,论证海洋拥有比陆地更优越的交通优势,控制海洋便可控制大陆。为建立海上强权,一个国家必须位于战略地理的中心位置,既有安全可靠的陆地边界,又有一个或数个进入公海的可靠通道;拥有深水港和利于防守的海岸,进可攻,退可防;拥有一支在国内外均有作战基地的强大远洋海军,并以庞大的商业船队作为辅助力量。

启示三:要适时进行国家空间障碍的战略调整。人类政治活动与地理环境之间的关系是一种特殊的人地关系,在不同的时期具有不同特征。西北中国和东南中国如何进行二元一体化发展,将是中国国家空间政治中长久的战略问题。地缘结构是建立在地缘关系要素之上的,既具有时代共性又具有地域个性的多维区域空间的功能有机体。区域地缘学重点研究各地区或各集团之间政治经济文化上的相互关系与格局,包含地缘经济、地缘政治、地缘文

〔1〕(法)亨利·列菲伏尔著,包亚明主编:《空间:社会产物与使用价值,现代性与空间的生产》,上海教育出版社,2003年,第50页、第305页。

化等基本要素。根据区域地缘学研究在内涵和外延两个维度上的发展，地缘战略包括地缘政治战略、地缘经济战略和地缘文化战略三大部分，每个部分都具有全球的、周边的和地区的等级层次上的空间结构特征。人类国际关系演变经历了三个阶段。一是自然关系阶段，即主要表现为领土、领海、领空关系；二是经济关系阶段，即主要表现为经济、贸易、货币关系；三是技术关系阶段，即主要表现为工程、技术、科学关系。与此相应，中国国内区际关系发展也有三个阶段，清代首都与江南的空间关系处于第二个阶段经济关系向第三个阶段技术关系转变时期。以往历史研究往往重视时间因素而忽视空间因素。在20世纪以前，西方学术界对时间问题的关注远远超过了对空间问题的关注，时间被赋予了超过空间的优先性。正如福柯(Michel Foucault)1976年所言："空间被当作死寂、固定、非辩证和静止的东西。相反，时间却是丰富的、多产的、有生命的和辩证的。"[1]这就是典型的"通过时间消灭空间"的"空间贬值"，改变了人们对时间与空间的体验，是造成人们时空错觉的重要原因。空间障碍说到底是一种空间错觉，空间感知障碍是空间结构感知的综合错觉，空间定向障碍是飞行人员在飞行中对飞行姿态、位置和运动状况发生的错误判断，含飞行错觉、脱离感觉和空间失定向等运动性错觉(身体或周围空间旋转运动或直线运动错觉)、协调性错觉(身体或周围空间物体倾斜错觉)及运动性与协调性相结合的混合型错觉(在固定体位时身体旋转错觉)。这些都显示了空间要素与时间要素统一认识的必要性，说明"存在"(使时间空间化)与"形成"(通过空间消化时间)之间关系变动不止，只有以理性和科学技术力量克服空间障碍，变静态空间为动态空间，才能适时进行"地缘结构"与"空间政治"的战略调整。

二、明清江南产业技术理论化及其历史意义

在综合国力竞争中，科技文化竞争力备受关注。文化是一种综合力量，文化竞争力是区域可持续发展的核心动力，是一个多层次要素的统一体，包括多方面内涵，其中科技因素所占地位最为显著。现代产业的科技含量日益提高，要求大力发展高科技及相关产业，以推进产业与高新技术联姻。特别是文化产业，把科技、市场和文化结合在一起，赋予区域文化新的发展形态。文化竞争力绝非仅仅意味着文化的经济化、市场化和商业化，也不能仅限于文化本身的产业化及参与市场竞争。随着现代化进程的发展，科技自主创新力日益占据文化竞争力的核心位置，其中技术科学化与科学技术化互动是区域社会经济自主发展的原动力。

---

[1] [美]米歇尔·福柯：《关于地理问题》，见《权力/知识：访谈精选与其他著述，1972—1977年》，纽约万神殿丛书出版公司，1980年，第63—77页。

江南区域发展中，科学与技术之间始终呈现着复杂的互动关系，这种关系的发展，在不同的历史时期具有不同特点，从而在根本上决定了人类社会历史发展进程的时代性特征。通过近代江南技术发展史分析，不难看出科学与技术关系是由相互并行到相互作用，形成“技术科学化”和“科学技术化”的历史互动过程：

近代早期是“生产—技术—科学”序列（技术科学化）。

近代后期是“科学—技术—生产”序列（科学技术化）。

所谓产业技术理论化，主要指区域产业技术知识的文本化、数理化与科学化，直接标志是一定时期一定区域的产业文献数量及其科学内涵的增长，本质就是生产技术的科学理论化过程。如拙作《传统工匠现代转型研究》[1]上编第一章所论，明清江南区域工业生产的经验技术上升到理论技术和科学技术的速度，不仅遥遥领先于全国其他地区，而且在本区域内也空前未有。从各种工业书在各大行业部门分布情况看，在明末清初到清末民初这一历史时期，除了新兴电力工业和化学工业书多译自欧、美、日等国以外，其余每个工业部门内科技著作，主要都由国内学者专家研究撰写，而且大都与此前历史科技著作一脉相承，特别在类型数量和科技质量上大大提高，出现了明显的技术科学化趋势。

“科学”(science)一词，源自拉丁文 scientia，本意指“知识”“学问”。作为一种知识体系的“科学”，包括实验事实、基本概念、所用原理定律、思维方法以及结论。而作为动词的“科学”，则是一种动态的和发展的过程，首先是指经验知识上升到理论知识的过程。人类在生产实践中对客体知识体系进行认识和总结，产生理论知识与科学方法，再按照一定规律和原则去构建这个不断更新的理论知识体系。这个知识体系的内容和结构不是终极的和密封的，而是随着时间推移而不断增长和更新，使知识体系本身在演进过程中保持新陈代谢与开放特性，新鲜知识被补充进来，陈旧知识被淘汰出去。这是产业技术理论化的内在过程，也是上文所说的经验技术的科学理论化过程。

“技术”(technology)一词，源于希腊文(techne)，本义指专门的手段和方法体系。这种手段和方法是经过反复练习，达到一定熟练程度，而获得的经验、方法、技能和技艺，或者说是人类为实现社会需要而使用的手段、方法和技能的总和。广义的技术不仅指自然科学技术和生产技术，也包括非物质生产领域的技术，如社会技术、语言技术、教育技术等。“在社会生活的各个领域，都有技术在起作用，整个社会的经济、政治、文化都以技术为中介，凡是一

[1] 余同元：《传统工匠现代转型研究——以江南早期工业化中工匠技术转型与角色转换为中心》，天津古籍出版社，2012 年。

切讲究方法的有效活动都可以称之为技术。"[1]狭义的技术主要指生产技术,是人们将自然科学知识应用于生产过程以达到利用和改造自然之目的的手段和方法体系。仅仅从狭义的技术概念上看,技术便是成套的生产知识,包含硬件(设备、生产工具等)和软件(规则、工艺、方法、制度等)等内容体系。这样的技术至少包括三种形态:

一是"人化"形态,亦称主体技术或人化技术。这种技术主要以活动主体为载体,是技术的人格化,以操作技术为主要内容。

二是"物化"形态,表现为以实物为载体的,为实现某种目的的物质手段或物质手段体系的总和,集中体现在工具、机器、仪器、设备等要素上面。

三是"知识"形态,亦称书本技术或理论技术。它是以语言、文字、图形或符号等要素来表达的技术。一般体现为工艺、流程、程序、规则、规程、信息、图表等文献信息资料或技术专利文本。其特点之一是以抽象的方式存在于人化技术和物化技术之外,并对其他两种形态的技术发展具有指导作用;特点之二是可以供人们共享并反复使用;特点之三是易于保存、传播、研究和开发。

历史发展表明,传统产业技术发展与转型是推动传统农业国走向工业化的关键所在。一般说来,都表现为上述三种技术形态的转变。尽管其相互之间作用有主次先后,而且在不同国家不同区域有不同表现,但基本上都有一个渐次发展的过程。如在明清江南地区,这三种技术形态转变过程中,知识形态技术转型,特别是经验型技术上升到理论型技术的技术科学化过程,是整个技术转型的枢纽,明显地表现出"知识技术转型—技术主体转型—物化技术转型"的变化次序。

知识形态的技术一旦产生,便有可能导致近代技术教育的发展,从而对科学的技术化发挥前所未有的催化作用。17世纪英国的工匠传统和培根所倡导的实验科学,有力地推动了近代科学的实质性变革并使科学更加具有实用价值。在17世纪的英国,经验主义和功利主义渐渐成为教育的主调,职业技术教育迅速发展,从而大大推动了技术科学化和科学技术化的历史进程。科学家库恩《必要的张力》说:"人们所熟悉的科学活动的主要根基不在于学识渊博的大学传统,而往往在于已有的技艺之中,他们全部严格依赖于往往由工匠们帮助引进新的科学实验程序和新的仪器。"[2]这就是"默顿命题"[3]中的一项重要内容,即17世纪的工匠传统与实验科学开始结合并推动了近代科学发展,它一方面促成了长期分离的学术理论传统与工匠经验传统的联

〔1〕 刘满强:《技术进步系统论》,社会科学文献出版社,1994年,第1页。
〔2〕 [美]库恩著,纪树立译:《必要的张力》,中华书局,2002年,第116页。
〔3〕 [美]默顿著,范岱年等译:《十七世纪英格兰的科学、技术与社会》,商务印书馆,2002年。

姻,另一方面又促成了科学理论的技术化及科技主体的社会化运动。

西方发达资本主义国家历史显示,在相当长的时期内,科学在很多地方依附在哲学的传统上,技术则长久地依附在工匠的传统上。直到公元17世纪,这两种分离的传统才开始结合并进入互动过程,两者之间的关系才发生了质的变化。在早期工业化时期,经过长期积累的工匠传统及其技术经验不断总结提高,逐渐上升为理论科学,称为“技术科学化”;反过来,这种传统技术科学化的理论又指导专业技术,促进了炼钢、化工等技术产业化,出现了钢铁、化工等新的产业部门,推动了行业经济的快速发展,则称为“科学技术化”。无论是“技术科学化”还是“科学技术化”,都离不开经验型技术上升到理论型技术这个中心环节,说到底就是技术的社会化与理性化。因为技术无论作为实物(如工具、机器、装置等),还是作为观念(如技能、技巧、经验、知识等),或是作为过程(如发明、设计、制造、使用等),都是被社会介入的。只有被赋予了“工具”和“手段”意义的东西,才称其为技术。如同马克思所说:“科学、巨大的生产力、社会的群众性劳动都体现在机器体系中。”正是这些“社会的群众性”因素,才铸造了作为人工手段而存在的技术。或者说,是社会生产者意愿的合力造就了技术,而“人之所以运用技术手段来帮助自己达到目的,是求效的技术理性使然”[1]。现代社会,科学与技术关系越来越密切,甚至有时到了难分难解的地步,但是技术毕竟有着自己的特点,“科学技术化”必须以“技术科学化”为前提和基础。从人类创造知识的过程来讲,人类最先创造的不是科学,而是技术。

理论技术转型和物化技术转型都强调“技术科学化”与“科学技术化”中科技互化的过程。如何实现科学与技术互动互化?物理学家伽利略以科学家思维把当时哲学观念变成可以操作的科学方法,建立了真正意义上的自然科学,从而认识了许多对人类至关重要的自然现象和规律,为新技术产生奠定了基础,从此出现了超越经验和常识的技术群。新技术的发展又把科学推向新领域,这种互动过程从此延续下来。西方社会在经历了两次工业革命后,更加成为科技进步与经济发展互相结合、互促互进的典型。特别是19世纪中叶以后,西方国家与企业纷纷兴办工业研究实验室。德国化学工业中,普遍雇佣专业化学家,并形成研究生培养制度,从事工业管理和技术创新的研究开发工作,使科学开始从一门科学理论或某几门科学理论渗透到一种具体的技术理论中去,形成了新的“理论技术”(Theoretical Technology)。所以说,科学与技术互动中的技术科学化和科学技术化,是一个相辅相成的永恒提升的变化过程,总的取向是在技术实验和科学研究的基础上追求更加科学

〔1〕 肖峰:《论技术的社会形成》,《中国社会科学》2002年第6期。

的技术。

如果说近代科学的技术化是工业现代化的内涵特质,那么传统产业技术理论化则无疑是早期工业化的核心标志。传统工业技术的文本化是产业技术理论化的前提条件,它表明江南及其周边地区传统工业技术由经验形态向理论形态的转变,其主要内容是传统工业文献的形成及其科学内涵的增长。作为产业技术科学化的核心内容,传统工业技术的理论化具体表现为江南传统工业技术知识的文本化、法式化、则例化、数量化、数理化和学科化等要素的历史发展过程。

所谓文本化,是指产业技术理论在学科化之前以多种文本形式流传的过程。工业技术知识的文本化是产业技术科学化的主要标志,它表明传统产业技术由经验形态向理论形态转变,其主要内容是传统工业文献的形成及其科学内涵的增长。产业技术文本文献数量的增长是衡量产业技术理论化水平的刻度尺。中国工业文献到底有多少?拙作《中国传统工业文献的初步统计与明清江南工业著作的地域分布》〔1〕一文做过初步统计,20 世纪 20 年代前,除翻译西方科技书以外,现存中国传统的工业科技文献尚有 550 多种。其中,属于明代中期 1520 年以前的为 116 种,占总数的 21%;1520 年以后的 434 种,约占总数的 79%,是 1520 年以前的 3.7 倍。又其中,将 1520 年到 1920 年全国 434 种工业科技著作,分别扣除佚书、作者佚名,或无法查对籍贯,或姓名无考者,剩下 371 种。再在这 371 种(全国书数)书中,统计出作者为江南籍贯或在江南生活或写江南八府一州(苏、松、常、杭、嘉、湖、宁、镇、太仓等八府一州)之事的工业科技书有 209 种,占 1520 年到 1920 年全国 371 种工业科技书数的 57%,占江南及其周边地区 299 种工业科技书的 70%。可分为“器械制造业(含铸造业)”“建筑营造业”“水利工程业”“纺织印染业(含踹印、缫丝、刺绣等纺织辅助业)”“食品加工业”“车船业”“文具业”“陶瓷业”“综合工艺杂业”等九大系列进行专题研究。〔2〕

明清江南及其周边地区工业科技著作的形成途径,从作者身份上看,可分成官员、学者和工匠著作三大类。大抵中国历史上科技著作的产生都有这三种情况,一是政府官员,他们身居生产或科技管理岗位,勤于学习钻研,又

〔1〕 余同元:《中国传统工业文献的初步统计与明清江南工业著作的地域分布》,《明清时期江南社会史研究》,群言出版社,2006 年,第 1—52 页。明末已有西方工业科技书翻译介绍到中国,大约到江南制造局大规模译书,西方工业分类法才开始被中国学术界普遍接受,但到 20 世纪 20 年代中国建筑营造学社成立后采用工业分类法研究传统工业,还是土洋结合,以土为主,不过此时中国现代工业科技研究已成为独立的工学学科,主要标志有 1928 年上海商务印书馆出版《工程丛书》和其后上海商务印书馆出版《工学小丛书》(收录当时出版的工业科技书 120 多种)。

〔2〕 清末江南制造局翻译 40 多种西方工业书与北京古籍出版社 2002 年版王世襄先生收集的 70 多种《清代匠作则例》等未列入。

善于进行文字总结,因而取得重要的研究成果;二是文人学者研究工业科技并撰写理论专著;三是工匠因长期生产实践而积累经验,善于总结经验又具备文字书写条件,因而有专业技术著作传世。这也就是明清江南工业技术理论化的三个主要途径。

官员编撰,按照管理的对象不同,可以划分为两种。一种是针对某种行业或事务而编定的综合文献,如《河工器具图说》《铁模图说》等,即属于此种;另一种是集多种行业或事务于一体的类书,如《工部修辑军器则例》《军器则例》等,即属于此种。

学者著述,按照内容划分,此类文献可以划分为三种。一种为描述或考订性文献,如《后观石录》《食宪鸿秘》《车制考》等;一种是集多种行业于一体的类书,又称为博物书,如《农政全书》《长物志》等;还有一种是专门工业技术量化分析的文献,如《畴人传》《火器真诀》等。

匠人撰述,如《鲁般营造正式》《园冶》和《梓业遗书》等。工匠著作的出现,标志着工匠经验技术开始上升为理论技术,是传统工业技术理论化的核心标志。

另外,还有翻译西方的工业科技书与传教士所写工业科技书。这种引进的西方近代科技成果,直接应用到中国工业生产之中,促进了中国工业技术的现代转型,大大推动了中国早期工业化的进程。

所谓数量化,是指传统产业技术理论总结中数量的概数化和实数化。所谓概数是指工艺理论总结中简单而不确切数字的使用。如《髹饰录坤集·裹衣第十五·纸衣》中说:"纸衣,贴纸三、四重,不露胚胎之木理者佳。"[1]纸衣是指用纸糊在器物胎骨上上漆的做法。纸必多糊几层,以免将木纹透露出来。糊纸的层数,受纸质的好坏影响。原则是漆不能透过纸,以致使表面显得不滋润。概数化的规定使工艺操作更加灵活。所谓实数是指比较精确数字的使用。如《营造正式·卷二》"三架屋后连三架"中说:"造此小屋者,切不可高大。凡步柱只可高一丈零一寸。栋柱高一丈二尺一寸……间阔一丈一尺一寸,次间一丈零一寸。此法则相称也。"[2]又如"正七架三间""正九架五间堂屋"等多种房屋样式,这些样式中所规定的数据都是实数。"概数化"和"实数化"构成"数量化",它使工艺操作更加准确和灵活,大大提高了产品的质量。

所谓标准化,主要内容是"法式化"基础上的"则例化",即指某一行业技术理论在法式化基础上再以"则例"(标准)形式颁布、流传和使用。中国传统工匠在很早就重视运用数学方法设立规格并制定标准,《周礼·考工记》中百

[1] 王世襄:《髹饰录解说——中国传统漆工艺研究》,文物出版社,1998年,第161页。
[2] 宋应星:《天工开物》,岳麓书社,2002年,第207页。

工制作就有比例标准，宋代《木经》和《营造法式》更是集当时建筑营造"法式化"之大成。宋代哲宗元祐六年(1091年)，将作监编成《营造法式》颁行，曰《元佑法式》。明清建筑技术的则例化，以建筑设计标准、规范和有关材料、施工定额、指标规范化为主要内容，明确建筑等级制度、艺术形式及料例功限等。则例化是生产率提高与工艺水平提高的前提条件，是传统工业技术经济的基础。江南传统建筑技术理论化过程中，则例化主要出现在清代中后期，表现为建筑技术理论以"则例"(标准)形式使用和传承过程，它是江南传统建筑技术理论化的重要阶段。建筑技术则例化在清代江南非常普遍，反映出当时官式建筑技术对民间建筑技术的影响。这种影响表现在建筑技术的标准化和工程管理的科学化两方面。自雍正十二年《工程做法》颁行之后到乾隆时期，由于政府屡兴大工，陆续形成诸多则例。[1] 民间工匠为了施工方便，将工程经验和师徒传授的做法算法辑成文本世代相传。清代官府工程改变了明代由工部营缮司承办的旧规，临时派专员招营造厂承包，由官办改为民办。这些承包、联包、分包的大小营造厂，为了核算工本也积累了大量工程做法清册和图样。另外，供职内廷算房和样房匠师、小吏也抄录一些则例流传到民间。这些都是江南建筑技术则例化的发展途径，其意义是促使江南传统建筑技术在设计和施工方面标准化。

所谓数理化，是指技术客体在数量上的逻辑关系或在逻辑上的数量关系规律化。技术数理化中的数，不仅限于数字的简单记录和累计，更多的是考虑数量之间的因果联系及其对数学方法的运用，这种因果联系必须建立在技术客体内在运行规律的基础上。构成数理化的基本要素是数与理，数即是数学，理即是因果关系和规律模式。在技术数理化过程中，数与理的不同组合构成了数理化的三种主要类型：一是数在人为制定的规则中的应用(如中国古代建筑技术之中建筑模数、步架与举架的数量比例关系等)；二是采用几何方法对物体构型进行解释(如在《工程做法》中图例有明确的"比例尺")；三是数与近代物理学结合(如对建筑物构件的密度及其在抗压力、剪力等方面进行物理学解释)。技术数理化中的数，主要是考虑数量之间的因果关系以及对数学方法的运用，这种因果联系必须建立在技术本身内在运行规律的基础上。根据库恩的"范式论"，因果关系和规律即被认为是"公认的模型或模式"的规范或范式，而在科学实践中，它们是"需要进一步分析并具体化的东

[1] 民间则例抄本大多取材于政府"营造司""估料所"或皇家特定工程中的则例。民间私辑的匠作抄本从内容上分大致有五种：一分法，即建筑设计，以确定木、石构件尺寸；二做法，即有关工程原则，确定工料、估定预算；三则例，即有关工料、价值、材料定额；四查工簿，即工程项目清单；五销算簿，即工程报销清单。参见孙大章：《中国古代建筑史》第五卷，中国建筑工业出版社，2002年，第401—402页。

西”。[1] 产业技术中的数理关系属于范式的第二个层次,即“基本定律和基本理论”。[2] 因此,技术的数理化就是技术的范式化。数理化是科学化的具体表现,科学化是数理化的抽象概括。

所谓学科化,是指技术科学理论化的最终实现阶段,也是科学返归技术的开始。技术理论的学科化,必须完成自己的语言标准、学术规范和学科范式。虽然这一现象在明末清初便已出现,但作为技术理论化的最终标志却是清代中后期至清末民初江南产业技术的学科化。如清末民初建筑技术理论化过程中,建筑文献文本形成自己的规范用语和专门概念,它是江南传统建筑技术理论化的成熟标志。建筑技术文献中有关概念方面有了比较完整的界定,而传统建筑技术理论也逐步被划分到现代学科分类体系之中,以形成自己的专门学科,这是学科化的重要标志。其流传的方式不再限于抄本或私家著述,而是采用比较完整的教材进入专业教学之中。在清末实业教育体系里,建筑技术教学开始崭露头角。以职业技术教育为主要内容的技术理论学科化,不仅改变了专业技术的教育传承方式,而且使传统产业技术知识也得到了应有的保护和传承,大大加强了行业技术的完善。在技术学科化基础上开展的职业技术教育,培养新型技术人才去从事产业技术工作,就是上文所说的“科学技术化”。清末民初江南地区在进行“技术学科化”的同时,也开启了实业教育为标志的“科学技术化”进程,它是早期工业化社会开始向工业现代化社会发展的基本标志。

传统产业技术理论化,即工匠经验技术的科学理论化,本质上体现为“工匠传统”与“学者传统”开始走向结合。“经验特征的突出,同时也表明在知识活动中有深刻的工匠因素。因为按照常规,学者在主流上多占有理论,而工匠在主流上则更依赖于经验,这是与其所接受的训练密切相关的,工匠这一阶层很难享受到文字训练的权利与机会,因此必然会导致对经验的亲近和对理论的疏离这样一种结局,或者说必然会导致稀释理论浓度、增加经验成分这样一种结果。”[3]经验型技术向科学理论型技术转型的同时,技术主体也开始由经验型向经验与理论结合的素质型生产劳动者转变,从而实现传统工匠角色向现代技术工人和工程师角色的转换。

生产力的根本要素是有意识、有创造能力的人,它内在地包含物质生产力和精神生产力。产业技术理论化本质过程就是物质生产力与精神生产力

---

〔1〕 [美]托马斯·库恩:《科学革命的结构》,上海科学技术出版社,1980年,第19页。

〔2〕 范式是一种对本体论、认识论和方法论的规定,是科学共同体共同接受的一组假说、理论、准则和方法的总和,在心理上形成科学家共同信念。范式有三个层次,最高层次是世界观和价值观,第二是某一特定时代和特定领域基本定律和基本理论,第三是模式、技术或方法。

〔3〕 吾淳:《古代中国科学范型》,中华书局,2002年,第19页。

结合的技术经济化过程。如果说蒸汽机和电的发明与应用导致了物质生产力发展的第一次飞跃,那么信息技术和生物技术的发明与应用导致了物质生产力的第二次飞跃,这种飞跃不仅使物质生产力和精神生产力更紧密地结合起来,而且深刻地改变了精神生产力的功能和形式。一个以物质生产力为基础、以精神生产力为主导的物质生产力和精神生产力相互联系、相互渗透、相互转化的现代生产力系统的形成和发展,推动着人类社会从工业时代进入知识经济时代。中国古代工业科技的发展,到明代后期发生了新的变化,开启了技术理论化的历史进程。如果把区域社会发展当作一个历史过程,它便呈现较多的无规律性和不可预测性。但在历史实际中,早期工业化的过程与工业现代化过程,本质上就是技术科学化过程和科学技术化互动的技术经济过程。产业技术的理论化进程显示着传统社会向现代社会转型中区域经济发展的内在动力。所以说产业技术理论化研究,既是研究"技术科学化"与"科学技术化"的互动对历史时期社会经济发展的影响,又研究社会经济发展对"技术科学化"和"科学技术化"发展的反作用。

与此同时,中国科学技术史界一直热切关注"李约瑟难题",即所谓"为什么近代科学只在欧洲而没有在中国文明(或印度文明)中产生?"或追问"中国近代科学技术落后的原因是什么?""李约瑟难题"的一个潜在论断是认为中国古代只有"技术"而没有"科学",或者是说中国古代只有"技术史"而没有"科学史"。这一论断的错误之处在于割断了"技术—科学"与"科学史—技术史"之间的内在联系。事实上科学包含着技术的内容,技术体现了科学的原理,两者密切关联、互为因果。通过明清江南产业技术的技术理论化过程的研究,特别是对工匠专业技术著作及其科技内涵生成史的研究,揭示出中国文化背景下技术科学化与科学技术化的途径和规律,具有西方近现代科学技术发展史的不同特征,构成中国式近现代科学生成与技术发展道路,是"江南道路"的别生蹊径。

产业技术理论化的本质要求是产业技术理论的科技含量日益提高,这方面体现在明代中后期到清末民初四个发展阶段中,江南工业技术文献及其内容虽然形式上具有差异性,但本质上却具有内在的关联性。表现为:

明中后期:以产业技术文本化为主流。

明末清初:以产业技术数理化为主流。

清中后期:以产业技术则例化为主流。

清末民初:以产业理论学科化为主流。

文本化、数理化、则例化、学科化四者的差异性与关联性一体两面,虽然在不同时期有不同的侧重,但总体上呈现为前后相继和彼此互动。只有对这一现象进行区域科学技术史和区域社会经济史的综合研究,才能揭示江南区域领先发展的基本脉络。

通过产业技术理论化的多方面多视角研究，证明江南早期工业化发展在本质上是一个工业发展（即早期工业化）为主、工业科技进步为先、工业科技人力资源开发为本的社会历史进程；并说明早期工业化是明清江南区域社会经济发展的本质特征，传统工业技术科学化是江南区域工业化的基本动力和根本标志。技术主体的职业技术是随着社会历史发展而发展的，在不同的历史时期和不同的地域，它既有个性的差异，也有共同的时代特点。在前工业社会向现代工业社会转型初期，工匠是主要的技术主体。其经验性技术向科学性技术转变的趋势，哪怕只是一种萌芽状态的技术转型，实质上都是“科学”与“技术”互化（技术科学化，科学技术化，科技社会化）过程的开始。

可见，所谓科技是第一生产力，实际上强调通过技术创新来促进经济发展，首先要承认一些假设：第一，技术创新、经济增长与社会发展具有正关联性；第二，技术创新过程是一个技术科学化与科学技术化互动的过程；第三，技术与科学互动互化受其他区域因素制约。虽然微观和宏观经济数据都证明这些假设是正确的，但遗憾的是，一直以来，尚未有人对此做长时段区域发展的历史文化考察，也就是没有将它提高到决定区域持续发展中文化竞争力的高度进行研究，因而导致这些假设缺少区域发展的历史检验。历史唯物主义认为，生产力构成人类全部历史的基础。学界根据现代科学技术与生产力之作用机制，用下列公式表示科学技术同生产力各要素的关系如下：

生产力＝科学×技术×生产（劳动力＋劳动工具＋劳动对象＋生产管理）。这表明科学技术不仅是现实的直接生产力，而且在生产力诸要素中具有乘法效应和首要地位。19世纪末发生的第二次技术革命，是科学、技术、生产三者关系发生变化的一个转折点。如电磁学理论建立，先是通过科学实验探索出电磁学理论，通过促进电力技术的革命，并最终引发电力在生产中的广泛应用。在此之前，生产、科学、技术三者的关系主要表现为生产的发展推动技术进步，进而推动科学的发展。例如，蒸汽机技术革命主要是从工匠传统发展而来，在生产经验积累的基础上摸索出技术发明，然后才总结出热力学理论。以电力技术革命为标志的第二次技术革命以来，这种生产带动科学技术发展的情况发生改变，变成科学推动技术进步，再推动生产的发展。科学技术越来越走在社会生产的前面，开辟生产发展新领域，引导生产力发展新方向。

三、苏风化吴韵：江南近代技术经济兴起

关于苏州传统工艺品之历史地位和影响的研究，已有论著涉及。[1] 其中

---

〔1〕 巫仁恕：《明代平民服饰的流行风尚与士大夫的反映》，《新史学》（台北）第10卷和3期，1999年；林丽月：《大雅将还：从“苏样”服饰看晚明的消费文化》，《明史研究论丛》第6辑，黄山书社，2004年；朱栋霖、周良、张澄国：《苏州艺术通史》（上、中、下），江苏凤凰文艺出版社，2014年。

专论者，首推郑丽虹专著《苏艺春秋》和范金民论文《“苏样”、“苏意”：明清苏州领潮流》。前者认为“苏式”是以苏州为代表的一种工艺美术样式，产生于经济、文化高度发达的明代中晚期，明代文人称之为“苏样”，清代以后则称之为“苏式”；“苏样”原本多用来指苏州的服饰样式，后来所指范围日渐扩大，直至演变为“苏式”。〔1〕后者认为：“所谓苏意、苏样、苏式，就是苏州风格。流行四方，则各地唱‘苏州戏’，饰‘苏州头’，穿苏州样式服装，用苏州式样器物，行为举止如苏州人状，亦步亦趋，惟妙惟肖，尽量体现出苏州风格。”〔2〕拙作《明清宫廷与江南的文化互动——兼谈故宫学研究领域及方法》，2011 年 11 月在北京故宫博物院召开的“故宫学的范畴体系与方法学术研讨会”交流并收入大会论文集，其中论述了明清苏州工艺品牌及生活时尚在宫廷生活中的影响。2012 年 4 月 20 日，《苏州日报》刊发了《余同元：明清苏州曾引领宫廷时尚》的专题采访。此后，拙作《苏州之韵引领宫廷时尚——明清苏造苏作苏样苏式苏意进京入宫》一文刊载于《苏州文艺评论》2013 辑。〔3〕现在此基础上，参考学界已有成果，论述明代中后期开始，“苏”字头品牌产品兴起与“吴”字头品牌产品并驾齐驱，标志着江南近代技术经济兴起，说明苏州已形成近代品牌产业、时尚产业和创意产业中心；同时说明，明清苏造苏作苏样苏式苏意进京入宫与漂洋过海的主要历史意义，还在于它成为江南区域社会经济近代转型的重要标志。

1. “苏”字头品牌的近代含义

“苏造”：“苏造”是“苏州造”的简称，有狭义和广义之分。狭义“苏造”又称“苏州片”，特指苏州书画与古董的仿造业，简称古玩仿造业或仿古业。明清江南的书画与古董仿造，主要在苏州和扬州，形成大规模的作坊化产业。两地所产的仿制书画古董，世称“苏州造”“扬州造”，又称“苏州片”“扬州刀”。苏州古董仿制与造假的历史悠久。沈德符《万历野获编》卷二十六说：“骨董自来多赝，而吴中尤甚，文士皆以糊口。”表明苏州在明代中期就以古玩仿造出名，而参与作伪仿造的不少是文人学者，一般俗贾之古玩作伪仿造就更多了。钱泳《履园丛话》卷九说：“吴中既有伪书画，又造伪法帖，谓之充头货。”还有制造假碑帖者，先按拓本上文字写出来刻石，再将刻石做旧大卖。由书

〔1〕郑丽虹：《苏艺春秋——苏式艺术的起源与传播》，山东美术出版社，2009 年，第 3—20 页。

〔2〕范金民：《“苏样”、“苏意”：明清苏州领潮流》，《南京大学学报(人文社科版)》，2013 年第 4 期。

〔3〕余同元：《明清宫廷与江南的文化互动——兼谈故宫学研究领域及方法》，见故宫博物院故宫学研究所：《故宫学的范畴体系与方法学术研讨会论文集》，2011 年，第 285—310 页；《余同元：明清苏州曾引领宫廷时尚》，2012 年 4 月 20 日《苏州日报》高琪专题采访；《苏州之韵引领宫廷时尚——明清苏造苏作苏样苏式苏意进京入宫》，见朱栋霖：《苏州文艺评论》2013 辑，江苏教育出版社，2014 年，第 25—40 页。

画仿造业延伸出“苏裱”，又叫“吴装”或“书画郎中”，世称：“吴装最善，他处无及。”[1]苏裱大家兼有修复古旧书画特殊技艺，即使支离破碎、折皱残缺的书画，一经装裱即可起死回生。广义“苏造”指“苏州制造”“苏州铸造”及“苏州织造”及其品牌产品，如明清白酒制造业中的“苏三白”、清代苏州钟表制造业的“苏做”、玻璃生产业的“苏铸”、金属铸造业与器具制造业等等，都是“苏造”的重要内容。

“苏作”：《中国文物大辞典》和《中国民间美术辞典》[2]定义为“明清家具工艺中的苏州流派”或“‘明式家具’的代名词”。如《中国文物大辞典》曰：“苏作，中国明清家具工艺流派，指苏州地区制作的家具。”又如《中国民间美术辞典》说：“苏作，明代苏州地区木器家具制作业的简称。苏州是明式家具主要生产地，在清代流行‘清式家具’的时候，苏州地区生产的家具仍然保持着‘明式家具’的特点，因此人们往往用‘苏作’来作为‘明式家具’的代名词。”这两种定义只能作为狭义的“苏作”定义，即“苏作”就是苏式家具或细硬木明式家具的说法。但清代浙江巡抚纳兰常安在《受宜堂宦游笔记》中解释“苏作”说：

> 苏州专诸巷，琢玉、雕金、镂木、刻竹、与夫髹漆、装潢、像生、针绣，咸类聚而列肆焉。其曰“鬼工”者，以显微镜烛之，方施刀错。其曰水盘者，以砂水涤滤，泯其痕迹。凡金银、琉璃、绮、铭、绣之属，无不极其精巧，概之曰“苏作”。

这样把明清苏州所产构思奇巧、精雕细琢、灵气飘逸的工艺品称为“苏作”，是广义的“苏作”定义。今人通常将主要“苏作”产品分为“竹木制品”和“玉石制品”两大门类。此外，还有称为“姑苏作”的“苏作”，多指称“苏裱”。如《全蜀艺文志》卷五十六曰：“连四售者，连四一名曰‘船笺’，又有青白笺，青面白，有学士笺，长不满尺，小学士笺，又半之，仿‘姑苏作’。”

故宫藏苏式家具
“黄花梨如意云图纹圈椅”

〔1〕 陈元龙：《格致镜原》卷三十九，《文具类三》，《四库全书》第1032册，上海古籍出版社，1987年。
〔2〕 中国文物学会专家委员会：《中国文物大辞典》，中央编译出版社，2008年；张道一：《中国民间美术辞典》，江苏美术出版社，2001年。

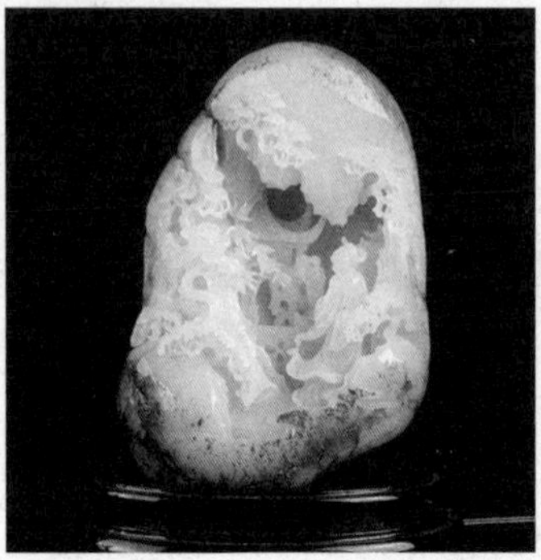

故宫收藏的“桐荫仕女图玉山子”

苏扇“清人避暑山庄图励宗万书诗成扇”

总之,“苏作”一般指称明清苏州工艺制作及其产品,实质是指出自苏州的技术高超的工艺时尚产业及品牌产品。

“苏样”:亦称“苏州样”,至晚明代中期已成流行语;至明末清初,其含义已由“服装样式”发展成为“生活方式的苏州样板”。如方弘静《千一录》曰:“万历壬寅,杭州府推官枷号一‘苏样少年’,众皆笑之,传以为快。凡样之始,皆知笑之是非之本心也。久则效之,不知其可笑矣。今之服妖,如所谓‘苏样’者,翩翩道上,莫知禁者。无论坊市细氓,即缙绅大夫袖仅纳手,若弯弓之为者。此何祥乎?”如冯梦龙《古今小说》中说:“头上带一顶‘苏样’的百柱鬃帽,身穿一件鱼肚白的湖纱道袍。”还有佚名《烬宫遗录》卷上曰:“周后籍苏州,田貴妃居扬州,皆习江南服饰,谓之‘苏样’。”[1]可见“苏样”最初指苏州服饰样式,后来所指范围扩大,成为时尚生活方式的“文化样本”。

明代中后期“苏样”流行是江南文化在苏州融合的结晶。《松窗梦语·百工纪》曰:“今天下财货聚于京师,而半产于东南,故百工技艺之人,亦多出于东南。”纳兰常安在《受宜堂宦游笔记》曰:“广东匠役,亦以巧驰名,是以有‘广东匠、苏州样’之谚。”清代《工程做法则例》载有“寿山福海苏式彩画”、“福缘善庆苏式彩画”等苏画的多种不同做法,亦称“苏样”。“苏样”之所以成为新潮代名词,主要原因是苏州传统工艺产品,不仅式样新鲜,而且技术艺术含量高。所以说苏州“百工技艺之巧”为他处所不及。

“苏式”:狭义的“苏式”是以苏州为代表的明清工艺美术样式,广义的“苏式”是明清时期以苏州为代表的好古尚雅崇奢和创意趋新求变的生活时尚。郑丽虹《苏艺春秋——“苏式”艺术的缘起和传播》[2]一书称“苏式”为“苏式艺术”或“苏式文化”,将“苏式”看作是“苏样”的扩展,认为与“京式”相对应的

〔1〕 明·方弘静《千一録》卷二十三,明万历刻本;明·抱甕老人《今古奇观》卷二十三,清初刊本;佚名《烬宫遗录》卷上,《民国适园丛书》刊,小琅環校,稽瑞楼本。

〔2〕 郑丽虹:《苏艺春秋——“苏式”艺术的缘起和传播》,山东美术出版社,2009年,第3—20页。

“苏式”艺术是中国传统艺术流变的结果，代表了明代以后中国艺术发展的主流方向。因该书对“苏式”源流言之颇详，这里不再赘述，仅补充说说“苏式”与“苏样”所指之区别。

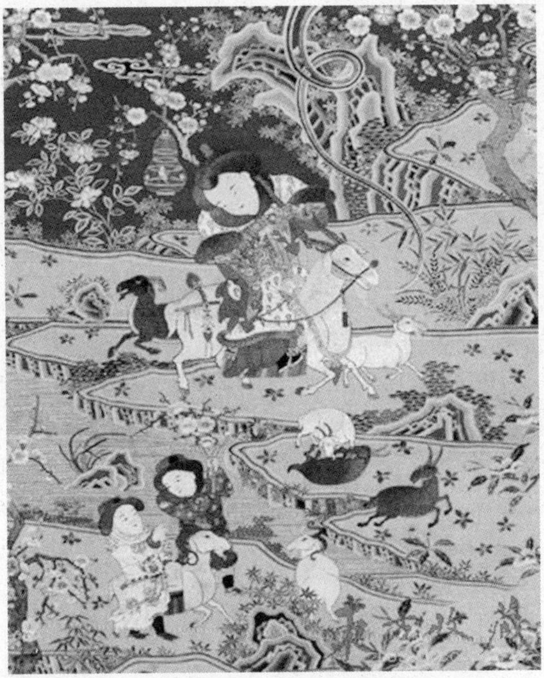

苏式“缂丝加绣九阳消寒图”

首先是“苏式”与“苏样”所指时间先后不同。“‘苏式’产生于经济文化高度发达的明代中晚期，明代文人多称之为‘苏样’，清代以后则多称之为‘苏式’。”[1]如《清续文献通考》曰：“顾绣乃苏绣之一种，相传明初有顾氏者，始创画绣之法，后世遂名顾绣，杭产乃‘苏式’，故属于‘苏绣’。”[2]

苏作“乾隆款脱胎漆香色地五彩西番莲纹佛日常明盘”

〔1〕 郑丽虹：《“苏样”与“苏式”——“苏式”工艺美术的含义》，《装饰》2008 年第 11 期。
〔2〕 刘锦藻：《清续文献通考》卷三百八十五，《实业考八》，民国景十通本。

其次是所指内容要素有别。“苏样”多指服饰式样延伸到建筑式样及相关各种工艺作品的苏州式样，强调新鲜时髦奇特。“苏式”所指内容更加广泛，包括整个工艺行业各类产品的苏州样式，强调技术质量和艺术品位，举凡服饰、建筑、琢玉、雕金、镂木、刻竹、漆、装潢、像生、针绣等各门工艺，苏州人都能极尽工巧，达到一种“鬼斧神工”的技艺水准。

第三是两者所代表的审美价值不同。“苏样”多指服饰款式或建筑风格上新鲜奇特的苏州样板性及其工艺内涵中时髦时尚的苏州文化样本性，如李斗《扬州画舫录》卷十七说：“诸彩色随其花式所宜，称花式以‘苏式’彩画为上。”“苏式”由苏州工艺审美的法式性扩大到苏州人尚古典、求高雅、适中庸的生活态度、审美取向以及因此表现出来的行为方式的时尚性追求。如明高濂《遵生八笺》中说“吴中之式雅甚，又且适中”。

总之，“苏样”是“苏造”与“苏作”的抽象，“苏式”是“苏样”的抽象。所以，“苏式”乃是明清苏州社会由传统向近代转型中出现的新型心态、世态、物态的抽象，如同顾颉刚先生论评弹的艺术特点一样，是抽象中的抽象。

“苏意”：奠基于“苏造”“苏作”基础上的“苏样”“苏式”和“苏意”，内涵互通互摄，外延彼此关联，同中有异，异中有同。大体而言，“苏样”重技术、重求新，“苏式”重艺术、重求雅，“苏意”重意境、重求异。具体说来，“苏意”又有褒贬双重含义。

先说贬义“苏意”，一般皆指苏州人只务虚名、不讲实际的浮华习气，包含三层意义。

一是晚明凡盲目赶时髦、出风头、求变革者均被讥为“苏意”。钱钟书《管锥编》考曰：

> 晚明常言“苏意”，谓虚浮无实，即“空头”之旨。《尺牍新钞》二集卷八周文炜《与婿王荆良》：“……来作吴氓，当时时戒子弟，勿学苏意。”周亮工《赖古堂集》卷一一《闽茶曲》第五首：“歙客秦淮盛自夸，罗囊珍重过仙霞。不知薛老全苏意，造作兰香诮闵家。”……“全苏意”即谓“全失本色”。……李渔《意中缘》第一一出阉人黄天监诨曰：“替做新郎忒燥脾，不费；洞房花烛尽堪陪，苏意。”“苏意”谓阉人娶妇，浪得虚名。[1]

二是把稀奇古怪的人与事物称为“苏意”。万历《建昌府志》曰：“迩来一二少年，浮慕三吴之风，侈谈江左，则高冠博袖，号曰‘苏意’。”明浮白斋主人《雅谑》“苏意”条：“一座中有麻城人脸麻者，与苏州人逊坐。麻城人曰：‘照苏意，苏坐可也。’苏州人曰：‘照麻意，麻坐可也。’相视不觉失笑。”[2]

三是把标新立异的人和事物称为“苏意”。明人薛冈《天爵堂笔余》曰：

[1] 钱钟书：《管锥编增订》，中华书局，1982年，第191页。
[2] 夏良胜：《建昌府志》卷一，明万历四十年刊本，台湾汉学研究中心影印，第28页。

"'苏意'非美谈,前无此语。丙申岁有甫官于杭者,笞窄袜浅鞋人,枷号示众,难以书封,即书'苏意犯人',人以为笑柄。转相传播,今遂一概希奇鲜见动称'苏意',而极力效法,北人尤甚。"〔1〕

再看褒义"苏意"。褒义"苏意"指明代中后期由"苏样""苏式"呈现出来的独具创意的生活态度、文化品位、审美取向及行为方式。明人吴从先《小窗自纪》曰:"焚香煮茗,从来清课,至于今讹曰'苏意'。天下无不焚之煮之,独以意归苏,以苏非着意于此,则以此写意耳。"其中"苏意"特指一种生活方式上古雅与奢华并重的价值取向。同是焚香煮茗,别人重内容与实用,而苏州人则重形式与意境。明文震孟《姑苏名贤小记·小序》:"当世言苏人则薄之,至用相排调,一切轻薄浮靡之习,咸笑指为'苏意',就是做人透骨时样。"所谓"做人透骨时样",实含有走在时代前列,做时尚弄潮儿的含义。

褒义的"苏意"还特指苏州工艺技术产品中所包含的复古与创新并重的技艺思想和文心匠镜。明人王士性遍游全国,论及苏州时说:"姑苏人聪慧好古,亦善仿古法为之,书画之临摹,鼎彝之冶淬,能令真赝莫辨。又善操海内上下进退之权,苏人以为雅者,则四方随而雅之;俗者,则随而俗之。其赏识品第本精,故物莫能违。又如斋头清玩、几案床榻,近皆以紫檀、花梨为尚。尚古朴不尚雕镂,即物有雕镂,亦皆商、周、秦、汉之式,海内僻远皆效尤之。此亦嘉、隆、万三朝为始盛。至于寸竹片石,摩弄成物,动辄千文百缗,如陆子匡之玉、马小官之扇、赵良璧之锻,得者竟赛,咸不论钱,几成物妖,亦为俗蠹。"〔2〕明代苏州成为产生"物妖"和崇尚"时玩"的城市。"物妖""时玩"这些新名词出现,并迅速传遍大街小巷,说明时人所崇尚乃至所享受的是一种不同于过去的新生活。

2. 吴韵入苏风标志着近代技术经济兴起

技术经济史主要研究技术进步与经济发展的关系及其变迁规律。重点探讨技术与经济如何相互作用,以正确认识技术进步与经济发展的互动规律。可分三大领域、五大层面:历史时期技术领域的经济活动规律,历史时期经济领域的技术发展规律,历史时期技术发展的内在规律;工程、企业、产业、区域和国家五大层面。

技术和经济是人类社会进行物质生产活动中,始终并存的两个方面,二者相互促进又相互制约。社会物质文化的增长、国民经济的发展,都必须依靠技术的进步和应用。近代技术进步促进经济效益提高,改变衣食住行,推动社会变革。明清时期江南区域技术传承领域、生产领域、流动领域、消费领域等经济活动过程中都开始呈现技术经济苗头。

〔1〕 薛冈:《天爵堂笔余》卷一,第89册,上海书店出版社,1994年。
〔2〕 王士性著、吕景琳点校:《广志绎》卷二,《两都》,中华书局1997年,第33页。

技术与经济具有密切关系。技术进步是经济发展的必要条件，人类社会的经济发展离不开各种技术手段的运用；而任何手段都必须消耗和占用人力、物力、财力等资源，都要考虑资源的合理分配。经济发展是技术进步的动力和方向，而技术进步是推动经济发展、提高经济效益的重要条件和手段。两者相互促进又相互制约。由于劳动工具、劳动对象和劳动者是构成社会生产和生产力的三个基本要素，因此技术就成为生产和生产力的主要因素。无论何种技术经济都有一个共同特点，那就是紧扣"技术"这一主体，呈现某一时期某一区域技术经济的运行过程和历史规律。现代科学技术与生产力之作用机制表明，科学技术不仅是直接生产力，而且在生产力诸要素中具有乘法效应和首要地位。

近代技术经济兴起，主要体现为"技术体系"与"技术结构"的变动。技术体系指社会中各种技术之间相互作用、相互联系，按一定目的、一定结构方式组成的技术整体。它是一种宏观的、社会性的整体技术结构，也是科技生产力的一种具体形式。技术系统和技术体系的英文译名都是 technological system，如果从各种技术之间的联系这个意义上理解，具有相似含义，但在实际使用中，两者还是有较大差别的。一般把从工程学或工艺学角度出发，与同一类自然规律及改造自然规律有关的相互联系的技术整体称为技术系统。例如水力发电技术系统就是利用水的势能变为电能的技术过程，它由水坝建筑、水轮装置和发电设备三种主要技术相互联系组合成为一个技术系统。技术系统是由技术要素组成的，不同的技术要素和技术要素的不同组合可以形成不同的技术系统。例如，劳动力、劳动对象、劳动工具三种技术要素组合可以形成经济学技术系统；价值、情报、生产、使用等要素组合可以形成社会学技术系统；主体、工具、控制、动力、材料等要素组合可以形成工程技术系统。

技术体系受自然规律和社会因素的制约。技术与技术之间的联系、作用受自然规律的影响。同时各项技术之间的联系又受到社会因素制约，因时代、地理、国家的不同，技术之间的联系方式便不同，如从能源技术与其他技术之间的联系看，有水力、煤、石油等能源与其他技术之间的联系，也有原子能、太阳能与其他技术的联系。所以在现实社会中，技术体系是一个极其复杂的纵横交错的立体网络结构。

19 世纪第二次技术革命，是科学、技术、生产三者关系发生变化的一个转折点。在此之前，生产、科学、技术三者的关系主要表现为生产发展推动技术进步，进而推动科学发展。如蒸汽机技术革命主要是从工匠传统发展而来，在生产经验积累基础上摸索出技术发明，然后才总结出热力学理论。第二次技术革命以来，科学推动技术进步，再推动生产的发展。如电磁学理论的建立，它先主要是通过科学实验探索出电磁学理论，通过促进电力技术的革命，最终引发电力在生产中的广泛应用。

R. K. 默顿(Robert K. Merton, 1910—2003)的博士论文《17 世纪英格兰的科学、技术与社会》(Science, Technology & Society in Seventeenth Century England),从社会经济学的角度另辟蹊径,提出"默顿命题":认为 17 世纪英格兰科学革命的重要原因是经济、军事和技术问题,首次对科学与技术进行了较为明确的区分,而且在科学研究方向的选择问题上树立了新标准,既排斥了庸俗经济和军事决定论,也排斥了否认经济与军事有任何影响的庸俗观点。默顿有关清教精神在科学中的作用、科学运行规范、优先权争论等研究,朱克曼对诺贝尔奖的研究、克兰对知识在无形学院中的扩散的研究、科尔兄弟有关科学界社会分层研究,加斯顿对科学界奖励系统的研究,"一起构成了把体制化的科学社会运行为研究重点的学派——默顿学派"。它以默顿为中心,以其博士生为主要成员,再加上广大相同领域和不同领域深受其思想影响的追随者共同组成。

拙作《传统工匠现代转型研究——以明清江南工匠技术转型与角色转换为中心》(天津古籍出版社 2012 年出版)专门论述了明清江南地区产业技术理论化的过程和表现,其中苏州最为典型。清末实业教育体系里,建筑技术教学开始崭露头角。以职业技术教育为主要内容的技术理论学科化,不仅改变了专业技术的教育传承方式,而且使传统产业技术知识也得到了应有的保护和传承,大大加强了行业技术自身的完善。在技术学科化基础上开展的职业技术教育,培养新型技术人才去从事产业技术工作,就是上文所说的科学技术化。清末民初江南地区在完成技术学科化的同时,也开启了实业教育为标志的科学技术化进程,它是早期工业化社会开始向工业现代化社会发展的基本标志。

3. "吴韵苏风"进京入宫和漂洋过海

明代中后期至清代,成为江南核心城市的苏州,不仅传统产业经济发达,而且以近代时尚产业和技术经济迅速兴起而形成"时尚首都",代表中国南方经济文化中心与中国"政治首都"北京彼此关联、遥相呼应。所以有"吴中实豪都,胜丽古所名""土物既繁雄,民风亦和平"[1]"人间都会最繁华,除是京师吴下有"[2]等说法,表明"苏造""苏作""苏样""苏式"与"京造""京作""京样""京式"的历史互动与互应。

进京入宫的主要途径有三:

首先是宫廷征用与皇家织造采办苏州品牌。早在北宋崇宁年间,朝廷就在苏州设立造作局,负责生产皇室器用。清朝,江宁、苏州和杭州设织造局合称"江南三织造",负责上用(皇帝所用)、官用(官员所用)、祭祀礼仪以及赏赐

〔1〕 高启:《吴趋行》,《高启诗选》,中华书局,2004 年,第 255 页。
〔2〕 佚名:《韵鹤轩杂著·戏馆赋》,转引自谢国桢:《明清笔记谈丛》,上海书店出版社,2004 年,第 91 页。

等所需丝织品和其他贡品，其中苏州制造局生产或搜罗的贡品即属“苏造”或“苏作”。苏州织造除了负责丝织品生产外，还负责为宫廷四处采办其他贡品，举凡彝鼎古玩、秘籍珍本、山珍海味及名优特产，都在搜罗进贡之列，

故宫藏苏绛工艺品“缂丝加绣三星图轴”

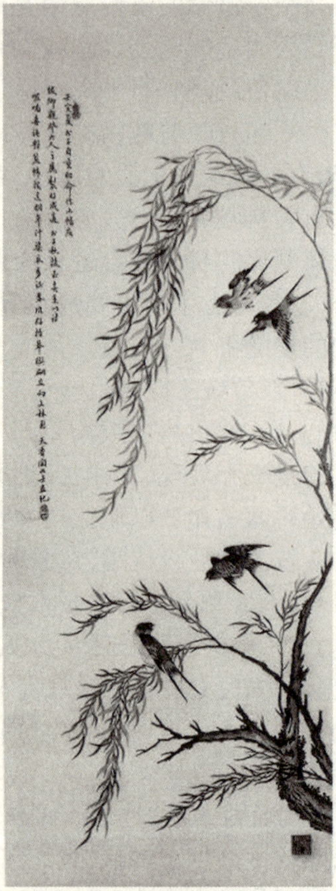

宫藏沈寿“苏绣柳燕图”

同时还要推荐苏州戏班名伶、丝竹、烹饪、画工、技师等进京入宫服务。

清代宫廷玉工多由苏州织造选送。明末“吴中工巧，模拟汉宋螭玦钩环，用苍黄、杂色、边皮、葱玉或带淡墨色玉，如式琢成，伪乱古制，每得高值。”〔1〕清代苏州玉匠进入内廷服务的称“南匠”，分“抬旗南匠”“恭奉南匠”“传差南匠”三种。随着“南匠”北上，苏州技术也传递到宫中。〔2〕苏州玉工分为宫廷玉作系统玉工和民间玉作系统玉工。宫廷玉作系统，包括由苏州织造选送到

〔1〕 高濂：《燕闲清赏笺》卷上，巴蜀书社，1985 年。

〔2〕 参见柏林马普学会科学史所与故宫博物院编：《宫廷与地方：十七至十八世纪的技术交流》，紫禁城出版社，2010 年。

宫廷造办处各作中的苏州玉工和招募到苏州织造内为宫廷制作玉器活计的苏州玉工。苏州玉工在宫廷大显身手，仿古玉“如式琢成，伪乱古制”，“时作玉”更是时出新意。

苏州织造署官员除采办御用器物之外，还要兼办皇帝美味菜肴。曹寅担任苏州织造时就注意研究苏式菜色，并把心得写成《居常饮馔录》一书，可知苏州织造须用心搜集、研究和筹备御用食品，所以袁枚说：“一席之功，采办居六。”曹寅妻兄李煦继任苏州织造，凡皇帝嗜好的火腿、碧螺春茶叶、腐乳、卤蛋、糟鹅蛋、小瓶卤菜、洞庭橘子、太湖茭白、长江鲥鱼、冬笋等苏州特产，都会不断进贡，其他各种“苏作”更是大量搜求。中国第一历史档案馆收藏清代《苏造底档》，记录宫中苏造铺网罗优秀厨师，制作苏宴以供御用，最终成就有名的“清宫苏宴”。

宫藏苏作“脱胎朱漆菊瓣式盖碗”

其次是苏州地方贡奉与上供特产。贡奉包括上贡与供奉。上贡是规定地方政府必须缴纳的物产，而供奉多属地方官员向宫廷贡纳的土特产品。明代地方贡奉物资统称为“上供物料”或“上供采造”。清代在上供与供奉品种和数量上又大为增加。贡品名目、数量因事因人而定。除年贡、万寿贡以外，还有端阳贡、中秋贡及皇帝出巡等报效献纳，远超每年常贡之例。如苏州金砖就是专供宫殿等建筑使用的高质量铺地砖，明代张问之曾撰《造砖图说》记载金砖制造工艺，《清代金砖档案》记载御窑金砖均由苏州地方官督造，产品送交宫廷使用。又如苏州官员帮助宫廷在苏州挑选伶人。顾禄《清嘉录》卷七载：“老郎庙，梨园总局也。凡隶乐籍者，必先署名于老郎庙，庙属织造府所辖,以南府供奉需人,必由织造府选取故也。”[1]嘉庆三年《梨园公所苏州正堂碑记》说:“历奉内廷挑选等事差徭,俱在庙公议承应。”[2]《圣祖五幸江南恭录》记载康熙第五次南巡期间,苏州官员就安排演戏达二十八次之多。再如清陈康祺《郎潜纪闻》卷四曰:“洞庭东山碧螺峯石壁,岁产野茶数株,土人称曰‘吓煞人香’。康熙己卯,车驾幸太湖,抚臣宋荦购此茶以进。上以其名不雅驯,题之曰‘碧螺春’,自是地方有司岁必采办进奉矣。”[3]

苏造“御窑金砖”

再次是个人进纳新产品。明代学者黄省曾《吴风录》有《苏人好行贿起家》一节,叙说“吴人好游托权要起家……家吴担石者,入仕二三年,年即成巨富,由是莫不以士为贾,而求入学庠肯捐百金图之,以大利在后也。”[4]康熙帝、乾隆帝曾多次南巡,其间沿途官员、乡绅和商人等均要敬献精巧物品。如有皇帝“心腹”之称的织造、关差、盐政等官员,非常了解皇帝的好恶,除在其所在地为宫廷购买该地所产的名优物品外,为讨好皇帝,购买皇帝喜欢的物品。在康熙、乾隆南巡苏州期间,苏州各级官员、乡绅纷纷进献苏州特产。进献礼品规模之大、品种之多令人咂舌。康熙四十四年第五次南巡时,康熙帝

---

〔1〕 顾禄:《清嘉录》,江苏古籍出版社,1999年。

〔2〕 江苏省博物馆:《江苏省明清以来碑刻资料选集》,三联书店,1959年。

〔3〕 陈康祺:《郎潜纪闻》卷四,中华书局,2007年。

〔4〕 黄省曾:《吴风录》,《笔记小说大观》第6编第5册,台湾新兴书局,1984年,第2877页。

故宫藏苏作“苏式屏风”

三月十七日抵苏，三月十八日苏州士绅彭定求等即赴行在叩贺万寿，进献长生果山景、樱桃肉山景、彩亭、烛酒、荤菜、蜜饯、小菜、果典等。直到四月十六日，官、绅、商要员络绎敬献，无不极尽能事。〔1〕 乾隆三十年第四次南巡之时，各种敬献远远超过康熙南巡。〔2〕 清《内务府造办处·贡档》有翔实贡单。从《贡单》上看，仿洋漆家具、雕填漆器、玉雕文具、真丝绸缎、象牙陈设及梳篦等都是苏州特产，不少被苏州地方官个人敬献宫廷。江浙盐商所进献贡品也时常委派人员赴苏州采办。贡品的种类非常丰富，既有绫罗绸缎，亦有古玩书画，还有钟表家具等当代精美的工艺品。乾隆二十六年，孝圣宪皇太后七旬万寿时浙江盐商吴玉如等进献玉器、铜器、瓷器81件。〔3〕

工匠入仕及技艺进宫也是吴韵苏风进京入宫的重要标志。明代中后期，江南工匠除籍入仕成为新现象，凭借技艺入仕的江南工匠人数激增，其中苏州工匠较多。〔4〕 如苏州工匠蒯祥，先后被提升为工部主事、工部右侍郎、工部左侍郎，去世后子孙承其技艺。清代从采办发展到造办，苏州工匠不少因进宫廷造办处而得以升官发财。宫廷造办分两处，一是专供宫中用度的养心殿造办处，一是内务府造办处，又称“匠作处”“百工坊”。不仅养心殿造办处集中各地优秀工匠，内务府造办处鼎盛时下设42个作坊，每个作坊都荟萃全国各地的能工巧匠。造办处南匠数目少则五六十人，多至百十人。“一个基本的事实是，乾隆时期绝大部分的南玉匠都是由苏州织造选送的苏州玉匠，凸显出苏州玉匠在宫廷玉器制作中的优势地位。”〔5〕

〔1〕 佚名：《圣祖五幸江南恭录》，见《近代中国史料丛刊初编》第55辑，台湾文海出版社，1985年。

〔2〕 中国第一历史档案馆藏：《江南节次照常膳底档》。具体参见余同元、何伟：《历史典籍中的苏州菜》，天津古籍出版社，2013年。

〔3〕 中国第一历史档案馆：《宫中朱批奏折》，《乾隆二十六年十月十八日浙江巡抚兼管盐政庄有恭奏为恭逢皇太后万寿商人吴玉如等敬备玉铜瓷器等赴京叩祝事》。

〔4〕 参见余同元《明清工匠除籍入仕与江南传统工匠现代转型》，《故宫博物院八十华诞暨清史国际学术研讨会论文集》，紫禁城出版社，2006年，第362—380页；《中国传统工业行业分化与明清江南工匠职业分工的发展》，《第十一届明史国际学术讨论会论文集》，天津古籍出版社，2007年，第283—301页。

〔5〕 郭福祥：《宫廷与苏州的交融——以乾隆时期清宫和苏州的玉器雕刻为考察对象》，2012年11月故宫博物院与苏州大学举办的“宫廷与江南学术研讨会”论文。

乾隆六十年间内务府造办处活计档已经全部系统整理出版[1],在每年活计档中几乎都有“苏州织造”专册,专门记录苏州为宫廷承办的各种活计及玉器制作。工匠进宫乃至入仕后,利用有利条件进行技艺总结,形成工艺程序理论,确定用工、用料的方法则例。如《扬州画舫录》说:“古丽成,苏州人,精宫室之制,凡内府装修出两淮者,图样尺寸皆出其手。又潘承烈字蔚谷,亦精宫室装修之制。而画得董巨天趣,又黄氏兄弟好构名园,尝以千金购得秘书一卷,为造制宫室之法,故每一造作虽淹淹之才,亦不能巧其所从。”[2]这些人既从事设计又进行理论研究,已属近代意义上的建筑技师。[3]

“吴韵苏风”不仅进京入宫,而且还大量漂洋过海。

苏州传统工艺产品出口由来已久,其中明清时期对日本商贸往来的记录最多,苏州大学教授黄锡之先生《历史上苏州的海外贸易》一文对此已有系统叙述。如崇祯十七年,一民间商船载员 212 人,自苏州起航去日本经商,带去丝织、土产、工艺等贸易品,值银万余两。部分苏州商人在日本从事贸易活动长达八九年之久,直到顺治九年才从日本回国。据《东华录》记载,康熙五十五年,苏州一地“造船出海贸易者多至千余”,而“回来者不过十之五六”[4]。明代参与对日贸易的很多商人都是苏州人。“吴之苏、松,浙之宁、绍、温,台闽之福、兴、泉、漳,广之惠、潮、琼,驵侩之徒,冒险射利,视海如陆,视日本如邻室耳,往来贸易,彼此无间。”有些人还因此移居于日本,更是将苏州人的文化生活直接带入了日本。“闻闽越三吴之人,住于倭岛者,不知几千百家,与倭婚媾长子孙,名曰‘唐市’。”

明代中国与日本除了丝绸贸易继续发展之外,一些书籍、纸张、书文房用具、染料、工艺品等深受欢迎。“其中,吴门画派的作品尤得日本人青睐,当时很多日本商人都来苏州重金购买文徵明、唐寅等的书画。与此同时,版画艺术尤其是苏州版也传到了日本,单是《日本藏中国古版画精品》一书就为我们提供了相当数景的明末苏州刊本古版。这些刊本多为日本内阁文库所载。”[5]明清苏州版画对江户时代影响很大,江户时期的长崎输入很多苏州版画。据成濑不二雄研究,苏州版画之输入,开始由于居住长崎的中国人对年画需要,随后因爱好者推广至日本各地,而且很快传入京都、大阪和江户等地。“宝历五年左右,圆山应举以《姑苏万年桥》为范本作眼绘、活动于享保年

---

〔1〕 中国第一历史档案馆、香港中文大学文物馆:《清宫内务府造办处档案总汇》,人民出版社,2005年。

〔2〕 李斗:《扬州画舫录》卷十二,江苏广陵古籍刻印社,1984年,第265页。

〔3〕 余同元:《明清工匠除籍入仕与江南传统工匠现代转型》,《故宫博物院八十华诞暨清史国际学术研讨会论文集》,紫禁城出版社,2006年,第362—380页。

〔4〕 黄锡之:《历史上苏州的海外贸易》,《海交史研究》1996年第1期。

〔5〕 李明:《清盛期苏州版画与江户时代浮世绘之比较》,《装饰》2003年第1期。

间的江户浮世绘师羽川冲信，模仿桃花坞木版年画《寿字吉祥图》制作了《寿字江户名胜》图。"[1]为什么很多苏州出口产品要通过长崎输往日本各地？因为在日本的历史中，1603年开始是江户时代，到1641年是日本所谓锁国体制的完成时间，之后只有九州西部长崎这个港口跟中国有来往，当时中国的船基本上都是从江南过来的。

东京大学东洋文化研究所大木康教授《明末江南的出版文化》，专门研究嘉靖至崇祯末年（实际是晚明时期）的江南出版业及其出口到日本的情况。书中认为唐宋时书籍传播到日本的耗时非常长，但到后来，尤其是万历以后，变成十几年、几年，最后变成一两年就过去了。书中还专门研究了明末苏州大作家冯梦龙的出版生涯。冯梦龙不仅出版了很多与科举有关的参考书，而且重点出版通俗文学书籍，包括戏曲、歌谣、小说、笑话集等，出版后都很快在日本流传。冯梦龙的《三言》也传到日本来，在日本有三种版本。江户时代有人喜欢读《三言》，留下了和刻本《三言》，不是翻译，完全是翻刻。当时中国文学书籍传到日本主要有两个通道，一是直接从江南到长崎再到日本各地，另一个是以朝鲜为中介。书中还写到钱谦益的书在日本也是到处都有，认为晚明是只要是在中国江南流行的书，很快就会传到日本。[2]

清代苏州与日本商业文化贸易往来更加频繁。范金民教授论文中专辟《东邻日本学苏州》一节，介绍清代苏州风物习尚对日本的影响。[3] 据王振忠教授研究，清代中期，日本的大洼行天吉将苏州人顾禄的《清嘉录》与日人中川忠英编著的《清俗纪闻》相提并论，对吴趋风土人情极为向往，曾说："予读顾总之先生《清嘉录》，艳羡吴趋之胜，梦寐神游，不能忘于怀也。"嘉庆二十年十二月二十一日，一艘中国船漂落到琉球中山朝统治下的大岛，琉球官方调查说："据装商汪小园等禁称，'园等系江南苏州府长洲县商人。'"另外，日本《内阁文库所藏史籍丛刊特刊》第三《视听草》四集之三，收录一份《唐土门簿》，是道光九年，来航长崎的中国商人所持的一份人名簿册，其内容反映了与该商人有关的苏州批发商之姓名与住址。[4]

4. 明清宫廷生活中"苏风"掠影

明清宫廷生活时尚中，处处流淌着苏州神韵。苏州香山工匠领导建造紫禁城，苏州金砖用于皇家建筑，苏州家具器用陈设在宫廷殿堂，苏州花石园林移入京城景观，苏州丝绸织造刺绣成为皇家衣饰，苏州烹饪技术进宫为宫廷

[1] 成濑不二雄：《试论苏州版画》，转引自李明：《清盛期苏州版画与江户时代浮世绘之比较》，《装饰》2003年第1期。

[2] [日]大木康著、周保雄译：《明末江南的出版文化》，上海古籍出版社，2014年。

[3] 范金民：《"苏样"、"苏意"：明清苏州领潮流》，《南京大学学报（人文社科版）》2013年第4期。

[4] 王振忠：《徽州社会文化史探微：新发现的16—20世纪民间档案文书研究》，上海社会科学院出版社，2002年，第542—543页。

办“苏宴”，苏州名医给皇亲贵胄号脉看病，苏州梨园子弟琴曲声腔在宫廷飘荡，苏州书画轴挂装裱在皇宫四壁，苏州玉工被选调进京雕琢传世珍品，苏州钟表进宫显苏州神韵，苏州陆慕泥盆盛着苏州蟋蟀给宫中带去娱乐。明清宫廷生活中，处处流动着苏州之韵。这里试以衣、食、住、行等日常生活和文学艺术、娱乐珍藏、医疗科技生活等为例，申述明清宫廷生活中的苏州因素。

一是宫廷时尚生活中的“苏式”与“苏意”。

“苏式”“苏意”首先成为江南时尚，然后才进京入宫。明张瀚《松窗梦语》卷四《百工记》说：“自昔吴俗习奢华、乐奇异，人情皆观赴焉。吴制服而华，以为非是弗文也；吴制器而美，以为非是弗珍也。四方重吴服，而吴益工于服；四方贵吴器，而吴益工于器。是吴俗之侈者愈侈。”[1]明王锜《寓圃杂记》说：“吴中素号繁华，凡上供锦绮、文具、花果、珍羞奇异之物，岁有所增，若刻丝累漆之属，自浙宋以来，其艺久废，今皆精妙，人心益巧而物产益多，至于人材辈出，尤为冠绝。”清李渔《闲情偶寄》说：“吴门新式，又有所谓‘月华裙者’，一裥之中，五色俱备，犹矫月之现光华也。”万历年间，思想解放、个性张扬的袁宏道曾任吴县令，他对于当时苏州时尚与苏意朦胧印象深刻。他在《虎丘记》中记述了中秋夜苏州人游虎丘的盛况，最精彩的是深夜歌唱之场面。“一箫，一寸管，一人缓板而歌，竹肉相发，清声亮彻，听者魂销。比至夜深，月影横斜，荇藻凌乱，则箫板亦不复用；一夫登场，四座屏息，音若细发，响彻云际，每度一字，几尽一刻，飞鸟为之徘徊，壮士听而下泪矣。”从开始“唱者千百”到最后“壮士听而下泪”，层层深入，情景交融，把读者引入一个若有所失又更有所得、充满幻想创意的时尚境界里。这无疑是一种“苏意”，一种充满艺术时尚的“苏意”。

苏作“乾隆脱胎菊瓣形朱髹漆盒”

清人《韵鹤轩杂著・序》曰：“士之事贤友仁者必于苏，商贾之籴贱贩贵者必于苏，百工杂技之流，其售奇鬻异者必于苏。”[2]史玄《旧京遗事》记载当时京城妇女“雅以南装自好，宫中流行尖鞋平底，行无履声，虽圣母亦概有吴风。”明人沈弘宇在《嫖赌机关》卷上曰：“房中葺理精致，几上陈列玩好，多蓄异香，广贮细茶。遇清客，一炉烟，一壶茶，坐谈笑语，穷日彻夜，并不以鄙事

〔1〕 张瀚：《松窗梦语》卷四，中华书局，1985年，第79页。

〔2〕 佚名：《韵鹤轩杂著・序》，道光元年坊刻巾箱本，见朱一玄：《金瓶梅资料汇编》，南开大学出版社，2012年。

萦心,亦不以俗语出口。这段高雅风味,不啻桃源形境。"达官贵人皆好"苏样"服饰,天启皇帝八妹尤好吴服,达到痴迷程度。徐坷《清稗类钞·服饰》云:"顺康时,妇女妆饰,以苏州为最好,犹欧洲各国之巴黎也。"

二是皇家服饰及宫廷御膳中的苏州之韵。

苏州织造丝织品种有绞、绸、锦缎、纱、罗、缂丝、刺绣等,上品多为宫廷珍藏。现故宫博物院所藏苏绣,如"刺绣迎薰繁实图""刺绣观音""绸绣蔬果""刺绣十八罗汉果""刺绣赤壁夜游图""刺绣牡丹雉鸡图""刺绣御制题桐荫玩鹤图""刺绣御制题松下听琴图""刺绣御制盛京赋""刺绣御笔热河考""刺绣乾隆御笔四得续论""刺绣牡丹绶带图""刺绣天竹水仙图刺绣柏菊八哥图""刺绣慈禧印松鹤图""沈寿绣柳燕图""金静芬彩绣榴花白头图""薛文华绣紫藤双鸡图"等,皆绝世精品。[1]

宫藏苏绣"孔雀羽采绣袍"

《御茶膳房档》档案资料中,清宫现存 5 347 件,整理为 85 册。[2] 主要由《宫中档案全宗》"杂件"中的《膳单》和《内务府全宗》中的《御茶膳房簿册》这两大部分构成。其中包含《江南节次照常膳底档》、《苏造底档》等多种御膳档案,及记录皇帝每日膳食及相关事务的《膳单》。《御茶膳房》档案中确切记有苏州厨师宋元、张成、张东官、沈二官、朱二官等人进宫,其中数张东官最为著名。张东官是苏州织造官厨,曾先后为苏州织造普福、西宁备膳,进宫后便成了乾隆御膳房最重要的掌勺者。在乾隆帝每日膳单中,第一道菜必署名张东官制作。乾隆皇帝居住在圆明园和避暑山庄等地,也都是由张东官备膳,他每做一道菜,几乎都会得到皇帝嘉赏。

三是宫廷建筑及家具陈设中的苏州之韵。

明清北京宫廷建筑样式,从宫殿、园林到陵墓,从设计到具体营造,从木作到金作,皆模仿借鉴苏州园林。表现为以下几方面:

第一,借鉴苏州园林素材在京城内外修建皇家园林。自清康熙二十九年正式营建畅春园起,清代皇家耗费了大量财力、人力、物力兴建了京西的香山、玉泉山和万寿山等三山以及依三山而建的静明园、静宜园、清漪园及其附近的畅春园、圆明园等著名"五园"(俗称三山五园),经康熙、雍正、乾隆等几代帝王的精心营造和扩建,到乾隆时期达极盛期。

---

〔1〕 故宫博物院:《经纶无尽——故宫藏织绣书画》,紫禁城出版社,2006 年。

〔2〕 郑南:《从〈御茶膳房〉档案看慈禧时代的宫廷饮食》,《社会科学战线》2009 年第 7 期。

苏作“养心殿套景包袱苏式彩画”

第二，直接把苏州园林翻版到京师。乾隆帝对苏州狮子林最为喜爱，乾隆三十六年四月下旨让苏州织造舒文将“苏州狮子林房间亭座山石河池全图按五分一尺烫样送京呈览，连狮子林寺亦烫样在内，照样不可遗漏”。然后在长春园和避暑山庄各仿建一座狮子林。这两座狮子林布局与原型十分相似，均采用“匚”形水池，西岸裁为直线，堂、楼、轩、榭、亭、桥等主要建筑基本与苏州狮子林一一对应，甚至开间数也大体一致，成为原型的最佳翻版。

第三，宫廷装修与家具配备以苏式风格为主。从北京故宫博物院所藏《雍亲王题书堂深居图》（又称《雍正十二美人图》）中也能看到清宫苏式家具陈设情况，被认为绘于康熙朝晚期的 12 幅屏风绢画，原来贴于圆明园内深柳读书堂围屏上。从画面里面的家具陈设看，就是江南生产的苏式家具，或是宫廷仿制的苏式家具。

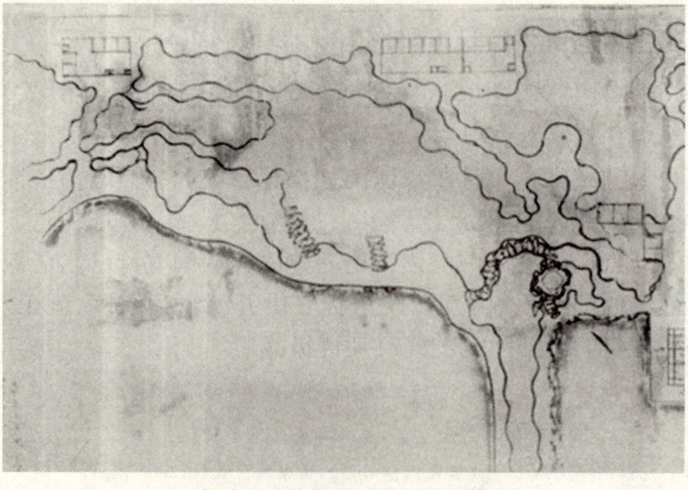

长春园“仿建狮子林平面图”

故宫收藏苏式家具“黄花梨卷草纹藤心罗汉床”

四是宫廷文艺戏曲及玩好珍藏中的苏州之韵。

在宫廷文学艺术娱乐生活方面，苏州因素同样独领风骚。戏曲表演与欣赏方面，一是苏州名伶进宫演唱，二是苏州戏剧道具进宫，三是皇帝南巡时苏州官员安排演出。杨士凝《捉伶人》诗曰：“江南营造辖百戏，搜春摘艳供天家。贿通捷径冀宠利，自媒勾致姑苏差。采香中使暂停毂，不劳官府亲擒拿。”[1]选伶进宫中常出现伶人私通钦差现象：“我朝宣宗最娴此戏，曾密诏苏州知府况钟进千个，一时语云：‘促织瞿瞿叫，宣德皇帝要’，此语至今犹传。”[2]宫廷书画收藏中苏州作品最突出。故宫博物院藏吴门画家作品400余件，涵盖了吴门画坛百余年发展历程。明代沈周、文徵明、唐寅、仇英，为吴门画派四大代表，其派系世代相传，绵延不断，其中文徵明的学生和子孙达30多人。“清初四王”“娄东画派”“虞山画派”“小四王”“后四王”等，都与吴门画派有渊源关系。

五是宫廷医疗及科技生活中的苏州之韵。

吴中名医入京进内宫行医，因医技高超升迁太医院院判、院使的也不在少数。据统计，吴中进京的御医不下百数十人，仅明代御医就有七十多位。昆山人卢志精医，弘治中应名医诏至京，擢太医院判，著有《医学百问》等书。吴医徐大椿曾两次奉召入京，成为乾隆朝著名御医。明、清两代“吴门医派”曾入仕太医院的名医就有63人。这些人中以徐大椿、潘蔚、曹沧洲最为著名。[3]

如清代“苏做”钟表进宫，至今仍在故宫博物院钟表馆展览。展览厅内，展出宫廷造办处钟表、苏州钟表、广州钟表三橱窗，以“苏州之韵”橱窗最耀眼。[4]

---

〔1〕 邓之诚：《清诗纪事初编》上册，中华书局，1965年版。

〔2〕 沈德符：《万历野获编》卷二十四，中华书局，1959年。

〔3〕 华润龄：《吴门医派》，苏州大学出版社，2003年，第85页。

〔4〕 参见故宫博物院钟表馆“苏州之韵”，《中国历史档案馆藏·陈设·库贮类》396项，《城内圆明园做钟处钟表细述清册》，郭福祥《关于清代的苏钟》，《故宫博物院院刊》2004年第1期，第67页。

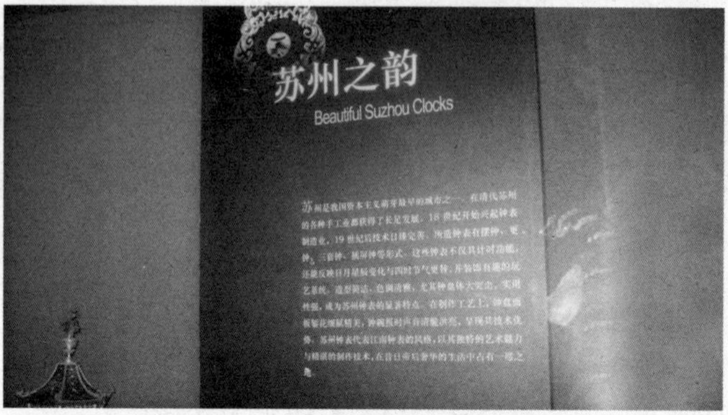

故宫博物院钟表馆“苏州之韵”展览〔1〕

苏州是江南的核心区域，具长三角太湖流域区位优势，享东南沿海三江五湖资源厚利。明清苏州经济发达，人才荟萃，时尚产业与技术经济异军突起，率先进入早期工业化社会〔2〕，产业技术、人文艺术及相关生产、生活方式引领全国时尚〔3〕，形成传统工业产业基础上的工艺创意产业和时尚之都，享有“江南之最”“东南之冠”“天下三甲”“状元之乡”“园林之城”“人间天堂”和“一二等富贵风流之地”等美誉，当它们整合成新的生活方式，就会构成“苏州之韵”的基本要素，最后上升到思想理论和审美信仰层次，完成了“技也进乎道”的过程。如学者张岱在《陶庵梦忆》中所说：

> 陆子冈之治玉，鲍天成之治犀，周柱之治嵌镶，赵良璧之治梳，朱碧山之治金银，马勋、荷叶李之治扇，张寄修之治琴，范昆白之治三弦子，俱可上下百年保无敌手。但其良工苦心，亦技艺之能事。至其厚薄深浅，浓淡疏密，适与后世赏鉴家之心力目力针芥相投，是岂工匠之所能办乎？盖技也而进乎道矣。〔4〕

明代文人王世贞则认为，苏作收藏成为时尚，是“吴人滥觞而徽人导之”，然后传入宫廷，形成潮流。“而其人至有与缙绅坐者，近闻此好流入宫掖，其势尚未已也。”〔5〕可见在明代中后期，“苏造”“苏作”“苏样”“苏式”“苏意”所构成的“苏州之韵”已然成为江南时尚的代表；到清代康乾盛世，苏州由时尚产业中心进而成为全国乃至国际时尚之都。

明代中后期，中国百工技艺及其时尚产业产品中，“苏”字品牌产品兴起，与传统的“吴”字品牌产品竞相流行而畅销天下，“苏作”“苏样”“苏造”“苏派”

---

〔1〕 2012年7月余同元摄于故宫博物院钟表馆。

〔2〕 余同元：《明清江南早期工业化社会的形成与发展》，《史学月刊》2007年第11期。

〔3〕 余同元、高琪：《明清苏州引领宫廷时尚》，《苏州日报》2012年4月20号文化专访。

〔4〕 张岱：《陶庵梦忆·西湖梦寻》，作家出版社，1996年，第37页。

〔5〕 王世贞：《觚不觚录》，《四库全书》子部第1041册，第440页。

等"苏"字头品牌产品已普遍流行，标志着苏州近代技术经济兴起，并说明苏州近代品牌产业、时尚产业和创意产业中心地位已然形成。伴随着苏州传统产业技术理论化及技术经济发展[1]，"苏造""苏工""苏作""苏做""苏样""苏式""苏意""苏派""苏铸""苏绣""苏画""苏裱""苏宴""苏钟""苏灯""苏白"等带"苏"字头产品名称层出不穷，与已有的"吴戈""吴甲""吴剑""吴钩""吴器""吴装""吴冠""吴锦""吴绫""吴娟""吴笺""吴扇""吴帻"等带"吴"字头产品相互唱和，引领潮流和时尚，是江南传统产业经济和社会经济近代转型的重要标志。

综上所述，明清江南产业技术理论化发展与江南近代技术经济的兴起，充分说明李伯重教授所说的"江南道路"[2]，不仅确实存在，而且于"斯密型道路"及"英国模式"之外别生蹊径。

---

〔1〕 参见余同元：《传统工匠现代转型研究——以江南早期工业化中工匠技术转型与角色转换为中心》上编，天津古籍出版社，2012年，第77—234页。

〔2〕 李伯重：《英国模式、江南道路与资本主义萌芽》，《历史研究》2002年第1期。

上编　明清社会的近代转型

明清社会近代转型及转型障碍[1]

本文论述明清社会转型研究理论的范式和明清社会近代转型开始的时间及标志,同时讨论明清社会近代转型的要素、过程、表现和障碍。笔者认为从明代隆庆年间开始,以"边禁""海禁""银禁"三禁开放为标志的中国传统社会近代转型进程已正式开启。江南区域社会已经出现从农业社会向早期工业化社会转型,从自给半自给的产品经济社会向商品经济和市场经济社会转型,从封闭半封闭社会向开放社会和全球化社会转型的趋势。整个转型之所以在清代曲折迂回,端在障碍众多,关键原因来自于当时内外环境的特殊性和农牧社会融合的缓慢性。

一、明清社会转型研究的理论范式

一般所说的社会转型特指传统社会的现代转型。明清社会近代转型,是指中国从传统社会向现代社会转变的初期阶段(即现代化初期,简称近代),是从农业的、乡村的、封闭的传统社会向工业的、城镇的、开放的现代型社会转型的早期阶段(英语中现代与近代同义,汉语中近代转型指现代转型的早期或初期阶段)。

社会转型的"转"是社会发展的一种状态、一种趋势,更是一个动态的过程,具有明显的时代特色和区域特色。社会转型的外在表现是指人类社会由一种存在类型向另一种存在类型转变,内在标志主要是指社会有机系统的结构转变过程,中心内容是以人为轴心的基本社会要素的转变,主要标志是经济、文化与政治制度的结构性转变。传统社会的近代转型是一个动态过程,是社会现代化的自然过程。这种转型总体上以建立现代工业化社会为基本目标,模式上表现为社会经济结构与社会组织结构的转变,本质上属于人的自觉与文化自觉的历史行为,同以人为中心、为目的的社会发展过程相一致,以促进人的全面发展和社会的全面进步为目标。它特别体现为三个方面的转变:社会经济领域由农业国工业化与农业产业化基础上的自然经济模式向市场经济模式转变;思想文化领域由封闭、单一、僵化的传统文化向开放、多

〔1〕 该文原刊于《江南大学学报(人文社会科学版)》2011 年第 5 期,《新华文摘》2012 年第 3 期第 161 页摘要介绍。

元、理性的现代文化转变；社会政治领域由专制集权制度向民主共和制度转变。

研究范式是运用已认可的知识体系、组织和解释方式处理未解难题的方针与解决难题的方法。美国学者库恩在《科学革命的结构》中对范式做出定义，强调在某一学科的研究实践中，科学工作者赞同的统一的哲学框架，有一致的理论重点，使用公认的方法程序，并用这些方法程序去解决那个理论框架中确认的问题，从而增加知识（即积累解决问题的知识），扩展理论。这些理论框架、方法程序、研究范例等都编入教科书——就是所谓的范式。一个科学共同体由使用同一范式的人组成，或者说科学家结合在一个研究领域并径直从那些尚未解决的问题着手研究，这样对已知问题的求解便是范式的核心。一个问题解决又引出另一个问题，如此带来科学进步。明清社会近代转型研究中主要存在封建晚期（或称帝国晚期）、近代早期（或称现代早期）、传统到现代的转型期三大理论范式。

1. 封建晚期或帝国晚期范式

将明清时期看作中国封建晚期，也称中华帝国晚期，又称前资本主义或前近代时期。讨论的中心论题是“中国封建社会长期延续”的问题，主要进行中国社会经济问题探源研究。[1] 与此研究范式相关联的有“明清停滞论”或“封建延续论”等西方中心论范式。旅美学者魏特夫说中国与西方不同，西欧的历史模式是前进的，而中国是循环缓慢的。美国学者伊懋可提出了“高水平平衡陷阱论”，认为中国宋代社会经济已经达到高度发达水平，宋以后就停滞不前了；明清时期只有量变没有质变，陷入了高水平的陷阱。20 世纪 70 年代以来，西方学者又提出了中国明清“有增长无发展论”，从而把“停滞论”提升到更高的理论形态。特别是美国学者黄宗智，提出明清社会经济“过密化与内卷化”，认为明清社会商品经济虽有发展但无质变。[2] 中国历史“停滞论”的表述多种多样，但共同点是认为中国古代社会稳定不变，自身不可能产生近代性因素，只有靠西方文明的冲击才能打破平衡状态，向近代转变。[3] 国内也有学者自觉或不自觉地呼应。

2. 资本主义萌芽与早期工业化范式

侯外庐、尚钺等学者肯定中国封建社会内部存在资本主义萌芽，但对什么是资本主义萌芽和何时产生资本主义萌芽有不同的看法。李文治、经君健、魏金玉《明清时代的农业资本主义萌芽问题》，许涤新、吴承明《中国资本

---

〔1〕 翁之庸：《中国经济问题探源》，台湾正中书局，1952 年。

〔2〕 周祖文：《十八世纪及其遗产》，《读书》2009 年第 7 期。

〔3〕 张显清：《近 20 年来关于明代社会变迁问题研究状况读书札记》，《中国史研究动态》2003 年第 4 期。

主义萌芽》,以及傅衣凌《明清社会经济变迁》等著作分别于1983年、1985年、1989年出版,认为中国资本主义萌芽是中国资本主义发展史的一部分,明代中叶(嘉靖至万历年间)东南沿海地区的农业、棉纺织业和丝织业等行业中出现了手工工场和雇佣劳动生产的资本主义萌芽,清代前期有所发展,鸦片战争后并未中断。[1] 近来有人对资本主义萌芽理论范式提出了反思和批评,李伯重认为它是中国史学界的"资本主义萌芽情结",从认识基础来说是一种"单一直线进化"史观的产物。[2]

近代早期论是现代化理论指导下的又一明清社会转型研究范式。[3] 作为发展社会学的现代化理论,代表人物有美国的M. T. 利维,以色列的S. N. 艾森斯塔特,他们将人类的历史总结为传统到现代的发展,认为人类的发展就是从传统到现代的过渡和转变。作为世界体系论的现代化理论是伊曼努尔·华勒斯坦提出的,他认为现代世界体系大约在500年前的欧洲出现,以资本主义贸易体系为基础,突破民族、国家的界限,成为资本主义世界经济体系——相互关联的中心社会、边陲社会和半边陲社会三个部分;资本运动就是边陲半边陲不断地将"经济剩余"转移到中心社会,是一种邪恶的龌龊的现代性,它使中心越来越富裕;边陲社会希望和平实现现行世界体系的现代化是很难的,人类只是通过社会冲突的道路才能实现现代化。[4]

3. 传统向近现代转型范式

学界从不同角度讨论的资本主义萌芽、早期工业化、早期近代化或早期市场化等问题,都强调明清社会转型首先是一种传统社会经济模式向近现代社会经济模式的转变,认为明清社会转型是一种由传统社会发展模式向近现代社会发展模式的转变,传统与现代并非绝对对立而是在一定条件下可以转化的。[5] 吴承明《市场·近代化·经济史论》认为近代化即现代化,主要内容是市场化。[6] 他把过渡到市场经济作为传统社会现代转型的主要标志,代替

---

〔1〕 尚钺《中国资本主义发生和演变的初步研究》(三联书店,1956年)以及许涤新、吴承明《中国资本主义萌芽》(《中国资本主义发展史》第一卷)(人民出版社,1985年)等皆主明清萌芽说。

〔2〕 李伯重:《"资本主义萌芽"情结》,《读书》1996年第8期;李伯重:《资本主义萌芽研究与现代中国史学》,《历史研究》2000年第2期;钟伟民:《资本主义萌芽问题研究的学术史回顾与反思》,《学术界》2003年第4期;黄宗智:《中国研究的范式问题讨论》,社会科学文献出版社,2003年。

〔3〕 [美]黄宗智:《中国研究的范式问题讨论》,社会科学文献出版社,2003年。

〔4〕 [美]伊曼努尔·华勒斯坦著,路爱国、丁浩金译:《历史资本主义》,社会科学文献出版社,1999年。

〔5〕 余同元:《明清社会转型概论》,见池子华、吴建华主编:《中国社会史教程》,安徽人民出版社,2009年;余同元:《明清社会近代转型述论》,见张显清主编:《第十三届明史国际学术研讨会论文集》,湖南人民出版社,2011年。

〔6〕 吴承明:《市场·近代化·经济史论》,云南大学出版社,1996年;林刚:《长江三角洲近代经济三元结构的产生与发展》,《中国经济史研究》1997年第4期;林刚:《关于中国经济的二元结构与三元结构问题》,《中国经济史研究》2001年第3期。

过去资本主义化标志，认为早期市场化是从16世纪开始的，这一转变过程迄今尚未完成。许檀认为，明清时期城乡市场网络的形成和发展，是中国现代化过程的重要内容。中国近代市场体系从明代中叶已经起步，鸦片战争后，侵略者选择的通商口岸都是原来重要的流通枢纽，他们不是创建了一个新的市场体系，而是利用和部分改造了中国原有的市场体系来为之服务。该范式强调社会转型过程中经济市场化的基础先行性，社会系统结构转化的内涵标志性和社会经济、文化、政治诸要素之整体形态全面转化的程序性。[1]

围绕市场化这个核心，传统社会系统的近代转型主要表现为相互联系的三个层面：其一是结构转化，即社会整体结构、社会资源结构、社会区域结构、社会组织结构以及社会身份结构等发生转化；其二是机制转换，即社会利益分配机制、社会控制机制、社会沟通机制、社会流动机制及社会保障机制等发生转换；其三是观念转变，即人们的价值观念发生转变，正在从过去重义轻利的观念向既重义又重利的观念转变，从过去重社会轻个人的观念向既重社会又重个人的观念转变。与三个层面的变化相应的，就是社会要素的变迁，即社会经济结构变动、社会政治体制转型和社会文化形态变迁，最后表现为发达区域社会整体的和全面的结构状态优先转变。它不仅意味着结构转换、机制转轨、利益调整和观念转变，而且意味着人们的行为方式、生活方式、价值体系都会发生显著变化。

西方从15世纪文艺复兴开始，经过科学革命、工业革命和社会革命进入近现代，但现代化理论则到20世纪50年代才出现。作为早期现代化的近代转型，是欠发达社会获得较发达社会主要特征的社会变革，这种变革渗透到人的价值观念与生活态度、信念、行动等各方面，是一种现代性成长的漫长过程。作为社会生活和心理结构表征的近代化，其现代性促进科学运用于生产过程，既是人们旧社会经济心理义务崩溃的过程，也是人们获得新社会化模式的过程，它使社会和个人各自获得科技知识并运用于日常生活。现代化理论一出现便成了新兴民族国家知识分子的理想和价值追求，同时也受到各发展中国家政府的支持，成为官方信息和意识形态。因此，有人将世界各国划分为已经实现现代化的现代社会和尚未实现现代化的传统社会两类，传统社会总是处在不断的现代化过程之中。可见传统社会向近代转型过程本质上就是现代化过程。

二、明清社会近代转型开始的时间及标志

多年来，中国历史教材把1840年鸦片战争作为中国近代史的开端。但究

〔1〕 许檀：《明清时期城乡市场网络体系的形成及其历史意义》，《中国社会科学》2000年第3期。

竟中国古代社会向近代转型从何时开始？学界存在诸多争议，主要有明代中后期、明清之际或1644年、1840年、1861年、1905年等多种说法。其中15—16世纪与19世纪中叶等说法最有代表性。

19世纪中叶开始说认为，中国近代化是在外国资本主义入侵的影响下产生的，所以是从鸦片战争开始的。这种划分法把1840年前后的中国社会经济结构变化截然割断。实际上，经济史分期的基本标志是经济因素的变化与生产方式的变革，其中关联性比差异性要大得多。〔1〕 15—16世纪开始说认为，中国传统社会近代转型的标志为明代中后期社会经济与思想文化方面空前的系列变化，即资本主义萌芽、市场经济萌芽、早期工业化、早期启蒙思潮等现象在东南沿海地区率先出现。此说的代表人物有侯外庐、尚钺、傅衣凌、吴承明等著名学者。

侯外庐认为明清之际社会转型开始的标志是早期启蒙思潮的出现，肯定在16、17世纪之交，中国历史正处在一个转变时期，有多方面的历史资料证明，当时出现了资本主义的萌芽，在社会意识上也产生了个人自觉的近代人文主义。〔2〕 尚钺《明清社会经济形态的研究》认为，明末清初中国社会内部资本主义萌芽的增长已经引起社会性质变化，使那个时代具备近代，即资本主义时代的许多特征。因此，划分中国近代的标志不在19世纪，而是16世纪。〔3〕 傅衣凌《明代江南市民经济试探》认为：在商品货币经济高度发达的明代社会里，多种经营经济更有助于商品的流通，而给商品的国内市场创造了可能出现的条件。〔4〕

近年出版的万明主编的《晚明社会变迁问题与研究》和张显清主编的《明代后期社会转型研究》，〔5〕都是研究15－16世纪中国社会近代转型的力作。张显清认为，在明成化、弘治与正德年间(15世纪中叶至16世纪初叶)，中国社会向近代社会转型的苗头已经出现；明嘉靖年间至明末(16世纪初叶至17世纪中叶)，新的近代社会因素更为普遍而显著地增长起来，向近代社会的转型开始启动。〔6〕

具体时间在何时？本文初步断定在16世纪中叶的隆庆年间(1567—1572

〔1〕 黎澍：《中国的近代始于何时》，《历史研究》1959年第3期；刘大年：《中国近代史研究中的几个问题》，《历史研究》1959年第10期。

〔2〕 侯外庐：《十七世纪中国社会和启蒙思想的特点》，《新建设》1955年5月；侯外庐：《中国早期启蒙思想史》，人民出版社，1956年。

〔3〕 尚钺：《明清社会经济形态的研究》，上海人民出版社，1957年。

〔4〕 傅衣凌：《明代江南市民经济试探》，上海人民出版社，1963年。

〔5〕 万明：《晚明社会变迁问题与研究》，商务印书馆，2005年；张显清：《明代后期社会转型研究》，中国社会科学出版社，2008年。

〔6〕 张显清：《晚明：中国早期近代化的开端》，《河北学刊》2008年第1期；张显清、林金树：《明代政治史》，广西师范大学出版社，2003年。

年)。16世纪中叶中国社会发生根本性的转变,有着深厚的国内外历史背景,突出表现为打破明初推行的“边禁”“海禁”“银禁”三禁政策。三禁政策很大程度上影响了当时商业与商人资本的发展。隆庆年间,商品货币经济获得了空前的发展,不仅影响到国内外税收政策的变化(主要是“银禁”的放开),而且直接推动了“海禁”和“边禁”的进一步放开,内地商人、边镇商人与沿海商人因此活跃起来,推动了中国早期市场经济的出现。所以,明代嘉靖至万历年间的政治经济改革中出现的“边禁”“海禁”“银禁”三禁开放,既是明清社会近代转型的社会背景和前提条件,又是明清社会近代转型开启的直接动力和核心标志。

1.“银禁”开放

明代中期商品货币经济发展,首先表现在商品生产方面,农业和手工业两个物质生产部门的分工、部门内部的分工、地区之间的分工有了很大的发展,特别是手工业内部分工愈来愈细。其次表现在交换方面,国内市场空前扩大,在原来大中城市商品交换一片繁荣的基础上,出现了一批工商业城市和新兴城镇,特别是大批工商业市镇勃兴,成为城乡交换的中介和商业中心,促进了国内统一市场的形成。不仅民间的生产资料和生活资料成了市场上的主要商品,而且民间贸易完全打破了政府禁止白银流通的规定。再次是边境和海上走私贸易日益猖獗。无论在边疆还是在沿海,朝贡贸易已越来越不能适应商品经济发展的需要,私人越境走私贸易的队伍日渐壮大。在长城沿线,边镇商人“多以铁货与虏交易,村井居民亦相率犯禁”。在沿海地带,“豪门巨室,间有乘巨舰贸易海外者,奸人阴开其利窦,而官人不得显收其利权”。“漳闽之人,与番舶夷商贸贩方物,往来络绎于海上。”由此可见,明初“抑商”政策中的“银禁”“边禁”和“海禁”皆已到了非全面打破不可的时候了。[1]

商税征收中的“本色”折银和货币白银化,在明代经历了较长的过程。早在洪武年间,印行大明宝钞,禁止民间贸易使用金银,商税征米或征钞,皆称“本色”。永乐年间又重申,用金银交易者以奸恶论。但没有钞本,政府滥发宝钞,很快钞值大贬,造成了极大的混乱,所以正统六年(1441年)允许赋税征银、开始逐步放开“银禁”。据《明史》记载,正统初年明英宗“弛用银之禁”,“朝野率皆用银”。到嘉靖年间,白银货币化过程已经基本完成。其中成化二十一年(1485年),实行“班匠银”制度,大大加速了税收征银的进程。至弘治元年(1488年),各税课司、局逐步将商税折银征收,规定银或钱钞兼收。弘治五年(1492年),叶淇变盐法,改开中纳粮为纳银,大大促进了“银禁”的放开。至嘉靖四十三年(1564年),国家停止大规模铸钱,使铜钱正式降为白银的辅

[1] 《明孝宗实录》卷一五〇;张燮:《东西洋考》卷七;《明经世文编》卷二四三;张时彻:《招宝山重建宁波知府凤峰沈公祠碑》。

助货币。[1] 隆庆元年(1567 年),明穆宗颁令:凡买卖货物,值银一钱以上者,银钱兼使;一钱以下只许用钱。这是在白银货币化潮流下颁布的明确法令,是明朝正式以法律形式肯定白银为合法货币,且用法律形式把白银的主币地位固定下来。万历九年(1581 年),张居正下令于全国推行"一条鞭法",规定赋役"计亩征银"。由是白银成了主要货币,举凡全国农、工、商税,官俸军饷,京库岁需,民间贸易,等等,无不用白银。

白银货币化与货币白银化打破了"银禁",方便了商人的商业活动,既标志着中国古代社会经济向近代社会经济转型的开端,又标志着中国主动走向世界并开启了经济全球化的航程。明代是中国历史上货币发展变动最大的时期,内部产生的白银货币化进程形成了强劲的发展趋势,不仅完成了货币体系的转变,而且引发了社会巨变。[2]

2. "海禁"开放

关于"海禁"的打破,说到底是对明初以来的朝贡贸易的革命。在"海禁"政策下,海外贸易不仅被政府完全垄断,而且政府规定了严格的贡期、贡船和贡使的人员数量,致使每次贸易数量和规模都很小。这样的贸易不仅满足不了海外各国越来越大的贸易要求,而且严重阻碍了中国沿海商民的商业活动。于是,一方面,外国因请求扩大贸易不成而"冒称入贡"和"漫不知禁";另一方面,明中叶后,中国的海商私自造船出洋贸易日益增多,禁不胜禁。史称:"在福建者,则于广东之高潮等处造船,浙江之宁绍等处置货,纠党入番;在浙江、广东者,则于福建之漳泉等处,造船置货,纠党入番。"这样,内外商人联合起来,便共同构成了反对明政府闭关政策的斗争。[3]

所谓嘉靖"倭乱"便是典型的事例,当时领导过平寇的官员茅坤说:"今之海寇,动计数万,皆托言倭奴,而其实出于日本者不下数千,其余则皆中国之赤子无赖者入而附之耳。大略福之漳郡居其大半,而宁、绍往往亦间而有之,夫岂尽为奴也。"[4]"海禁"实行的目的在于加强海防,结果反而成了海防大患。所以朝廷有识之士指出:"寇与商同是人也,市通则寇转而为商,市禁则商转而为寇。"被形势逼迫,明政府于隆庆元年(1567 年)开放海禁,"准贩东西二洋"。[5] "海禁"开放,海商贸易走向合法化,国家也增加了商税税收。

3. "边禁"开放

关于"边禁"的开放,永乐年间开设的辽东马市,正统二年(1437 年)开设

[1] 唐文基:《明朝对行商的管理和征税》,《中国史研究》1982 年第 3 期。

[2] 万明:《关于明代白银货币化的思考》,《河北学刊》2004 年第 3 期。

[3] 《明世宗实录》卷二;《明经世文编》卷二六七《广福浙兵当会哨论》。

[4] (明)胡宗宪:《筹海图编》卷十一《叙寇源》。

[5] (明)张燮:《东西洋考》卷七《税饷考》。

的大同马市,天顺八年(1464 年)开设的抚顺马市,成化年间增设的开原新安关市,嘉靖三十年(1551 年)开设的大同镇羌堡市、宣府新开口堡市等,皆为时开时闭的官市。自正统年间“土木之变”至嘉靖“庚戌之变”期间,明蒙战争不断升级,“边禁”政策也日益严厉。除了辽东马市常设以外,长城沿线其他各镇马市开设皆反复无常。到隆庆五年(1571 年)“俺答封贡”、明蒙互市后,长城沿线九边各镇普遍开设马市,马市市场增至 50 多个。隆庆和议,明蒙通贡互市后,马市市场不仅数量大增,而且性质发生了巨大变化。前一时期官办的“朝贡优赏贸易”至此变成了“华夷兼利”的民间自相往来的民族贸易。朝贡贸易发展为互市贸易,官市过渡到民市,在更大规模的民族贸易市场上,民族之间有无互通的市易占据了主导地位。随着明蒙之间马市市场的广泛设置,中原地区农耕民族与塞北、东北、西北地区的游牧民族之间贸易畅通,既是游牧政权以武力胁迫中原王朝通贡互市的结果,也是中原人民,尤其是九边边镇商民违禁走私贸易的公开化和合法化。更为重要的是,它表明明代的国内统一市场真正形成了。〔1〕

明代中期“边禁”和“海禁”的先后开放,是与当时商品货币经济发展、统一市场形成和商人队伍壮大互为表里、相辅相成的。宋应星在《天工开物》序中说:“滇南车马,纵贯辽阳;岭南宦商,衡游蓟北。”由此可见明代中后期各地市场之繁华。这些市场大致可分为三类:一是先后对外开放的沿海港口城市市场,政府曾设市舶司收取官税,如漳州月港、泉州、广州及宁波双屿港、香山县澳门港等;二是北边长城地带的民族贸易市场,又称马市、茶市;三是内地长江沿岸、大运河沿线的商贸市场及各省各地的各类贸易市场,包括全国性的大市场、区域性市场、一般城市市场和地方小市场,以国家设立的钞关城市和江南新兴市镇为典型。其时商人之活跃,主要表现在边地商人、沿海商人和内地商人三大队伍的壮大之上。

边地商人主要指参与马市交易的民族贸易商,他们分布在明代长城沿线九边地区和蒙古、新疆等地区。隆庆五年(1571 年)明蒙通贡互市后,长城沿线九边地区的马市市场广泛开设,官办马市逐渐向民办过渡,入市的商人日益增多,形成了庞大的边商队伍。《明史 · 王崇古传》载:“自此边境休息,东起延、永,西抵嘉峪七镇,数千里军民乐业,不用兵革。”各镇市场上,“官市毕,听民私市”。民市贸易迅速发展,规模不断扩大。沿海商人主要由东南沿海的走私商人和海盗商人组成,其在明后期发展壮大,以隆庆三年(1569 年)开放福建“海禁”为重要契机。明代“海禁”的放开,实则是中国沿海商民长期斗

〔1〕 详见余同元:《明后期长城沿线民族贸易市场》,《历史研究》1995 年第 5 期;余同元:《明代马市市场考》,《民族研究》1998 年第 1 期;余同元:《论中国历史上农牧民族的二元一体化》,《烟台大学学报(哲学社会科学版)》1999 年第 3 期。

争的结果,特别是海上武装走私集团迫使政府承认走私贸易合法化,于是才有了"易私贩为公贩"的改革。月港开禁后,获准领得船引的海商由此出海经商,沿海居民出海贸易人数从此大增,从1571年到16世纪末,开往吕宋的中国船只由每年三四艘增至三四十艘;17世纪初,中国沿海商民到吕宋经商者便达数万人。

明中后期内地商人队伍的扩大,时人张瀚在《商贾记》中有详细记述。其云:"四方财货,骈集于五都市,彼其车载肩负,列市贸易者……凡山海宝藏,非中国所有,而远方异域之人,不避间关险阻,而鳞次辐辏,以故畜聚为天下饶。"[1]张瀚的记录指出了明中后期内地商人阶层的活跃,同时吐露出这些商人的作用和影响在日益扩大。

明中后期商人队伍的壮大,最突出的特点是出现了颇具特色的商人团体——商帮。所谓商帮,是以地域为中心,以血缘、乡谊为纽带,以相亲相助为宗旨,以会馆、公所为其在异乡的联络、计议之所的一种既亲密又松散的自发形成的商人团体。明中叶以前,中国的商人活动中从未出现过很有特色的商人群体,大都处于有"商"无"帮"的分散经营状态,明中后期商帮的形成,正是当时商人队伍壮大、地位提高和商业竞争激烈的典型反映。[2]

三、明清社会近代转型的要素、过程与表现

1. 开启近代转型的关键要素

传统社会近代转型的要素有农业社会向工业社会转化,乡村社会向城镇社会转化,单一同质社会向异质多元社会转化,赋役货币由实物力役向货币税转变与货币白银化,科技层面上产业技术理论化与科学化,民族关系上由农牧对峙向农牧一体化转变,等等。这些转变要素之中,首先是社会经济各要素的市场化转变最显著,集中体现为东南沿海经济发达地区的早期工业化和中国北部农牧经济的二元一体化(即游牧社会经济农耕化);同时并行的是思想文化发展与科学技术进步。其次,人身关系与社会组织制度的变化尾随而来。

传统社会近代转型的主要途径大多表现为经济主导性的社会转型带动政治主导性的社会转型与文化主导性的社会转型。首先是从农业社会向工业社会转化,伴随着产品经济社会向市场经济社会转化、乡村社会向城镇社会转化、封闭半封闭社会向开放社会转化、同质单一性社会向异质多样性社会转化、伦理社会向法治社会转化等过程。这个过程是漫长的,甚至要几百

[1] (明)张瀚:《松窗梦语》卷四《商贾记》。

[2] 张海鹏、张海瀛:《中国十大商帮》,黄山书社,1993年;余同元:《明代商人与商帮》,《第八届明史国际学术研讨会论文集》,湖南人民出版社,2001年。

年才能完成。社会经济转型以社会经济结构转型为主,以农业、工业、商业之比例作指标。现代社会工商业比例较大,现代化就是从简单的贫困的农业社会向复杂的分化的和富裕的工业社会的发展。[1] 万明在《明代白银货币化》中指出,社会变动原因需要深入到极为复杂多变的社会内部去寻找,中国白银由贵重商品走向货币形态是在明代;白银货币化过程是中国社会经济货币化的过程,也是中国市场经济萌发的过程,它不仅是研究晚明社会的一把钥匙,而且证明了晚明社会变迁带有根本性社会转型的性质,是中国古代社会向近代社会转型的开端。[2]

社会制度转型中的变有量变、质变之别。量变是改良,质变则是改制。改朝和改制是两个概念,只有改制才是社会转型。改制亦有文改、武改之别。文改为变法,武改则为革命。社会政治转型是质变。中国的殷周时期、秦汉时期和明清时期分别为三大社会政治转型的改制时期。[3]

同时还伴随社会文化转型。社会有机系统转变过程虽然以社会经济结构变化和政治制度变化为外在标志,但其中心环节是文化转变,特别表现为人文轴心时代的再建。西欧近代化过程中的启蒙运动、文艺复兴与科学革命的作用,说明文化、经济、政治三大要素之中,文化起着最根本的作用。

2. 近代转型的主要过程

现代化是一个由传统社会向现代社会转型的整体历史过程,在这个整体过程中,建立在区域社会分工与专业化基础上的区域工业化是人们首先关注和研究的重点。作为区域近代化根本标志的区域工业化,一般都要经历早期工业化和工业现代化两个阶段。明代中期以后,江南纺织业等传统支柱产业从业人数空前增加,清中期以后江南工业更为发达,从业人员也更加众多,根据传统工业从业人口增长这一早期工业化社会形成与发展的关键标准,分期估算明中后期到清末民初江南传统工业从业人数,说明江南早期工业化社会形成于明代中后期的嘉靖、万历年间,此后到清末民初是江南早期工业化社会的发展时期。从科学技术驱动区域工业化发展的角度看,早期工业化过程与工业现代化过程,本质上就是技术科学化过程和科学技术化过程,由经验性技术或技术的经验形态向理论知识形态转变的明清江南产业技术理论化现象,是明清江南早期工业化持续发展的内在动力和根本标志。[4]

拙作《论中国历史上农牧民族的二元一体化》等论文论述了明清时期以

---

〔1〕[德]沃尔夫冈·查普夫:《现代化与社会转型》,社会科学文献出版社,2000年。

〔2〕万明:《关于明代白银货币化的思考》,《中国社会科学院院报》2004年第5期。

〔3〕唐德刚:《晚清七十年·中国国家转型论提纲》,岳麓书社,1999年;金耀基:《从传统到现代》,中国人民大学出版社,1999年。

〔4〕余同元:《明清江南早期工业化社会的形成与发展》,《史学月刊》2007年第10期;余同元:《传统工匠的现代转型》,《光明日报》2005年7月20日(理论版)。

“隆庆和议”(即“俺答封贡”)为主要开端的中原农耕社会与北方游牧社会二元一体化发展也是中国传统社会近代转型过程中的重要内容。[1] 张显清强调,判断一个社会是否发生了较大变化,是否发生了结构性变化,是否发生了转型,应该做全方位的、综合的与整体的评估,既要看其社会经济,也要看其阶级关系、社会生活、政治变革、思想意识、文学艺术和科学技术等。至明代中后期,新的近代社会因素更为普遍而显著地增长起来,它们首先出现在经济领域,然后引起阶级关系、社会生活、政治关系、思想意识、文学艺术与科学技术发生相应变化,传统古代封建社会已经发生局部结构性变换。

总之,传统社会“静如处女”,现代社会“动如脱兔”。由传统社会向现代社会转变的社会转型是一转百转的相关事物和制度的转型,它需要一个漫长的历史过程。特别是社会政治制度转变,一如唐德刚《晚清七十年》所云,中国不像英、法、德、意那样单纯的民族国家,是千百个民族融合之后的“汉语民族”(英语民族则至今未能形成),其转型有量变和质变的过程,量变为改良,质变为改制(改制,文改称改革,武改称革命)。第一次中国社会政治制度大转型是封建制变化为郡县制,从此变为“国家强于社会”这一帝国模式;第二次社会制度大转型便是秦汉帝国模式向现代社会转变,内容更加复杂,形式更为多样,所以此次转变比上一次转变时间可能会更长。

3. 近代转型的重要表现

首先表现为江南早期工业化与传统产业技术理论化。

无论是社会经济与社会政治变化,还是思想观念与文学艺术变化,在明清经济文化最发达的江南区域都集中体现为早期工业化社会的形成与发展。中国早期工业化社会形成于何时?学术界有多种说法。李伯重《江南的早期工业化(1550—1850)》一书认为,“早期工业化”所指时间是明代中后期到清代中前期;美国学者费维凯《中国早期工业化:盛宣怀(1844—1916)和他的官督商办企业》一书认为,中国“早期工业化”发生于晚清到民国初年;樊树志《明清江南市镇的“早期工业化”》一文,从丝、棉织品出口驱动的外向型经济所带来的巨额白银资本,江南市镇雇佣工人群体与劳动力市场的形成,地权分散化趋势与田面权、田底权的分离等方面,论证明清江南市镇的早期工业化;马敏《中国早期工业化的若干问题》一文认为,“早期工业化阶段,主要指1860年代至1949年的近代工业化,但往前可追溯到明清时期”。各家之所以

---

〔1〕 余同元:《论中国历史上农牧民族的二元一体化》,《烟台大学学报》1999年第1期;余同元:《明后期长城沿线的民族贸易市场》,《历史研究》1995年第5期;余同元:《清代中原人口北移与农牧经济二元一体化发展》,北京大学与故宫博物院联合主办《明清论丛》第6辑,2005年。

分歧较大，关键在于没有一个统一的标准。[1]

若根据传统工业从业人口增长这一早期工业化社会形成与发展的关键标准，分期估算明中期到清末民初江南传统工业从业人数，可知江南早期工业化社会形成于明代中后期，此后到清末民初是江南早期工业化社会的发展时期。从性质上看，明代嘉靖、万历年间开始的江南早期工业化，包含了人们常说的原始工业化阶段和工业化初级阶段，主要指在以动力机器为基础的近代工业产生之前，以商品生产为目的，以手工工具为基础，程度不同地在手工作坊、手工工场或在家庭内与农业生产相结合的工业生产时期。它是家庭手工业到现代机器工业的过渡形态。它与自给自足的家庭手工业的共同点在于它们都是手工业，都是手工形态的工业生产；不同点在于它是商品生产，属于市场经济，从一开始就是为了出售，而自给自足的家庭手工业则主要是为了自给，自给有余才出售。它与近代工业的共同点在于都是商品生产，区别在于它是手工生产，而近代工业是动力化的机器生产。原始工业化阶段和工业化初级阶段虽然有区别，但其共同的本质特征，除了都表现为商品性生产以外，还特别表现为工业生产者在工业生产过程中技术科学化(即经验型技术向科学型技术转变)与科学技术化(即科学理论转化为生产技术)的继承性和延续性。[2]

传统工业技术的理论化是早期工业化的根本动力和核心标志。所谓产业技术理论化，主要指明清江南及其周边地区工业技术的文本化与科学化，它是江南区域早期工业化社会发展的根本动力。如果说近代科学的技术化是工业现代化的内涵特质，那么传统产业技术的科学化则无疑是早期工业化的核心标志，具体表现为江南传统工业技术知识的法式化、则例化、标准化、数量化、数理化和学科化。一旦经验性技术或技术的经验形态向理论知识形态转变(简称技术科学化)，新的理论知识通过教育等手段转化为新的科学性技术(简称科学技术化)，传统工匠的生产技术便在这个双向互化的过程中实现了现代转型，其相应的社会角色也发生了新的变化。传统工匠技术转型首先是指工匠经验型技术向理论型技术转化的技术形态之间的转型，呈现出"生产—技术—科学"的序列关系，即所谓工匠经验技术的科学理论化。在近代前期的历史上主要是"生产—技术—科学"的序列关系(即技术科学化)，只有到了近代中期以后才开始有了"科学—技术—生产"的序列关系(即科学技

[1] 李伯重：《江南的早期工业化》，社会科学文献出版社，2000年；[美]费维凯著，虞和平译：《中国早期工业化：盛宣怀(1844—1916)和他的官督商办企业》，中国社会科学出版社，1990年；马敏：《中国早期工业化的若干问题》，《光明日报》2003年9月7日(理论版)；樊树志：《明清江南市镇的"早期工业化"》，《复旦学报》2005年第4期。

[2] 余同元：《明清江南早期工业化社会的形成与发展》，《史学月刊》2007年10期。

术化)。科学与技术互化是现代技术经济中科学技术与社会生产互相依赖、相互促进的前提条件,同时也是生产劳动者实现技术转型与角色转换的基本途径。

从明代中后期开始,江南地区产业技术理论化进程全面开启,而且从明末清初到清末民初呈现连续发展的势头。江南及其周边地区传统工业技术由经验形态向理论形态的转变过程,揭示了江南及其周边地区传统产业技术转型中的技术科学化和科学技术化过程及其发展的前期进程。这在《明清江南工业技术的文本化与理论化》等论文中已有详细论述。拙作《明末清初到清末民初:江南产业技术理论化的差异性与关联性研究》长篇论文,对明清江南及其周边地区几百种工业技术文献的生成及其作者、版本、内容等进行了初步的分期分类的研究,提炼其科学理论化内涵,分析其技术科学化的意义,论证了江南及其周边地区在明末清初和清末民初两个时期工业技术理论化的外在差异和内在关联性,揭示了明清江南区域由传统社会向现代社会转型的基本脉络。[1]

其次表现为经济基础与经济结构之变化。

近年来关于明清社会经济与文化转型的研究成果众多,系统论述以吴承明与张显清二人的研究成果为代表。吴承明在《16、17世纪中国的经济现代化因素与社会思想的变迁》中论述了中国16、17世纪的经济变迁、社会变迁和思想变迁三方面标志。张显清在《晚明:中国早期近代化的开端》一文中则全面论述了晚明早期近代化开始的各方面表现。其他分别就某一方面转变进行专门研究的学者很多,出版和发表了众多成果,分别从经济基础、上层建筑、思想观念与文学艺术等方面讨论了明清社会转型的主要表现。总括起来,主要内容如下:

第一,商品性农业以前所未有的规模和速度发展,引起农业经济和农村社会发生深刻的结构性变异。如16世纪开始推行的以佃权商品化和货币化为前提的押租制和永佃制,使佃农有完备的经营自由,并可出卖田面,导致经营权和土地所有权分离;传统社会经济结构的变异促使新的农业生产关系和经营方式出现,解放短工条例颁布,等级雇佣向自由雇佣过渡,出现了农业资本主义生产关系萌芽。

第二,手工业的历史性变革与发展。如官营手工业向商品化和民营化转变;新兴手工业勃然兴起并占据生产主导地位;形成苏杭丝织业、松江棉纺织业、芜湖浆染业、佛山矿冶业、景德镇制瓷业、铅山造纸业、石门榨油业与南京印刷业等著名手工业中心;民营手工业的新发展有力推动了商业繁荣、市场

---

[1] 余同元:《明清江南工业技术的文本化与理论化》,《张其凡教授荣开六秩纪念文集》,上海人民出版社,2009年。

扩展进程;主要手工业部门出现了资本主义生产最初阶段的手工作坊、手工工场或包买商。这些在江南集中体现为早期工业化的发展。

第三,赋役货币化与货币白银化。明中后期不仅开始赋役货币化和货币以银为本位,而且白银流通量和储存量剧增,货币权力空前增大;从事货币兑换、汇兑和保存的货币经营业应运而起;信用借贷需求旺盛,不仅生息资本剧增,借贷利率下降趋势出现,而且农业生产性借贷增多,生息资本与商业资本结合,部分生息资本向手工业资本转移;赋役、财政白银化导致隆庆年间开放"海禁"后大量白银内流,推动了货币经济发展。

第四,形成于16世纪的徽商、晋商等商帮为代表的大商人资本兴起,全国性市场形成,如商品种类增多,商品流通范围扩大;商人势力空前壮大,社会地位提高,地域性商帮形成;商人进行跨区域的大规模长途贩运和从事进出口国际贸易;一些商帮实施自由雇佣制、合伙制、伙计制及领本制等新的经营方式和劳资关系;部分商人将商业资本转向产业资本,经营手工业或商品性农业。

第五,资本主义萌芽与早期市场化进程开启。在16世纪苏州和杭州的丝织业、广东佛山的冶铁和铸造业、浙江崇德的榨油业以及江西铅山的造纸业中已有十人以上的工场手工业出现。资本主义萌芽不仅出现在丝织业、矿冶业,而且还出现在棉织业、制瓷业、造纸业、榨油业、印刷业、商业和农业。以往延续下来的城市、市镇与集市,无论是人口规模,还是工商业繁荣程度都超过了前代,工商业贸易中心的经济功能明显上升;一批新的工商业城市、市镇与集市蓬勃兴起,表明江南早期市镇化进程已开启。

再次表现为社会关系与社会风气之变化。

在民族关系方面,中国历史上农、牧民族社会出现二元一体化发展新趋势。以历代塞外游牧人口南移和中原农耕人口北移及农、牧人口的叠移为前提,以农、牧民族的经济共生关系特别是民间自由贸易关系的发展为动因,以历代长城文化带的演变,尤其是它的过渡功能和内边疆形态的变化为脉络,以明末长城地带民族贸易市场的兴盛和清代"满汉一家"政策的颁行为驱动力,长城内外农、牧社会经济二元一体化发展,既是中华民族多元一体格局形成的核心内容,也是明清时期社会近代转型的重大标志。〔1〕在阶级关系方面,晚明社会基本矛盾和主要阶级关系虽未发生根本变化,但已出现了具有近代资本主义劳资关系萌芽性质的农业雇工经营者与农业雇工之间以经济契约为纽带建立起的新型的农业雇佣关系,工商业城镇的发展和城镇人口的增加导致中国历史上的市民阶层开始出现。社会关系变化必然体现到社会

〔1〕 余同元:《论中国历史上农牧民族的二元一体化》,《烟台大学学报(哲学社会科学版)》1999年第3期。

政治方面，政府改革运动、民间党社运动和市民运动都在明后期蓬勃兴起，构成社会政治新气象，孕育出了某些带有近代政治色彩的新因素。

作为社会风气变化的标志，明中后期以贾代耕和弃儒从商风气的形成也有多方面的表现。

表现之一是轻本重末和弃学经商风气的形成。以徽州府而论，弃农经商的风气自正德末、嘉靖初年开始形成，至万历年间进而出现了“轻本重末”“以贾代耕”的局面。在社会下层舍本逐末的同时，社会上层知识分子也开始弃儒业贾和弃学经商。士子或以儒而贾，或以贾而儒，或左贾右儒，或儒贾结合，早已视商贾为“第一等生业，科第反在次者”。甚至一邑之士人业贾者常达十之七八。〔1〕

表现之二是价值取向变化。如一些文人喊出“治生尤切于读书”的口号，将读书、治生相结合，追求名利双收的人生。所以当时人总结说：“夫贾为厚利，儒为名高。夫人毕事儒为效，则弛贾而张儒；一张一弛，迭相为用。”〔2〕如果将这种理想同“官本位”价值取向结合起来，便是后人所说的“官官商商，商商官官”，大抵为官不成便经商，经商不景气便做官，业“儒”不过是官商互动之桥梁而已。

表现之三是重商思潮出现。如王阳明提出“四民同道而异业”的“新四民论”，李梦阳提出“士商各守其业，异术而同心”理论，李贽论证重利求财是人的本性，张居正提出“厚商”“资商”主张，最后到黄宗羲那里便形成了“工商皆本”的思想。

此外，还表现为思想观念和文学艺术之变化。

与此同时，明中后期兴起了突破传统观念束缚的思想大解放。如16世纪阳明心学思潮与反传统思潮兴起，17世纪实学思潮与早期启蒙思潮兴起。宋明理学吸取非儒学思想使自身理性化（李约瑟称之为化）而形成新思想体系（又称新儒学），反传统思潮以批判为主，在批判中迸发出若干新思想因素。王艮的“尊身立本”“爱身如宝”论，李贽的“人必有私”“穿衣吃饭即是人伦物理”论，都闪耀着近代人本主义的思想光辉。在充分肯定自我与人的欲望的前提下，伦理观、财富观、权威观与政治观都在发生变化，呈现着近代人文主义色彩。黄宗羲对君主专制的批判和对开明君主制的设计，更是那个时代新型政治思想发展的高峰。吴承明指出，所有社会经济变迁，上升到最高层次上都要受占统治地位的文化思想所制衡（conditioned），此制衡有二义，一是不合民族文化传统的经济、制度变革往往不能持久；二是文化思想变革又常是

〔1〕 万历《歙志》《风土》《序五》；汪道昆：《太函集》卷十六、卷十四、卷十七；王世贞：《州山人四部稿》卷六十一《赠程君五十叙》；何良俊：《四友斋丛说摘抄·正俗》。

〔2〕 万历《歙志·货值》；陈确：《陈确集》卷五；蔡羽：《辽阳海神传》；汪道昆：《太函集》卷二十五。

社会和制度变革的先导，这种先导在思想史上称为“启蒙”。17世纪的启蒙思潮是建立一种全新思想体系，以代替宋明理学，这种新思想体系走上“经世致用”或实学的道路。[1]

明中后期，公安派、竟陵派诗文兴起和市民通俗文学繁盛都具有全新的意义。以小说、戏曲和市井民歌为主要形式的反映城镇商业手工业繁荣，反映市民阶层和广大民众、下层知识阶层生活及思想情绪、审美观念的市民通俗文学构成了明后期文学艺术的主要特色。徐渭、李贽、汤显祖、袁宏道与冯梦龙等文学巨匠提出了具有近代人文启蒙性质的文学理论，反对传统礼法束缚，宣扬人的个体价值，鼓吹人性解放与个性自由；追求“本色”“率真”与自然，反对伪饰矫作和刻意模拟古人；推崇新奇，不拘格套，开创积极浪漫主义新风。

四、明清社会近代转型的障碍

从世界史或全球史的立场看，明初中国专制王朝国力的鼎盛时期正是欧洲黑暗的中世纪，西方透露出的资本主义曙光与明中叶以降中国社会新旧交替的冲动几乎同时。“西方的兴起，英国资产阶级革命的成功，正是中国的明清之际，西方文明赶上东方文明，中国从先进到滞后，就是在这一时期内开始发生的。”[2]所以说，明清易代是中国近代化迟滞以及中国从先进走向落后的转折点。[3] 关于明清社会转型的障碍及其曲折缓慢原因的研究，最初是讨论中国封建社会长期延续的原因，[4]后来变为探讨明清资本主义萌芽发展缓慢的原因，近来学者多从社会经济发展中寻找根源，重点研讨早期工业化与早期市场化发展缓慢的原因。近年来，主要从内外环境的特殊性，专制制度政策的落后性、传统农业经济结构的单一性、科学技术的落后性和思想文化的保守性等方面加以寻找。

关于清王朝专制制度与统治的落后性，不少人看作是明清社会近代转型的主要障碍。一方面，政府与民争利，实行重农抑商与闭关锁国的政策，严重阻碍了社会经济的发展；另一方面，等级特权制度及其所造成的政治腐败导致社会动荡，阻碍了社会转型的进程。张显清认为，封建等级特权制度是造成封建社会社会矛盾与阶级矛盾全面激化、财政危机与社会危机全面爆发的根本性体制原因。这些论点近来已受到不少挑战，如香港梁柏力《被误解的

---

〔1〕 吴承明：《16、17世纪中国的经济现代化因素与社会思想的变迁》，《中国的现代化：市场与社会》，生活·读书·新知三联书店，2001年。

〔2〕 陈支平：《明代后期社会经济变迁的历史思考》，《河北学刊》2008年第1期。

〔3〕 毛佩琦：《明清易代与中国近代化的迟滞》，《河北学刊》2008年第1期。

〔4〕 白钢《中国封建社会长期延续问题论战的由来与发展》对1983年以前有关讨论进行了详细总结，收集了专门论著224篇，分为四个论战时期进行了全面介绍。

中国：看明清时代和今天》一书中就有“中国究竟何时落后于西方？”“明清之际的中国是否闭关锁国？”“重农抑商还是官商合作？”“市场经济落后还是资本主义萌芽？”等章节，对已有的权威说法进行质疑和驳论。但其中专制统治的腐败导致社会矛盾激化和国力衰败是不容置疑的。到明中后期等级特权肆虐，纪纲废弛，机体瘫痪，吏治败坏，贪贿公行，贫富差距不断拉大，一方面激化了社会阶级矛盾，酿成全国范围的社会大动荡；另一方面，削弱了对后金地方割据势力发动的掠夺战争的抵御能力，使社会经济惨遭破坏。加上商品货币经济发展带来负面冲击，政治腐败愈演愈烈，商品法则、金钱关系不仅支配着社会经济生活，而且还充斥于政治领域，统治阶级的贪婪欲望日益失控，无限制地掠夺财富，导致社会资源和利益分配极度失衡，贫富悬殊极度加剧，社会阶级矛盾空前激化。明末农民大起义持续 20 年，明清战争持续近 30 年，这二三十年蔓延不断的战火和动荡，对社会经济的发展，对明后期出现的社会转型趋势形成严重障碍。

同时，经济结构单一性与思想观念保守性也被看作是明清社会近代转型的主要障碍。傅衣凌认为，中国传统社会经济结构具有早熟又不成熟的二重特征，它包容多种生态环境、历史发展背景、经济文化发展程度等各不相同的民族与区域于一体，互为补充、互为牵制，有其他社会所无法比拟的适应性和弹性。[1] 明代中叶以后开始的原始工业化为什么没有成功而且迅速退潮呢？从根本上说，这与中国传统社会多元结构的影响和制约密切相关。[2] 陈平认为，单一小农经济结构是我国长期动乱贫穷的病根。中国地形复杂，全国分割为许多大大小小的经济自给区。由于受地理环境的影响，中国历史上长期农、牧分区，北部地区游牧民族与中原及其以南的农耕民族，由于社会经济上的差异性，彼此对峙分合，造成了长期双轨并行发展局面。筑长城虽然是基于军事上的考虑，但在客观上强化了单一农业的封闭体系，阻止混合经济的发展。单纯游牧经济是极不稳定的经济结构，以放牧、劫掠为生的民族具有极大的流动性，历史上的亚历山大帝国和伊斯兰帝国都是短暂的军事行政联合，很快就归于瓦解，只留下部分稳定的已开发的农业区，如埃及和叙利亚。单一小农经济是超稳定的经济结构，这是中国尽管动乱频繁，却始终维持一个军事专制的封建帝国的重要原因。历史上以游牧为生的鲜卑人、金人、蒙古人、满人等少数民族几次入侵内地，最后都从军事贵族转化为农业地主。其主要原因不在儒家文化的影响，而在于生态破坏是难以逆转的历程。[3]

---

〔1〕 傅衣凌：《中国传统社会：多元的结构》，《中国社会经济史研究》1988 年第 3 期。
〔2〕 陈支平：《明代后期社会经济变迁的历史思考》，《河北学刊》2008 年第 1 期。
〔3〕 陈平：《单一小农经济结构是我国两千年来动乱贫穷、闭关自守的病根》，《学习与探索》1979 年第 4 期。

还有,明清思想文化逐渐保守,阻碍了科技进步和社会发展,也被看作是明清社会近代转型的重大障碍。中国之由明朝处于世界先进之列至19世纪沦为被列强欺凌的殖民地半殖民地,实非偶然。它给后人留下了深刻的教训,就是一个国家要想永远处于世界主动地位,立于不败之地,就必须时刻注意将会产生深远影响的最新动向。[1] 自汉至清末,中国统治者选择的治国模式是外儒内法济之以道,即以儒家文饰政治,以法家支持政治,以道家调剂政治。这种模式在秦汉以来经历了较长时期的选择和探索。其中长期占统治地位的儒家思想,积极维护专制统治,在封建社会前期,对加强中央集权、维护社会稳定和促进经济发展起了积极作用;在封建社会后期,逐渐僵化保守,禁锢人们思想,阻碍了科技进步。但也有人认为,中国近代科技落后有很多原因,完全归罪于儒家思想显然是不公正的,从传统经济到现代化转变至少有两条普遍规律,一条是经济上起于市场扩大,由商业革命导致工业革命;另一条是理性化,现代化即理性化,包括思想、经济行为、社会组织、政治法律制度的理性化。“中国在16世纪也有了现代化的萌芽。有清一代生产增长,市场繁荣,18世纪达于高峰。但由于理性主义中断,中国在科技和制度改革上已经落后于西方。”[2]

但是,最近梁柏力著《被误解的中国:看明清时代和今天》一书,总结海内外新一代史学家对明清经济和社会研究的新发展,用新的视野和新的角度来分析明清转型障碍,反驳许多关于中国明清时代的传统观点——像闭关锁国、重农轻商、抑制市场、轻视科技、缺乏产权保障及法治精神等,都被他们质疑或否定。[3] 本文认为,明清时期,中国社会内外环境特殊性与民族融合的漫长性是明清社会近代转型的曲折缓慢的关键原因。

国外自从马尔萨斯以来,人口压力论一直是学界关于明清社会近代转型障碍研究的重要论题,已成为一个研究范式。由此引出了“高水平均衡陷阱论”,认为明清不断增加的人口压力消耗了大部分农业剩余,用于发展技术的农业剩余变得相当小;无力在手工业技术上形成进一步的突破,使中国无法像西欧一样完成工业革命。这一研究理论已受到不少指责,梁柏力《被误解的中国:看明清时代和今天》中就有“中国人口为何那么庞大?”“明清中国控制生育的方法”等章节进行新的诠释。吴承明在《早期中国近代化过程中的内部和外部因素》中指出:“中国没有一个工场手工业时代,这是中国工业化

---

〔1〕 南炳文:《明清时期古代中国社会的终结及其教训——明清时代的历史特点及其走向》,《河南师范大学学报(哲学社会科学版)》2005年第6期。

〔2〕 吴承明:《高峰、发展与落后:清代前期封建经济发展特点与水平》,《中国经济史研究》2003年第2期。

〔3〕 梁柏力:《被误解的中国:看明清时代和今天》,中信出版社,2010年。

迟缓的一个原因。”虽然中国自16世纪就有手工工场出现，但是这种资本主义萌芽的形式，在鸦片战争后才有了较大发展。而西欧的工业化有个长达两个半世纪的工场手工业时代(1500—1750年)，那时的西欧，和明清中国一样，所谓近代化，就是破除封建障碍，实现资本主义化。西欧经济力量的膨胀，社会结构的变革和资本价值观念的确立，都出现在这个时代。这个工场手工业时代，就是西欧对外殖民开拓的时代。[1]

拙作《论中国历史上农牧民族的二元一体化》认为，中国国内有一个大规模的农、牧民族融合与农、牧社会整合过程(西方13—15世纪结束，中国到19世纪仍在进行)，既是明清社会近代转型的前提条件，又是明清社会近代转型的重要内容。明清时期长城内外的农牧民族融合，特别是晚明到晚清的农牧社会整合，引发了一系列社会问题，是明清社会近代转型障碍研究必须要重视的问题。中国历史自然条件的差异，形成农耕与游牧两个区域长期的双轨发展，同时又发生和发展两个区域的各种交往和矛盾，构成清末以前整个中国历史发展的基本内容。由周秦到明清，长城内外的对峙，农牧民族的分合，正是历史上农牧世界二元一体化的历史缩影。农、牧社会的二元一体化发展，首先是以农牧民族人口的迁移和融合为前提的。纵观中国农牧人口迁移史，游牧民族的迁徙和人口移动不仅次数多、规模大，而且成为其他民族人口迁移的重要动因。中国历史上游牧民族迁徙与人口迁移的方向，基本上是南移和西迁。形成这样的迁移方向，主要是由于中国游牧民族居住在蒙古高原及其东部的呼伦贝尔大草原一带，由此向北是贫瘠的高寒地带，向东过兴安岭是太平洋，只有向南和向西才有迁移的余地。历代游牧人口之所以持续不断地南移，并成为一种规模性的现象，既有经济上的动因，也有环境上的根源，更有各民族自身的性格特点和价值取向方面的因素。在古代世界中，人们只能用双脚去丈量大地，用肩挑背驮完成运输任务，唯独游牧民族有着骑马驾车长驱千里的条件，加以驯养动物的经历和逐水草而生的传统，决定了他们好动好胜的性格，所以一遇环境的变化，或是有了新的物资需求，就必然有迁徙的现象。但是直接的背景还是各游牧民族组成政权、形成强大的武装，并以此为后盾去推动每次人口的大迁移。[2] 由于抵抗游牧政权南下的需要，中原王朝必须坚持“天子守边”的原则，中国虽然经济中心早已南移，但政治中心却仍在长城地带，政治重心与经济重心分离。

中国历史上的农耕区和游牧区大致以长城为界，中间长城沿线两边向南向北伸展形成一个半农半牧的农牧过渡带，正好处于哈·麦金德《历史的地

---

〔1〕 吴承明：《早期中国近代化过程中的内部和外部因素》，《市场·近代化·经济史论》，云南大学出版社，1996年。

〔2〕 余同元：《崇祯十七年：社会动荡与文化变奏》，台湾老古文化出版社，2002年。

理枢纽》所说的“心脏地带”的东部。在这一中间地带上，农耕与游牧两个民族几乎几千年来不断发生各种交往关系，形成一条特殊的区域文化带——长城文化带。[1] 在长城文化带演变过程中，虽然民族冲突与战争常常构成其历史发展的悲壮画面，但经济共生、文化互补与民族融合则始终构成其历史发展的主流脉络，而长城内外农、牧民族人口的迁移杂居则一直作为内在的根本动力在驱动着农牧民族融合向前发展。民族融合的进程总是曲折且缓慢的，其中充满着荆棘与坎坷。正如张显清所说的那样，新王朝开国之初一般皆实行休养生息政策，“明清嬗递则不同，清初统治者带来的并不是和平与发展，而是四十多年的民族征服战争，商品经济最发达的长江中下游及东南沿海地区所遭涂炭尤甚”[2]。不仅如此，清朝统治者还在很长时间内残酷地实施民族歧视与压迫，并将其在关外实行的落后的农奴制经济、政治、文化政策移至关内，使内地先进的物质文明和精神文明遭到严重摧残，致使明后期出现的社会转型趋势发生逆转。这种历史的倒退持续了 90 多年，到清乾隆初期社会经济才逐渐恢复到明代最好水平，并逐渐与明后期出现的社会转型趋势重新接轨，但是，发展的时间和历史机遇却丧失了。这一丧失竟然使以后的中国历史变得异常复杂和曲折。

---

〔1〕 余同元：《明代长城文化带的形成与演变》，《烟台大学学报（哲学社会科学版）》1990 年第 3 期。

〔2〕 张显清：《晚明：中国早期近代化的开端》，《河北学刊》2008 年第 1 期。

传统工业行业分化与明清职业分工的发展[1]

本文在通览中国历史时期手工业行业、职业与工种演化的基础上，重点通过对明清江南地区工业行业与职业工种的数量、类型、规模及其变化特征的论述，来认识明清江南地区工业行业分化与职业分工的发展脉络，并借以说明传统工匠职业分工是与传统工业行业分化密切相关的一体两面的历史运动，行业分化与职业分工彼此互动、相辅相成，体现了明清江南社会经济发展中社会分工与专业化的高度发达，构成了江南区域早期工业化发展的重要标志。

一、明清之前工业行业与工匠职业变化概况

何谓“职业”？“职”指执掌，中国古代所谓“六卿分职”是也；“业”的含义是事，原指把要做的事在木棒上刻成锯齿状，做完一件即销去齿，叫作“修业”。“职业”即分内应做的事。对个人而言，“职业”一般指人们在社会生活中所从事的、作为自己主要生活来源的、在社会分工中具有专门职能的工作。从分工角度看，职业系指从业人口从事相对稳定的、有报酬的工作种类。职业是社会分工的产物，包含着丰富的内涵：一是职业的种类反映着社会生产力发展的水平和社会分工的水平，社会分工的水平越高，职业的分类越细；二是职业反映着社会权益的分配，职业的层次结构反映着基本的生产关系、社会的组织结构和社会的权益，不同的职业在社会中有不同的权、责、利；三是职业的社会构成反映了社会的产业结构(指各产业的构成及各产业之间的联系和比例关系)、人力资源的配置、如一、二、三产业的构成，劳动力的开发与储备状况；四是职业活动反映了社会的运作方式，包括不同职业的职能、职责，各行各业间的相互关系和合作形式，职业道德、职业纪律等；五是职业反映着不同行业所形成的不同职业群体所特有的社会地位、群体利益和特征。[2]

中国传统工匠除了有男性工匠与女性工匠(又称女工)的性别分类，以及

---

〔1〕 该文原刊于天津古籍出版社 2007 年版《第十一届明史国际学术讨论会论文集》第 283—301 页。

〔2〕 国家教委职业技术教育中心研究所：《职业技术教育原理》，经济科学出版社，1998 年，第 1—3 页。

根据身份地位分为官府工匠和民间工匠、徭役工匠与雇佣工匠等类型以外，最基本的同时也是最重要的分类就是行业部门与职业工种分类。从手工业行业部门和职业工种划分及其演变上看，历代工匠的职业工种不仅众多繁杂，而且呈日益增多的趋势。特别是民间手工业行业与职业工种的分化发展，比官府工业还要复杂多样。这里对几个主要历史时期手工业行业、职业与工种的发展加以概要介绍，并重点叙述明清江南地区工业行业分化与工匠职业分工的发展，以便了解明清江南地区工业行业职业工种的数量、类型、规模及其演变的来龙去脉。

文献记载中，中国较早的工匠行业分类有《礼记》中的"《曲礼》六工说"和《周礼》中的"《考工记》六工说"。[1]《礼记·曲礼下》曰："天子之六工，有土工、金工、石工、木工、兽工、草工，典制六材。"这是商代工业和工匠的分类，涵盖了二十多个职业工种。如《礼记正义》注此曰："此亦殷时制也，周则皆属司空。土工，陶旊也；金工，筑、冶、凫、栗、锻、桃也；石工，玉人、磬人也；木工，轮、舆、弓庐、匠、车、梓也；兽工，函、鲍、挥、韦、裘也；惟草工职亡，盖谓作萑苇之器。疏：陶人，为瓦器也；旊人，为簠簋之属。筑氏为书刀，冶氏为箭镞，凫氏为钟也，锻氏为钱镈，函人为甲铠，挥人为鼓。"[2]《礼记·曲礼》所记述的工业生产，具体时间难以确定[3]，但比《考工记》所记述的"六工"时间要早一点。

《考工记》中的"六工"分别是木工、金工、皮工、设色工、刮摩工、抟埴工等。大体可以看作是先秦时期的工匠分类。《考工记》卷上说："凡攻木之工七，攻金之工五，攻皮之工五，设色之工五，刮摩之工五，抟埴之工二。攻木之工：轮、舆、弓、庐、匠、车、梓；攻金之工：筑、冶、凫、段、桃；攻皮之工：函、鲍、挥、韦、裘；设色之工：画、缋、钟、筐、㡛；刮摩之工：玉、楖、雕、矢、磬；抟埴之工：陶、旊。有虞氏上陶，夏后氏上匠，殷人上梓，周人上舆。"从这些行业门类及职业工种中可以看到，《考工记》所列行业及职业包含了六大工业行业中的 30 多个工种和 30 多种工匠职业，基本反映了周代手工业行业分类情况。

当然，《考工记》所记的只是大类的手工业行业，每个行业下面还要分若干职业技术工种。《周礼》在《考工记》内容以外所记载的工业职官与行业职官所管辖的职业工种中，也有不少是属于职业工匠性质的手工业部门生产者和管理者。如膳夫（厨师管理者）、庖人（屠宰夫管理者）、内饔（烹煎师管理者）、外饔（祭物制作管理者）、亨人（烹煮师管理者）、腊人（干肉制作管理者）、医师（医疗兼制药师管理者）、食医（营养品加工管理者）、疾医（民间医生兼制

〔1〕 何庆先等：《中国历代考工典》卷一《考工总部·汇考一》，江苏古籍出版社，2003 年。

〔2〕《礼记正义》卷四，《曲礼下》第二，《四库全书》经部，上海古籍出版社，1987 年影印本。

〔3〕 祝慈寿认为这是商代工业和工匠的分类，见祝慈寿：《中国工业劳动史》，上海财经大学出版社，1999 年，第 56 页。

药管理者)、疡医(外科医生兼制药管理者)、兽医(兽医兼制药管理者)、酒人(酿造师管理者)、浆人(饮料加工师管理者)、凌人(制冰管理者)、笾人(祭祀笾制献管理者)、醢人(祭祀豆制献管理者)、醯人(调制酱醋管理者)、盐人(制盐管理者)、幂人(巾幂师管理者)、宫人(渗井管理者)、幕人(加工并管理帷幕者)、掌次(王室帷幕加工并管理者)、玉府(金玉制作管理者)、司裘(大裘制作管理者)、掌皮(掌管皮革加工者)、典枲(管理麻布加工者)、缝人(管理服装加工者)、染人(管理煮染丝帛者)、追师(管理装饰品加工业者)、屦人(管理鞋业者)、羊人(管理羊肉加工业者)等。每个手工业职业部门管理者都直接管理普通工匠、技术工匠和工头进行生产劳动。如膳夫、司裘、典枲等职官,其下属分别有上士、中士、下士、府、史、胥、贾、徒之称号,实际就是工官(工头)、工师和技术程度、种类不同的工匠名称。

秦汉时期的手工业工匠,不仅分布的行业众多,而且各个行业中的职业分工也日益细密。司马迁《史记·货殖列传》[1]所涉及的30多个工农业门类,包含有13个较大的手工业行业,分别是采矿业、冶金业、铸造业(包括铁器工业、铜器工业、兵器工业、铸钱工业)、陶瓷业、纺织业、漆器业、制车业、造船业、皮革业、酿酒业、煮盐业、竹木采伐业、骨角器业。每一个工业行业都有行业内部的分工与再分工,仅以当时的漆器制造业内部的工种分类情况看,便有髹工(漆工)、素工、上工(细漆工)、铜扣黄涂工、画工、阴工(铭刻工)、清工、造工(检查)、供工(供应器物)、涂工(鎏金工)、护工卒史、长、丞、掾、令史、佐、啬夫17种职业和职务名称。漆器产品中,最多的有12种工序名称,开始于素工(制胎工),完成于清工(清理工);其余"造工"为进行检查的工师,"供工"为供应器物者,等等,各有所司,分工协作。[2]

唐代官手工业分属三大体系,一是少府、内廷、将作监管辖的皇室工业系统,二是军器监所管辖的军事工业系统,三是工部等政府工业系统。其中政府工业系统又分中央和地方两大部分,地方政府管辖了盐铁矿冶等重要的工业行业。[3] 唐代手工业发展,内容既包括传统手工业部门扩大,也表现为新部门的兴起。如唐代韦述《两京新记》云:"(隋)大业六年,诸夷来朝,请人入市交易。炀帝许之。于是修饰诸行,葺理邸店,皆使门市齐正,高低如一,环货充积,人物甚盛。""东都丰都市,东西南北,居二坊之地,四面各开三门,邸凡三百一十二区,资货一百行。"刘宋刘义庆《大业杂记》"大业元年"条亦曰:"丰都市因八里,通门十二,其内一百二十行,三千余肆,甍瓦齐平,遥望如一榆柳交荫,通衢相注。""唐南市,隋曰丰都市,东西南北,居二坊之地,其内一

[1] 司马迁:《史记》卷一二九《货殖列传》,中华书局,1957年,第3274页。
[2] 祝慈寿:《中国工业劳动史》,上海财经大学出版社,1999年,第69页。
[3] 张泽咸:《唐代工商业》,中国社会科学出版社,1995年,第11、39、62、78页。

百二十行，三千余肆，四壁有四百余店，货贿山积。”宋敏求《长安志》卷八“东市”条：“市内货财二百二十行”。由隋代洛阳各市的“六十六行”“一百二十行”一跃而变为唐代“二百二十行”。又：“夜三更，东市失火，烧东市曹门以西十二行，四千余家。”而且，隋代丰都市中“一百二十行”只有“三千四肆”，而唐代“东市曹门以西十二行”却有“四千余家”。可见隋唐时期，不单是“行”的总数，就是每行的家数，都有激剧的进展。[1]

宋代城市经济繁荣，促进了城市工商业行业分化。《西湖老人繁胜录》言杭州共有“四百十四行”。以此与唐代“二百二十行”比较，便可见当时分工之微细。其名称如下：

诸行市：广生药市、象牙玳瑁市、金银市……银朱彩色行、金漆桌凳行、南北猪行、青器行、处布行、麻布行、青果行、海鲜行、纸扇行、麻线行、蟹行、鱼行、木行、竹行、菓行、笋行；京都有四百十四行，略而言之：开幔道业、履历班朝、风筝药线、胶礬斗药、五色箭翎、银朱印色、茶坊吊挂、琉璃泛子、粘顶胶纸、染红牙梳、诸般缠令、修飞禽笼、修罘罳、成套筛儿、接象牙梳、诸般耍曲、札熨斗、丁看窗、修砧头、路路遣、扫金银、躅糨纸、造翠纸、乾红纸、简笏袋、幞头笼、腰带匣、读书灯、笔砚匣、牌子匣、了事匣、黄草罩、修合溜、淹猪文、医飞禽、接旧条、修破扇、醋碗儿、丁鞋络、掩漆子、搭罗儿、面花儿、香菓合、截板尺、印花脱、画眉篦、造槐简、开简直套、教虫蚁、剔图书、起鱼鳞、攀膊儿、手巾架、手巾盆、蛉粉桶、花夹儿、肥皂团、淋了灰、茶花子、出衣粉、做诨裹、注水管、旧铺帛、木仙宫、字牌儿、洗衣服、钻真珠、赁花檐子、解玉板、钉鱼带、碾玉蘽、赁茶酒器、锦褥子、发驼儿、烟突帚、扇牌儿、织鞋带、锦胭脂、七香丸、稳步膏、雁牌额、开先牌、鹁鸽铃、胡芦笛、牛粪灰、系筒孙、细扣子、闹城儿、消息子、揪金线、真金条、香饼子、香炉灰、打香印、卖朝报、金莲子、竹夫人、算子筒、食罩儿、食辟子、白及末、解粥米、熟水草、选官图、批刷儿、屿鱼尾剔、供席草、卖插药、写文字、纸画儿、提茶瓶、花架儿、卖字本、笛谱儿、小螃蟹、蛇蚪儿、便桥、试卷、试卓、交床、试篮、拄杖、粘竿、胡梯、水草、风袋、使锦、劈柴、炭击、捉漏、担帚、钓钩、绪底、指子、鬲粉、占坐、歌舞、歌琴、歌棋、歌乐、歌唱、棕索、发索、螂螃、金麻、端亲等。[2]

有人根据耐得翁《都城纪胜》说的“京师四百十四行”，以及周密《武林旧事》说的工商业每行数十人至百人计算，得出南宋杭州工商业户为41 400多户，以每户5人计，有207 000人，占城区60万居民的30%。[3] 苏州城中工

〔1〕［日］圆仁：《入唐求法巡礼行记》卷四“会昌三年六月二十七日”条，引自全汉升著，陶希圣校：《中国行会制度史》，新生命书局，1934年，第30—31页。

〔2〕全汉升著，陶希圣校：《中国行会制度史》，新生命书局，1934年，第47—48页。

〔3〕周峰主编：《南宋京城杭州》，浙江人民出版社，1997年，第96页。

商业户更多。范成大《吴郡志》记载：苏州“织纴之功，苞苴之利，水浮陆转，无所不至。故其民不耕耨而多富足，中家壮子无不贾贩以游者。由是商贾以吴为都会，五方毕至。”〔1〕

元朝几乎把全国的工匠都集中在官府的手中，确立“匠户”制度，工匠大致分为三类：第一类系“官匠户”，他们在官府工作，物料从官库支领，或支领物料钱，由官府或匠户自行收买；第二类是隶属于贵族的匠户和一部分隶属于寺院的匠户；第三类是“民匠户”，他们虽然比较自由，但也受官府的控制，常要受差遣。虽然匠户不是完全自由的人，但元代民营手工业生产关系仍然有较大的发展。《马哥波罗游记》记载：“此城（杭州）有十二种职业，各业有一万二千户，每户至少有十人，中有若干户多至二十人、四十人不等。其人非尽主人，然亦有仆役不少，以供主人指使之用。诸人皆勤于作业，盖其地有不少城市，皆依此城供给也。”〔2〕

二、明清工业行业分化与江南工匠职业分工的发展

李伯重在《江南的早期工业化》中，对明清江南手工业进行轻工业（从事消费资料生产的工业部门）与重工业（从事生产资料生产的工业部门）等现代性行业划分。轻工业包括纺织业、丝织业、棉织业、食品业（谷物加工业、酿酒业与制曲业、制茶业、食品再加工业、制盐业、榨油业）以及其他行业（服装加工业、日用百货制造业、烟草加工业、造纸业、印刷业）。重工业包括工具制造业、造船业与修船业、矿冶业与建材业。〔3〕采用现代工业分类法对江南传统工业展开系列研究，为传统手工业工匠的行业职业分类研究打开了新的思路。但本文为了保持与中国传统手工业内容的衔接，特采用中国传统行业分类与现代工业分类法相结合的方式进行叙述。

明代前期官府控制管理下的工匠行业职业种类，可根据轮班匠和坐班匠分别进行估计。坐班匠又称住坐匠，根据户籍的区别分民匠与军匠两种。洪武年间坐班匠主要在南京，据顾炎武《天下郡国利病书》第14卷《江南应天府》记载，洪武十三年（1380年），“取苏浙等处上户四万五千余家，填实京师，壮丁发给各监局充匠，余为编户，置都城之内外，爰有坊厢”。永乐年间将首都迁到北京，由南京迁到北京的民匠共有27 000户，按户派役一人计算，应有工匠27 000多人。明代后期，嘉靖十年（1531年）对住坐工匠进行清查，查出工匠25 167人，革去12 912人，存12 255名。轮班工匠的轮班方法于洪武二十六

〔1〕 范成大：《吴郡志》卷三十七，江苏古籍出版社，1986年。

〔2〕 马哥波罗著，冯承均译：《马哥波罗游记》，商务印书馆，1947年，第570—571页。

〔3〕《江南的早期工业化》中没有江南“矿冶业”的内容；李伯重另一本著作《发展与制约——明清江南生产力研究》（台北联经出版事业股份有限公司，2002年）中增加江南“矿冶业”。

年(1393年)进行改革。根据各部门的实际需要,轮班办法分为五年一班、四年一班、三年一班、两年一班、一年一班等五种。根据这种轮班新制,确定了62个行业工种的班次如下:

五年一班:木匠和裁缝匠。

四年一班:锯匠、瓦匠、油漆匠、竹匠、五墨匠、妆銮匠、雕銮匠、铁匠和双线匠。

三年一班:土工匠、熟铜匠、穿甲匠、搭材匠、笔匠、织匠、络丝匠、挣花匠和染匠。

两年一班:石匠、艌匠、船木匠、箬篷匠、橹匠、芦篷匠、戗金匠、绦匠、刊字匠、熟皮匠、扇匠、魫灯匠、毡匠、毯匠、卷胎匠、鼓匠、削藤匠、木桶匠、鞍匠、银匠、销金匠、索匠和穿珠匠。

一年一班:裱褙匠、黑窑匠、铸匠、绣匠、蒸笼匠、箭匠、银珠匠、刀匠、琉璃匠、锉磨匠、弩匠、黄丹匠、藤枕匠、刷印匠、弓匠、旋匠、缸窑匠、洗白匠和罗帛花匠。[1]

明代后期官府工匠的行业职业情况,从《大明会典》所记载的嘉靖十年(1531年)内务府住坐匠匠役定额中可见一斑。[2] 计存留军民匠12 255名[3],其中司礼监工匠39种1 583名、尚衣监工匠61种1 249名、御马监工匠55种416名、印绶监工匠14种61名、司设监工匠70种1435名、内承运库工匠27种315名、供用库工匠4种401名、织染局工匠32种1317名、针工局工匠27种690名、银作局工匠13种274名、兵仗局工匠61种3163名、巾帽局工匠32种442名、工部织染所工匠8种195名、钦天监工匠3种31名、崇文门外大木二厂683名。合计447个工种12 255名工匠。

从皇室内府手工业工匠行业工种可见,去掉其中织匠、铁匠、铜匠、木匠、银匠、锡匠、染匠、漆匠、锁匠、索匠、弓匠、缨匠、漆匠、绦匠、毡匠等246个重复的工种,再去掉与明初相同的41个工种,明代后期比明初新增了160个手工业行业和职业工种。它们分别是:

军工制造业:弓弦匠、剑匠、弩匠、刀匠、箭匠、神箭匠、甲匠、火药匠、鞭子

---

〔1〕 申时行重修:《大明会典》卷一八九《工部九》《工匠二》,第5册,江苏广陵古籍刻印社1989年影印本,第2572—2584页。

〔2〕 申时行重修:《大明会典》卷一八九《工部九》《工匠二》,第5册,江苏广陵古籍刻印社1989年影印本,第2572—2585页。

〔3〕 关于清查匠役的程序和数字,《大明会典·工部九》(第2572页)说:"嘉靖十年奏准,差工部堂上官及科道官、司礼监官各一员,会同各监局掌印官,清查军民匠役,革老弱残疾有名无人15 167名,存留12 255名,著为定额。遇缺,该部清匠官止于额内佥补。各该管内外官员不许奏请招收,违者听本部并科道官劾治。"又奏准:"内承运库并木厂二处夫匠,俱以今次点到查明,册定数目存留,其余悉从开除。军发原卫差操,民发原籍当差。候册内人数有逃绝者,指缺行文清,匠官转行各该衙门取补。"

匠、鞍辔匠、秋辔匠、火器匠。

民用制造业：油漆匠、象牙匠、雕凿匠、钉铰葩、竹篦匠、卷胎匠、桶匠、锡匠、铁匠、镀金匠、钑花匠、减铁匠、锁匠、状銮匠、抹金匠、刺金匠、漆匠、木梳匠、缠梭匠、油伞匠、销金匠、铜匠、铸匠、箍桶匠、铧匠、蒸笼匠、扇匠、穿交椅匠、伞匠、草席匠、藤枕匠、梭篷匠、魫灯匠、皮匠、钉底匠、镜儿匠、竹匠、铧磨匠、熟皮匠、锁子匠、针匠、剪子匠、钻珠匠、穿珠匠、磨镜匠、凉胎匠、银朱匠、裁金匠、斜皮匠、凉胎匠、水绳匠、骨作匠、烧珠匠、钑花匠、碾玉匠、边儿匠、钉铰匠、打角匠、索匠、挣磨匠、铺箸匠、铰钉匠、籰匠、篦子匠、钑花匠、厢嵌匠、磨光匠、星儿匠、揭俎匠、车匠。

建筑营造业：瓦匠、木匠、石匠、锯匠、碹匠、砚瓦匠、泥水匠、楦头匠。

化学工业：浇烛匠、胭脂匠、罐儿匠。

纺织印染业：裁缝匠、神帛匠、双线匠、绣匠、缝匠、毛袄匠、绦匠、打线匠、毡匠、麻鞋匠、钉带匠、履鞋匠、纲巾匠、捻棉线匠、织罗匠、绵线匠、绵匠、草帽匠、刺金线匠、浣衫匠、缨子匠、梭巾匠、纺棉花匠、缉麻匠、毯匠、三梭布匠、挑花匠、刻丝匠、染织匠、花毡匠、帘子匠、毯子匠、鬃巾匠、帮巾匠、弹棉花匠、冠帽匠、累丝匠、皮帽匠、砑磨匠、鞓带匠、线子匠、络纬匠、捻梭匠、结梭匠、肚带匠、驼毛匠、驼子匠、梭鞋匠、名绦匠、双线匠、毡匠、旗匠、包头匠。

农林园艺业：花匠、蔻匠。

文娱工艺业：刷印匠、黑墨匠、笔匠、画匠、刊字匠、销金匠、合香匠、笺纸匠、表背匠、折配匠、裁历匠、颜料匠、纸匠、笙匠、喇叭匠、鼓匠、铜鼓匠、响铜匠、牌匠、揎纸匠、球棒匠、打角匠、香匠。

食品加工业：油户匠。

综合工艺类：背什物匠、副千户、罕答肱匠、鞊匠、川字匠、宛平县铺户、大兴县铺户、医兽匠。

但是，除开民间工匠种类不说，仅就官府工匠门类看，上述内容还只是当时工匠职业工种的一部分。与此同时，随着社会分工的日益发达，明清时期民间工匠的行业职业工种也同样越来越多，如井盐开采业中就有司井、司牛、司车、司篾、司梆、司漕、司涧、司锅、司火、司饭、司草，又有医工、井工、铁匠、木匠等工匠工种；[1]又如景德镇制瓷工场制坯工一项中，不仅有淘泥工、拉坯工、印坯工、镟坯工、画坯工、抬坯工等复杂的劳动分工，而且仅画坯工一项，又细分为乳颜料工、画样工、绘事工、配色工、填彩工、烧炉工等小项。[2] 其他如纺织业、矿冶业等行业内部分工都比明代更加发达，远远超过了官府手工业工匠的职业工种。

---

〔1〕 祝慈寿：《中国工业劳动史》，上海财经大学出版社，1999 年，第 130 页。

〔2〕 蓝浦：《景德镇陶录》卷三，见傅振伦：《景德镇陶录详注》，书目文献出版社，1993 年，第 34—35 页。

特别是江南地区，由于工商业经济发达，工匠职业分工更加细密。如顾炎武《天下郡国利病书》中记载，仅明代南京上元坊，曾按行业将工匠编成176类，每一类工匠都是“有人工而无田赋，止供勾摄而无征派”的专业生产劳动力。[1]

清代前期工匠行业职业种类可根据《古今图书集成·考工典》的分类目录进行统计。清朝雍正四年（1726年）编成的“清代第一大书”《古今图书集成》，收罗宏富，内容广博，体例周详，分类细密。全书一万卷，分六汇编，三十二典，六千一百零九部。其中《经济汇编·考工典》（现有单行本，称《中国历代考工典》）共列手工业行业工种154部。

器具制造业99部：金工部、锥部、针部、钩部、剪部、椎凿部、铃柝部、砧杵部、管钥部、鞍辔部、皂枥部、鞭箠部、绳索部、杂什器部、耒耜部、锹锄部、镰刀部、水车部、桔槔部、杵臼部、磨硙部、连枷部、箕帚部、杂农器部、网罟部、奇器部、古玩部、棺椁部、溺器部、邮传部、实业部等、规矩准绳部、度量权衡部、旛幢部、卤部、壶部、盉部、罂部、瓮部、瓶部、缶部、瓦部、瓿部、爵部、斝部、觯部、觚部、斗部、角部、杯部、卮部、瓯部、盏部、觥部、瓢部、勺部、玉瓒部、杂饮器部、鼎部、釜部、甑部、鬲部、甗部、簠簋部、笾豆部、盘部、匜部、敦部、洗部、钵部、盂部、盆部、碗部、匕箸部、几案部、座椅部、床榻部、架部、柜椟部、筐筥部、囊橐部、机杼部、梳栉部、杖部、笏部、扇部、拂部、枕部、席部、镜部汇、奁部、屏障部、簾泊部、笼部、炉部、唾壶部、汤婆部、竹夫人部、熨斗部、伞盖部。

建筑营造业37部：木工部、土工部、石工部、漆工部、馆驿部、坊表部、第宅部、堂部、齐部、轩部、楼部、阁部、亭部、厨灶部、厩部、台部、园林部、池沼部、山居部、村庄部、旅邸部、厕部、门户部、梁柱部、窗牖部、墙壁部、阶砌部、藩篱部、窦部、砖部、瓦部、城池部、桥梁部、宫室总部、宫殿部、苑囿部、公署部。

其他工业行业18部：交通运输业：车舆部、舟楫部；化学化工业：陶工部、瓷器部、灯烛部；纺织印染业：染工部、织工部、帷帐部、被褥部；文体工艺业：玺印部、仪仗部、符节部、尊彝部、如意部；食品加工业：食禀部、杂食器部；工艺综合类：库藏部、器用总部。

这150多个部门划分，代表着清朝初年的官手工业工匠在行业工种上的基本分类。其中不少行业内部都还包含诸多的工种，如木工至少要分大木作与小木作两大类，每类又分为若干个工种，土工、金工、石工、陶工、染工、漆工、织工等行业内部分出的职业工种更多。但即便如此，这些还仅仅是当时众多的手工业行业与职业工种中的一部分。如乾隆二十三年（1768年）清内务府造办处十六作中的工匠，就有61个大类。其名称及隶属如下：

[1] 顾炎武：《天下郡国利病书》卷十四《江南应天府》，《四部丛刊》三编，上海书店，1985年。

① 如意馆:有雕玉匠、牙匠、画匠、托裱匠、帖匠、轴匠。② 金玉作:有镀金匠、螺丝匠、磨玉匠、琢玉匠、錾花匠、镶嵌匠、摆锡匠、砚匠。③ 匣裱作:有旋匠、匣匠、裱匠、彩画匠、广木匠。④ 油木作:有木匠、漆匠、雕匠、刻字匠。⑤ 铸炉处:有铸匠、锉匠。⑥ 造钟处:有钟匠。⑦ 炮枪处:有铁匠。⑧ 鞍甲作:有鞍匠,皮匠、甲匠。⑨ 弓作:有箭匠、弦匠、弓匠。⑩ 珐琅作:有珐琅匠。⑪ 玻璃厂:有吹玻璃匠、烧匠、碾匠。⑫ 铜镀作:有镀匠、铜匠、凿匠、风枪(即气枪)匠、眼镜匠、刀匠。⑬ 灯裁作:有煤匠、穿珠匠、裁匠、花匠、绦匠、染皮匠、彩绣匠。⑭ 盔头作:有盔头匠、切末匠。⑮ 舆图作:有画线匠、绘图匠。⑯ 花爆作:有花爆匠、南盒子匠、北盒子匠、洋花匠、洋盒子匠、软灯匠、起花匠。〔1〕

《古今图书集成》的工业分类,将兵器制造业列入《经济汇典 · 戎政典》,将冠服带佩制造业列入《经济汇编 · 礼仪典》,将水利工程等按其地理位置列入《方舆汇编 · 山川典》,将文房工具制造业列入《理学汇编 · 字学典》,将乐器制造业列入《经济汇编 · 乐律典》。这些也都是规模庞大、体系复杂的工业部门,只是暂时还没有人进行系统梳理。这里仅举《经济汇典 · 戎政典》及茅元仪《武备志》中记录的军事工业情况略加说明。

清代前期军器业中绣蟒铁盔的制造,所用工匠有铁匠、铮磨匠、锭铰匠、攒焊匠、扎缨匠、裁缝匠、画匠等七种;制造长矛,所用工匠有铁匠、湛水匠、焊匠、铮磨匠、锉匠、装锭匠、木匠、油匠、皮匠、漆匠等十种;制造背刀,所用工匠也有铁匠、起线匠、湛水匠、焊匠、铮磨匠、火漆匠、装锭匠、木匠、油匠、绦匠等十种。根据明末茅元仪《武备志》所列,当时军事制造业中不同于民用工业的职业工种就不下百种。〔2〕 若将《古今图书集成》"山川典"中的工程营建业(上百种)以及"礼仪典"中的服饰业、"乐律典"中的乐器制造业、"字学典"中的文具玩具制造业等手工业职业工种(上百种),加上《考工典》中的 150 多个行业工种和百余种军事制造业中不同于民用工业的职业工种,清代前期官手工业中的工匠职业工种就远远超过宋代的 414 行和明清时期民间所谓的 360 行以上。

至于民间手工业工匠的行业职业种类,一般都以宋应星《天工开物》所列为标准。《天工开物》一书原为 18 卷,依次是:

乃粒(五谷)、乃服(纺织)、彰施(染色)、粹精(粮食加工)、作咸(制盐)、甘嗜(制糖)、陶埏(陶瓷)、冶铸(铸造)、舟车(车船)、锤锻(锻造)、燔石(烧造)、膏液(油脂)、杀青(造纸)、五金(冶金)、佳兵(兵器)、丹青(朱墨)、曲蘖(制

〔1〕《中华周报》第 2 卷第 9 期,第 8 页,引自祝慈寿:《中国工业劳动史》,上海财经大学出版社,1999 年,第 123 页。

〔2〕 茅元仪:《武备志》,《续修四库全书》子部 963—966 册,上海古籍出版社,2003 年。

曲)、珠玉。

但《天工开物》的目的是要向人们系统地介绍农业、手工业生产知识,这样一种排列次序,一定程度上反映了作者贵五谷而贱金玉的思想。该书分量最大的是农业技术,其次是金属冶铸技术。尽管其门类多,技术范围广,包含了我国古代农业、手工业的各主要部门,但只能看作是总体上的大类划分,每大类都还可以分为若干工种。如明代的瓷器制造,在每一个过程中,都有专行专司,分工协作。具体行业工匠的分布情况,可以清代蓝浦《景德镇陶录》卷三的"窑""户""工""作""家"等序列为例,加以说明:

"窑"有"户"。称为窑户,包括烧窑户、搭坯窑户、烧囵窑户、柴窑户、槎窑户。凡户,或设坯厂,或置窑座。

"户"有"工"。列计各工,人数不一。计有:淘泥工(兼练泥工)、拉坯工、印坯工、镟坯工、画坯工、舂灰工(兼合灰)、合釉工、上釉工、挑槎工、抬坯工、制坯工、满掇工、烧窑工、开窑工、乳料工、舂料工、砂土工、彩之工(内分乳颜料工、画样工、绘事工、配色工、填彩工、烧炉工)。这些工种,有长年工,有临时工。

"工"有"作"。所谓作,系一户所作器,或各户有兼作。计有官古器作、上古器作、中古器作、釉古器作、小古器作、常古器作、粗器作、冒器作、子法器作、脱胎器作、大琢器作、洋器作、雕镶作、定单器作、仿古作、填白器作、碎器作、紫金器作。"作"的规模有大有小,大的就是手工业工场,小的则为家庭手工业。

"作"有"家"。凡精粗分画,各有家,即家庭手工业或个体手工业者。计有青花家、淡描家、各彩家。

此外,尚有间接与制瓷工业生产有关的各项分工,如补窑工、茭草工,柴户、槎户、匣户、砖户、白土户、青料户、篾户、木匠户、桶匠户、铁匠户、修模户、盘车户、乳钵荡口户、打篮户、炼灰户、刀户等。这些匠户,都是围绕着瓷业生产而附设的。[1]

明中期以后,民间手工业发展程度远远超过了官府手工业,不仅行业职业分工发达,而且民间作坊和手工工场规模都在不断扩大。如清代顾禄《桐桥倚棹录》卷十记载:

所卖满汉大菜及汤炒小吃则有烧小猪、哈儿马肉、烧肉、烧鸭、烧鸡、烧肝、红炖肉、萸香肉、木犀肉、口蘑肉、金银肉、高丽肉、东坡肉、香菜肉、果子肉、麻酥肉、火夹肉、白切肉、白片肉、酒闷肉、硝盐踵、风鱼踵、绉纱踵、蜜炙火踵、酱踵、大肉圆、炸圆子、拦圆子、上三鲜、汤三鲜、炒三鲜、小炒、熝火腿、熝

〔1〕 蓝浦:《景德镇陶录》卷三,"陶务"条,见傅振伦:《景德镇陶录详注》,书目文献出版社,1993年,第34—41页。

火爪、炸排骨、熝紫盖、炸八块、炸里脊、炸肠、烩肠、爆肚、汤爆肚、醋溜肚、芥辣肚、烩肚丝、片肚、十丝大采、鱼翅三丝、汤三丝、拦三丝、黄芽三丝、清炖鸡、黄焖鸡、麻酥鸡、口蘑鸡、风鱼鸡、滑鸡片、鸡尾搧、炖鸭、火夹鸭、海参鸭、八宝鸭、黄焖鸭、风鱼鸭、口磨鸭、香菜鸭、京东菜鸭、胡葱鸭、鸭羹、汤野鸭、酱汁野鸭、炒野鸡、醋溜鱼、爆参鱼、参糟鱼、豆豉鱼、炒鱼片、炖江鲚、煎江鲚、炖鲥鱼、汤鲥鱼、剥皮黄鱼、汤黄鱼、煎黄鱼、汤著甲、黄焖著甲、斑鱼汤、蟹粉汤、炒蟹斑、汤蟹斑、鱼翅蟹粉、鱼翅肉丝、清汤鱼翅、烩鱼翅、黄焖鱼翅、拦鱼翅、炒鱼翅、烩鱼肚、烩海参、十景海参、蝴蝶海参、炒海参、拦海参、烩鸭掌、炒腰子、炒虾仁、炒虾腰、拆炖、炖吊子、黄菜、溜卞蛋、芙蓉蛋、金银蛋、蛋膏、烩口蘑、蘑菇汤、烩带丝、炒笋、萸肉、汤素、炒素、鸭腐、鸡粥、十锦豆腐、杏酪豆腐、炒炖肝、炸炖肝、烂熓脚鱼、出骨脚鱼、生爆脚鱼、炸面筋、拦胡菜、口蘑细汤。点心则有:八宝饭、水饺子、烧卖、馒头、包子、清汤面、卤子面、清油饼、夹油饼、合子饼、葱花饼、馅儿饼、家常饼、荷叶饼、荷叶卷蒸、薄饼、片儿汤、饽饽、拉糕、扁豆糕、蜜橙糕、米丰糕、寿桃、韭合、春卷、油饺等,不可胜纪。〔1〕

每一个行业作坊中工匠人数也在增长,以嘉靖六年(1527 年)浙江张大纶校刻宋代姚铉的《重校唐文粹》一百卷的刻书业为例,明确记录所用刻字工匠姓名分别为艾毛、陈兵、陈佛赐、陈伯郎、陈用正、陈友、陈铜郎、陈铁、陈圭、陈才郎、陈林、陈四、程聂、程亨、蔡生、蔡七、大郎、范自求、范著、范天得、范满、范右、佛童、华天寿、黄成茂、黄员福、黄奇、黄禄、黄其、黄福英(黄福)、黄毛狗、黄友、黄保、江张权、江元真(江元、江真)、江永达、江盛、江元贵、江元富、见天友、卢钞、陆马郎、陆长进、陆文、陆奎(六奎)、陆寿进、陆文进、陆进得、(陆得)六朝、罗元成(罗成)、黎汉、李潮、李泽、李清、李堂、李受、李长贵、李本、刘龙、刘龙泽、刘政、刘正、刘立、刘友得(刘得)、刘章、刘景福、刘道福、刘福真、刘旦、刘佛贵、刘成郎、刘松、彭孪、彭銮岩、漆佑、孙贤堂(孙贤)、石郎、三友、施记富、施永宝、(施永保)施永兴、施肥、廷琏、王富、王进安(王安)、王进福、王贤、王寿、王文浩、王长庆、王仕荣、王玉元、匠人王贵、吴佛生、吴左郎(吴左)、吴兴郎(吴兴)、吴大耳、吴得月、吴富、吴娈、吴起、吴宪、吴惠郎、吴阔、吴发、吴贵、吴再郎、文正、魏桢、熊文林、熊三、熊七、熊如、熊贵、谢元林、余昭、余景先、余天进、余荣郎、余宗、余仕贵、余荣、余员、余本正、余十、余马、余元善、余四、余立本、叶深进、叶深山、叶再发、叶再生、叶进二(叶进)、叶得贵(叶得)、叶顺、叶昭、叶招、叶远、叶亮、叶生、叶百茂、叶元赐(叶赐)、叶伯、叶杰、叶三、杨得、杨书、杨才、杨紫轻、杨四、杨仕、一日、姚岩、游文、朱仕启、朱名、朱元安、朱再友、朱顺、詹长祥、张礼春、张尾、张佑、张敖、张柯、张巴、张

〔1〕 顾禄:《桐桥倚棹录》卷十,上海古籍出版社,1980 年,第 144—145 页。

寿、郑坛、曾记安、周纪、周清、周巳、周禄、章景华、章祥。另外还有书工龚道仙、刘仕中、王沃保、熊永贵、余景仙、詹三、郑乔年等170多人。[1]

鸦片战争后手工行业的新变化。据吴承明考察,鸦片战争后36个传统手工业行业(艺术品除外)中,受摧残的有手纺、土钢、土针、土烛、踹布、制靛、烟丝、木版印刷等8个行业,而其余行业大多是有所发展的。此外,鸦片战争后还出现了二十几个新的手工行业。到20世纪20年代,在所考察的36个传统手工业行业中,"除了被毁的8个外,有16个(恰好一半)行业,已有部分手工工厂逐渐采用了机械动力,开始向机器工业过渡。……鸦片战争前已有资本主义萌芽的行业,除了被摧毁的以外,基本上都有了向机械化过渡的现象。其中资本主义萌芽发生最早的丝织业,在这种过渡中也最典型,出现了一些现代化的大绸厂。""在近代中国,正如我们所见到的洋布与土布、洋铁与土铁、洋纸与土纸以至西药与中药都在争夺市场那样,机器工业与手工业也常是平行发展的。20世纪民族近代工业发展最快的时候,也是手工业发展最快的时候。"[2]这一新的变化也体现了同期江南地区手工业发展变化的历史脉络。

三、明清江南重点工业行业及其分工的发展

如果说行业分化推动了职业分工的发展,那么,重点行业的发展则既反映了行业分化的深入,又折射出专业化程度的加强。

1. 工业已成为明清江南经济中的主要产业

从现已整理出版的几部明清以来江南地区工商业碑刻资料集(如三联书店1959年版《江苏省明清以来碑刻资料选集》、江苏人民出版社1981年版《明清苏州工商业碑刻集》、上海人民出版社1984年版《上海碑刻资料选辑》、苏州大学出版社1998年版《明清以来苏州社会史碑刻集》等)中,可以看出江南工商业人口的有关资料。

《江苏省明清以来碑刻资料选集》分类目录中共有17个工商业门类,其中属于工业行业的有10类29种,即丝织、丝业、绸缎类;染坊、踹坊、布坊类;纸作坊、书坊、纸业类;水木作、石作、木行、红木巧木业类;冶坊、铜锡、铁器类;刺绣、珠宝玉器、银楼类;南北货、粮食、酱酒类;猪行、府厨、菜业类;煤炭、蜡烛类;药业类;其他类等。

《明清苏州工商业碑刻集》分类目录中有工商业行业20目,其中工业行业的有15目,即丝绸刺绣业、棉布洋布业、造纸印书业、土木建筑业、木器制造业、油漆业、铜锡铁器业、粮食业、南北货业、酱酒菜厨面饼行、柴炭煤烛业、渔

---

〔1〕 李国庆:《明代刊工姓名索引》,上海古籍出版社,1998年,第397页。
〔2〕 许涤新、吴承明:《中国资本主义的萌芽》,人民出版社,1985年,第34—35页。

业、烟草业、生活服务业、交通运输业等。

另外，据范金民《明清江南商业的发展》统计，明清江南各地至少有会馆226个，公所356个，共计582个。其中行业性会馆12个、行业性公所314个，共计326个；又其中上海的会馆、公所154个，包括有关商业服务业的76个和有关工业行业的78个。有关工商业行业的分别是：丝业、丝厂茧业、绸业、丝绸业、绉业、染业、踹布业、布业、纱布业、洋布业、靛业、衣庄业、成衣业、水木作、木作业、漆业、砖业、砖灰业、石匠业、裘业、鞋业、皮鞋业、袜业、京货帽业、洋货业、棉花业、旧花业、麻袋业、铁锚、南货业、北货业、花糖洋货、日本海产杂货业、海味业、蛋业、腌腊业、鲜鱼业、牛肉业、火腿业、鲜肉业、(鲜)水果业、果桔业、烟业、茶业、酒业、糖业、酱业、冰业、药业、药业饮片、参业、面业、菜馆、酒馆米业、米麦杂变业、油豆饼业、烛业、煤炭业、桐油苎业、乡柴业、沙柴业、木业、竹业、铁钻业、铜锡业、纸业、刻字业、印刷业、书坊业、花业、花树业、珠宝业、玉器业、工艺业、金业、银楼业、沙船业、木船业等。[1]

2. 棉花棉布产业是明清江南经济中的支柱产业

中国传统经济是农业与手工业密切结合的经济，习惯上称为男耕女织的小农经济(或称为自给自足的自然经济，与现代商品经济和市场经济相对应)，主要是将吃饭与穿衣两大基本生活要素的生产劳动有机结合，成为社会生产的主要形态。在这个基本的经济结构之中，真正与农业密切结合的手工业行业主要是纺织业，所以研究传统手工业和传统工匠，不得不从传统的纺织业和纺织工匠谈起。明代中期以后，江南地区棉花与棉布产业迅速发展，商业性的棉花与棉布产业已成了明显的支柱产业。

江南棉花与棉布产业最发达的地区首先要算松江府。明代中后期，“松(江)一郡耳，岁赋京师至八十万，其在上海者十六万有奇。重以土产之饶，海错之异，木棉、文绫衣被天下。”[2]明代后期的南翔镇，“仅种木棉一色，以棉织布，以布易银，以银籴米，以米充兑。”[3]明末崇祯年间纂修的《松江府志》说：“自二三十年来，松江之民多倚织布为生。”[4]由崇祯年间(1628—1644年)上溯二三十年是明代后期的万历年间(1573—1620年)。明代后期的华亭县，

---

〔1〕 范金民：《明清江南商业的发展》，南京大学出版社，1998年，第242—251，284—309页。

〔2〕 史彩修、叶映榴等纂：《上海县志》旧序《(明)弘治十七年甲子(1504)闰月之吉吴郡王鏊序》，康熙二十二年(1683)刻本。史彩是当年上海知县。

〔3〕 张承先撰，程攸熙增订：《南翔镇志》卷十二，见(明)张鸿磐：《请照旧永折疏》，乾隆四十七年(1782)修，嘉庆十二年(1807)寻乐草堂增订刻本；详见徐新吾主编：《江南土布史》，上海社会科学院出版社，1992年。

〔4〕 方岳贡修，陈继儒纂：《松江府志》卷十《赋额下》，崇祯三年(1630)刻本，转引自《江南土布史》，上海社会科学院出版社，1992年。

"纺织不止村落,虽城市中亦然。……织者率日成一匹。"[1]不仅乡村劳力主要从事纺织业,城市居民也以纺织业为主要产业,每个劳力每天能织布一匹。明代后期的青浦县"男耕女织,外内有事。田家妇女,亦助农作,镇市男子,亦晓女红。"[2]不仅妇女从事纺织业,而且男劳力,特别是"镇市男子"也投入纺织业生产,打破了男耕女织的陈规。

清代松江地区棉布产业更加发达。"松江棉花布,衣被天下。……而女红自针黹外,以布为恒业。……女生五六岁,即教以纺棉花,十岁学织布,无间寒暑,自幼习劳。比嫁,咸善操作,而依其夫。"[3]妇女从小就学习纺织,生产的产品销往全国各地。金山百姓,"朝拾园中花,暮作机上纱。织妇不停手,姑纺不停车。"[4]种棉、纺纱、织布一体化生产。外冈"土瘠则秋收必薄,故躬耕之家,无论丰稔,必资纺织以供衣食,即我镇所称大户亦不废焉。每夜静,机杼之声达于户外。"[5]乡村所有的劳力都是亦农亦工,专门从事农业生产的纯粹农户已很少存在。

其次是苏州府与太仓州,棉花与棉布产业之发达与松江齐名。明代后期的常熟县"彼民之衣缕往往为邑工也"[6]。嘉定县,"邑之民业,首藉棉布,纺织之勤,比户相属,家家租庸服食器用,交际养生送死之费,胥从此出。"棉布纺织业是首位产业。"妇女勤纺织,早作夜休一月常得四十五日。"[7]织女勤奋劳动,生产效率比以往提高 50%,一月抵得上以往的一个半月。清代太仓所属各地更是"比户纺织,机杼之声相闻也"[8]。据光绪《嘉定县志》卷 8《土产》载,清后期嘉定县"比户纺织,负贩遍海内"。故嘉定流传着"阿奶日一筐,小姑日五两"的民谚。[9]

再次是江南周边地区,明中期以后也都以棉花与棉布产业为主要产业。如常、镇、宁地区,棉纺织业大有后来居上的趋势。特别是清代乾隆年间的常州府无锡县,专业化的棉布业生产异军突起。由于棉布产量大,各地商贾纷

---

〔1〕 正德:《华亭县志》卷三《风俗》,藏于国家图书馆地方志家谱阅览室缩微胶片。

〔2〕 屠隆:《由拳集》卷十六《与王百穀二首》,《明代论著丛刊》第三辑,伟文图书出版有限公司,1977 年。按:屠隆系万历时青浦县令。

〔3〕 乾隆年间周凤池纂,道光十一年(1831)蔡自申续纂:《金泽小志》卷一《风俗》,抄本,见上海市文物保管委员会编:《上海史料丛编》,1962 年,第 20 页。

〔4〕 董宪良:《织布谣》,见(清)常琬修、焦以敬纂:《金山县志》卷一九《艺文一》,乾隆十八年刻本。

〔5〕 (清)钱肇然:《续外冈志》卷一《风俗》,见上海市文物保管委员会编:《上海史料丛编》,1961 年,第 2 页。

〔6〕 嘉靖《常熟县志》卷四《食货志》,藏于国家图书馆地方志家谱阅览室缩微胶片。

〔7〕 万历《嘉定县志》卷六《物产》、卷二《风俗》,见刘兆佑:《中国史学丛书三编》,台湾学生书局,1987 年。

〔8〕 嘉庆《直隶太仓州志》卷十六《风俗》,见顾廷龙:《续修四库全书》六九七,上海古籍出版社,1995 年。

〔9〕 赵俞:《纺车曲》,见程国栋等纂修:《嘉定县志》卷十二《风俗》,第 7 页。

纷前来采购，使无锡成了全国闻名的“布码头”。据光绪《无锡金匮县志》卷31《物产》载，直到清末，无锡、金匮二县依然是“邑中女红最勤纺织，故不出棉而出布特盛”。地处苏州、松江南边的浙江杭州、嘉兴、湖州等地区，“地产木棉花甚少，而纺之为纱，织之为布，家户习为恒业”[1]。康熙《嘉兴府志》卷12《风俗》载嘉兴平湖、新城“妇女勤机杼”，“比户勤纺织”。嘉兴石门在清前期“纺织者众，本地所产(棉花)殊不足以应本地之需”[2]。

3. 丝织业是明清江南经济中最发达的产业

“机杼之盛，莫过于苏杭。”[3]江南丝织业集中在苏州、杭州、南京等大城市和嘉兴、湖州、苏州、杭州等地的广大乡村及濮院、王江泾、双林、王店、临平、盛泽、黄溪、震泽等丝织业市镇。明清时期江南地区丝绸产品有缎、锦、纱、罗、绸、绢、绫等种类，色彩已超过120种，其生产规模日益扩大，生产技术不断提高，从业人员日益增多，产品之精之多，无不在全国首屈一指。另外，明清时期江南丝织业生产还早于棉纺织业走向专业化，且有从农村向市镇乃至大城市集中的规模化趋势。

苏州丝绸的主要产地在震泽、吴江和吴县。乾隆《吴江县志》卷5《物产》载：“富商大贾数千里辇万金来者，摩肩连袂。”苏州民间“以织造为业者，俗曰机房”[4]。据嘉靖《吴邑志》卷十四《物货》记载，苏州这种机房生产，在明代中期就出现“东城为盛，比屋皆工织作”的场面。所谓“机坊罢而织工散者数千人”，说明苏州城内专业机户数以千计，故顾炎武《亭林余集·中宪大夫山西按察使副使寇公墓志铭》称，万历末年苏州“城中机户数千人”。

嘉靖年间，吴江盛泽镇施复夫妇经营丝织业。“夫妻省吃俭用，昼夜营运，不上十年，就长有数千余家事”，“开起三四十张绸机”[5]。双林镇兴起较早，明成化时，“溪左右延袤数十里，俗皆织绢”[6]。王江泾镇万历年间也成为大镇，“多织绸收丝缟之利，居者可七千余家，不务耕绩”[7]。明代人张瀚说杭嘉湖一带“桑麻遍野，茧丝绵苧之所出，四方咸取给焉”[8]。可见杭州等地民间丝织力量强大。

在纺织业以外，江南手工业行业还非常众多。各行业经营方式，既有家庭作坊式的，也有手工工场式的，普遍使用雇工生产。如明代“主仆之分有

---

〔1〕 天启《海盐县志图经》卷四《风土记》。
〔2〕 光绪《石门县志》卷三《物产》。
〔3〕 钱泳：《履园丛话》卷二十三《机神庙》。
〔4〕 隆庆《长洲县志》卷一《风俗》。
〔5〕 冯梦龙：《醒世恒言》卷十八《施润泽滩阙遇友》。
〔6〕 张廉：《重建化成桥碑铭》，民国《双林镇志》卷十二《碑碣》。
〔7〕 万历《秀水县志》卷一《舆地志·市镇》。
〔8〕 张瀚：《松窗梦语》卷四《商贾纪》。

定,然风俗亦有不同。常郡之无锡则于此分最轻,朝秦暮楚,恬不为怪。"[1]又如康熙中叶,吴江县陈去病的祖父开油坊,"雇工百人左右"。[2]

4. 建筑业与制造业是明清江南经济中的基础产业

先看明清江南的建筑业。

建筑业专业市镇和行业团体出现,是明清江南建筑业发达的典型标志。明清时期,兼具地域性与行业性双重特色的建筑群体出现,是江南建筑业发展的一个重要标志。万历年间,宜兴、荊溪二县,"近石山者焚石为灰;祝陵、上千诸村或世石工;臣溪任氏世铁冶;土美者抟土,黄土作坯烧成瓦甓。"[3]特别是苏州香山一带,据光绪《光福志》卷一记载,"民习土木工作者十之六七,尤多精巧,凡大江以南有大兴作,必藉其人"。出现了行业性的地域群体——"香山建筑帮",显示了建筑业发展与江南工商业经济中其他行业发展齐头并进的趋势。

除了香山行业性地域性工业群体外,江南其他地区建筑营造业也很发达。如明初常熟县各种行业工匠户数有 1 338 户,分别为:土工匠(49)、索匠(2)、石匠(28)、瓦匠(27)、锯匠(21)、竹匠(33)、洗白匠(15)、船木匠(1)、攒线匠(1)、络线匠(1)、线匠(1)、铁匠(20)、染匠(65)、裁缝(20)、挑花匠(45)、墨匠(6)、熟铜匠(15)、锡匠(5)、穿甲匠(124)、毡匠(3)、玻璃坯匠(1)、墨窑匠(3)、官帽匠(10)、银匠(6)、油漆匠(8)、铸匠(5)、熟皮匠(1)、卷胎匠(2)、纸灯匠(1)、涂金匠(2)、船匠(45)、箬篷匠(1)、刊字匠(2)、罗帛匠(1)、蒸笼匠(1)、刷印匠(1)、木桶匠(19)和戗金匠(1)。[4] 其中土工匠、索匠、石匠、瓦匠、锯匠、竹匠、船木匠、铁匠、墨匠、熟铜匠、锡匠、墨窑匠、油漆匠、铸匠、涂金匠、玻璃坯匠、箬篷匠、蒸笼匠、木桶匠和戗金匠等共计 254 人,约占工匠总数的 19%。可见建筑营造业无疑是当地产业经济中极为重要的基础产业。

再看明清江南生产工具与生活用具制造业发展情况。丝织工具生产地主要有南京、苏州、杭州等丝织业集中的几个大城市。清中期南京、苏州、杭州丝织机数量均在 3 万台以上,其他丝织业发达的城市乃至市镇,也各有织机数千乃至上万台。[5] 据《风麓小志》织机业第七记载,南京在乾嘉时"通城机以三万记"。再据光绪《续纂江宁府志》卷十五载,道光间"缎机以三万记,纱绸绒绫不在此数"。所以吴承明先生估计清中叶江宁地区至少有织机 4 万台

---

[1] 《古今图书集成》职方典卷七一五《常州府郡》。

[2] 范金民:《明清江南商业的发展》,南京大学出版社,1998 年,第 34—36 页。

[3] 万历《无锡县志》卷八《土产》。

[4] 万历《常熟私志》卷三《叙户》,南京大学图书馆藏,万历四十六年修,传抄本。

[5] 李伯重:《发展与制约:江南生产力研究》,台湾联经出版公司,2002 年,第 14 页。

以上,清中叶苏、杭二地各有丝织机3万台以上。[1]

生活用具制造业亦发达。万历《无锡县志》卷8《土产》记载,万历年间,无锡县"铁来自闽蜀,而邑人善铸为炉、鼎、投壶之类"。宜兴、荆溪二县各乡则随土而产、各有所工,"近竹山者治竹为器,北川诸村专制箩筐;离市远者木或烧炭、竹或剖篾;傍茶山者采茶……紫砂之泥为茗壶花盆,或仿古式作盂碗及几案间器玩。白泥为瓶缶。……其间非业陶者亦多掊土澄泥、采石乳取土骨。"

交通工具制造业方面,施彦士《海运议》说:"苏松常镇四十七帮,约计军船二千四百余只,每年约须造船二百数十只。"[2]同时人英和《筹漕运变通全局折》说:"道光五年江苏出运船二千四百只,浙江出运船千余只。"[3]可见道光时江南共有漕船3 000艘以上,约占当时全国漕船总数的1/2。康熙中期,河南拟造每艘载量100石的"扒河船"2 000艘,估计需要"船锯铁等匠三千六百人"。[4]江南年造漕船300艘,总载量在30万石左右,是河南"扒河船"总载量的1.5倍。因此江南漕船建造业人员,亦在数千人至万人之间。[5]

再看明清江南的食品工业。

据沈寓《治苏》记载,清代中期苏州府城人口在百万以上。[6]按"男女合计概算每人岁食米三石"[7]计算,则府城人口年食米达300万石以上,加上酿酒等用粮,估计嘉庆时苏州每年耗米500万石以上,江宁200万石以上。再按使用老木砻石臼计算,平均一个工人年加工稻谷1 000石,若出米率为50%,则得米500石。据此,则嘉庆时苏州的500万石和南京的200万石米粮加工,所需专业砻坊工人为10 000人和7 000人。[8]由于众多的工人和木砻不是集中在一处,所以17 000人以外,还需要相应数量的木砻及其他设备造作人员。

嘉庆二十五年(1820年)江南总人口约2 640万,[9]以清代中期江南城镇

---

〔1〕许涤新、吴承明:《中国资本主义的萌芽》,人民出版社,1985年,第370页。

〔2〕施彦士:《海运议》,《皇朝经世文编》卷四十七《户政》。

〔3〕英和:《筹漕运变通全局折》,《皇朝经世文编》卷四十八《户政》。

〔4〕朱云锦:《洛淅二运说》,《皇朝经世文编》卷四十七《户政》。

〔5〕李伯重:《发展与制约:江南生产力研究》,台湾联经出版公司,2002年,第35—38页。

〔6〕沈寓:《治苏》,《皇朝经世文编》卷二十三《吏政守令下》。

〔7〕包世臣:《齐民四术》卷二《农二》,《安吴四种》卷二十六。

〔8〕李伯重:《唐代江南农业的发展》,农业出版社,1990年,第12—16页;《发展与制约:江南生产力研究》,台湾联经出版公司,2002年,第55—57页。

〔9〕梁方仲:《中国历代人口、土地与田赋统计》甲表统计,上海人民出版社,1980年,第273—279页。

人口占江南总人口的20%计算,[1]即近530万人,若人均年食米3石,共约1 600万石,根据以上砻坊生产情况,当需专业砻坊工人3万余人,木砻3万余台。再加上酿酒所需的脱粒程序,其工作人数还要更多。明清江南菜籽一般是亩产2石,975万亩产菜籽约1 950万石。亦需上述规模油坊4 300余家,工人约20万名(按“间日而作”计),油车约2.6万余部,方能敷用。一个中型油坊,每日作业工人约24人,使用油车(榨床)6部,日加工菜籽2 000余斤。一年开工以300日记,则年加工能力为菜籽4 500石(明清量)。道光时江南每年输入大豆约2 000万官石。大豆加工工艺相同,原料投入量按容积计也大致相似。榨2 000万石大豆,需油坊4 400余家,工人20万余名。[2]

关于明清江南民间工匠职业工种,可从《苏州市志》所列苏州会馆、公所中看出大致情形。该书按时间顺序列出明清苏州会馆59个,公所199个,共计苏州会馆、公所258个。其中属于手工业行业的135个列表如下:[3]

纺织业	餐饮业	器具制造业	综合杂业
丝织业	饭铺业	木行业	旧货业
丝经业	膳食业	锯木业	洋广杂货业
丝边业	庖厨业	竹业	人力车业
丝行业	炉饼业	竹箸业	理发业
染丝业	茶食业	小木竹艺业	水龙业
丝织宋锦业	粮食业	红木梳妆作铺	浴业
绒业	粮果业	柜橱业	壅业
织绒业	糕团业	木器业	寿器业
绸缎业	荤油业	制刷业	冥器业
绉绸业	米店业	扇面扇骨业	寿衣业
湖绉业	豆米行业	扇骨业	香业
杭绉业	粮食行业	扇面业	香粉业
纱缎帐房业	腿业	纸业	烛铺业

〔1〕 刘石吉:《明清时代江南市镇研究》,中国社会科学出版社,1987年,第136—137页。
〔2〕 李伯重:《发展与制约:江南生产力研究》,台湾联经出版公司,2002年,第57—61页。
〔3〕《苏州市志》第3册,江苏人民出版社,1995年,446—458页,参见吴建华博士论文《江南人口与社会研究》(2000年,苏州大学)第129—130页。

续表

纺织业	餐饮业	器具制造业	综合杂业
金线业	猪商业	书坊业	花爆业
杭线业	肉店业	染纸业	水木作
顾绣业	豆腐业	蜡笺业	回须业
睐布染坊业	鲜果业	梅花纸业	石作业
染坊业	南枣橙橘业	帐簿业	硝皮业
踹布业	南北杂货海货业	粗纸箬业	皮业
印花作坊业	腌腊鱼蛋咸货等业	冶炼业	辫绳业
贡带业	皮蛋业	炉坊(化铜)业	明瓦业
成衣业	羊肉面店业	金银丝抽拔业	装修置器业
零剪绘绣业	饭馆业	金箔业	花业
洋布洋货业	面馆业	箔业	花树业
绒领业	酒馆业	捶打金箔业(圆金业)	煤炭业
棉夏土布业	酒楼菜馆业	银楼业	树柴业
麻业	腌腊鱼货业	铜锁业	煤炭树柴业
织造业		铜丝业	柏油业
红布、头绳业		铜锡业	颜料业
估衣业		锡器业	漆商业
洋布业		钢铁锯锉店业	漆作店铺业
皮制品业		剪刀业	石粉业
鞋业		白铁业	刻字业
瓜帽艺业		打铁业	裱画业
弹花业		钟表业	水灶业
		眼镜业	机造工匠业
		琢造玉器业	

总而言之，传统职业是传统社会分工中的部门种属，是劳动者角色定位和劳动分工体系中的重要环节，是劳动者长期从事并赖以生活的工作岗位，是与劳动分工环节产生联系的社会劳动者的角色标志。同时，行业职业是社

会分工的产物，随着社会分工的发展而发展；社会分工愈发达，生产专业化程度越高，职业劳动者的技术转型与角色转换速度越快。另外，中国传统工匠职业分工是与传统工业行业分化密切相关的一体两面的历史运动，行业分化与职业分工彼此互动、相辅相成，体现了明清江南社会经济发展中社会分工与专业化的空前发展，构成了江南区域工业化发展的重要动力。〔1〕

〔1〕 余同元：《传统工匠的现代转型》，《光明日报》2005 年 7 月 20 日（理论版）。

传统工匠及其现代转型界说[1]

中国历史上作为传统工业技术主体的工匠，可分为上（“巧匠”“哲匠”等科技专家）、中（专业技术化与职业化的“匠人”与“匠师”）、下（“百工”“工人”等熟练工人）三个技术层次；其现代转型包括技术转型与角色转换两方面内容，既是传统工匠向现代技术工人、科技专家转型中科技主体的身份地位转化和职业角色转换的双轨式发展过程，又是现代区域发展中人力资源开发的本质过程，还是传统农业社会向工业化与现代化社会转型的核心标志。在中国社会经济史研究中，工业史研究成果较多，而关于传统工业生产者工匠的历史，研究成果却较少。特别是关于“工匠”与“传统工匠”的基本定义问题，存在着简单化和模糊化的倾向，缺少专门的讨论。定义是逻辑推理的前提，也是理论思考的基础，只有前提和基础一致，工匠历史研究才有意义。本文试图对“工匠”“传统工匠”“传统工匠现代转型”等概念和范畴加以界说，以就教于学界同仁。

一、“工匠”与“传统工匠”的定义

《辞海》“工”部说工匠即“手艺工人”；“匚”部又说工匠是指“有专门技术的工人”。这两个说法存在歧义，特别是后一说法易与现代技术工人概念混淆。也有人认为工匠是指“手工业劳动者”或“手工业品的制造者”。[2] 这两个说法又过于简单，难以涵盖“工匠”的基本要素和主要特征。

其实，“工”“匠”与“工匠”的含义在汉语史上有一个演化的过程。根据古文字学家杨树达《积微居小学述林·释工》解释：“工，象曲尺之形，盖工即曲尺也。”《考工记》曰：“知者创物，巧者述之，守之世，谓之工。”后来人注解：“守之世”指“父子世以相教”，“其曰某人者，以其事名官也；其曰某氏者，官有世功，若族有世业，以氏名官者也”。《考工典》引王昭禹语曰：“兴事造业之谓工。”[3]经过演变，“工”由“曲尺”发展为工人和工业的意思。

“工”的用法虽多，但主要的含义是指有工艺技术的工业劳动者，与人们

[1] 该文原刊于《史林》2005 年第 4 期，中国人民大学复印报刊资料《经济史》2005 年第 6 期全文转载。
[2] 曹焕旭：《中国古代的工匠》，商务印书馆国际有限公司，1996 年，第 1 页。
[3] 《周礼·冬官考工记·篇首》，《十三经注疏》上册，浙江古籍出版社，1998 年，第 906 页；《中国历代考工典》卷一《考工总部·汇考一》，江苏古籍出版社，2003 年，第 1 册，第 3 页。

常说的“匠”是同义词,《辞海·工部》说:“工,匠也。凡执艺事成器物以利用者,皆谓之工。”故工匠又有“匠”与“匠人”的称呼。

“匠”起初专指“木工”。《说文解字·匚部》说:“匠,木工也。从匚,从斤。斤,所以作器也。”清代人段玉裁在《说文解字注·匚部》注解中说:“匠,以木工之称,引申为凡工之称也。”又曰:“百工皆称工,称匠独举木工者,其字从斤也。”木工除用“斤”作工具外,还用“绳墨”作为画线的规矩准则。故《孟子·尽心上》有“大匠不为拙工改废绳墨”的说法。“匠人”主要负责营建宫室城邑,如《考工记·匠人》曰:“匠人营国,方九里,旁三门,国中九经九纬,经涂九轨,左祖右社,面朝后市。”另外,先秦时期的“匠人”还包括修建沟洫等农业水利工程的建设者。故《考工记·匠人》又曰:“为沟洫,耜广五寸,二耜为耦。”

历史发展到封建社会,工与匠开始有了单独的户籍管理制度,称作“匠籍”,于是便有“工在籍谓之匠”的说法。[1] 工与匠从此合为一体。所谓“工在籍谓之匠”,主要强调工匠是有专门户籍和有专业技术的职业人员。即使在单独的户籍管理时期,也有在匠籍而不事匠业或不在匠籍却从事匠作的情况存在。

工匠是“执艺事成器物以利用”的“兴事造业”之人,也就是通常所说的手工业生产者,所以要弄清“工匠”一词的意义,还必须了解“工业”的含义。“工业”的定义,有广义的、中性的与狭义的区分。广义的“工业”说认为,一种工业是指生产同一商品的一群生产单位,“任何具有相同经济活动的组合或集团,不论是生产的或是消费的,都是工业”。中性的“工业”说认为,工业是从自然界取得物质资源和对工农业提供的原料进行加工和再加工的社会物质生产部门,或者说,工业是指通过劳动力与生产资料相结合,将劳动对象(材料、矿藏等)加工转化为生产资料、消费品以及服务的过程。狭义的“工业”主要指现代制造、采矿、建筑及机械生产,同时还包括现代工厂制度建立以前的手艺或手工业。

清末民初又称工业为“实业”。严复认为,实业,即西名 industry,指工冶制造之业。“大抵事由学问,Science,施于事功,展用筋力,于以生财成器,全民生而厚民用者,皆可谓之实业。”“实业之事,将以转生货为熟货,以民力为财源,被之以工巧,塞一国之漏卮,使人人得饱暖也。言其功效,比隆禹稷,岂过也哉?”[2]人们认为工业就是机械化生产,但本文只采用狭义的“工业”范畴,即所谓“工业”指的是将原材料加工成非农业产品并在市场上进行销售的各种生产和服务过程。主要包括制造业、建筑业和加工业等行业门类,并大

〔1〕 何庆生辑:《中国历代考工典》卷四《考工总部》,见《永平府志》,江苏古籍出版社,2003年,第1册,第42页。
〔2〕 严复:《严复集》,中华书局,1986年,第203—207页。

体上划分为传统手工生产与现代机器生产两个发展阶段。

传统工匠是从事传统手工业生产的劳动者，主要指在家庭、作坊或在手工工场里劳动的技术工人，所以又常常与“工”或“工人”同称。《论语·卫灵公》曰：“工欲善其事，必先利其器。”《管子·问霸》：“处女操工事者几何人？”这两处“工”都指的是工人的“工”。“工人”一词，常见于古代文献中。以下略举数例加以说明：

《韩非子·解老》云：“工人数变业则失其功，作者数摇徙则亡其功。”据《史记·张仪苏秦列传》记载，张仪到燕国游说燕昭王，说：“昔赵襄子尝以其姊为代王妻，欲并代，约与代王遇于句注之塞。乃令工人作为金斗，长其尾，令可以击人。与代王饮，阴告厨人曰：‘即酒酣乐，进热啜，反斗以击之。’于是酒酣乐，进热啜，厨人进斟，因反斗以击代王，杀之，王脑涂地。”

《史记·孟子荀卿列传》记载孟子见梁惠王之事，《史记·索隐》注曰：“方枘是笋也，圆凿是孔也。谓工人斫木，以方笋而内之圆孔，不可入也。故《楚词》云：‘以方枘而纳圆凿者，吾知其龃龉而不入也。’”[1]

此处“工人”皆指工巧之人，与“工匠”同义。后来“工人”主要指工业生产的体力劳动者，相当于现代工人阶级中的普通工人和熟练工人。

在古代文献中，“工”往往又称“百工”。《考工典·考工总部·汇考》引文曰：“工，百工也，考察也。以其精巧工于制器，故谓之工。”[2]“百工”原为周代的官职，主管营建制造，后来泛指工匠。《考工记》曰：“审曲面势，以饰五材，以辩民器，谓之百工。”又说百工之事是“烁金以为刃，凝土以为器，作车以行陆，作舟以行水”。“百工”属“工师”管辖，工师是监工者，负考察工人之责。“工有不当，必行其罪”，足见百工是官府的隶属，并非完全自由的人，[3]其含义及其职责范围基本涵盖了“工匠”一词的主要内涵，所以《庄子·徐无鬼》曰：“庶人有旦暮之业则劝，百工有器械之巧则壮。”

工匠还有“梓人”“梓匠”的别称。梓者，木名也。《山海经·南山经》曰：“虖勺之山，其上多梓楠，其下多荆杞。”《格物粗谈·树木》曰：“林有梓，则诸木皆内拱。”《说文》曰：“梓，楸也。”梓木，亦名楸木，为木中之王。《埤雅·释木》曰：“梓，旧说椅即是梓，梓即是楸，盖揪之疏理而白色者为梓，梓实铜皮曰椅。其实两木大类同而小别也。今呼牡丹谓之华王，梓为木王，盖木莫良于梓。”由于梓木被称为木中之王，所以“梓”便引申为治木器或指治木器的人。

---

〔1〕 司马迁：《史记》卷七十列传十、卷七十四列传十四，中华书局，1982年，第10册，第2297页、第2345页。

〔2〕《中国历代考工典》卷一《考工总部汇考一·考工记》，江苏古籍出版社，2003年，第1册，第4页。

〔3〕《周礼·考工记》，《十三经注疏》上册，浙江古籍出版社，1998年，第905页；参见童书业：《中国手工业商业发展史》，齐鲁书社，1981年，第4页。

《诗·小雅·小弁》:“维桑与梓,必恭敬止。”《尚书·梓材》曰:“若作梓材,既勤朴斫。”陆德明对此解释曰:“治本器曰梓。”《孟子·书心下》曰:“梓、匠、轮、舆,能与人规矩,不能使人巧。”晋左思《魏都赋》亦曰:“僝拱木于林衡,授全模于梓匠。”[1]可见“梓人”“梓匠”就是工匠的意思。

大约自春秋战国时期开始,人们常常将工业和商业放在一起,统称为“末业”,因而将从事工业和商业的人统称为“商人”。秦汉以后所谓“重本抑末”或“重农抑商”中的“末业”和“商人”都是包括工业和工匠在内的一种统称。其实,明清时期的不少作坊就是前店后坊工商一体的。

另外,《管子·七臣七主》曰:“主好宫室,则工匠巧。”《史记·孝文帝本纪》曰:“尝欲作露台,召匠计之,直百金。”清魏源《道光洋艘征抚记上》曰:“赴粤司造船局,而择内地巧匠精兵以传习之。”这里“匠”与“巧匠”均指有专门技术的工人或技术专家,即人们常说的能工巧匠,其中成绩突出者称为“哲匠”。“夫工虽贱事,而治天下者,于此考其成。是故纪治之成者必曰:吏称其职,民安其业。而赞之曰:技巧工匠咸精其能,夫咸精其能,是于细事不敢欺也,而不谓之治成乎。”[2]这里所谓的“技巧工匠”,主要指的是技术水平高的能工巧匠,他们的技术素质随着时代的发展而发展,最终出现技术转型和角色转换,从而推动科学技术发展与社会进步。所以说:“圣人事事物物,无不全备工者,金工、土工、石工、木工、兽工、草工之类,与后世技巧工匠,咸精其能者,事同而意异也。”[3]

从词义演变上看,“工”“匠”与“工匠”在古汉语中往往相互通用,均指有专门技艺的手工业劳动者。但作为研究范畴的“工匠”,既有专门的技术制作专长,还有一定的艺术设计能力;不仅是传统工业的主要劳动力,而且还是传统工业的技术主体。所以准确地说,工匠是指具有专业技艺特长的手工业劳动者。这个定义包含了传统工匠所具有的各项基本要素和基本特征。

二、“工匠”与“传统工匠”的基本要素

“工匠”作为有专业技术与艺术特长的手工业劳动者,其基本要素主要有以下三项:

一是专业的或手工业行业分工的要素。《考工记》曰:“审曲面势,以饬五材,以辨民器,谓之百工。”[4]《荀子·王霸篇》曰:“百工分事而劝”,即手工业

〔1〕 徐中舒主编:《汉语大词典(缩印本)》“梓”条,四川辞书出版社、湖北辞书出版社,1995年。

〔2〕 (宋)史浩:《尚书讲义》卷二,见《四库全书》第56册,第184页。

〔3〕 (宋)吕祖谦著,时澜修定:《增修东莱书说》卷二,《丛书集成初编》第1册,中华书局,1985年,第25页。

〔4〕 《考工记》,《十三经注疏》上册,浙江古籍出版社,1998年,第905页。

者要各自努力进行自己本专业的生产。在中国古代,很早就形成了手工业内部的专业分工。不仅官府手工业内部有详细发达的分工,民间手工业工匠也都是分工协作、各专其业的。所以《荀子·富国篇》说:“能(才能)不能兼技,人不能兼官(管);离居不相待则穷,群而无分则争,穷者患也,争者祸也。救患除祸,则莫若明分使群矣。”《小尔雅·广诂》曰:“匠,治也。”《楚辞·天问》曰:“女娲有体,孰制匠之?”唐代程晏《工器解》则曰:“匠刀者不必自用割,匠弓者不必自用射,善为器而已。”这三处“匠”都是指专业地“治”“做”和“制造”的意思。

二是技术的或专门技能的要素。在传统的手工业生产中,工匠就是技术的主体。《说文解字》云:“工,巧饰也。”《广雅·释诂三》亦云:“工,巧也。”都说明“工”或“工人”首先是具有专门技巧的劳动者。《孟子·滕文公下》说:“梓匠轮舆,其志将以求食也。”就是说,工匠要有“器械之巧”,要通过自己所精通的技能来维持生活。“匠”有“治”“做”“制造”等含义,说明“匠人”必须具备专门的生产技术去制造某种产品。另外“匠”还有“教”“教育”的意思。如《抱朴子·外篇·备阙》说:“责其体而论细礼,则匠世济民之勋不著矣。”《楚辞·东方朔〈七谏·哀命〉》云:“念私门之正匠兮,遥涉江而远去。”《北史·献文六王传·咸阳王禧》,曰:“选忠信博闻之士为之师傅,以匠成之。”这三个“匠”都可以作“教”或“教育”来理解,说明工匠技术必须通过教育方式加以传承。

三是艺术的或工艺的要素。以“工”“匠”或“梓人”等相称的传统工匠,往往又指有专门技艺的工艺品生产者或某一方面造诣与修养较深的艺人。唐代李白《登金陵冶城西北谢安墩》诗云:“哲匠感颓运,云鹏忽飞翻。”这里的“哲匠”指的就是艺术家。《文心雕龙·章句》曰:“夫裁文匠笔,篇有小大。”唐代张祜《题王右丞山水障二首》之一云:“精华在笔端,咫尺匠心难。”宋代李格非《洛阳名园记·富郑公园》曰:“亭台花木,皆出其目营心匠。”此三处“匠”都可作“构思”“设计”解。能集技术构思、艺术设计和专业制作三者于一身者,谓之“哲匠”。[1]

“工匠”实际上就是“传统工匠”的简称,指的是与从事现代机器生产的工业生产者(以技术工人和工程师为主)相对应的传统手工业生产者。这种手工业者起源于原始社会时期的氏族工人,后来虽然身份几经变迁,但作为技术的主体,直到现代机器工业时代依然广泛存在。据有关文献记载:“陶冶之事始于遂人,盖有人事则有之。故圣人每创一事,必尽其变而后已。是故室立则有隅门墙之制,谷艺而烹蒸杵铚之用,兴椳轮,为大辂之始,理势之来,事

〔1〕 徐中舒主编:《汉语大词典(缩印本)》“工”条、“匠”条,四川辞书出版社、湖北辞书出版社,1995年。

有必至。此遂人出火而陶冶之事，有不待于后世也。”“黄帝有熊氏始建宫室，命宁封等作诸器物以利民用。”〔1〕

在国家形成之前，氏族工匠是介于后来的官府工匠与民间工匠之间的手工业生产者，以氏族与家族组织的形式世袭族居，如陶工陶氏、绳工索氏、椎工终葵氏、釜工锜氏、篱笆工樊氏，都是擅长某种专门手工业技艺的氏族。在国家形成的过程中，官府手工业体系逐步形成，原有的氏族工业结构逐渐被打破，氏族工业中的劳动者也由此分化成食官之工（即官府百工）与民间工匠两大类。《左传》定公四年曰：

> 昔武王克商，成王定之，选建明德，以藩屏周。故周公相王室，以尹天下，于周为睦。分鲁公以大路、大旂、夏后氏之璜、封父之繁弱（注：繁弱即大弓），殷民六族，条氏、徐氏、萧氏、索氏、长勺氏、尾勺氏，使帅其宗氏，辑其分族，将其类丑，以法则周公，用即命于周。是使之职事于鲁，以昭周公之明德。分之土田陪敦，祝、宗、卜、史，备物典策，官司彝器。因商奄之民，命以伯禽，而封于少皞之虚。分康叔以大路、少帛、綪茷、旃旌、大吕、殷民七族，陶氏、施氏、繁氏、锜氏、樊氏、饥氏、终葵氏，封畛土略，自武父以南，及圃田之北境，取于相土之东都，以会王之东蒐。聃季授土，陶叔授民，命以《康诰》，而封于殷墟，皆启以商政，疆以周索。分唐叔以大路、密须之鼓、阙巩、沽洗，怀姓九宗，职官五正。命以《唐诰》，而封于夏虚。〔2〕

引文中“殷民六族”中的条氏、徐氏、萧氏、索氏、长勺氏，尾勺氏，“殷民七族”中的陶氏、施氏、繁氏、锜氏、樊氏、饥氏、终葵氏等氏族成员中分化出来的家族成员，都是以姓为单位的、有着专门手工技艺的手工业家族，到了周朝皆转变为官府百工和民间工匠。其他几支，如封到“夏虚”的“怀姓九宗”，以及封在“少皞之虚”和鲁国的周公、康叔等封国属民，其中也有很多是不同行业的手工业工匠。当时，原来氏族家族的首领也具有双重身份——既是工匠又是代表周王室管理工匠的工官。同时，在氏族工业向官府工业转化的过程中，作为民间工匠的大部分手工业者都变成了拥有自己的生产资料，并独立生产经营的私营手工业生产者。〔3〕

三、“工匠”与“传统工匠”的主要特征

与现代工人相比，传统工匠在劳动手段、生活方式和身份地位上都不一样，但关键的区别还在于角色构成与技术形态的不同。

---

〔1〕《中国历代考工典》卷一《考工总部 · 汇考一》，江苏古籍出版社，2003年。

〔2〕杜预注，孔颖达疏：《春秋左传集解》定公四年，上海人民出版社，1977年，第5册，第1620—1621页。

〔3〕童书业：《中国手工业商业发展史》，齐鲁书社，1981年，第4页。

在角色构成上，传统工匠作为技术的主体，具有三个突出的特点：

一是人身依附关系强，身份地位低下。传统工匠在古代等级社会中一直处于社会下层，对封建国家具有较强的人身依附性。金文中的“百工”是近似于奴隶的手工业劳动者。后来的官府工匠，不少来自罪犯刑徒。如汉代“大农置工巧奴与从事，为作田器”。[1]“卒、徒、工匠以县官日作公事。”[2]直到明代还是“造作工役，以囚人罚充”。[3] 唐宋以后，手工业者身份地位有所提高，但封建政府依然奉行“重农抑商”的基本国策，将工商业视为末业，对工商业者进行压制，加上元代又开始通过严格的匠户户籍制度对工匠进行种种限制和奴役，使工匠一直难以获得与普通劳动者平等的社会地位。

二是身份世袭，职业固定。在清初废除匠籍制度以前，工匠都受政府“匠户”和“军户”等户籍制度的严格限制，不仅职业世袭，而且一业终生。由于诸多因素，特别是经济因素的制约，后来虽废除了匠籍，但工匠职业终身和世守家业的现象却依然存在。工匠家业世传制度带有法律与伦理的双重作用，既有外在约束，又有内在自觉，是传统工匠的职业伦理与家庭伦理的统一。工匠技艺世代相传，撇开其传子不传婿的消极影响不说，一定程度上也有利于劳动经验的积累与技术水平的提高，正是这一点使中国传统的手工业技术在整体上保持领先地位。正如《韩非子·解老》所云：“工人数变业则失其功，作者数摇徙则亡其功。一人之作，日亡半日，十日则亡五人之功矣。万人之作，日亡半日，十日则亡五万人之功矣。然则数变业者，其人弥众，其亏弥大矣。”可见，中国传统的职业观念认为，频繁地变动职业必然会延误生产时间并降低劳动效能。

三是组织封闭，群体失语。在中国古代，很早就有管理工匠的职官和工匠制度，但工匠自己的组织却很晚才兴起，而且发展程度不高。到隋唐时期，国家不仅在中央设置“工部”作为主要的政府工匠组织管理机构，而且对地方和民间工匠也进行全面的编制管理。在唐代，“凡工匠以州县为团，五人为火，五火置长一人”。[4] 在工匠产品管理上，早在春秋战国时期就实行了产品责任制，时称“物勒工名”法，《吕氏春秋·孟冬记》曰：十月，“工师效功，陈祭器……比工致为上，物勒工名，以考其诚。工有不当，比行其罪，以穷其情”。要求在工业产品上刻写制造者的姓名，防止伪劣产品出现和欺诈行为发生，体现了政府对工匠的工艺规范和产品质量的组织管理。由于民间手工业往

---

〔1〕（西汉）班固：《汉书》卷二十四《食货志》上，中华书局，1975年，第4册，第1139页。

〔2〕（汉）桓宽：《盐铁论》卷六《水旱》第三十六，上海古籍出版社，1990年，第180页。

〔3〕（明）申时行重修：《大明会典》卷一八八《工部八》，江苏广陵古籍刻印社，1989年，第5册，第2563页。

〔4〕（宋）欧阳修：《新唐书》卷四十六《百官志》，中华书局，1975年，第1201页。

往都是与农业相结合的家庭手工业,其生产组织大多是家庭农场与家庭作坊相结合的混合物,其相应的社会组织也往往寓于家族组织和政府组织体系之中。作为较早的工商业者地缘性组织,"行"兴起于隋唐时期,"会馆""公所"兴起于明清时期。而民间工商业雇工性质的"行""帮"组织,出现的时间还要再晚一些。与西欧中世纪的行会基尔特(行会)占领城市,并在与乡村城堡中的封建领主斗争中取得城市自治权等情况相比,中国古代工商业者所组织的行会则只是处于城市居民中下层工商业者的民间组织,主要职能是制订行规,限制和规范同行业成员的各种活动,而组织和领导反剥削反压迫的斗争功能则不强。这就决定了中国古代工匠缺少自身强有力的组织代言人,甚至长期处于群体失语的状况。

传统工匠在技术形态上也有诸多的特点。

在技术主体要素方面,传统工匠的共同特征主要有三点:

一是手工操作(work-as-craftsmanship)而非机器生产。传统工业称为手工业,工人基本上都是手工业生产者。《商君书·算地》曰:"技艺之士资在于手。"[1]《五礼通考》曰:"上户自有蓄积,军人自有衣粮,公吏自有廪禄,市户自有经纪,工匠自有手作,僧道自有常往,并不在收籴之限。"[2]都是说传统工匠主要是靠手工技能去求得生存的,与现代从事机器生产的工业工人不同,所以"工匠"大都被称为"手艺人"。但传统工匠不是绝对不使用机器,实际上在传统的工业器具之中,有不少都是重要的生产机器。只不过传统的机器缺乏现代动力,而且传统工匠运用机器生产与现代产业工人使用机器生产的性质也有所不同。特别是在劳动者与机器的主客关系上,现代工厂工人是机器的附庸,机器是主,劳动主体成了机器的附属;传统工匠则始终是生产过程中的主体,其"机器的使用不过是加快了生产的进行(而这一点又具有收入增加的好处),并未取代他们所具有且自豪的技术,换句话说,在传统作坊中,机器正如同手工工具一般,是劳动者的身体的延伸"。[3]

二是家传的(世袭的)与学徒(学徒的身份)的技术传承。《荀子》卷四《儒效篇》曰:"工匠之子,莫不继事。"说的是工匠技术世袭家传,这是官府工匠技术传承的主要方式。《国语》卷六《齐语》曰:"今夫工,群萃而州处,审其四时,辨其功苦,权节其用,论比协材,旦暮从事,饬其子弟,相语以事,相示以巧,相陈以功。少而习焉,其心安焉,不见异物而迁焉,是故其父兄之教不肃而成,其弟子之学不劳而能。夫是,故工之子恒为工。"民间工匠的技术传承,除了采取同官府工匠一样的世袭形式以外,还有拜师学艺、师徒传承的"学徒制",

---

〔1〕 商鞅:《商君书》,《诸子集成》,浙江古籍出版社,1999年,第14页。

〔2〕 (清)秦蕙田:《五礼通考》卷二四八,《四库全书》第142册,第99页。

〔3〕 侯念祖:《确当的劳动、教育与文化:工匠劳动的意义》,《思与言》2004年第1期。

与家传绝技一样,这也是严重的技术保守型的工匠生成制。

三是技术评价的艺术化、伦理化取向。传统工匠在其长期的持续的专业生产劳动中积累着他们的生产经验和技术。这种经验和技术不仅表现为物质的技术层面,同时还表现为文化的艺术层面。在不同地域与不同文化背景下,人们对技术和艺术的价值取向有着不同的选择。中国传统工匠在技术价值与艺术价值取向上,艺术的价值取向往往高于技术的价值取向。因为只有侧重文化艺术上匠心匠意的追求,才符合中国文化中"形而上者谓之道,形而下者谓之器"与"重道轻器"的道德价值标准,同时也才符合"重义轻利"与"不尚技巧"的"圣贤"要求,否则就是"玩物丧志"或"离经叛道"。

在技术客体要素方面,《礼记·月令》和宋代《百工由圣人作赋》记述了古代对工匠的技术伦理要求与技术监督的情况。

《礼记·月令》曰:每年农历十月,"命工师效工,陈祭器,案度程,毋或作为淫巧以荡上心,必功致为上。物勒工名,以考其诚。功有不当,必行其罪,以穷其情。"

宋代陈襄《百工由圣人作赋》曰:"统尔六职,良哉百工。何艺事以斯作,由圣人而是崇。办器成能自乃神而立制,化材适用本惟睿以兴功。赜姬旦之明文,见东官之盛典。谓夫智之出也,始剏物以兴制;工之立也,乃成器而尽善。嘉众艺之勃兴,本圣谋而不阐。攻金攻木资浚哲以裁成,作舟作车由灵机而洞显。自兹立器为利,因材究奇。虽大匠之述作,皆往哲之规为。既执技而纷若,诚取法以宜。其所以凫氏成钟,自高辛而立范;车人作耒,本炎帝以垂规。且夫国有四民,工分百事。或居肆以成业,或饬材而兴利。率皆因上圣以资始,致宏规而绰备。依于法而游于艺,肇自神谟。智者忧而巧者劳,出由睿意。岂不以工之立事者,盖本于前。修事之经始者,必资于善谋。伊众制之虽盛,非圣作以奚由。网罟以畋,实庖牺之肇用;杵臼之利,因熊氏以垂休。自然众位靡纷,大模率正。虽云代守其业,但见作者之圣。亦犹五声兆黄钟之律,节奏爰彰;大辂起椎轮之姿,雕几罙盛。此则艺能交举,物用具陈。祖述虽资于匠者,经营率自于古人。按乃度程,实聪明之制作勤乎,朴斵资睿哲之经纶。噫夫世变浇漓,时黜朴略。高曾之矩交丧,器用之资惟错。今上方稽古,道而复淳,立是工也,体圣明之所作。"〔1〕

这两段话中所包含的工匠应遵循的技术准则主要有:

一是遵守"由圣人而是崇"和"体圣明之所作"的技艺宗旨。圣人之作,"依于法而游于艺"。所谓"依于法",就是重道、求道与体道。工匠之道,"高曾之矩""器用之资"也。故道在上,器在下,"以礼节事,以乐道志"。道在哪

〔1〕《中国历代考工典》卷四《考工总部·汇考四》,江苏古籍出版社,2003年,第1册,第40页。

里？“祖述虽资于匠者，经营率自于古人。”首先要在先圣先贤处寻找。所谓“游于艺”，就是要在旧法的基础上有所变通，有所创新，但变通和创新的目的宗旨是“道而复淳”，这样才能“艺能交举，物用具陈”。

二是技术造作上要“按乃度程”，“毋作淫巧”。即要求遵循“度程”。“虽大匠之述作，皆往哲之规为。既执技而纷若，诚取法以宜。”“依于法而游于艺，肇自神谟。智者忧而巧者劳，出由睿意。”技术“度程”就是工匠所制作产品的技术标准，每种产品都有特定的技术标准与技术要求，工匠必须严格执行。“考工匠人，茸屋三分，瓦屋四分。茸，茅屋也。茅屋欲峻，而走水从檐，至栋二分，加一分为峻。瓦屋差平，从檐至栋，四分加一分为峻。三分者，假如檐柱一丈，即栋柱一丈五尺也；四分者，假如檐柱一丈，即栋柱一丈二尺五寸也。”[1]同盖房子有严格的法则规定一样，工匠生产任何产品都要有本有则。但在生产过程中提倡变通和创新，反对一味地机械照搬。如：“造八音之法，总以黄钟为本，加减比例而得之，律吕正义有加减分形比例表，最精妙。此欲凭工匠之手，且欲求诸僧道，其术疏矣。”“外径三分六厘三毫，若遣良工造律管者，惟据此篇度数足矣。前项律度方、圆、积等，则皆不必讨论。恐其文烦难省易惑，亦非工匠所当知也。若夫大儒君子留心律学，推穷理数，须将前项，每段筭术次第钻研——亲手筭过，方得其趣。乃至一句一字不可遗也。”[2]

三是以“工则”为“工巧之元气”。即所谓“立器为利，因材究奇”。“智之出也，始刜物以兴制；工之立也，乃成器而尽善。”这是关于工匠技术指标的规定。

四是“物勒工名”。就是工匠必须将自己的名字刻在其制作的产品上，以备工师检查考核。“孔氏曰：于是之时，冬闭无事。命此工官之长，效实百工所造之物，陈列祭器，善恶案此器。旧来制度大小，及容受程限多少，或有也，勿得有作过制之巧，以摇动在上，生奢侈之心，必功致为上者。言作器不须靡丽华侈，必功力密致为上，又每物之上刻勒所造工匠之名于后，以考其诚信与否。若其用材精美，而器不坚固，则功有不当，必行其罪罚，以穷其诈伪之情。”[3]

五是“工师效工”。就是工匠产品检查考核制度，即工师检验、考核工匠制作产品的成绩。对“功有不当”（质量不合规格）者加以治罪，对高功效者予以奖赏。工师的职责是监督管理、督促工匠保质保量完成任务，按期把他们

[1] 郑方坤：《经稗》卷九，《四库全书》第191册，第722页。
[2] 朱载堉：《乐律全书》卷二十一校正条例，《四库全书》第213册，第573页。
[3] 陈澔：《礼记集说》卷四十五，《四库全书》第117册，第892页。

制作的产品陈列出来，用规定的技术标准进行检查、考核。[1]

总体上看，本文所说的中国传统工匠(Chinese Traditional Artisan)从专业技术和工艺制作水平上可分为上、中、下三个不同的技术层次：一般说来，普通的工匠可统称为“百工”“工人”等，相当于现代所谓的普通工人(Worker)；分布在各个行业里的专业技术工匠，如被称为“机匠”“木匠”“铁匠”等的职业化的“匠人”，相当于现代所说的技术工人(Craftsman&Technician)，可视为传统工匠的主体；高水平的工匠则称“巧匠”“哲匠”“匠师”等，相当于现代的工程师、建筑师和机械师之类的技术专家(Engineer)。所以说，传统工匠基本涵盖了现代工业劳动力中的普通熟练工人、专业技术工人和工程师、建筑师等各个阶层系列。学术界一般所说的传统工匠往往有三大区分：一为官制工匠，多由知识分子承传；二为突出技术工人出身的工匠，收编为官制工匠；三为民间专业分工下的职业社群，有明确的师徒制与祭祀仪礼。这三种工匠也正是本文所说的江南传统工匠中的三个技术层次。从劳动力形态上看，传统工匠主要由城市作坊手工业者(匠籍制度废除之前亦称官府工匠)、乡村家庭手工业者(包括后来出现的家庭作坊中的手工业者)、游离于城乡之间的专门手艺人(包括后来手工工场中的雇佣工匠)等三部分组成。他们既是现代工程师、技术工人与科技专家的前身，又是现代城乡手工业生产的主力军。研究传统工匠技术素质和社会角色的变迁，直接关系到社会经济发展中的人力资源开发和利用的问题。

四、“传统工匠现代转型”之界说

1. 传统工匠现代转型的含义和标志

“型”者，原指铸造器物的模子，后引申为“类型”“样式”“形态”“法式”“模式”和“模型”等。所谓“转型”是指某种类型样式或某种形态模式的转化与转变，主要是指由一种形态向另一种形态转换，英语为 transformation，即转变、变化、过渡、变迁等意思。强调事情由一种情况(样式)变到另一种情况(样式)。凡是影响我们生活、思维、工作和游戏等方式、方法的广泛、彻底的变化都是转型，比如电灯替代油灯，汽车替代马车，计算机替代打字机，都是一种转型。

传统工匠现代转型主要包括技术转型和角色转换两方面内容。技术转型主要指工匠技术在知识形态和物质形态上的转变。首先表现为经验型技术向科学理论型技术转变(以工业科技书及工匠著作的数量增多和科技含量增加为主要标志)，其次表现为科学技术化中的技术生成方式和技术操作方

[1] 参见徐少锦：《中国传统工匠伦理初探》，《审计与经济研究》2001 年第 4 期。

式的转变(以现代职业技术教育的兴起和现代机器工业的产生为主要标志)。角色转换则指传统工匠向现代工人转变中技术主体身份、地位与职业角色的转化。传统工匠现代转型是工业生产劳动者技术转型与角色转换的双轨式发展过程。一方面,作为工业化动力的技术转型是长期分离的科学理论传统与工匠经验传统联姻的结果;另一方面,作为科学技术现代化标志的"技术科学化"与"科学技术化"过程,本质上也是传统工匠向现代技术工人和工程师等科技专家转型中科技主体的身份地位转化和职业角色转换的过程。

每个社会在早期现代化过程中,都要经历以经验性技术向科学性技术转变为核心基础和根本标志的早期工业化阶段。"经验特征的突出同时也表明在知识活动中有深刻的工匠因素。因为按照常规,学者在主流上多占有理论,而工匠在主流上则更依赖于经验,这是与其所接受的训练密切相关的,工匠这一阶层很难享受到文字训练的权利与机会,因此必然会导致对经验的亲近和对理论的疏离这样一种结局,或者说必然会导致稀释理论浓度、增加经验成分这样一种结果。"[1]经验型技术向科学理论型技术转型的同时,技术主体也开始由经验型生产劳动者向经验与理论结合的素质型生产劳动者转变,从而实现传统工匠角色向现代技术工人和工程师角色的转换。

2. 传统工匠现代转型的途径

第一,技术科学化的途径。

科学与技术之间始终呈现着复杂的互动关系,这种关系在不同的历史时期具有不同的特点,从而在根本上决定了人类社会历史发展进程的时代性特征。美国社会学家默顿(Robert King Merton)在他著名的博士论文《十七世纪英格兰的科学、技术与社会》中认为,17世纪英国的工匠传统和培根所倡导的实验科学,有力地推动了近代科学的实质性变革并使科学更加具有实用价值。经验主义和功利主义渐渐成为教育的主调,职业技术教育迅速发展,从而大大推动了技术科学化和科学技术化的历史进程。"人们所熟悉的科学活动的主要根基不在于学识渊博的大学传统,而往往在于已有的技艺之中,他们全部严格依赖于往往由工匠们帮助引进的新的科学实验程序和新的仪器。"[2]这就是"默顿命题"中的一项重要内容[3],即17世纪的工匠传统与实验科学开始结合并推动了近代科学发展,它一方面促成了长期分离的学术理论传统与工匠经验传统的联姻,另一方面又促成了科学理论的技术化及科技

〔1〕 吾淳:《古代中国科学范型》,中华书局,2002年,第19页。

〔2〕 [美]库恩著,纪树立译:《必要的张力》,福建人民出版社,1981年,第116页。

〔3〕 [美]默顿在发表于1938年的博士论文《十七世纪英格兰的科学、技术与社会》中,试图解释英格兰的科学为什么在17世纪突飞猛进,这个解释被称为"默顿命题"。详见默顿著,范岱年等译:《十七世纪英国的科学技术与社会》,商务印书馆,2000年,第20—31页,第46页;参见徐道稳:《科学与社会的互动——"默顿命题"评析》,《深圳大学学报》1998年第1期。

主体的社会化运动。

经验性技术指的是依据长期实践经验(没有上升到科学理论高度)而创造或发明的物质手段以及方法、技能、技巧等,是以经验为前提的,"没有相关的实践经验,就没有相应的经验性技术"。所谓科学性技术,"指的是依据科学理论而不是一般性的实践经验所创造或发明的各种物质手段、方式、方法等"。科学性技术一般是在科学预见的基础上,经过创造与发明而形成的。它是"人类在生产和生活实践中,根据经验或知识所创造的各种物质手段(包括工具、机器、仪器、仪表、设备等)及方式方法(包括实践型的知识、经验、技能、技巧等)"[1]。

第二,科学技术化的途径。

科学技术化必须以技术科学化为前提和基础,其基本过程是:经验技术上升为科学理论,经过职业技术教育和研究实验转化为新的生产技术。到底如何实现科学技术化,伽利略做出了经典的榜样。他以科学家特有的思维方式,把当时哲学家们提出的哲学观念变成可以操作的科学方法,从此建立了真正意义上的自然科学,相继发现了许多对人类至关重要的自然现象和规律,为新技术的产生奠定了坚实的基础,从此出现了超越经验和常识的新技术群。新技术的发展又把科学推向新的领域,这种互动过程也从此延续下来。西方社会在经历了两次工业革命后,更加成为科技进步与经济发展互相结合、互促互进的典型范式。特别是 19 世纪中叶以后,西方国家和企业纷纷兴办"工业研究实验室"。德国化学工业中,普遍雇佣专业化学家,并形成研究生培养制度,从事工业管理和技术创新的研究开发工作,使科学开始从一门科学理论或某几门科学理论渗透到一种具体的技术理论中去,形成了新的技术,称"理论技术"(Theoretical Technology)。所以说,科学与技术互动中的技术科学化与科学技术化,是一个相辅相成的、永恒提升的变化过程,总的趋向是在技术实验和科学研究的基础上追求更加科学的技术。

第三,职业角色社会化的途径。

科学与技术互化是现代科学技术与社会生产互相依赖、相互促进的前提条件,同时也是生产劳动者实现技术转型与角色转换的基本途径。因为科学技术的本质与人的本质是彼此相关的。人创造科学技术,人的目的规定科学技术的本质,人的社会实践是科学技术发展的内在根据。而科学技术又是人的一种理性追求,科学技术在它的起点及其获得本质特征的一般规定性环节上是被社会所铸造的东西。科学技术植根于社会,依赖于社会,其内在的规定性是从社会中获得的。所以,工业生产劳动者身份地位的改善,特别是作

---

〔1〕 陈筠泉、殷登祥主编:《科技革命与当代社会》,人民出版社,2001 年,第 5—6 页。

为工业科技主体的传统工匠的职业角色的社会化，无疑是传统工匠现代转型的重要途径之一。传统工匠向现代技术工人和技术专家转变的角色转换，既表现为个体身份地位的改变，也表现为群体的社会组织结构和功能的转变。

传统社会向现代社会转型，说到底就是这种技术的科学化与科学的技术化过程。科学与技术在这两种途径上结合而产生动力化机器生产（即现代机器工业）才是现代化时代到来的关键标志。这一标志的实现通常被称作科技革命，正如科学史家托马斯·库恩（Thomas S. Kuhn）指出的，科学的发展在其转折点上类似于革命，是格式塔的转换，即整体转换——新范式（paradigm）取代旧范式而占据绝对统治地位，整个社会的思维模式都随之变革。在科学时代，科学理论的价值得到公认，大量的大学与科研机构建立起来，学者队伍扩大且地位大大提高。特别是在近代科学背景下建立的学校，主要以学者模式来培养学生，要求学生从解释事物根本原因的科学理论出发去解决问题。其中能够将理论转化为技术的工程师阶层正是按学者模式培养的，要求他们能够从科学原理出发去分析问题。人类历史就这样走进了科学时代，从根本原因出发去寻求解决问题的思维模式被普遍接受并成为经典思维模式。〔1〕

3. 传统工匠现代转型的性质

传统工匠现代转型问题，既是区域工业化发展的核心问题，又是工业化发展过程中人力资源开发的问题。这种由技术科学化再到科学技术化互动进程的开启，才真正是区域发展中由传统农业社会迈入现代工业社会的内在动力与外在标志，它的本质过程就是区域工业化过程中工业科技人力资源开发的过程，突出表现为工匠经验传统与学术理论传统联姻的过程——即传统工匠技术转型与角色转换的过程。

首先，从传统工匠现代转型与区域社会工业化的关系上看，工业从产生时起就在按照自身的因素改造着整个国民经济和产业结构，所以工业化的进程使得工业在国民经济及产业结构中始终处于主导地位，而且随着社会生产力的发展，工业的主导地位还在不断地加强。产业结构主要是生产系统的构成和组织方式，对其进行宏观分析，除了作静态的划分外，还必须去研究其动态的功能整合过程。从传统社会向现代社会转型，在社会经济形态上主要表现为传统农业国的工业化转型，因此人们常常又将现代化等同于工业化。从社会学意义上说，工业化就是从人力能源到动力能源的转变以及工厂化工作组织体制的兴起，其社会后果表现为人类物质生活水平极大提高，人口的职业构成发生重大变化，社会关系和社会组织结构发生重大变化。

传统工匠现代转型过程与区域工业化过程是一体两面的发展关系，一个

---

〔1〕 参见郑维廉：《工匠传统在心理治疗（咨询）中的复兴》，《心理科学》2004 年第 4 期。

是内在的发展脉络,一个是外在的表现过程。马克思指出:“资本主义生产方式不仅引起形式上的变化,而且使劳动过程的全部社会条件和工艺条件发生变革。”[1]这种变革的重要标志就是由工场手工业进入到机器大工业。它的形式就是工厂的出现并最终在制度上确定的工厂生产体系,即人们常说的工业现代化,是以动力机器和机器体系作为主要劳动手段,采掘自然资源并对工农业原料进行加工的社会生产方式。它的基础是近代技术不断创造出来的新的生产手段,加入到社会经济大系统的加工环节这一重要生产领域,从而改变了生产的技术条件。从纺织机械的革新到火车头的出现,这一系列在技术上的新发明无一不是在日益扩大着的工厂生产体系中才得以被广泛应用的。工厂体系的确立和发展又最终导致机械制造技术和机械制造业的兴起。“大工业必须掌握它特有的生产资料,即机器本身,才能生产其他机器。这样,大工业才建立起与自己相适应的技术基础。随着十九世纪最初三十年大工业的发展,机器逐渐掌握了工具机的制造。但只是到了十九世纪中叶,由于大规模的铁路建设和远洋航运事业的发展,用来制造原动机的庞大机器才产生出来”[2],开启了早期工业化向工业现代化转型的历史进程。

其次,从传统工匠现代转型与区域工业化过程中人力资源开发的关系上看,人力资源的开发主要是将作为自然属性的劳动能力和作为社会属性的人才素质有机地结合起来,使广大社会生产劳动力特别是作为技术主体的生产劳动力的技术素质不断提高,并实现产业生产与科技发展中的技术科学化(经验技术上升为科学理论)和科学技术化(学术理论指导技术实践,包括通过职业技术教育培养新的技术劳动力)转化。这种技术与科学互化中的转化,正是人类由传统社会向现代社会转型的根本途径和基本标志。人力资源的开发和人力资本的积累是经济快速发展的先导。“教育发展、人力资本积累、经济结构变迁和社会发展阶段的推进之间有一种互动关系。……随着知识、科学技术在经济增长中的作用日益加强,教育发展和人力资本的先导作用更加明显。”[3]

区域发展的快慢,主要取决于资源的优劣、制度的好坏与科技水平的高低,而区域与区域之间发展的差异性则首先体现在被称为“第一资源”的人力资源的差别之中。人力资源中的人力,既是社会生产的承担者,也是社会经济发展目的的实现者。与物力资源相比,人力资源有着再生性与智力性、生产性与消费性、时效性与能动性并存共融的特征。社会性强调人的素质的时空差异性及其发展变化;能动性是人力资源区别于其他资源的独特之处,强

[1] 马克思:《机器、自然力和科学的应用》,人民出版社,1978年,第203页。

[2] 马克思:《资本论》第1卷,人民出版社,1975年,第386页。

[3] 中国教育与人力资源问题课题组:《从人口大国迈向人力资源强国》,《新华文摘》2003年第11期。

调人既可以通过主动性去选择自己的职业,又可以发挥积极性来挖掘自身潜力、进行自我强化,并通过提高自身的素质和劳动能力去实现职业角色的转换;再生性则强调人力资源具有二次开发乃至多次开发的可能性。人力资源之所以对于区域发展起着至关重要的作用,是因为一切生产活动都是由人的活动所引起和控制的过程。在任何生产或劳动过程中,人力资源始终居于主体地位,起着决定性的作用。而其他一切自然资源,只有通过人力资源才能得到深层的开发和利用,发挥出更大的效益。所以说人力资源是国民财富的基础,与资金和自然资源等被动的生产要素相比,人是积累资本和开发自然资源的主导力量。

再次,从传统工匠现代转型与工业科技发展的关系上看,科学与技术是性质不尽相同而又彼此密切关联的两种文化。科学是人对客观世界的认识,回答的是"是什么""为什么"的问题,目的是反映客观事实和规律等方面的知识。科学的基本任务就是认识各种事实现象并有所发现。事实可以是自然界的,也可以是人类社会的,如化学家发现新元素,历史学家发现社会发展规律,经济学家发现经济规律,等等,其成果一般表现为概念、定律、数字等知识形态的文献著述。技术回答的是"做什么""怎么做"的问题。它的基本任务是改造世界并追求发明创新,它的成果一般以工艺流程、设计图纸、操作方法等形式出现,如木作技术、铸造技术、电子技术等。在工业生产过程中,对产品的技术要求是第一要求,因为它是保证产品质量的根本要素。科学与技术虽然有别,但又有着不可分割的关系。因为技术发明既是科学与技术结合的产物,又是科学知识和经验知识的物化形态。所以技术的发展离不开科学的指导,反过来技术的发展又为科学研究提供前提条件。对科学来说技术是科学的延伸,对技术来说科学是技术的升华,技术科学化与科学技术化已成为现代科学技术发展的突出特征。

区域现代化是以科技革命为直接推动力,以工业革命为核心内容,实现社会生产方式根本变革的、由传统农业社会向现代工业社会的转型。这一社会转型是使工业文明渗透到经济、政治、文化、思想各个领域,并引起社会组织与社会行为深刻变革的过程。这个过程至少包含三个方面的主要内容:第一,现代化是一个从早期工业化到工业现代化的动态范畴,早期现代化也就是早期工业化。第二,早期工业化的根本动力是以技术科学化为核心的科技革命,早期工业化的基本内容则是以动力机器的发明和使用为主要标志的工业革命。第三,在科技革命和工业革命中,作为技术主体的传统工匠的现代转型问题,本质上就是现代区域经济发展中人力资源开发的问题,无疑是需要重点研究的学术问题。说到底,现代化过程就是人自身的塑造过程,如何使人的个性化与规范性达到和谐,最大限度地挖掘人的科技潜力,以促进经济发展,推动社会进步,是人类面临的共同课题。

明末清初的社会震荡与文化变奏[1]

本文概要介绍《王朝鼎革与英雄悲歌:一六四四年中国社会震荡与文化变奏》一书的基本内容和写作思路。同时论述明末清初社会震荡与文化变奏的内在关系及其推动当时社会转型的历史影响。认为中国历史上长期存在的北部边疆问题与农、牧民族矛盾的问题,在明清王朝鼎革之际发生了重要变化;以社会大分化、大冲突和大整合为主要内涵的剧烈的社会运动始终与长城内外农、牧社会文化二元一体化的民族运动彼此互动,使文化转向与社会转型因素同步增长,达到了将中国传统社会导向近世社会的新起点。

2001 年春天,在下有幸拜见国学大师南怀瑾先生,不自揆以拙作《王朝鼎革与英雄悲歌:一六四四年中国社会震荡与文化变奏》捧呈求教,心中惶惶惴惴、悸不自定。孰料南先生非但没有因其浅陋而鄙弃,反而连声以“好书”相夸奖,并指示老古文化出版社将其予以再版。如此奖掖后学,隆情厚爱,怎不令吾等小辈铭感五衷!借此机会,拟对本书的初版写作思路、再版修改方式及相关问题作一些说明。

本书原名《王朝鼎革与英雄悲歌:崇祯十七年家国兴亡止观录》,1999 年在河北大学出版社出版。当初写作之初,试图采用历史社会学的理论和方法,将 1644 年这个中国历史关键年代,既作为历史发展的分际点,又作为社会整合的界截面,进行历时性的时点研究和共时性的结构分析。简要地说,就是试图打开一个历史时点,展示一个社会接口,透视一个文化时空,营建一条学术理路。本书再版时,依然初衷不变,动机如故,但对全书内容作了较大幅度的修改和补充,特别是书名中的副标题,由原来的“崇祯十七年家国兴亡止观录”,改称“一六四四年中国社会震荡与文化变奏”,不唯用词造句上求与时下学术规范相符合,且欲更好地凸显出本书的中心思想和内在脉络。

所谓“家国兴亡止观录”,正如烟台大学副校长崔明德教授在本书原版序中所说的那样,“止观”乃佛教的一种禅法,以此“研究中国历代家国兴亡与文化裂变的历史,既是以超历史的态度,于诸多不同的历史现象形式中艺术地

〔1〕 该文原为台湾老古文化出版公司和香港经世学库 2002 年版《崇祯十七年》的自序,后提交 2002 年在武夷山召开的第九届明史国际学术研讨会交流,收入《第九届明史国际学术讨论会论文集》(厦门大学出版社 2003 年出版)。

或哲学地去理解历史,又是以批判的态度摆脱历史加在人们身上的种种束缚,从而由止入观,循观顿悟,专心致志,深思入微地去认识历史的规律和人生的真谛,并洞开止、观双行之门,求得社会解放和人身自由之目的。《止观录》对一六四四年中国社会的裂变、国家的兴亡和历史文化之变奏进行整体的、综合的和跨学科的研究,既揭示该年度春、夏、秋、冬的自然演化,又检讨融天命、人事于一体的一年四季元、亨、利、贞的变化规律,借以揭示该年度中国社会中阶级矛盾、民族矛盾交互作用下各种社会力量分化瓦解和彼此激荡的脉络与趋势,特别是对明末清初思想文化上的大变奏作深入探讨,由此说明当时东西世界不平衡发展的根源和中国封建社会长期延续的根本原因之所在。"此即"止观录"是也。

所谓"社会震荡",意指明清王朝鼎革之际,以社会大分化、大冲突和大整合为主要内涵的剧烈的社会运动和民族运动。这场震荡,首先是以战争的形式,对原有的社会关系与社会组织,社会制度与社会秩序,社会结构与社会系统,社会生产与社会生活,等等,进行大规模、全方位的破坏和摧毁,使已有的社会控制与社会功能土崩瓦解。这场战争,首先是发生在明朝"九边"中的"东三边"——东北地区的努尔哈赤父子大起义,同时也是发生在明王朝"九边"中的"西三边"——陕西地区的张献忠、李自成大起义。为什么这场战争都在明朝北部边防重镇的九边地区爆发?为什么挑起战争的领袖人物努尔哈赤、张献忠、李自成等都是大明王朝的边民、边兵?为什么努尔哈赤父子能够以边疆游牧民族入主中原,建立强大的满清王朝?回答这些问题,正是本书全部分析和讨论的起点。因为,北部边疆问题,与农牧民族矛盾的问题,既是明末清初社会震荡的直接原因,又是当时文化变奏的基本动力。

南怀瑾先生在《原本大学微言》中指出:有一个"很严肃的中国历史文化的大问题"需要正视和重视,就是"历来中国边疆政治的重要问题和华北与西域多种少数民族的生存矛盾问题","实际上,是中华民族容纳接受'西陲'和'北疆'各个民族归服内地、融入'华夏'民族的阵营以后,因历代的帝王朝廷(政府),并没有加以深厚的文化教育,因而引发种族文明的冲突,形成中华文化的'内外之争'、'南北之争',促使在隋唐以后'中华民族'大结合的大事"。南先生认为:"如果要彻底了解这个问题,必须先从秦汉历史上的匈奴等开始,并深切了解中国的'北疆',东起朝鲜毗连俄罗斯的南境,直到内外蒙古、西伯尼亚,再南回到古称'西域'、'西北边疆'的新疆、青藏等广阔边境的许多少数民族。"[1]正是这些塞北少数民族,不时地向中原发起冲击,促使中原王朝频繁地改朝换代;而中原王朝视为头等大事的边政建设、边防措施,以及与

[1] 南怀瑾:《原本大学微言》下册第七篇,台湾老古文化出版社,1999年,第464页。

此相应的闭关锁国与闭关自守的基本国策的长期实施，共同构成贯穿中国封建社会始终的社会文化大问题。本书认定，这一左右中国历史发展方向、与中华民族生死攸关的社会文化问题，在明末清初有了根本的转机和空前的变化。

所谓的“文化变奏”，意指社会整合中的文化变迁趋势。这里使用的“文化”概念，包含了广义的文化（包括物质的、制度的、精神的文化在内）与狭义的文化（主要指以学术思想与价值观念为核心的精神文化）两大层面，它不仅构成历史发展与社会转变的中心环节和基本内容，而且具有很强的民族性与时代性特征。在明清社会大变革中，文化变奏首先表现为广义的农、牧社会文化二元一体化过程和这一过程引发的狭义文化变奏，即以政治伦理为中心的权力统合型社会整合，向以商品经济为中心的相对疏离型社会整合嬗变，以及与这一嬗变互为前提条件的文化整合开始从政治权力统合中分离出来的新动向。本书以很大的篇幅论述明末政府、清初政府、明清之际几个并存政权的政治命运，同时全力探索明末清初学术思想界的典型示范人物——刘宗周、黄宗羲师生二人的经国理想、济世追求、曲折生涯、乖舛命运和留给后人的血泪思索。这种企图揭示当时文化转向的努力，正是本书主要内涵之所在。

本书采用的“农牧文化”“农牧社会”“农牧世界”等称呼，均以“农耕民族”和“游牧民族”及其合称“农牧民族”这个概念为基础。中国历史时期的“农耕民族”，主要指分布在广大东南中国的以汉民族为主体的农业民族；历史时期的“游牧民族”，主要指分布在广大西北中国（历史上称“北疆”、“西陲”，大体为长城以北、以西地区）的以牧业经济为主要经济部门的少数民族。但本书使用的“民族”概念，除了种族上的、地域上的界定外，更大程度上是文化的界定，尤其指中华民族共同体中的各兄弟民族在历史时期的文化性格，以及中国学术文化中固有的“华夷之辩”与“汉化”“胡化”的自我界定。

与此相应的，所谓“农牧民族二元一体化”，也主要指以政治经济生活中的民族融合为基础的、农牧民族相互的“汉化”与“胡化”。陈寅恪先生在《隋唐制度渊源略论稿》和《唐代政治史述论稿》中指出：“总而言之，全部北朝史中关于胡汉之问题，实一胡化汉化之问题，而非胡种汉种之问题。当时之所谓胡人汉人，大抵以胡化汉化而不以胡种汉种为分别，即文化之关系较重而种族之关系较轻，所谓有教无类者是也。”“凡汉化之人即为汉人，胡化之人即为胡人，其血统如何，在所不论。”在《柳如是别传》第五章《复明运动》中，陈寅恪先生又指出：“寅恪尝论北朝胡汉之分，在文化而不在种族。论江东少数民族，标举圣人‘有教无类’之义。……今论明清之际佟养性及卜年事，亦犹斯意。”[1]由此可以看出，“汉化”与“胡化”，主要指农牧民族在文化上互相影响、互相作用、互相改变的量变与质变过程，其在明清之际达到了全新的高度，成为中国历史时期农牧民族二元一体化的重要标志。这正是本书论述的明清之际社会文化转变新动向的重点之所在。

打开世界地图，由亚洲的大兴安岭、燕山、阴山、祁连山、昆仑山、兴都库什山、萨格罗斯山、高加索山，向西直至欧洲境内的喀尔巴阡山，画一横线，将亚欧大陆区划为两部分：横线以南多为湿润的平原森林地带，宜于农耕，其中西亚的美索不达米亚平原，东亚的黄河、长江流域，印度的恒河流域等都是人类历史上出现最早的农耕中心；横线以北多为干燥的高原荒漠地区，与农耕地带平行，东起西伯利亚，经中国东北、蒙古高原、中亚、咸海、里海以北、高加索、南俄罗斯，直到欧洲中部，是历史上游牧民族活动的地带，其核心地区是蒙古高原至中亚一带。亚欧历史上自然条件的差异，形成农耕世界与游牧世界两个区域长期的双轨发展，同时又发生和发展了两个世界的各种交往和矛盾，构成近代以前整个世界历史的基本内容。由此可见，古代的中国与现代的中国一样，都是不可分割的世界整体的一部分，社会文化的变迁也不可避免地拥有世界历史发展的共性特征。

从全球的宏观的视角，考察人类文明史的发展进程，揭示人类历史发展的统一性，是从18世纪法国启蒙时期理性主义史学家伏尔泰(1694—1778)开始的。他的名著《论自查理曼大帝至路易十三时代的通史和世界各国的民族精神、礼仪、风俗习惯》(简称《风俗论》)，第一个抛弃了在《圣经》基础上构筑起来的以基督教文明史为中心的世界史体系，建立起以人类文明史为中心的新的世界史体系。现代人提出研究“整体史”或“全球史”的口号，实际上是对伏尔泰编史传统的复兴。这方面的代表作有两部：一是1933年开始出版的英国汤因比的《历史研究》[2]，被称为思辨的世界历史体系的最后一部代表作；二是美国史学家斯塔夫里阿诺斯的《全球通史》[3]，被称为当代用全球观点囊括世界文明史的代表作。

《全球通史》认为：在很大程度上可以说，人类的历史也就是欧亚大陆各文明地区的历史。从世界史的角度看，不应把欧亚大陆看作是由欧洲和亚洲这两块大陆组成的，而应看作是由中东、印度、中国、欧洲和欧亚大陆中部草原地区这五块具有深远历史意义的地区组成的。前四块地区是肥沃的大河流域和平原，孕育了历史上最伟大的农业文明，而欧亚大陆中部草原地区拥

---

[1] 陈寅恪：《柳如是别传》下册，北京三联书店，2001年，第1002页。

[2] [英]汤因比：《历史研究(汉译本)》，上海人民出版社，1986年。

[3] [美]斯塔夫里阿诺斯：《全球通史(汉译本)》，上海社会科学出版社，1988年。

有无边无际的草地。从东方的中国东北部一直延伸到西方的匈牙利，它为由欧亚大陆边缘地区向外伸展的各文明中心进行交往提供了一条陆上信道。靠大草原养活的游牧民族赶着畜群迁徙并南侵，这种侵略不仅具有很大的破坏性，而且也具有革新的作用。古代欧亚大陆重要历史转折点的到来，大都起因于游牧部族的侵掠活动。

已故武汉大学吴于廑先生，晚年也发表了一系列构建世界史体系的论文〔1〕，认为：从新石器时代到14—15世纪海道大通以前，欧亚大陆分为游牧世界与农耕世界。两个世界几乎平行，其交接处形成自东而西的横亘于欧亚大陆的居中地带。就在这个地带上，发生和发展着农牧世界的各种交往和矛盾，而且大都是用暴力来书写的，所以“真正的历史上，征服、奴役、劫掠、杀戮，总之，暴力起着巨大的作用”（引马克思《资本论》语），这种暴力交往就是战争，表现为游牧世界对农耕世界的三大冲击浪潮：

第一次冲击浪潮（公元前16世纪中叶至公元初年）：亚欧大陆整个农耕世界都经历了由北方来的以战车为武装的游牧部族的入侵。公元前16世纪初赫梯人大掠巴比伦，稍后两河东部山区的迦喜特人入侵巴比伦，稍后两河北部胡里特人、米丹尼人、乌拉尔人、亚述人等向美索不达米亚和埃及两个农耕文明入侵。与此同时，美索不达米亚西边、东边的希腊半岛和印度都有来自北方的印欧人部落和雅利安人分别冲入。

第二次冲击浪潮（公元前后至8、9世纪）：东方匈奴、鲜卑、突厥等民族大规模内迁；中部被匈奴赶走的一支大月氏民族进入大夏、印度，建立贵霜国，另一支白匈奴于5世纪占领伊朗及印度西部，冲击笈多王朝；西边除匈奴外，罗马帝国还面临西哥特人和其他各支日耳曼人、斯拉夫人、柔然人（又称阿瓦尔人）的冲击。7世纪从亚洲西南冲入西方的闪族即阿拉伯人，建立了地跨三大洲的阿拉伯帝国。

第三次冲击浪潮（13—15世纪）：规模最大，主要是蒙古人和部分突厥人大规模南移与西迁。成吉思汗及其子孙西征并建立四大汗国，忽必烈率领蒙古人南下并建立大元帝国，把游牧民族对农业民族的冲击浪潮推向了顶峰。

三次冲击的总结果，是农耕世界的扩大和游牧世界的缩小，即农、牧民族社会文化的二元一体化，成为不可阻挡的历史趋势。到15、16世纪，欧、亚大陆大范围的农、牧矛盾运动渐告结束，世界历史也开始了近代化的新进程，表现为15、16世纪以后西欧农、牧结合的农业经济已孕育着工业经济，由农本而重商的行程全面开启，突破了农耕世界的闭塞，为工业世界的出现创造了前

〔1〕 主要有《世界历史上的游牧民族与农耕世界》（《云南社会科学》1983年第1期），《世界历史上的农本与重商》（《历史研究》1984年第1期），《历史上农耕世界对工业世界的孕育》（《世界历史》1987年第2期）。

提。随着农本经济生产剩余量的增长，乡村工业，主要是纺织业，首先成为工业世界孕育在农耕世界母体中的胚胎(或者说是起点)。

中国的情况如何呢？中国的版图兼有南农、北牧两大区域，也注定有相同的发展路线。由周秦到明清，长城内外的对峙，农牧民族的分合，正是人类历史上农、牧世界二元一体化的历史缩影。本书分四个时期、十次高潮叙述了中国历史时期北方游牧民族南进中原和中原农业王朝设防抵抗的情况。中国历史上农、牧民族的二元一体化，以历代塞外游牧人口的南移和中原农耕人口的北移及农、牧人口的叠移为前提，以农、牧民族的经济共生关系，特别是民间自由贸易关系的发展为动因，以历代长城文化带的演变，尤其是它的过渡功能和“内边疆”形态的变化为脉络，以明末长城地带民族贸易市场的兴盛和清代“满汉一家”政策的颁行为标志，最后成为中华民族多元一体格局中的基本构造。

长城两边农牧社会经济文化的二元一体化，首先发生在两个世界的交接地带。在这里，农、牧民族发生了极为频繁的交往。游牧人口的南移，农耕人口的北迁，农、牧社会的经济交流和文化融合得以逐步实现。而在农牧人口的汇聚地带，农、牧人口的叠移形成了叠合的半农半牧带，这便是中国历代版图上长期存在的特殊区域，因以长城为枢纽，所以称为“长城文化带”。长城文化带，具有中国古代“内边疆”的形态，既是中原王朝的边防带，又是农、牧经济的自然过渡带；既是农、牧民族交接对峙的自然地理带，又是农业文化与游牧文化的汇聚融合带。每个朝代长城的修筑，都标志着一条特殊的文化带的兴起，也都是长城文化带整体发展过程中的一个特定阶段。每个阶段中，长城文化带的演变，都体现了长城地带经济文化发展的特点和规律，并揭示了与内地政治经济发展的内在联系。其中，特别是明末长城地带民族贸易市场的全面发展，对推动农牧民族社会文化的二元一体化的历史进程，具有关键性的作用。〔1〕 正如孟德斯鸠《论法的精神》所云：“商业的自然结果是导致和平。两个互相贸易的国家变得互相依赖：如果一个国家对买感兴趣，另一个国家对卖感兴趣，一切联盟便在相互需要的基础上建立起来。”

但是真正平等互利的民族贸易在历史上的出现，是一个漫长而艰难的历程。直到明代后期，长城地带民族贸易市场广泛兴起，作为农、牧民族分界线和中国历史上“内边疆”的长城文化带性质功能的变化，才标志着中国农、牧民族二元一体化进程的开启，〔2〕同时也标志着中国已经具备了古代社会向近

---

〔1〕 余同元：《明代长城文化带的形成与演变》，《烟台大学学报》1990 年第 3 期。中国人民大学报刊资料剪报中心《人大报刊资料剪报・明清史》1990 年第 8 期转载。

〔2〕 余同元：《论中国历史时期农牧民族的二元一体化》，《烟台大学学报》1999 年第 3 期。《新华文摘》1999 年第 10 期摘要介绍。

世社会转型的前提条件。秦、汉以来长城两边的经济文化分合发展的历史表明，在这两个区域及两个社会之间，必然有某种贸易的存在，以体现其根本的经济共生关系。特别是明代，“经济上的需要将游牧的蒙古人和农业的汉人结合在一个帝国禁令不能完全割断的贸易体系中”〔1〕。

明清之际的文化变奏，实际上是在广义的文化和狭义的文化两个层面上同时进行的，它一方面说明随着传统文化功能重新设定的开始，传统文化性状将要发生转变；另一方面又说明文化的发展与社会的进步，是一体两面，即你中有我，我中有你的关系，文化的转型与社会的转型也是互促互动、互为依托的关系。如果说文化转型是社会转型的中心环节，那么明清之际的文化变奏则毫无疑问地显露出中国古代社会向近世社会转型之端倪。

关于传统社会向近现代社会转型的内容和标志，学术界众说纷纭，主要的说法有：身份社会向契约社会转变（梅因）；宗教社会向世俗社会转变（贝克）；前现代社会向现代社会转变（韦伯）；军事社会向工业社会转变（斯宾塞）；机械团结社会向有机社会转变（迪尔凯姆）；美国学者塞缪尔·P.亨廷顿则认为，“从传统到现代的过渡时期，就是一个克服社会动荡和防止政治衰朽的历史阶段”，而且这种“动荡和衰朽的根源不是这些国家的贫困和落后，而是它们致富和发展的欲望”。〔2〕

无数说法并行并存，说明社会是一个复杂的有机系统。社会转型虽然以文化转型为中心环节，但最终的实现还是要以社会政治制度和社会经济结构的转变为目标。从传统社会转向近现代社会的这一场社会大转型，若要实现一转百转的目标，则“转变程序要历时数百年才能恢复安定”。正如旅美史学家唐德刚先生在《中国社会文化转型综论》中说的那样，中国社会第一次大转型——从封建制“转”到郡县制，经历了春秋、战国数百年，“直到汉武帝与汉昭帝之间才大致安定下来”，而中国社会第二次大转型，特别是要经过由量变（“改朝”）到质变（“变制”）的漫长过程，同样是没有几百年时间而不能完成的艰巨任务。〔3〕

问题是第二次转型的开始时间，究竟是在明末资本主义萌芽时期，还是在清末鸦片战争时期？本书以为，明清之际的社会震荡与文化变奏，充分地反映了中国社会文化发展变化的民族性（个性）和时代性（共性）特征，正可以看作是第二次大转型的肇端。但是中国历史的发展，总是具有很强的个性。明末清初的社会，虽然具有世界历史发展的共性特征，但距离彻底打破民族之间的闭塞，还有一段必须跨越的距离。农耕世界只要还以农为本，总不能

〔1〕［澳］费克光语，转引自余同元《王朝鼎革与英雄悲歌·尾声》。

〔2〕［美］塞缪尔·菲利普斯·亨廷顿：《变化社会中的政治秩序》中译本序，三联书店，1989年。

〔3〕唐德刚：《晚清七十年》第一篇，岳麓书社，1999年。

彻底改变各个民族和地区之间的闭关自守状态，所以清代前期闭关锁国，政府垄断工商业，纺织业附于小农家庭等状况依然故我。较大的改变，是在西方资本主义世界强烈冲击下被迫做出反应的晚清时期。最终的改变，还要更晚。

章学诚在《文史通义》内篇《书教下》中认为："撰述欲其圆而神，记注欲其方以智也。夫智以藏往，神以知来。记注欲往事之不忘，撰述欲来者之兴起，故记注藏往似智，而撰述似来拟神也。藏往，欲其赅备无遗，故体有一定，而其德为方；知来，欲其抉择去取，故例不拘常，而其德为圆。"这种以"撰述"与"记注"之别，而将学问分为藏往之学和知来之学两大类，非常重要。凡为学之人，著书立说之时，不可不于此含辛茹苦、三思而行也。在下才学不及前贤，却企图鉴往以知来，温故而知新，求"撰述"与"记注"为一体，每每于方、圆、神、智结合之中耿耿于怀，故本书在写作方法上，试图融事件、人物、时间、空间于一体，点面结合，上下流通，深入浅出，立体地、动态地再现波澜壮阔的历史画卷，展示丰富多彩的历史内涵，致使体例多有不合常规之处，敬请各位专家同仁教之正之。

清末历史发展中的时代共性与民族个性

——《清朝通史》光绪宣统卷序[1]

光绪(1875—1908年)、宣统(1909—1911年)两朝37年历史,正值19世纪末20世纪初的世纪之交,既是中国历史上最后一个封建王朝——清王朝统治走向覆灭的末世期(泛称"清末"),又是中国社会近代化(亦称"现代化"或"早期现代化")转型中社会结构与社会制度坍塌和重建的关键期(亦称转型的"瓶颈期"),还是整个世界历史发生时代性重大转变的质变期——英、法、德、美、俄、日等世界主要资本主义国家先后由自由资本主义进入帝国主义阶段,世界政治经济格局发生巨大的变动,世界历史已经步入全球一体化的新时代。

一

若用全球史的眼光去审视光绪、宣统两朝的历史变迁,人们便发现简单的机械决定论和面面俱到的系统论都很难说明此时中国社会之所以进入沉沦与上升并举的转型关键期的来龙去脉。作为社会调适和自控能力提高的社会现代化转型运动,首先是指作为社会秩序的社会系统相互作用中的结构变化,它有着人类社会从农业文明转向工业文明的普遍性和同质性。但如何实现现代化,特别是如何实现社会秩序的重新规范化,各民族国家应走什么道路,采取什么模式,却有着诸多的异质性。19世纪末20世纪初的西方,以欧美为中心的基督教文化区域,率先完成了现代化任务,随着其统一的国内市场方面一体化程度的加强,垄断所造成的国内生产社会化和一体化必然会延伸到国外,资本输出的增加和垄断组织海外扩张的加强,将亚、非、拉等不发达国家强行纳入统一的国际市场体系之中;而同一时期的东方,东亚儒家文化区域各国,虽然也开启了现代化的进程,却只有日本的现代化获得了例外的成功。中国,这个曾经称雄东方的古老帝国,社会发展水平并不比当时日本落后,而且早于日本开启了近代化运动(即现代化运动)的序幕(或说中

〔1〕 该文原为紫禁城出版社2003年版《清朝通史·光绪宣统卷》序,后提交2003年第3届清史国际学术研讨会(北京)交流,刊载于群言出版社2004年出版的《传统文化研究》第12辑。收入本书时有删节。

国传统社会在明末清初就已开始向近现代社会转型,至迟在1840年鸦片战争前后开始),却由于自身国情的约束和资本主义列强的侵夺而多次失去了迎头赶上的历史机遇,变成了一个不服管教的顽童,在普通的现代化模式之外径自做着沉沦的游戏,使国内已有的资本主义因素在内外双重的压制下步履蹒跚,一波三折。

这一时期,世界历史发展中的全球一体化和世界现代化进程,已经进入以资本主义国际统一市场形成为核心内容的一体化与现代化同步的新阶段,并开始从旧模式向新模式转换,从低层次向高层次飞跃。随着资本主义由自由竞争向垄断过渡,帝国主义运动在世界范围内普遍展开,殖民地瓜分和势力范围的争夺空前加剧,国际局势更加动荡不定,国际关系更加复杂多变,一切矛盾和冲突都在新旧转换和时代飞跃中变得更加尖锐、激烈。残酷的征服、疯狂的掠夺、剧烈的对抗、巨大的牺牲等等,既构成世界现代化的沉重代价,又构成世界一体化的艰难途径。历史事实表明,世界经济的一体化运动和国际秩序的规范化运动共同构成了这一时期的历史动力和时代主题;两个运动交错互动,平衡制约,呈现出明显的动态性、曲折性和阶段性,代表了这一时期历史发展的内在脉络和主流趋势。19世纪末20世纪初的中国历史,自觉不自觉地纳入了一体化与现代化的轨道,不仅具有鲜明的时代共性,而且拥有典型的民族个性,尤其带有个性与共性交融中内外互动的诸多特征。

所谓时代共性,就是世界历史发展中的全球一体化和世界现代化趋势,即世界经济的一体化运动和国际秩序的规范化运动共同构成了这一时期的历史动力和时代主题。所谓民族个性,就是中国历史发展中固有的矛盾运动,就是改朝换代之下的统一与分裂交替,合久必分、分久必合,社会文化在治乱兴亡之中螺旋式发展。首先表现为政治方面维护大一统集中统治和摆脱政治腐败并反抗集权专制的矛盾,加上围绕这一矛盾而出现的宫廷内部权力角逐、朝廷内外权力竞争,以及与之密切相关的内政与外交(攘外与安内)、中央与地方(强干与弱枝)、海防与塞防矛盾;同时又表现为社会经济方面要求发展资本主义与阻碍中国发展资本主义的矛盾、维护既有的社会秩序与谋求社会进步的矛盾,以及由农、牧分区引起的农牧社会二元一体化进程中的农、牧民族之间的民族联合与民族歧视的矛盾[1];另外还表现为思想文化方面守旧与革新、中体与西用、内华夏而外夷狄、民族主义与洋务主义矛盾,等等,这些矛盾相互作用,彼此涵化,构成了当时中国历史发展中的民族个性。民族个性与时代共性的两相交融与内外互动,共同决定了清末社会历史发展的内涵与外延。而这一时期所发生的每一重大历史事件,都是民族个性与时

〔1〕 即当时的满、汉民族矛盾,参见余同元:《论中国历史上农牧民族的二元一体化》(《烟台大学学报》1999年第3期,《新华文摘》1999年第10期)。

代共性的两相交融与内外互动的中心环节。

二

中国早于日本开始了现代化活动，却由于自身国情的约束和资本主义列强的侵夺而多次失去了迎头赶上的历史机遇。因为作为社会调适和自控能力提高的社会现代化转型运动，首先是指社会系统相互作用中的结构变化，它有着人类社会从农业文明转向工业文明的普遍性和同质性。但如何实现现代化，各民族国家现代化应走什么道路，采取什么模式，却有着诸多的异质性。清末的中国，自觉不自觉地纳入了世界整体化轨道，却体现出既丰富又典型的个性特征。

面对挑战与机遇，中国政府中的洋务派开始将“洋务求强”运动全面推进到发展民用工业和振兴商务的“洋务求富”运动新阶段，揭开了中国现代化运动的帷幕。但在固有的权力瓜分原则支配下，虽然洋务派看到了民族和国家面临着“大变局”并主张变革，但却本着“中体西用”的理念和“迁延忍耐，逐渐加温”的原则[1]，只强调有条不紊地发展工商业，而不愿意改变现行的社会制度；虽然洋务派看到了建立民用企业和发展工商业的重要性，并且建成了轮船招商局、机器织布局等新式企业，但在经济体制上大都是官办或官督商办，官僚式经营，效率低下；虽然洋务派看到了建立海军和筹建三洋水师的重要性，但已建成的拥有强大势力的北洋水师（至少在数量上超过了当时日本的海军力量），却坚持着消极“防守”的自我限制，甚至只满足于防守北方京畿地区和南方财富地区的少数口岸，而没有向海洋扩展的远大战略。所以，所谓不败而败，实则不战已败矣。洋务运动的失败说明，“西用”巩固不了“中体”，“西体”比“西用”更有学习价值；只发展工商业而不改革陈旧的社会制度根本适应不了时代要求。

具有后发性的东方国家，在现代化启动阶段，普遍存在着被动挨打和民族救亡问题，大都面临着民族民主革命任务。所以，这些国家要想实现现代化中的工业化，在很大程度上取决于政府行为或由政府主导的行为，而不是民间自发的行为。以慈禧太后为首的满清政府，既墨守成规又腐朽无能，不仅对现代化的时代呼唤麻木不仁和漠不关心，而且固守着防范汉人染指要权的国策，对新兴的民族资产阶级戒备森严，必欲去之而后快。所以说：“中国的不幸，其根本原因是清廷的腐败和朝政的无能，而西方列强当时在远东到处施加压力，使中国面临的所有问题更趋恶化。”[2]

---

〔1〕 李鸿章：《李文忠公全集·奏稿》卷二十四，商务印书馆，1921 年。

〔2〕 爱德华·麦克诺尔·伯恩斯、菲利普·李·拉尔夫：《世界文明史》第三卷，商务印书馆，1987 年，第 232—233 页。

在以往的晚清史(即中国近代史)研究中,有所谓“一条主线”(中国资本主义的发生和发展),“两个过程”(半封建半殖民地化过程、反帝反封建斗争过程),“三个高潮”(太平天国革命、义和团运动和辛亥革命),“四个阶段”(农民战争、洋务运动、维新运动、资产阶级革命),“五大反侵略战争”(第一次鸦片战争、第二次鸦片战争、中法战争,中日甲午战争、八国联军侵华战争),“八大事件”(鸦片战争、太平天国运动、洋务运动、中法战争、中日战争、戊戌变法、义和团运动、辛亥革命)等多种说法。无论用哪一种说法来表述晚清的历史,它的主要内容都集中在清末光绪、宣统两朝。因为光绪、宣统时期不仅拥有了三个高潮中的两个高潮、四个阶段中的三个阶段、五大反侵略战争中的三大战争、八大事件中的六大事件的历史内涵,而且囊括了一条主线和两个过程中变革与扬弃、挑战与应战、裂变与整合、沉沦与上升等新陈代谢的核心内容和基本脉络。

从内外互动与社会变迁上看,清末光绪、宣统两朝历史大体可以光绪二十六年(1900 年)为界分为前、后两个时期四个阶段:即前期光绪元年(1875 年)至光绪二十年(1894 年)为第一阶段;前期光绪二十年(1894 年)到光绪二十六年(1900 年)为第二阶段;后期光绪二十六年(1900 年)至光绪三十四年(1908 年)为第三阶段;后期宣统元年(1909 年)到宣统三年(1911 年)为第四阶段。

第一阶段历史以边疆危机与洋务求富运动为主要内容。其间的大事如下:

政治方面:同治帝病死,醇亲王奕𫍽之子载湉入继大统,改元光绪。慈禧太后再度垂帘听政,并逐步巩固势力。但随着光绪帝亲政,帝党后党斗争开始,至中日甲午战争前形成了一个小高潮。英使馆翻译马嘉理非法进入云南,在永昌行凶被打死,史称“马嘉理事件”。清廷派李鸿章与英国公使威妥玛谈判,签订《中英烟台条约》。葡萄牙通过《中葡友好通商条约》占据澳门。英属印度政府官员马科雷率兵闯入西藏,在亚东地区与西藏驻军发生战斗,占领了哲孟雄地区。清廷还与英国签订了《藏印条约》和《藏印续约》。

军事方面:清政府任命左宗棠为钦差大臣,督办新疆军务,收复了除伊犁以外的新疆全境。经过谈判,与沙俄签订了《伊犁条约》,清政府正式在新疆建立行省。法国上校李维业率军进攻越南,越南向清政府求援。不久法国派孤拔为总司令进犯基隆,发动了马江战役,清马尾海军全军覆没。清政府被迫对法宣战,在取得镇南关大捷扭转战局的情况下,清廷与法国签订《中法新约》,中国不败而败。

经济方面:同治末年,洋务派在求强过程中遇到了严重的财政危机,开始兴办以求富为目的的民用企业。这些企业涉及采煤工业、金属矿和冶铁工业、纺织工业、交通运输业等方面,经费达几千万元。著名的有轮船招商局、开平矿务局、电报总局、上海机器织布局等。商办企业也开始出现。

思想文化方面：随着洋务事业的发展，一些积极参与洋务的士大夫日益增加了对西方资本主义的了解，主张向西方学习，既学习西方资本主义国家的科学技术，同时也要求实行某些政治、经济方面的改革。他们逐渐形成一个知识分子群体，代表人物有王韬、薛福成、马建忠、郑观应等。《中美续增条约》规定，1872 年至 1875 年每年一批、每批 30 名幼童被派往美国留学。1877 年总理福州船政大臣沈葆桢派 26 名学生赴英、法留学。1881 年、1886 年又派出两批 42 人赴欧洲学习。此时，北京同文馆、上海广方言馆、江南制造总局的翻译馆在翻译西方书籍方面做出了重要贡献，李善兰、华蘅芳、徐寿也在各自的研究领域取得了重要成果。

第二阶段历史以中日甲午战争、列强瓜分狂潮和戊戌变法为主要内容。其间的大事如下：

政治方面：1895 年三国干涉还辽成为列强掀起瓜分中国狂潮的开端。1896 年中俄签订《中俄密约》，俄国取得了在东北的特权。1897 年两名德国传教士在山东巨野被杀，德国以此为借口占领胶州湾，迫使清政府订立《胶澳租界条约》。继德国之后，俄国强占了旅顺口和大连湾，签订了《旅大租地条约》。1898 年，法国迫使清政府租让广州湾。英国 1898 年逼迫清政府签订《展拓香港界址专条》和《订租威海卫专条》，"租借""新界"和威海卫。此外，俄、德、法、英、日等国均在中国划分势力范围。美国因忙于美西战争，无力东顾，便分别向英、俄、德、日、法等国提出了关于中国"门户开放"政策的照会，强调机会均等，利益均分。随着甲午战败和列强瓜分狂潮的到来，维新变法运动也蓬勃发展起来。康有为与在京参加会试的举人联名上书，拉开了戊戌变法的序幕。后又上《应诏统筹全局折》，受到光绪帝赏识，光绪帝颁布"明定国是"诏书，宣布变法。改革遭到了顽固派的抵制，慈禧太后发动政变，囚禁光绪帝，镇压了维新运动。帝后党争以帝党失败而告终。

军事方面：朝鲜爆发了东学党起义，清政府应朝鲜政府邀请派兵赴援。日本以保护侨民为由进驻朝鲜，不断向清军挑衅，揭开了甲午战争的序幕。在经过平壤战役、黄海海战后，日军又向中国本土进犯，在辽东半岛和山东半岛两个战场对清军进行攻击，清军在辽东半岛全线溃败，威海卫军港沦陷，北洋海军全军覆没。清廷被迫与日本签订了《马关条约》，割地赔款。俄、德、法三国为了遏制日本在东亚的扩张，联合向日本施压，迫使日本以 3 000 万两白银"赎辽费"为补偿放弃辽东半岛。

经济方面：洋务求富运动持续发展，并取得了一定成果，集中表现在铁路、采矿、银行业方面。1896 年铁路总公司在上海成立，江宁煤矿、广西煤矿、四川矿产、萍乡煤矿等相继开办。第二年盛宣怀在上海创办中国通商银行总行，并在北京、天津、汉口等地设立分行。通商银行的兴办，从大市场的层面，以资本流通为纽带，把洋务企业连接起来，阻止了洋商把持中国经济，推动了洋务求富运动的发展。甲午战后，民族企业和工商界人士发出了“实业救国”的呼声，加上政府对民间设厂的限制放松，新的纺织、缫丝、面粉、印刷等民办轻工业和以采煤为主的工矿业不断涌现。

思想文化方面：康有为从传统的儒家学说中为他的变法思想寻找理论根据，先后刊行了《新学伪经考》和《孔子改制考》。谭嗣同完成了《仁学》的创作，深刻地批判了封建制度和封建伦理观念。严复翻译的《天演论》更在思想界产生了巨大震动。在文学界，黄遵宪、梁启超、谭嗣同等掀起了“诗界革命”和“小说革命”。新闻出版业初步发展，具有代表性的有 1895 年梁启超创办的《中外纪闻》，严复等创办的《国闻报》，梁启超主编的《时务报》，徐勤等创办的《知新报》，唐才常创办的《湘学报》和《湘报》等 30 多家。

第三阶段历史以义和团运动与八国联军侵华战争，清末新政与预备立宪为主要内容。具体表现在以下几个方面。

政治方面：慈禧太后立端王载漪之子溥儁为大阿哥，企图用他取代光绪帝。不料这一举动遭到列强的抵制，慈禧十分恼怒，遂决定利用义和团运动来对抗列强。义和团运动的发展促使列强派兵保护使馆，并进一步调集军队发动了八国联军侵华战争。清政府被迫与列强签订了极端丧权辱国的《辛丑条约》。与此同时，面对来自各方的压力，慈禧太后感到改制潮流不可阻挡，在逃亡途中表示“世有万古不易之常经，无一成不变之成法”，并诏令设督办政务处为综揽新政机关，负责逐步推行“新政”。新政主要集中在官制改革、兵制改革、学制改革、制订工商业政策、革除陋习等方面。在广泛的君主立宪呼声下，清政府派五大臣“出洋考察政治”，并发布了仿行立宪的上谕，谕令各省建设谘议局，促使各地掀起了立宪热潮。这些所谓的自改革活动，为清王朝的最终覆灭埋下了伏笔。

军事方面：随着义和团运动的不断高涨，列强在华利益受到严重威胁。列强一方面向清政府施加压力，一方面积极组织军队赴京保卫使馆，进驻东交民巷、攻占天津大沽炮台，慈禧太后被迫发布宣战上谕。经过天津紫竹林租界战斗和老龙头火车站争夺战，天津、北京沦陷。联军对京津地区进行疯狂劫掠，清政府被迫与八国签订了《辛丑条约》。

经济方面：《辛丑条约》签订后，帝国主义的疯狂掠夺和清政府的残酷压榨，使农村自然经济被全面破坏，农村经济进一步卷入市场经济。民族资本主义工业经过几年徘徊后出现了又一次发展高潮。四年间新设资本万元以上厂矿 238 家，资本额达 6 121.9 万元。商办民用企业发展也突飞猛进，洋务运动时期许多军工企业由于经费困难，出现“招商承办”的呼声，个别局厂由军工转民用而改归商办。随着人们对发展工商业以抵制列强经济侵略的重要性认识的深化，各地商会展开了修约与收回利权运动。上海商会倡导展开抵制美货运动,宁波、无锡、汉口等地热烈响应。

思想文化方面:自立军起义的失败促使革命派与保皇派划清界限,保皇派也发生分裂,大批知识分子转入革命阵营,而另一些人则转为立宪派。因为政治纲领不同,革命派和保皇派就“三民主义”进行了论争。因政治改革的需要,出现了创办刊物、翻译介绍西方民主政治学说的热潮。《开智录》《国民报》《游学译编》《浙江潮》《国民日日报》《觉报》等相继问世;卢梭《民约论》、孟德斯鸠《万法精理》等近50部西书被翻译刊行。宣传民主革命思想的书刊也大量涌现,其中以章炳麟的《驳康有为论革命书》、邹容的《革命军》、陈天华的《警世钟》《猛回头》等最为著名。与此同时,清廷开始教育改革并对外派遣留学生,诏废八股文程式,诏令各省设立学堂。

第四阶段历史以辛亥革命、宣统退位为主要内容。其间的大事如下:

政治方面:摄政王载沣罢斥袁世凯,令其回籍“养疴”,接着一批汉官被降职或调任,形成了满族亲贵把持政权的局面。各省谘议局代表在北京组织召开国会同志会,通告各省谘议局,举行国会请愿活动。清政府成立资政院,颁旨于宣统五年开议院并预行组织内阁。旋即宣布撤销军机处,成立责任内阁,以庆亲王奕劻为总理大臣,时人讥为“皇族内阁”。内阁成立后,又以上谕形式宣布“干线均归国有定为政策”,强行接收商办铁路公司,从而引发了广东、湖北、湖南、四川四省的保路风潮。随着保路运动的发展,革命派与新军领导的武昌起义爆发,湖北军政府旋即成立。湖南、山西、陕西等十余省也相继宣告独立。清廷起用袁世凯攻占汉口,经过汉阳之战和江宁之战,双方开始着手南北议和,达成清帝退位约定。1912年1月1日,孙中山就任中华民国临时大总统,2月12日,宣统帝宣布退位,清朝灭亡。

经济方面:此时期资本主义工业较上阶段发展势头减弱,但还是有所增长。新设厂矿100余家,纺织、食品、卷烟、造纸、火柴、矿冶等行业都有了一些发展。

思想文化方面:新式教育迅速推广,至1910年,全国学堂总数已达42 969所,全国学生总数达1 300 739人。1909年,清政府正式决定将美国所退部分庚子赔款作为留美学生经费,留学美国热潮兴起,至1910年,留美学生已有500多人,到辛亥革命前增至650人。

三

19世纪最后30年,第二次科技和工业革命浪潮给全球性的现代化发展带来了新的机遇。电力的使用及相关工业的发展把人类带入了电气时代,石油资源的开发和化学工业的兴起为各行各业的腾飞提供了充足的新能源,日益形成的电报、电话和铁路网络将分散隔绝的地球联成一体。欧美资本主义国家的生产和财富在充分完成工业化和农业机械化过程中日益成倍地增长,世界市场成为垄断资本激烈竞争的生命线，资本输出成为争夺世界市场的驱动力，资本主义逐渐成为极少数列强对世界大多数国家施行殖民压迫和金融统治的世界体系。西方列强要求中国进一步开放国内市场，日益高涨的商品流通和国际贸易也迫使中国与范围更广阔的世界经济融为一体。

面对挑战与机遇，中国政府中主张用“西法”自强的洋务派(以李鸿章提出“外须和戎、内须变法”为代表)开始将制造西式枪炮与发展军工生产的洋务求强运动，全面推进到发展民用工业和振兴商务的洋务求富运动新阶段，正式揭开了中国现代化运动的帷幕。遗憾的是，在固有的利益争夺和权力瓜分原则支配下，虽然洋务派看到了民族和国家面临着“三千年来一大变局”并主张变革，但却始终本着“中体西用”的理念和“迁延忍耐，逐渐加温”的渐进原则，只强调缓慢地、有条不紊地发展工商业，而不愿意改变现行的社会制度；虽然洋务派看到了建立民用企业和发展工商业的重要性，并且建成了轮船招商局、开平煤矿、唐胥铁路、汉阳铁厂、上海机器织布局、天津电报局、漠河金矿等新式企业，但这些新式企业在经济体制上大都是官办或官督商办，官僚式经营，效率低下；虽然洋务派看到了建立海军和筹建三洋水师的重要性，但已建成的拥有舰艇 22 艘、40 000 余吨位，大炮 120 门，官兵 4 000 余人的北洋水师(至少在数量上超过了当时日本的海军力量)，却始终坚持着消极“防守”的自我限制〔1〕，甚至只满足于防守北方京畿地区和南方财富地区少数口岸〔2〕，而没有向海洋扩展的远大战略。所以，所谓不败而败，实则不战已败矣。南洋、北洋水师先后毁灭于 1884 年中法战争和 1895 年中日战争，标志着洋务富强之梦成为泡影。

洋务运动虽然不想触动清王朝根本的统治制度，但它的进步主张还是遭到了顽固派的激烈反对。它的失败说明，“西用”巩固不了“中体”，“西体”比“西用”更有学习价值；只发展工商业而不改革陈旧的社会制度根本适应不了时代要求。19 世纪末，中国半殖民地半封建化已然成形，要想发展经济，就必须改变落后的政治体制。变法图强的维新思潮迅速在思想界取得主导地位，以康有为、梁启超为首的维新派不仅提出了全面学习西方的思想，而且在公车上书中明确提出了政治上实行君主立宪、经济上实行发展民族资本主义的工商政策、文化上学习西方文教事业以开化民风的系列主张。光绪皇帝接受了维新派的部分主张，于 1898 年推出了有限的维新政策，称“百日维新”或“戊戌新政”。但维新运动比洋务运动更加遭到守旧派的百般反对。由于变法触动了一些官僚的利益，并且与宫廷内帝党与后党的权利之争纠缠在一起，所以只推行了 103 天便被以慈禧太后为首的反动势力镇压，维新派官员遭到血

〔1〕 蔡尔康等:《李鸿章历聘欧美记》，湖南人民出版社，1982 年，第 102 页。
〔2〕 郭廷以:《近代中国史纲》上册，中国社会科学出版社，1999 年，第 245 页。

腥屠杀,支持变法的光绪帝也从此被终身囚禁,直到1908年病死。

具有后发性的东方国家,在现代化启动阶段,普遍存在着被动挨打和民族救亡问题,大都面临着民族民主革命任务。所以,这些国家要想优先实现现代化中的工业化,非依靠国家干预不可。“只有充分利用国家的资本或筹资能力,按照政府制订的产业政策,工业化才能优先发展起来。工业化的成功与否,在很大程度上取决于政府行为或由政府主导的行为,而不是民间自发的行为。”〔1〕以慈禧太后为首的满清政府,既墨守成规又腐朽无能,不仅对现代化的时代呼唤麻木不仁和漠不关心,而且固守着防范汉人染指要权的国策,对新兴的民族资产阶级戒备森严,必欲去之而后快。所以说:“中国的不幸,其根本原因是清廷的腐败和朝政的无能,而西方列强当时在远东到处施加压力,使中国面临的所有问题更趋恶化。……中国忍受了目睹其领土和主权受他人侵略的耻辱,中国在亚洲的领导地位,在历史上第一次被日本取而代之。”〔2〕作为主权政府的清廷,在民族危机的严重关头,悍然镇压救亡图存的维新运动,倒行逆施,罪大恶极,已然为自己的覆灭埋下了伏笔。而接下来又利用义和团运动的反帝爱国情绪,以非理性的和盲目排外的心理驱动义和团展开烧教堂、杀洋人、扒铁路、割电线运动,火中取栗,结果是八国联军武装占领了中国首都北京,烧杀抢掠的同时,还把北京城区划分为各国占领区,强令中国居民悬挂外国国旗。残酷的局面延续了整整一年,慈禧太后挟光绪帝逃亡到西安,最后以签订丧权辱国的《辛丑条约》而收场,清政府完全沦落为列强在中国的走狗。这就是中国历史翻开20世纪第一页的悲惨图景。

20世纪的头十年,整个地球已被瓜分完毕,世界上已经没有无主的土地,新的斗争必然是重新瓜分世界的斗争。〔3〕一方面,随着金融寡头的统治和资本的大量输出,各国垄断同盟从国内垄断发展到国际垄断同盟,按照自身的资本和实力从经济上重新瓜分世界,以自由贸易为核心的开放式的资本主义世界大市场最终成形,世界一体化进程跃上了现代化的新台阶。〔4〕另一方面,欧洲的均势结构由于德国的统一和崛起而迅速崩溃,维也纳体系宣告结束,欧洲失去了世界中心的地位;美国跃为世界大国,开始积极插手世界事务;德国和日本作为新兴帝国主义国家积极参与对世界的瓜分,新的世界体

〔1〕 刘广京:《李鸿章评传》,上海古籍出版社,1995年,第307页。

〔2〕 张三夕:《论现代的东方之路》,《海南大学学报》2000年第4期。

〔3〕 爱德华·麦克诺尔·伯恩斯、菲利普·李·拉尔夫:《世界文明史》第3卷,商务印书馆,1987年,第232页。

〔4〕 20世纪初资本输出情况:英国由1872年的150亿法郎,增至1902年的620亿法郎,再增至1914年的750亿至1 000亿法郎;法国由1869年的100亿法郎,增至1902年的370亿法郎,再增加到1914年的600亿法郎;德国由1902年的125亿法郎增至1914年的440亿法郎。参见杨闯:《近代国际关系史纲》,中国人民大学出版社,1998年,第298页。

系正酝酿形成。与此同时，1900 年世界性的经济危机席卷了整个欧洲，并扩展到美、日诸国，既加剧了帝国主义国内的矛盾，又加剧了帝国主义国家之间的矛盾，更加剧了帝国主义国家和殖民地之间的矛盾。帝国主义各国的工人运动高涨，殖民地半殖民地人民争取民族独立自强的革命运动兴起，以及帝国主义国家之间争夺世界霸权斗争的升级，为亚洲的觉醒，特别是为中国的觉醒带来了新的机遇。

然而，新的机遇总是伴随着新的危机，两者并肩携手，不期而至。19 世纪与 20 世纪之交，帝国主义列强通过种种不平等条约，疯狂地掠夺中国，造成了瓜分中国的态势。用时人的话说，就是“俄虎、英豹、德法貔、美狼、日豺眈眈逐逐，露爪张牙，环视于四千余年病狮之旁。割要地，租军港，以扼其咽喉；开矿山，筑铁路，以断其筋络；借债索款，推广工商，以朘其膏血；开放门户，划势力圈，搏肥而食，无所顾忌。官兵黜陟，听其指使；政府机关，使司转捩。呜呼！望中国之前途，如风前烛，水中泡耳，几何不随十九世纪之影以俱逝也。”〔1〕救亡图强，振兴中华，已成为中国社会各阶层为之努力的共同目标，人们纷纷提出了自己的设想，并努力付诸实践。全盘改革，全面西化，已成为社会主流的价值取向；仿洋改制，立宪救国，将政治现代化作为全面现代化的先决条件，已成为当时多数人的共识。〔2〕

首先是以慈禧太后为首的当权派，过去曾经是反对现代化的顽固守旧派，现在也不得不扛起自己在戊戌政变中所践踏的“变法”大旗，宣布要“变通政治”以图自强。1901 年初，慈禧太后在西安以光绪皇帝名义发布“新政”诏书，以 1901 年到 1905 年为推行“新政”时期，1905 年到 1911 年为“预备立宪”时期，将戊戌变法中推行的政治、经济、文化教育等方面的改革内容继续推广施行。这就是继“同光新政”（洋务运动）和戊戌新政之后，清王朝统治阶级所进行的第三次改革运动，简称“清末新政”。它的推行，标志着中国现代化进程的全面开启。

其次是资产阶级改良派，以梁启超等人为代表，提出了实行开明专制、逐步实现政治民主化和全面现代化的渐进道路。强调“与其共和，不如君主立宪；与其君主立宪，不如开明专制”，主张在清政府的领导下，实行开明专制，引导中国走向富强民主之路。〔3〕

再次是资产阶级革命派，以邹容、章太炎、孙中山等人为代表，认为只有革命，才能避免亡国灭种的危险；只有革命，才能将中国的民族独立、国家富

〔1〕 转引自李文海：《告别二十世纪的历史思考》，《新华文摘》2001 年第 4 期，第 61 页。

〔2〕 王晓秋：《戊戌维新与清末新政》，北京大学出版社，1998 年，第 21 页。

〔3〕 参见梁启超：《开明专制论》，《饮冰室文集·合集》第 6 册，卷十七，第 53 页，上海中华出版社，1941 年。

强和人民民主诸任务毕其功于一役。

如果说19世纪末清政府在一定程度上还拥有对本国发展道路的选择权,那么到20世纪初却已经坐失良机,没有了选择的余地。所以,清末新政挽救不了清廷统治灭亡的命运,梁启超等人企图依靠愚蠢的清政府进行和平改革的设想也只能是南柯一梦。没有革命的途径,不用暴力推翻中外反动统治以清除民族振兴的障碍,决不能打通社会前进的通道。因为,现代化与一体化虽然已成历史趋势,但全球一体化和世界现代化进程却是在极度的不合理秩序、不平等关系和不公平规则中进行的。国际政治中的以强凌弱、以大压小、以富掠贫的霸权行径,国际贸易中的不合理原则和不平等关系,伴随着各帝国主义国家政治经济不平衡性的加强,在19世纪末20世纪初造成了严重的政治、经济矛盾和社会危机,使世界秩序的规范化进程步履维艰。进入19世纪70年代以后,1873年、1882年、1890年、1900年先后发生四次世界性的经济危机,导致资本主义经济大萧条,更加促使资本主义列强进一步加强对殖民地的瓜分和对势力范围的争夺。正是在这样的背景下,1900年前后的中国,既是惨遭西方列强残暴蹂躏最剧烈的时期,也是全体人民掀起反抗帝国主义侵略的义和团运动的高涨期。

帝国主义的政治、经济、文化侵略,激起了殖民地半殖民地人民的强烈反抗。被压迫民族争取民族自决的斗争,被压迫人民争取自身解放的斗争,与国际范围内的经济和政治竞争一起,彼此制约,相互激荡,破坏了现存的国际秩序,分裂了既定的国际结构,既构成与一体化和现代化相悖的裂变趋势,又表达了各国人民争取实现合理公平的世界秩序的强烈愿望,从而推动了国际关系的规范化和秩序化,使全球一体化进程在更高层次上展开。光绪、宣统时期,中国人民武装反抗帝国主义的斗争,一浪高过一浪,为争取国家独立和捍卫民族尊严而做出了巨大贡献,也为世界结构走向一体化和国际秩序走向规范化做出了巨大贡献。不论在中法战争、中日战争中,还是在反抗八国联军侵华的战争中,中国人民都表现了大无畏的斗争精神。正是中国人民不屈不挠的斗争,才使中国的现代化进程在艰难中得以开启,在沉沦中得以上升,才使世界一体化进程逐步走入了和平与发展的新阶段。

所以,进入20世纪的中国,只有通过民族民主革命,推翻帝国主义、封建主义的统治,才能发展资本主义,才能实现现代化。1911年的辛亥革命,结束了清王朝的反动统治,推翻了统治中国几千年的封建专制制度,建立了资产阶级共和国,既是时代的要求和历史选择的结果,也是清末历史发展中时代共性与民族个性张扬的结果。1912年1月1日,孙中山在南京宣誓就任中华民国临时大总统;2月12日,满清王朝最后一个皇帝——即位刚三年、未满六周岁的宣统帝宣布退位,共和国终于取代了专制帝国,标志着古老的中国将以崭新的姿态迎接全球一体化和世界现代化时代的到来。但现代社会以资本主义、都市文明、民主政治、契约法治为其制度基础,而以科学与艺术为其文化骨干。其生活以消费及市场导向为根本形态,每一事物的终极价值皆取决于经济理性化,或在消费时制造多少快乐。于是一切以利益最大化为宗旨,解放一切欲望和颠覆一切传统标准的呼声甚嚣尘上。现代的经济、政治、社会与法律的基本架构固然造就了市场繁荣,同时也带有一种将一切事物商品化、货币化、奢侈化、庸俗化、非人性化的趋势。无论是学术、艺术还是流行的价值观,都很难提供人类生命的核心价值。就社会价值而言,虽然人们对现代自由、平等、正义、慈爱等理想普遍抱有关怀与盼望,但大多数人的心中依然拥有中国传统的善恶是非观。

中编　长城文化带演变与农牧社会二元一体化

论中国历史上农牧民族的二元一体化发展〔1〕

中国历史上农、牧民族的二元一体化，以历代塞外游牧人口的南移和中原农耕人口的北移及农、牧人口的叠移为前提，以农、牧民族的经济共生关系特别是民间自由贸易关系的发展为动因，以历代长城文化带的演变，尤其是它的过渡功能和内边疆形态的变化为脉络，以明末长城地带民族贸易市场的兴盛和清代满汉的政策的颁行为标志，既是中华民族多元一体格局形成的核心内容，也是整个亚欧大陆农牧世界二元一体化的历史缩影。

打开世界地图，由东北亚的大兴安岭、燕山、阴山、祁连山、昆仑山、兴都库什山、萨格罗斯山、高加索山，向西直至欧洲境内的喀尔巴阡山画一横线，将亚欧大陆区划为两部分〔2〕：横线以南多为湿润的平原森林地带，宜于农耕，其中西亚的美索不达米亚平原，东亚的黄河、长江流域以及印度的恒河流域等都是人类历史上出现最早的农耕中心。横线以北多为干燥的高原荒漠地区，与农耕地带平行，东起西伯利亚经中国东北、蒙古高原、中亚、咸海、里海以北、高加索、南俄罗斯直到欧洲中部，是历史上游牧民族活动的地带，其核心地区是蒙古高原至中亚一带。亚欧历史自然条件的差异，形成农耕世界与游牧世界两个区域长期的双轨发展，同时又发生和发展两个世界的各种交往和矛盾，构成近代以前整个世界历史的基本内容。中国的版图兼有南北农牧两大区域，也注定有相同的发展路线，由周秦到明清，长城内外的对峙，农牧民族的分合，正是人类历史上农牧世界二元一体化的历史缩影。〔3〕农、牧世界的二元一体化发展，首先是以农牧民族人口的迁移和融合为前提的。纵观中国农牧人口迁移史，游牧民族的迁徙和人口移动不仅次数多、规模大，而且成为其他民族人口迁移的重要动因。中国历史上游牧民族迁徙与人口迁移的方向，基本上是南移和西迁。形成这样的迁移方向，主要是由于中国游牧

〔1〕 该文原刊于《烟台大学学报》1999年第3期，《新华文摘》1999年第10期摘要介绍。

〔2〕 划分的方法略有不同。台湾三民书局1982年版姚大中《古代北西中国》以亚洲东北部的堪察加半岛尖端与阿拉伯半岛西端相连接画一直线。台湾文物出版社1987年版札奇钦《蒙古文化概说》云：自东北亚洲大陆的嫩江、松花江流域，沿长城线，经西藏高原，伸向阿拉伯半岛画一条线。本书采用《云南社会科学》1983年第1期吴于廑《世界历史上的游牧世界与农耕世界》一文中的划分方法。

〔3〕 余同元：《明代后期长城沿线的民族贸易市场》，《历史研究》1995年第5期。

民族居住在蒙古高原及其东部的呼伦贝尔大草原一带，由此向北是贫瘠的高寒地带，向东过兴安岭是太平洋，只有向南和向西才有迁移的余地。

中国历代游牧人口的南移与西迁，主要分为两种类型，以扩展型为主，以归附型为辅。扩展型即游牧民族强盛并建立政权后，以军事侵略为先导，向中原地区大规模南移，所谓“逐鹿中原”“南面而王天下”者是也。归附型南移即游牧帝国衰弱时向中原王朝投附，或被中原王朝分化招纳而引发人口南移。扩展型南移是历代游牧人口南移的主要形式，归附型南移往往只是扩展型南移的补充形式。

历代游牧人口之所以持续不断地南移，并成为一种规模性的现象，既有经济上的动因，也有环境上的根源，更有各民族自身的性格特点和价值取向方面的因素。在古代世界中，人们只能用双脚去丈量大地，用肩挑背驮完成运输任务，唯独游牧民族有着骑马驾车长驱千里的条件，加以驯养动物的经历和逐水草而生的传统，决定了他们好动好胜的性格，所以一遇环境的变化，或是有了新的物资需求，就必然有迁徙的现象。但是直接的背景还是各游牧民族组成政权、形成强大的武装，并以此为后盾去推动每次人口的大迁移。从历代北方游牧政权递嬗与外侵的表格中，就不难看出问题的真相。

政权名称	核心	主体	南侵对象	西侵对象	时间(年)
北狄潞国	赤狄国	北狄各部	周诸侯国		？—前588
匈奴	挛氏	匈奴族人	秦汉王朝	西域诸国	前209—216
鲜卑	檀石槐部	东部鲜卑人	魏晋王朝	乌孙国	135—181
柔然	郁久闾氏	柔然人	同上	西域诸国	402—555
前突厥	阿史那氏	突厥人	隋唐王朝	同上	552—630
薛延陀	壹利吐氏	薛延突厥人	同上		628—464
后突厥	阿史那氏	突厥人	同上	西域诸国	679—745
回鹘	药罗葛氏	回鹘族人	同上	同上	744—840
大契丹(辽)	迭剌部、大横帐	契丹族人	五代北宋	喀喇汗国	907—1125
西夏	拓拔党项	党项人	宋王朝		1038—1228
金	完颜部	女真人	宋王朝		1115—1234
蒙古	尼伦部	蒙古族人	南宋王朝	西辽、中亚等	1206—1279
后金	建州女真	女真人	明王朝		1616—1644

表中所列十多个北方游牧民族政权都不同程度地向西域或向中原王朝发动过武装侵略，虽然他们在生产力发展水平和人口数量上都不及南边的农业朝廷，但在军事技术方面却拥有诸多优势，所以每次南侵都给中原王朝以

巨大的冲击,或臣服中原王朝,或迫使中原王朝向南撤退。伴随每次大规模的军事行动而来的,便是这些游牧民族向西开拓疆土与形成新的民族,或是向南扩展地盘,把一批批游牧人口带入长城以南,定居在黄河中下游地区,甚至迁入更南边的江淮地区。有的政权,如北魏、辽朝、金朝等游牧人口所建立的政权,不仅打败了中原农业朝廷,而且也变成了统治中原地区的农业王朝,随其迁入的游牧人口都迅速融合为农业人口,这是游牧人口扩展型和归附型迁移的共同结果。其基本过程大致可分为四个时期、十次高潮。

1. 夏商周时期

第一次高潮:商周时鬼方人民南移。唐虞夏商之时,在北方和西北方,古史记载有险狁、鬼方等族称,他们都是游牧民族。其中土方和鬼方居地在今山西、陕西及其以北地区,势力强大。至商代后期,鬼方人口开始迁入中原地区。《史记·殷本纪》云:“以西伯昌、九侯、鄂侯为三公。”九侯即鬼侯,西伯昌即周文王,鄂侯之地在今河南沁阳。周灭商后,鬼方人口大规模迁入中原。周成王给晋国的怀姓九宗即鬼方之隗姓人口,周室东迁后,鬼方隗国与晋、霍、虢等诸方国一样,成了周王朝的诸侯。

第二次高潮:春秋战国时戎狄人口南移。东周时期,北方游牧民族统称戎狄,其中狄族势力最大,分三个主要支系,即赤狄、白狄、长狄。北狄在春秋时期曾建立国家,赤狄就在晋北建立潞国,与华夏诸国对抗。及西周末东周初年,中原内乱,周室失统,戎狄乘机进入内地。周幽王时,申侯招引西戎,杀幽王于骊山下,使西戎占据周之焦获,居于泾、渭之间。周襄王时,辊招引戎狄共伐郑,襄王母惠后又引戎狄迫逐周襄王而立王子带为天子,致使戎狄入居于陆浑,东至于卫。至春秋末年,燕北的山戎已直据泰山之侧。与此同时,东北边的东胡、楼烦之戎亦相继南迁。赵武灵王破林胡、楼烦,于云中、原阳置“骑邑”练兵,招引林胡、楼烦人进入内地。另外,春秋时期,由于晋国的进攻,北狄越过太行山向华北平原迁徙,于公元前662年进攻河北邢台地区的邢国,齐桓公纠集齐、宋、曹三国军队救邢,狄人又于公元前660年突然分兵南下伐卫,灭卫国,占领了卫国都城,然后又于公元前659年再举攻破邢国,占领了太行山以东、燕国以南的广大地区。邢国君臣迁都于夷仪(今山东聊城),以躲避狄人。齐桓公沿黄河、楚丘一线筑城设防,以阻止敌人渡河南下,实则是承认了狄人对华北平原南部的占领。

2. 秦汉魏晋南北朝时期

第三次高潮:秦汉匈奴人和乌桓人南移。匈奴是春秋战国时期兴起的北方强大的游牧民族,活动于燕、赵、秦以北地区。自战国末年以来,匈奴不断地由蒙古高原南下侵扰,表现了向南扩展的趋势。秦末中原大乱,匈奴乘机南下,冒顿单于南越长城,占据河套、阴山及冀北、山西、陕西一带。西汉初年,刘邦与冒顿单于约为兄弟之国,并以“和亲”换取边境安宁。汉武帝时,遣大将卫青、霍去病三次北击匈奴,却敌千里。匈奴浑邪王杀休屠王,率 4 万余人归汉,汉朝将他安置在陇西、北地、上郡、朔方、云中等沿边五郡,称"五属国"。此后,匈奴内讧,五单于争立,呼韩邪单于归附汉朝。公元 48 年,匈奴分为南北两部,南匈奴降汉,成为汉朝统治下的一个重要的少数民族。北匈奴独立于汉朝之外,多次遭到汉兵攻击,部众也不断归附汉朝。永元元年(公元 89 年),东汉车骑将军窦宪与南匈奴三路攻打北匈奴,北匈奴大败,部众 81 部 20 余万人归附汉朝。东汉末年,曹操分匈奴为五部,每部立一贵族为帅,并派司马监管,使内迁匈奴部曲服事供职,同于编户。

在匈奴内徙的同时,乌桓人在汉代也大量南移。乌桓为东胡的一部分,东胡被匈奴击破后,部分散居乌桓山,称"五桓",属匈奴左地。汉初,乌桓分布于西拉木伦河及其以北地带,为摆脱匈奴人的奴役,纷纷南迁,汉政府设置护乌桓校尉,加强管理。建武二十五年(公元 49 年),辽西乌桓皆居塞内,布于东汉缘边诸郡。建安十二年(207 年),曹操亲征辽东、辽西、右北平三镇乌桓,得降众 20 余万。曹操观师易水,代郡、上郡乌桓前来归附。从此,绝大部分乌桓皆臣属曹操。

第四次高潮:魏晋南北朝时期五胡内迁。"五胡"指原在北方和西方的匈奴、鲜卑、羯、氐、羌五个游牧民族,至魏晋时期,他们大都由塞外迁徙到中原,形成了规模空前的南移潮流。这一南移潮流,从三国至南北朝时期,大致可分为三个阶段:由三国到西晋末年,"五胡"人民大量自发内迁,使中原地区"华夷参半";十六国阶段,北部中国先后出现了"五胡"各族建立的民族政权,各政权为掠取兵源劳力,大都推行强制性的移民政策;北魏前后为第三阶段,北方游牧人口进一步南移并全面汉化。这一时期,除了"五胡"南迁外,塞外柔然、丁零(即高车、敕勒)等游牧民族也都大批归附塞内。

3. 隋唐两宋时期

第五次高潮:隋唐时突厥人南移。突厥原是铁勒的一部分,6—8 世纪中叶活跃于中国北方草原上。隋唐初年,突厥汗国进入极盛时期。其首领沙钵略可汗于开皇二年(582 年)率 40 万铁骑南下,被隋军八路大军击败。第二年,突厥分裂为东西两部。开皇四年(584 年),沙钵略可汗率部众南入漠南,寄居白道川(今呼和浩特),接受隋朝统辖。启民可汗统治时期,突厥人口开始归附隋朝。隋末丧乱,东突厥又雄踞漠北,控弦百万,势倾中原。武德九年(626 年)八月,颉利可汗率 10 万铁骑南下,唐太宗一面与之和盟,一面积极备战。贞观三年(629 年),唐 10 万精兵分道出击,颉利可汗全军覆没,东突厥部众约 10 万人降唐来附,唐太宗设置突厥羁縻都督府加以安置。天宝四年(745 年),后突厥汗国灭亡,部众一部分归附回纥,一部分西迁中原,还有一部分则归附唐朝,南迁灵武(今宁夏灵武县)、平州(今内蒙古临河县)一带。在此之前,后突厥西部诸叶护、设及可汗眷属率其众千余帐附唐,亦曾迁居中原。

第六次高潮:唐代回鹘人口迁移。回鹘,又称回纥,属铁勒部落中的分支,5 世纪游牧于浑河西北,7 世纪迁至色楞格河一带。唐朝初年,在反抗突厥和薛延陀人统治的过程中逐渐强大,唐太宗臣服了突厥和薛延陀后,于贞观二十年(646 年)在漠北设置了六府七州,以安置回纥部众,并设置渤海都督府于塞北,封吐迷度为怀化大将军、渤海都督。回纥人口南迁分三个阶段:一是武则天统治时期(7 世纪后期),乏突厥一度重建政权,称雄漠北,迫使大批回纥人迁徙到唐朝管辖的河西甘州、凉州地区;二是安史之乱之后,回纥首领多次出兵助唐,这些军队不断出现在中原战场上,为恢复唐朝统一和抵抗吐蕃立功,同时,由于经商及其他原因,也有一些回纥人流动到了江、淮地区[1];三是回纥政权瓦解以后,回纥十三姓部落南归唐朝。

第七次高潮:五代北宋时契丹人口南移。契丹是北方一个古老的游牧民族,它在中国历史舞台上活跃了 10 个世纪之久,其人口迁徙也主要呈南移趋势。契丹祖先属东胡分支,早先游牧于老哈河、西拉木伦河一带。公元 10 世纪时,迭阿部耶律家族的阿保机担任联盟首领,916 年称帝,国号契丹,开始向南用兵。其子耶律德光继位后,从后晋石敬唐手中取得燕云十六州,国力大增。947 年改国号为辽,其后不断侵入中原,与北宋对峙百余年。契丹人口的南移与辽朝疆域的向南扩展同步进行。在契丹人口南移的同时,被阿保机灭亡的渤海人也大批南移。渤海国建于公元 698 年,以今黑龙江省宁安县为中心,926 年国亡,其人民除一部分逃入女真地区和王氏高丽外,还有一部分向南迁徙,或投奔后周,或奔于北宋。

第八次高潮:宋金女真人口南移。五代以后的女真族是唐代的黑水发展而来的。辽灭渤海国,黑水向南迁移,臣属于辽,遂称“女真”,其人口的南移从此揭开了序幕。辽统一北方后,曾将女真中的一部分迁移到辽阳以南,编入辽政府户籍之内,号“熟女真”。从 11 世纪开始,生女真完颜部日益强盛,完颜阿骨打担任联盟长后,开始领导抗金战争,公元 1115 年建国称帝,国号金,公元 1125 年灭辽,接着又对南边的北宋发动了侵略战争,于公元 1127 年攻进了宋都汴京,俘虏宋徽宗。至此,金朝疆域南扩至江淮地带,女真人口也相应南移至中原地区,在华北建立起大金帝国,与江南的南宋相对峙。

4. 元明清时期

第九次高潮:蒙古人口南移。蒙古人在蒙古草原东部兴起,征服了整个蒙古草原,建立起强大的蒙古汗国,形成了人口迁移的高潮,在大蒙古国西征南侵的基础上,建立了世界历史上版图最大的大元帝国(1271—1368 年)。蒙古人南下,随着大元帝国统治的南下而占据了整个中国的版图,蒙古人作为

---

〔1〕 崔明德:《唐代西北少数民族人口初探》,《历史研究》1997 年第 5 期。

一等公民散居于全国各地，直到朱元璋建立王朝，才将他们赶回蒙古草原。但早已汉化的蒙古人多数都留在内地，成了明王朝的属民。

第十次高潮：满族人南下。努尔哈赤于万历十一年(1538 年)五月起兵，至万历四十四年(1616 年)，经过 30 年的征战与招抚，基本统一了女真各部，建立起后金政权。后金天聪九年(1635 年)，努尔哈赤继承者皇太极改女真为满洲，第二年改国号为“大清”。从此，“满洲”这一称呼正式代替了“女真”，大清国代替了后金政权。满清政权与蒙古联军南下，乘明帝国内乱之机征服并统治了全国，满洲人口也因之迁移散布于全国各地，经过 200 多年而基本汉化。[1]

在游牧人口南移的同时，中原地区的农耕人口也在以各种各样的方式，不断地向塞北迁徙，如后金八旗满洲 1726 姓中，汉人便占了 247 姓。特别是到了明清时期，农耕地区的人口空前增多，出现了“走西口”“跑口外”和“闯关东”的运动，大量的农耕人口迁移到塞上和塞外。

长城两边农、牧社会经济、文化的二元一体化，首先发生在两个世界的交接地带，在这里，农、牧民族发生极为频繁的交往。游牧人口的南移，农耕人口的北迁，农、牧社会的经济交流和文化融合得以逐步实现。而在农牧人口的汇聚地带，农、牧人口叠移，形成了叠合的半农半牧带，这便是中国历代版图上长期存在的特殊区域，因其以长城为枢纽标志，所以称为“长城文化带”。长城文化带具有中国古代内边疆的形态，既是中原王朝的边防带，又是农、牧经济的自然过渡带；既是农、牧民族交接对峙的自然地理带，又是农业文化与游牧文化的汇聚融合带。每个朝代长城的修筑，都标志着一条特殊的文化带的兴起，也都是长城文化带整体发展过程中的一个特定阶段。每个阶段中长城文化带的演变都体现了长城地带经济文化发展的特点和规律，并揭示了其同内地政治经济发展的内在联系。[2]

明代构筑了中国历史上最后一道长城，它位于历代长城的最南边。沿着这道长城，以辽东、蓟镇、宣府、大同、山西(又称三关镇或太原镇)、延绥(又称榆林镇)、宁夏、固原、甘肃等九大军事重镇为中心的九边地区是明代长城文化带的大致范围。明代长城文化带的形成与演变是周秦以降长城地带特殊的政治、经济发展的总结，也是中国长城文化带发展的最后定型。其过程大致分为三个阶段：第一，洪武开国至土木之变(1368—1449 年)，以发展战争经济为基本内容的生产型文化带形成和发展阶段。第二，土木之变到隆庆和议(1449—1571 年)，以经济战争消耗为主的消费型文化带兴起和发展阶段。第三，隆庆和议到崇祯失国(1571—1644 年)，以民族贸易为主要内容的交换型

〔1〕 余同元：《中国历史上游牧人口的南移与西迁》，《教学与研究文集》，电子科技大学出版社，1995 年。
〔2〕 余同元：《明代长城文化带的形成与演变》，《烟台大学学报》1990 年第 3 期。

文化带形成和发展阶段。交换型长城文化带的兴起,带来了长城文化带的新发展。明代长城沿线九边地区,先后设置各种类型的"马市"市场,其中见于记载者达 70 余处,可考者有 50 余处。[1] 这些市场主要设于明代后期,特别是隆庆和议以后,不仅"马市"市场的类型和数量激增,而且市场性质发生变化,民间自相往来的"民市"取代"官市"而占主要地位。[2] 从此以后,长城地带"田野日辟,商贾日通,边民始知有生之乐"。至明末"六十年来,塞上物阜民安,商贾辐辏,无异于中原"。[3] 长城文化带的发展进入了新的历史时期,作为特定类型的文化区域,已出现与中原文化区域融为一体的趋势了。

多种因素相互作用、交织而成的明代长城文化带,随着蒙、汉关系的曲折发展而演变,由明初以战争经济为内核的生产型文化带,到明中期畸形的军事消费型文化带,再到明后期以民族贸易为主要内容的交换型文化带,最后发展为农、牧、商各类并举的新型文化带而融入中国文化的整体。在明、蒙关系中,经济关系的发展制约着政治关系的变化,政治关系的变化则决定了长城文化带演变的历程及特点。经济的发展要求政治与之相适应,明蒙之间,"华夷兼利"的民市贸易冲破官方专利的不平等朝贡贸易是当时经济关系的主流。当这一主流受到明、蒙双方政治、政策阻碍时,便爆发战争;当这一主流为通贡互市所适应时,经济的兴盛便代替了战祸。然而,在生产力水平低下的封建社会,农业朝廷常常站在小农业自然经济的立场上,对游牧经济采取排斥和隔绝的政策。明初统治者继承了秦汉以来历代屯田戍边的传统政策,划墙设险,列兵捍御,形成了有明一代系统的边政设施,从而演出了蒙、汉关系曲折发展的局面,表现为"封锁—反封锁—互市"的发展过程。

秦、汉以来长城两边经济、文化分合发展的历史表明,在这两个区域及两个社会之间,必然有某种贸易存在,以体现其根本的经济共生关系。特别是明代,"经济上的需要将游牧的蒙古人和农业的汉人结合在一个帝国禁令不能完全割断的贸易体系中"[4]。但是,真正平等互利的民族贸易在历史上的出现,却经历了漫长而艰难的历程。当中原朝廷无力制服众多的游牧部族时,便出现"和亲赠赍贸易",即农业朝廷将公主嫁与游牧君主,同时赠送钱物以换取暂时的边境安宁;当中原朝廷势力发展到足以征服周边游牧民族时,游牧君主便接受中原王朝的封号并向其贡纳方物,以换取中原朝廷大量的物资及金银赏赐,因而形成厚往薄来的"朝贡优赏贸易"。但在战、守、和的选择

---

〔1〕 余同元:《明代马市市场考》,《民族研究》1998 年第 1 期。

〔2〕 余同元:《明代后期长城沿线的民族贸易市场》,《历史研究》1995 年第 5 期。

〔3〕《明史》卷二二二;陈仁锡:《无梦园集》卷二。

〔4〕 [澳]费克光:《论嘉靖时期(1522—1567)的明蒙关系》,《民族译丛》1990 年第 6 期。原文参见余同元 *Trade Between Ethnic Communities in Market Towns Along the Great Wall During the Late Ming Period*(《中国社会科学》英文版 1997 年第 4 期)一文所引。

中，中原朝廷更多以天朝帝国自居，对游牧民族采取战、守的策略，断绝一切贸易往来，促使游牧民族采取战争掠夺的手段，在企图入主中原的大目标下，首先夺取农业物资，或以武力为后盾强迫农业物资输入草原，从而形成以无对有的“战争掠夺贸易”。当战争导致两败俱伤、边境人民违禁走私不可遏止的时候，或在战争之后双方敌对局势缓和下来的时候，“和平互市贸易”便应运而生。〔1〕

长城沿线农、牧民族的和平互市贸易在明代以前便已萌生，如“后汉通交易于乌桓、北单于、鲜卑”，隋、唐与突厥、回鹘“缘边置市”“以金帛市马”，以及宋与契丹“置通市以通有无”，等等。但能够于和平环境中实现平等互利的贸易往来，则是明后期明、蒙通贡互市以后的事。1571 年隆庆和议以后，长城沿线“华夷兼利”的民族贸易市场普遍建立并历五六十年盛而不衰，使农、牧民族贸易乃至全部的民族关系产生了划时代的变化。明代后期长城沿线和平互市的民族贸易市场普遍兴起，首先对长城地带本身的发展起了决定性作用。正是由于长城带自身的发展，才结束了长城两边长期的内外对峙和分合无常的局面，从而为北部中国在清代的统一奠定了基础。

综观明后期长城沿线民族贸易市场史，可见民间自相往来、平等互利的民族互市贸易兴起，结束了明代中前期长城内外的抗争，带来了长城地带经济的飞跃发展，为农、牧民族大融合和农、牧文化二元一体化的实现提供了前提条件。在此基础上，长城文化带发展并发挥过渡功能，将中原文化过渡到塞北。正是有了这样深入的民族融合，才有了清代“内边疆”的消失。由此可知，民族间的经济共生关系是农、牧民族关系的主流，而民族贸易，尤其是民间平等互利的民族贸易又是这个主流中的主流。如果说经济共同繁荣是消除民族对立和差异的基础，那么，民族市场的繁荣又是基础中的基础，这正是交换职能的具体体现。若片面强调帝王将相的文治武功，而忽略经济力量，特别是市场功能在民族关系发展中的决定作用，便无法阐明我国历史上农、牧文化在长城两边由分到合的发展过程，且不利于我们以史为鉴，完善现行的民族政策。〔2〕

清代中国的农、牧民族的融合和二元一体化，集中体现在满清政府“满汉一家”政策的颁行之上。清入关之初，奉行“首崇满洲”的原则，对广大的汉族人民进行压迫和歧视，除了极力维护满族的各种特权外，还极力保留满族落后的生产方式和旧的风俗习惯，并将其强加给汉族人民。但是，民族融合势不可挡，落后的东西终究缺少生命力，先进的文化总是要战胜落后的文化。所以，在中国历史上，农、牧民族的大融合，总是以“汉化”为主要的形式，即游

〔1〕 余同元：《明代长城文化带的形成与演变》，《烟台大学学报》1990 年第 3 期。

〔2〕 以上各段引文均转自余同元：《明代后期长城沿线民族贸易市场》，《历史研究》1995 年第 5 期。

牧社会的封建化，游牧政权的中央集权化，游牧人口的农业化和定居化，思想上的儒家化和文化上的用汉字、说汉话、通汉婚、改汉姓、穿汉服，等等。每一个游牧民族入主中原地区，不论是主动还是被动，都走上了这条汉化的道路，否则就得退回塞北。中国的历史，就是在这种同化与融合中一次次重复着它的历程，中国的封建社会也因此获得了时代上的长期延续。满清入主中原，也自定了种种特权，但大清帝国中百分之九十九的人口都是汉族人，清初几千万汉人与几十万满族人（男丁仅六万余人）相比，不仅数量悬殊，在文化素质、知识含量上也不可同日而语。汉族有悠久的文化，辽阔的领土，众多的人才，丰富的治国安邦之道，清王朝的统治要想长治久安，就必须推行“满汉一家”政策。所以，顺治四年（1647 年），清帝福临下令：“朕出百姓水火之中，统一天下，满汉一家，同享升平，岂有歧视之理？”顺治六年（1648 年）又重申：“满洲汉人俱属吾民，原无二视之理。”〔1〕综观顺治、康熙、雍正（1644—1735 年）时期，中央大学士、六部、九卿，人员基本上满汉各半；一切制度承袭明朝；一切文书皆用满、蒙、汉三种文字书写，汉语成了满、蒙、汉通用语言；尤其是孔孟之道成为共同的思想信仰，佛教、道教成了共同的宗教信仰，如此等等，标志着“满汉一家”已基本实现。与此同时，古老的“夷夏之辩”“夷夏之防”和“用夏变夷”等观念也开始发生变化，“华”的概念变成了包含满、蒙等少数民族在内的“中华”或“中国”概念，而且认为中国是天下中心，把“夷狄”的概念用到外国人头上，将中国以外的世界各国看成夷狄之邦，将自已视为天朝上国，因而闭关自守，全盘排外。清史专家金启宗先生《论清代的满蒙汉关系》及有关论著对此论之甚详，此不赘述。〔2〕

总之，到了康熙、乾隆时期，中国的社会又恢复到汉、唐、宋、明等王朝的盛世气象。但是，正在中国进行明清换代、王朝鼎革和治乱轮回的时候，英国已告别中世纪而步入资本主义的新纪元。“中西差距的拉开，正是以此为界碑的。尽管此后还有‘康乾盛世’的插曲，那不过是晚霞一抹，历史的惯性施展淫威，黄昏之后是长夜。近代中国人正是负荷着历史的沉重走向对世界的开放。”〔3〕

〔1〕《清世祖实录》卷三十一，顺治元年四月丁酉；卷四十四，顺治六年五月壬申。

〔2〕金启宗：《试论清代的满蒙汉关系》，《清史国际学术讨论会论文集》，辽宁人民出版社，1990 年；向玉成：《清代华夷观念的变化与闭关政策的形成》，《四川师范大学学报》1996 年第 1 期。

〔3〕王家范：《百年世事不胜悲》，《读书》1997 年第 12 期。

明代长城文化带的形成与演变[1]

文化带是指具有相似地理单位的文化区域、文化类型及文化模式。文化的区域性是人类文化进步的重要特征之一,"一个国家的形成,同时也是它的地域形成的过程"。[2] 中国幅员广大,历史悠久,几千年来各族人民共同创造的中国文化具有极显著的时代特色和地区差异。诸多的文化区域由此及彼、由表及里地相互影响,均衡统合,平行趋同,形成了今日中国的整体形貌。

在中国历史上,长城既是中原王朝的边防线,又是汉族同北方少数民族的融合线;既是农、牧经济的自然分界线,又是农业文化与游牧文化的汇聚线。从周秦到明代,有 20 多个诸侯王国和封建王朝修筑过长城,将历代所修长城的长度加起来,超过 10 万里以上。每个朝代长城的修筑都标志着一条特殊的文化带兴起,也都是长城文化带整体发展过程中的一个特定阶段。在每个发展阶段中长城文化带的演变都体现了长城地带经济文化发展的规律和特点,并揭示了其同内地政治、经济发展的内在联系。

明代构筑了中国历史上最后一道长城,它位于历代长城的最南边。沿着这道长城,以辽东、蓟镇、宣府、大同、山西(又称三关镇或太原镇)、延绥(又称榆林镇)、宁夏、固原、甘肃等九大军事重镇为中心的九边地区是明代长城文化带的大致范围。[3] 明代长城文化带的形成与演变是周秦以降长城地带特殊的政治、经济发展的总结,也是中国长城文化带发展的最后定型。其过程大致分为三个阶段:第一,洪武开国至土木之变(1368—1449 年),以发展战争经济为基本内容的生产型文化带形成和发展阶段。第二,土木之变到隆庆和议(1449—1517 年),以经济战争消耗为主的消费型文化带兴起和发展阶段。第三,隆庆和议到崇祯失国(1517—1644 年),以民族贸易为主要内容的交换型文化带形成和发展阶段。根据这一线索,下面对明代长城文化带演变的过程及特点进行具体探索。

---

〔1〕 该文原刊于《烟台大学学报》1990 年第 3 期,中国人民大学书报资料中心《明清史》1990 年第 8 期全文转载。

〔2〕 张海鹏:《论中国》,《安徽史学》1985 年第 4 期。

〔3〕 关于九边形成及有关内容,参见拙作《明代九边述论》,原刊于《安徽师范大学学报》1989 年第 2 期,中国人民大学书报资料中心《中国地理》1989 年第 10 期全文转载。

一、生产型长城文化带的形成与发展

顾炎武说，明代“屯田遍天下，九边为多”。[1] 洪武、永乐年间，九边地区较为安定，边地军士在戍边的同时，屯田自给；不足，以商屯、民屯补充之，使长城沿线的农业经济以其独特的形式发展起来，形成了一条特殊的生产型长城文化带。

明代九边屯田又称“边屯”，“屯于各边空闲之地，且耕且战者也”。[2] 边屯同内地屯田的区别在于：① 边屯除军屯、民屯以外，还有商屯。因边地卫所军士负有战守攘外的重任，军屯难以自给，便以商屯补充。② 在屯田方式上，内地一般“三分守城，七分屯种”，边地则“有事用兵以战，无事用兵以耕”，战争之时，往往“以三人耕，供七人之食”。[3] 由于战争无常，边屯大都设有屯堡以保护屯种。大凡千户所筑一大堡，称总堡，下设数小堡，各隶若干屯组织生产。[4] 商屯多仿军屯设堡筑墩以备不虞，民屯亦以千家为堡，以屯分里甲。边地民屯屯丁往往因战事之需勾补为军，使民屯与军屯合一，这是明中后期较普遍的现象。

军屯是明初边屯的主要形式，又称“兵屯”或“营屯”，“屯于各卫附近之所，且耕守战者也”。[5] 其基本组织是屯田百户所，若干百户组成一千户所，若干千户组成一卫，卫 5 600 人，设指挥一人领之。若干卫组成一都司或行都司，设都指挥使一人督理屯务。都司、卫、所组织下的军屯，兴起于洪武年间，永乐后调整发展。

明代前期长城沿线九边地区的屯田，民屯、商屯无法统计，仅就军屯一项，以各镇最高数额累计，共有 356 173 顷，与万历《明会典》所载“见额”(万历九年清丈九边屯田数)356 392 顷仅相差 219 顷。[6] 据王毓铨先生考证，明初全国屯田“接近万历间六十三万顷的数额”。其中，九边屯田占 54%以上。而《明会典》所载九边屯田“原额”(王毓铨先生考证为弘治年间屯田额数)[7]约计 113 390 顷，比明初减少 68%。说明长城地带屯田最高峰出现在明初，明中期只有明初的三分之一左右，万历时全国大规模清丈才恢复到明初的额数，但只是清丈数而非实际屯田数。所谓“九边地区万历时屯地数额多于明初是

[1] 顾炎武：《天下郡国利病书》卷六十二，上海科学技术文献出版社，2002 年。
[2] 顾炎武：《天下郡国利病书》卷三，上海科学技术文献出版社，2002 年。
[3] 孙承泽：《春明梦余录》卷三十六，江苏广陵古籍刻印社，1990 年。
[4] 王毓铨：《明代的军屯》，中华书局，2009 年，第 184 页。
[5] 顾炎武：《天下郡国利病书》卷三，上海科学技术文献出版社，2002 年。
[6] 王毓铨：《明代的军屯》，中华书局，2009 年，第 131 页。
[7] 据《明会典》卷十八《户部五·屯田》及《武备志》卷二〇七、二〇八统计。

肯定的,也许多出一倍上下",[1]其误甚矣。

明代前期,长城沿线农业生产以军屯为主要形式迅速发展起来,形成一条宽阔的边防经济带。"国初九边之制,兵隶于卫、饷供于屯。"[2]屯田作为基本的边政,目的是使"一军之田足以赡一军之用"。故九边军士"率五百里一将,布列缘边之地,远近相望,首尾相应,耕作有时……遇敌则战,寇去则耕"。[3]这种且守且耕且战、以屯田供军饷的农业经济,实质上是一种战争经济。战争作为一种经济手段,必须以某种经济为基础,作战的一方采取各种方法巩固或发展自己的经济,以期最终制服对方。这类巩固或发展经济的方法、行为及制度,便称为"战争经济"。明初大规模征战,将蒙古贵族势力赶到漠北,换来了暂时的边境安息,但这仅仅是明、蒙之间两战俱伤,需要停战以恢复实力的一种战争空隙。事实上,战争并未停止,永乐皇帝五次扫荡漠北,最后身死征战途中;防线以外,元朝残余势力重新组建"北元"政权,时刻威胁着明统治。明廷企图于边地大规模屯田,供养大批边军抵御蒙古南下,伺机进剿漠北。所以,明初作为一种战争经济的屯田生产在边地兴起,从而形成了长城地带特殊模式的区域文化。这种因战争经济发展而形成的特殊文化区域便称作"生产型长城文化带"。

生产型长城文化带的形成促进了长城地带经济文化各行各业的发展。在畜牧业、军工业方面,军用武器的制造,军马的牧养,分别由苑马寺监和军器班专管。在商业方面,九边各城镇作为各边政治、经济、文化中心,成为新兴的边地城。各城镇由于军民集结,市场贸易昌兴,及至各卫所驻地,也都形成市集,仅宁供街坊市集不下二三十余处,每个市集皆有专门的商品买卖。[4]在交通与建筑方面,各镇、卫所治地,皆修筑城堡墩台,建置公署寺观,修复驿道驿站,各边驿道相通,总与京师连接。在学校与教化方面,边地立卫所处,大都随建学校,分都司学和卫学两大类,独立于府、县学之外。如辽东都司辖地内,共立学校十四所,包括都司学一所和卫学十三所,分别建于洪武、宣德和正统年间。同一时期,万全都司除建立七所学校外,还修建书院九所,甘肃立学五所,其他各边镇亦先后办学兴教。[5]都司、卫学教授武艺及封建经典,培养了大批边地文武将才,同时将内地文化传播到边地,对提高边民的文化素质和加速边地汉化起了积极作用。

---

〔1〕 唐景绅:《明初军屯的发展及其制度的演变》,《兰州大学学报》1982年第3期。

〔2〕《明神宗实录》卷四一九。

〔3〕 宋讷:《西隐文稿》卷十《守备策略》,见《明人文集丛刊》第2册,文海出版社,1970年。

〔4〕 胡汝砺:《嘉靖宁夏新志》卷一《宁夏总镇》,宁夏人民出版社,1982年。

〔5〕 李贤:《大明一统志》卷二十五、卷三十七,三秦出版社,1990年。

二、消费型长城文化带的形成与演变

明初生产型长城文化带形成以后，到永乐、宣德年间仍在不平衡地缓慢发展，但到正统以后，很快就解体了。明初生产型长城文化带的解体集中表现为边地军屯的废坏。军屯的废坏始自宣德年间，时人郭敦说："近年各卫不遵旧例，下屯者或十人，或四五人，虽有屯田之名而无屯田之实。"[1]屯丁逃亡是屯田破坏的突出表现，到正统时，甚至"一百户所一百一十二人者，今止存一人"。[2] 随着屯丁的大量逃亡，屯地失领、囤粮锐减成为普遍现象。为挽救边屯，明政府大力勾补、招募屯丁，并提倡商屯。至弘治时，商屯也遭破坏，于是"屯粮之轻，至弘、正而极"。[3] 边地屯粮顿减，军饷转由内地供应。

屯田的破坏，究其根本原因，在于屯田制度本身的落后。屯田制是在封建国有制土地上，以军事管制手段发展起来的一种国防经济。特别是军屯，是带有军事性和国防补给性的一种国有土地制度，同土地私有制的发展背道而驰。同时，屯田上的主要劳动生产者屯丁是封建国家隶属的军事农奴，社会地位极端低下，所受的剥削异常惨重。在边疆地区，在极度险恶的生产条件下，屯丁既服军役又生产军饷，还要交纳沉重的屯田籽粒，甚至还要承担其他种种不时差役，实际上承受着地租与赋役合一的劳役地租剥削。不论从屯田生产资料所有制、屯田生产者的地位，还是从屯田经营方式上看，屯田制度都是一种落后的经济制度，明代长城沿线九边地区的屯田则是采用这种落后制度发展起来的战争经济。它虽然客观上促进了长城地带经济文化的发展，但作为边防政策又严重阻碍了长城南北的经济文化交流。长城两边经济的恢复和增长，要求打破明初那种排斥和封锁的边防政策。随着明蒙关系的发展变化，边地战事大兴，九边屯先于内地而瓦解，生产型长城文化带便随之解体。

生产型长城文化带大致形成于洪武、永乐年间，在洪熙、宣德之际缓慢发展的同时，也开始了其解体的过程，到正统时九边屯田大幅度失额，表明解体过程初步完成。接着，长城地带兵争日烈，供需日增，军事消费无限膨胀，一条特殊的消费型长城文化带开始兴起。《明史》云："洪永熙宣之际，百姓充实……开屯田中盐以给边军，饷不仰给于县官，故上下交足、军民胥裕。其后，屯田坏于豪强之兼并、计臣变盐法，于是边兵悉仰于太仓，转输往往不给。"[4]这一概括性的论述说明了正统前后长城文化带的两种面貌，揭示了生产型长城文

〔1〕《明宣宗实录》卷五十一。

〔2〕《明英宗实录》卷四十六。

〔3〕 张廷玉：《明史》卷一三四，中华书局，1997年。

〔4〕 张廷玉：《明史》卷七十七，中华书局，1997年。

化带瓦解和消费型长城文化带兴起的原因。不过，这里将屯田破坏的原因仅仅归结于豪强之兼并和计臣变盐法(叶淇变法)两方面是不全面的，九边地区军屯废坏的主要原因是明、蒙之间的大规模战争。

正统以后，随着生产型长城文化带破坏，屯粮漂减，边地粮价涌涨，边饷不济，济边银陡增。同时，生产型长城文化带的解体标志着明北部边防削弱，蒙古铁骑跨墙而入，长城沿线大规模的明、蒙战争爆发，战费日浩。为了抵抗蒙古大军的南下，明廷增募边军，集中全国人力物力到长城沿线大兴版筑之功，企图以筑城硬挡、加兵死守的方法阻止蒙古铁蹄南下。结果，明80余万军队散布于万里长城之上，每里不过几十人驻守，而蒙古常以数十万大军攻取一点，履墙如平地，使万里长城每段都是筑而即毁、毁而复筑，“东方初报墙功完，西方又传虏寇边”。军事上连连失利并没有导致明廷消极边防政策的改变，相反，明廷自恃经济实力雄厚，益兴起更大规模的筑城运动，使边费猛增无已，内地府库枯竭，但仍是杯水车薪，无济于边事。而长城地带的高额消费却因此而日盛一日，形成了一条畸形的消费型文化带。

消费型长城文化带的形成分两个阶段：景泰到正德时为兴起阶段，嘉靖到隆庆初年为最后形成和瓦解阶段，这两个阶段长城地带的消费都表现为经济战争的消费。因为边费激增的原因，除了屯粮失额、边饷不敷以外，更主要的则是明、蒙之间大规模的战争引起的。正统土木之变后，长城地带明、蒙之间的战争大不隔年，小不逾月。成化时，东边蒙古孛来、兀良哈侵扰辽东，西边鞑靼毛里孩攻打山西、陕西各镇，占领河套，明西北大门洞开。其后，鞑靼小王子不时进攻宣府、大同，战争愈演愈烈。继小王子而起的俺答部盘踞宣、大边外，联络蒙古诸部，以数十万大军向明边镇发起了空前强大的攻势，嘉靖至隆庆50年间，大小战役百余次。通过战争，蒙古各部掠夺边地物资并毁坏田舍村庄，破坏明边地生产，迫使明廷接受其扩大通贡互市的要求。明廷企图以内地经济为后盾，于长城沿线集结七八十万大军拼命抗战，并采取捣剿、焚荒等破坏对方经济的方法消耗蒙古各部实力，无奈事与愿违，军事上一再失利，边费开支一发不可控制。这一场为了经济的利益，双方统治者发动的掠夺破坏对方经济的战争，不仅使原有的边地生产遭到毁灭性的破坏，而且使长城文化带演变为全国最高的消费地带。

明代中期，募兵、筑墙和战守构成了长城沿线九边地区的全部活动内容。以募兵言之，九边地区的军队，明初约59万人，弘治时增至89万人，嘉靖到隆庆时保持在85万人左右，万历时减至60余万人。[1] 可见，明代长城沿线九边地区驻军弘治至隆庆时最多，比明初多出30余万人，以军士月粮一石计，年

〔1〕 孙承泽：《春明梦余录》卷四十二，江苏广陵古籍刻印社，1990年。

增边饷三四百万石，相当于太仓(国库)的全部年收入，加上筑墙和战守的费用，皆折为济边银(年例银)供给各边。[1] 年例银出现于正统年间，到正德年间已“十倍于前”。[2] 嘉靖中，“虏患频仍，年例银几三百万，边费浩大于斯为极矣”。[3] 年例银直接从太仓拨发，而太仓收入，正常情况下年400万两，荒乱之年便不能满额。嘉靖二十九年(1550年)，太仓岁入减至200万两，岁出，仅边费一项便高达600多万两。[4] 明政府财政濒于崩溃，长城地带的消费仍有增无已。因此，消费型长城文化带的发展加深了明廷经济危机，加重了全国人民的经济负担，激化了社会矛盾，最后必然导致消费型文化带不能存在下去。明廷为解决财政危机、缓和社会矛盾，不得不接受蒙古各部通贡互市的要求，因而出现了隆庆和议。隆庆五年(1571年)，俺答孙子把汉那吉突然降明，一个偶然的事件带来了蒙汉和好，从此长城沿线蒙汉贸易市场日辟，商旅交往，百货聚散，消费型长城文化带便演变为交换型长城文化带。

需要说明的是，隆庆和议以后，明、蒙之间大规模的战争基本停止，但国家边费开支仍不见削减，原因何在？另外，万历年间边地消费与嘉靖、隆庆时边地高额消费有何区别？万历时司农杨俊民说，“去岁(万历二十一年)太仓收过各项银四百七十二万三千两有奇……边饷十居其八，且多额外之需”，甚至“目击九边糜费、太仓势不能支。……旋即增添，较前时尤甚”。[5] 此时，九边军队减至60余万人，边饷自当相应减支，且互市以后，各边费用皆有节省，如宣府、大同，“每年积羡多，难以花销，则奏报节省，二三年即省十余万”。[6] 在这种情况下出现“九边糜费”现象，不可能是战争的消费，造成此时边费超支的原因有二：一是贪官污吏侵吞边饷和皇室以济边银之名索钱于太仓，如“皇帝大婚，暂取济边银九万两为职造费”；[7] 二是边地将官虚报冒领，“将领利其折乾而多开，该道重其体面而容隐，虽督抚明知，亦多姑息。……其财产安得而不耗乎”？多开之外又加虚报，“将领既多朦胧，该道又不查点，惟巡按阅操，事已则虚冒如故”。[8] 由此看出，隆庆和议以后，边饷不减、边费增支是明末政治极端腐败的表现，这种奢侈腐化型消费与消费型文化带的经济战争消费截然不同。

---

[1] 关于九边形成及有关内容，参见余同元：《明代九边述论》，《安徽师范大学学报》1989年第2期。

[2] 张廷玉：《明史》卷一九三，江苏广陵古籍刻印社，1990年。

[3] 张廷玉：《明会典》卷十八，江苏广陵古籍刻印社，1990年。

[4] 张廷玉：《明史》卷二十，江苏广陵古籍刻印社，1990年。

[5] 杨俊民：《查核九边兵饷》，《明经世文编》卷三八〇，中华书局，1962年。

[6] 王士性：《广志绎》卷三，中华书局，1981年。

[7] 张廷玉：《明史》卷二二〇，江苏广陵古籍刻印社，1990年。

[8] 杨俊民：《查核九边兵饷》，《明经世文编》卷三八〇，中华书局，1962年。

三、交换型长城文化带的兴起与发展

明代长城地带的交换经济主要有两大类:一是边地内军民贸易,一是蒙汉之间民族贸易。随着这两种贸易的发展,贸易市场普遍设立,形成了特殊的交换型长城文化带。边地内军民贸易主要是边地商人尾随军队行营进剿、随营经商,发战争横财。其活动限于边地各镇城地方或随营生活的狭小范围,受战争影响大,"及大军既撤,仅留守戍官军,食口既少,则所需不繁,货价大减……商贾为之色沮,落魄失业者,比比皆然"。[1] 因而,这种交换经济只是孕育在消费型长城文化带母体内的畸形贸易。真正标志明后期交换型长城文化带产生的是明、蒙之间和平互市及平等互利的民族贸易市场的广泛设置,突出表现为长城沿线"华夷兼利"的民族贸易兴起和发展。

明、蒙之间的贸易通称为"马市",马市的发展以隆庆和议为界,分前后两个时期。前期是官办的朝贡贸易,后期马市性质发生变化,官市过渡为民市,更大规模的大小贸易市场上,民间自相往来、互通有无的民族贸易占主导地位。这种"华夷兼利"的贸易往来带来了长城两边的和平统一,是交换型长城文化带产生的最重要标志。

明初至嘉靖年间,马市主要设在辽东,常开三市,其他各边偶有一二马市设置,皆时开时罢。就辽东三市而言,"正统间已罢其二",后因巡抚陈钺力请得复。[2] 造成这一时期马市开闭无常的主要原因有三:

首先,这一时期马市仅限于明蒙统治者之间的朝贡往来,规模较小,不能适应南北经济发展的要求。朝贡贸易是由蒙古贵族接受朝廷封号,以朝贡马匹换取明廷"赏赐"物品。明廷采取厚往薄来的政策,通过回报厚礼达到对蒙古各部的羁縻统治。如景泰时,蒙古也先受封后,常以三千人朝贡马匹,"三千余人皆有赐,织金綵纻至二万六千四百余匹,绢九万一百余匹,衣靴帽以万计"。[3] 这种带有浓厚政治色彩的官方贸易,只能暂时满足蒙古贵族的生活需要,一旦蒙古各部强盛起来,便要求增开马市,扩大贸易渠道。而优赏的朝贡贸易愈是扩大,明廷的经济损失愈大,明统治者对蒙古的要求无法应允,便诉诸武力。

其次,明、蒙官方垄断贸易阻碍了农、牧经济文化交流的扩大。从蒙古方面来看,朝贡贸易的物资多被蒙古贵族吞占,部落民众往往一无所得,依然靠寇边抄掠,抢夺明边地农畜产品以满足其生活所需。因而,"开市则利归酋

---

〔1〕 纳兰常安:《行国风土记》,见谢国祯:《明代社会经济史料选编》(下册),福建人民出版社,2004年,第37页。

〔2〕 杨同桂:《沈故》卷一,《丛书集成续编》第50册,上海书店出版社,1994年。

〔3〕 李东阳:《大明会典》卷二十八,广陵书社,2007年。

长,寇掠则利归部曲”,即便通贡互市之时,亦是“贡使未还,掳骑辄入塞虏掠”[1],且“宣府市则寇大同,大同市则寇宣府,币未出境,訾报随至”。[2] 从明廷来看,不开设民市,政府财政承受不了优赏贸易的庞大开支。

再次,朝贡贸易不论对哪一方来说,都是不平等的贸易,违背了商品交换的基本规律。在蒙古方面,铁器等生产资料被严禁入市,他们只得用皮囊烧煮饭食。[3] 同时,明廷还限制贡市规模的扩大,降低马价,等等,都严重影响了蒙古人民的生产和生活。对明方来讲,封贡赏赐只是为了达到政治上对蒙古进行约束的目的,买马只是充作战之具,“夫马不过为征虏计耳,如互市无事,则又安用马?”[4]且蒙古多以瘦弱之马前来交易,明廷得马后,既不能长期牧养,又不能用于作战。加上明政府一方面大力提倡官、民养马,一方面又以茶叶换取西番之马,一定程度上缓解了缺马问题,再以高价购买蒙古无用之马,实属投资于无益。由此可见,明代中前期官办马市根本上没有长期开市的基础,更无法达到互通有无的目的。

嘉靖年间,蒙古分为吉囊、俺答和老把都三大部,各拥众十余万,定居在河套地区和宣府大同边外。随着各部社会经济的发展和人口的增长,对农业物资的需求日益增大,“锅釜针线之具,增絮米蘖之用,咸仰给汉,使使者顿颡求通市……非谓求开马市也”[5]。他们已不满足于原来的朝贡马市贸易,强烈要求更大规模的、包括民间贸易和生产资料交换在内的“通市”。俺答联络各部,一面向明廷“求贡甚哀”,一面大军压境,加紧寇掠。[6] 明廷迫于连年抗战,边费滋甚,不得不答应蒙古“通市”的要求。当时大将王崇古指出:蒙古各部岁窥蓟辽,侵扰西鄙,使明廷“息养无时,财力殚绌,虽智者无以善其后”。[7] 战争导致双方财力困乏,直至无力再战,最后终于达成“通市”的协议——隆庆和议。但新的通贡互市的前提条件必须是“许以市易,以有易无,则和好可久,而华夷兼利”。[8]

“华夷兼利”的民族贸易兴起是隆庆和议以后长城文化带发展的显著特征,具体表现为:

1. 长城沿线新的民族贸易市场纷纷开设

隆庆五年(1571年)以后,长城沿线除辽东原有马市以外,各镇新开市场

---

〔1〕 李东阳:《大明会典》卷一〇七,广陵书社,2007年。
〔2〕 张廷玉:《明史》卷八十一,中华书局,1997年。
〔3〕 瞿九思:《俺答列传》,《万历武功录》卷八,《续修四库全书》第436册,上海古籍出版社,1995年。
〔4〕《明世宗实录》卷三七一。
〔5〕 瞿九思:《俺答列传》,《万历武功录》卷八,《续修四库全书》第436册,上海古籍出版社,1995年。
〔6〕 瞿九思:《俺答列传》,《万历武功录》卷八,《续修四库全书》第436册,上海古籍出版社,1995年。
〔7〕 张廷玉:《明史》卷二二二,中华书局,1997年。
〔8〕 王崇古:《酌许虏请乞四事疏》,《明经世文编》卷三一八,中华书局,1962年。

11处。这些都是岁开一次的“大市”，属定期、定额的贸易往来，官民杂市其中。此外，还有按月开放的“小市”，属官府监督之下民间自相往来的民市。作为民市的小市广泛开设，才真正反映了交换型长城文化带的最后形成。长城沿线月一二市的小市在隆庆、万历年间广泛设置。其中，在大同镇有助马堡、宁虏堡、杀胡堡、云石堡、迎恩堡、灭胡堡六市，在山西镇有老营堡市，在甘肃镇有岔山口、铧尖墩二市，在榆林镇有黄甫川堡、清水营堡、木瓜园堡、孤山堡、神木堡五市。其他属于民市的还有辽东镇的宽甸、残阳、清河马市和义州木市，蓟镇的喜蜂口市，固原镇的洮州、河州、西宁茶马市，等等。隆庆和议后长城沿线正常开设的大小市场多达三四十处。〔1〕通过这些市场，蒙、汉人民广泛交易往来，农畜产品互通有无，江南塞北商品云集于长城内外，使长城沿线民族贸易空前昌盛。

2. 通贡互市中，民市迅速发展，取代官市占据主导地位

政府设立带有“马市抽分”的大小贸易市场，“乃为广召四方商贩，使之自相贸易，是为民市之始”。特别是纯粹民市性质的小市广泛开设，大大便利了民间贸易往来。“惟是机利雁民，市井无聊之辈，乃始称贷出息，跋山涉水，蒙犯霜露，负担重茧，以与胡儿争杪忽之利”〔2〕。

3. 市场商品繁多，铁器等生产资料进入了贸易市场

隆庆和议后，明、蒙贸易市场市易之中，原来单纯的“马易盐米”的贸易发展为蒙古“马匹并土产杂物”与汉人铁铧、铁锅等生产、生活用品的交换，〔3〕说明马市性质发生了根本变化，这是长城内外社会经济有了长足发展的标志。

4. 民族贸易过程中基本上体现了有无互通、平等互利的商品交换规律

据《万历武功录》记载，隆庆五年(1571年)明、蒙通贡互市后，张家口、得胜堡、新平、水泉营四市年贸易额中，民易牛马数接近官易牛马数的三倍，其中近3万匹(头)的牛马交易中，政府仅支付抚赏金3 000余两。在此之前，嘉靖三十年(1551年)曾开云中、上谷二市，政府从太仆寺支拨马价银10万两，先后仅易马4 000余匹，而“燕赏费凡七万五千余金”。〔4〕可见，隆庆和议后，各市场市易中官民贸易额扩大，抚赏银减少，从客观上反映了贸易双方有无互通、平等互利的要求，标志着“华夷兼利”的民族贸易普遍兴起。

以“华夷兼利”的民族贸易为主要内容的交换型长城文化带的形成，促进了长城内外农、牧生产的发展和社会经济的繁荣。同时，交换型长城文化带

---

〔1〕 据《明会典》卷一〇七、《万历武功录》卷十四、《边政考》卷二统计。

〔2〕 梅国桢：《请罢榷税疏》，《明经世文编》卷四五二，中华书局，1962年。

〔3〕 辽宁省档案馆、辽宁省社会科学院历史研究所编：《明代辽东档案汇编》，辽沈书社，1985年，第716页。

〔4〕 瞿九思：《俺答列传》，《万历武功录》卷八，《续修四库全书》第436册，上海古籍出版社，1995年。

的形成对于长城文化带自身发展来讲，更具有多方面的推动作用。

首先，推动了长城地带以民族贸易为主体的商业经济进一步发展。长城沿线贸易广泛开辟，江南塞北商人云集于长城内外各大小市镇，边地军民亦皆弃甲从商，活跃于长城两边。"往时偏老（偏头关，老营堡）内外极多勇烈士……互市而此辈无所用，老者死而壮者散为商贾"，"卫尉材官，舍介巧，释马矢，而学以咿唔相高"〔1〕。边民因商而致富，内地富商大贾亦多"操其厚资"，"远出塞上"。〔2〕因商业发达，关中、大同等寒薄之地变得"生理殷繁"。那些辟为市场的边地关堡，很多由马市而发展成新兴的商业城市。如张家口，"本荒缴，初立市场，每年缎布买自江南，皮张易自湖广"〔3〕，开市后迅速发展为繁华的都市，"贾店鳞比"，"铺沿长四五里许"，有南京罗缎铺、苏杭绸缎铺、临清布帛铺、潞州绸铺、泽州帕铺等，杂市其中。〔4〕

其次，推动了长城地带农、牧发展和荒地开发。隆庆通贡互市以后，"边民释戈而荷锄，关城熄烽而安抚，此自古稀见之事，而今有之"。〔5〕部分边民"以畜牧为业"，牧万羊，往往富甲一方。〔6〕政府还号召边民开垦荒田永为己业，并"择不毛之地，树以桑枣，杂殖榆柳诸木"。〔7〕

再次，推动了长城地带民族融合的进一步发展。宁夏地区，"杂五方，尚诗书、攻词翰、重耕牧、闲礼义"〔8〕，与中原无异。山西边民"文字盛兴，忧思深远"。〔9〕辽东地方多客居之人，有内地的迁徙之民，也有边外的"新附夷人"，"人多侨居，俗各异好"，随着交往的增多，亦皆"祖习文礼，有中国之风"，〔10〕甘肃镇不但边民"号有华风"，连"穴居野处，采猎为生"的土人也都同内地人一样，"崇尚释教"。〔11〕

随着长城文化带各行各业的兴盛发达，塞北蒙古地区经济文化也有了新的发展。板升城作为蒙古地区政治经济中心都市，不仅商业繁华，农业经济也有了相应的增长，其四周"垦田万顷、连村数百"。〔12〕随着经济的发展，文化也因之进步。明代前期，蒙古各部"随水草畜牧，朝夕拜日月，怒杀父兄、娶先

〔1〕王士性：《广志绎》卷三，中华书局，1981年。
〔2〕张廷玉：《明史》卷八十一，中华书局，1997年。
〔3〕黄景方：《国史唯疑》卷八，上海古籍出版社，2002年。
〔4〕孙世芳：万历《宣府镇志》卷二十。
〔5〕高拱：《伏戎纪事》，《笔记小说大观》，第4编，第6册，新兴书局，1978年。
〔6〕张翰：《松窗梦语》卷四，上海古籍出版社，1986年。
〔7〕中央研究院历史语言研究所校：《崇祯实录》卷十五。
〔8〕胡汝砺：《嘉靖宁夏新志》卷一《宁夏总镇》，宁夏人民出版社，1982年。
〔9〕李贤：《大明一统志》卷十九《辽东都指挥司》，三秦出版社，1990年。
〔10〕李贤：《大明一统志》卷二十五《辽东都指挥司》，三秦出版社，1990年。
〔11〕李贤：《大明一统志》卷三十七《辽东都指挥司》，三秦出版社，1990年。
〔12〕瞿九思：《俺答列传》，《万历武功录》卷八，《续修四库全书》第436册，上海古籍出版社，1995年。

掠女……无礼顽嚚、夷中最甚”[1]。及至万历年间,俺答先后请金番经数部、得金子经三部、造墨字经数部。明将王崇古派“汉僧八人,阵列法器,令番僧至虏中诵经”,俺答“既闻僧至,及引众出迎四十余里……率其子若孙及部众万余,日夕丫手而礼佛”。部酋黄台古亦“诘僧建斋,而虏众亦以佛为宗,以僧为师矣。于是相率念佛传咒,同戒杀生”。可见佛教文化已在蒙古地区广为传播,并深入到下层民众之中。此外,汉族各种经典史书也翻译成番文传播到蒙古地区。俺答“乃请译者与习胡字者参伍,得传习书写”。王崇古遣译者从文光去虏部,“既至,虏王大愉快,如获百朋,而文光乃日与诸虏传授番文,较对字义,宣讲忠孝大义”。从文光带去字谱《忠孝经》,译为番字,诸虏部众“闻风慕义、尊光以师礼”。从文光长期住在蒙古地区,为汉文化在该地区传播做出了不朽的贡献。[2] 蒙古各部大量吸收汉文化,加速了其汉化的进程。

总之,交换型长城文化带的兴起,带来了长城文化带的新发展。从此,长城沿线九边地区,“田野日辟,商贾日通,边民始知有生之乐”。[3] 至明末“六十年来,塞上物阜民安,商贾辐凑,无异于中原”。[4] 长城文化带发展进入新的历史时期,作为特定类型的文化区域,已出现与中原文化区域融为一体的趋势。

综上所述,多种因素相互作用、交织而成的明代长城文化带,随着蒙汉关系的曲折发展而演变,由明初以战争经济为内核的生产型文化带,到明中期畸形的军事消费型文化带,再到明后期以民族贸易为主要内容的交换型文化带,后发展为农、牧、商各业并举的新型文化带而融入中国文化的整体。在明、蒙关系中,经济关系的发展制约着政治关系的变化,政治关系的变化则决定了长城文化带演变的历程及特点。经济的发展要求政治与之相适应,明蒙之间,“华夷互利”的民市贸易冲破官方专利的不平等的朝贡贸易是当时经济关系的主流。当这一主流受到明、蒙双方政治政策阻碍时,便爆发战争。当这一主流为通贡互市所适应时,经济的兴盛便代替了战祸。然而,在生产力水平低下的封建社会,农业朝廷常常站在小农业自然经济的立场上,对游牧经济采取排斥和隔绝的政策。明初统治者继承了秦汉以来历代屯田戍边的传统政策,划墙设险,重兵捍御,形成了有明一代系统的边政设施,从而演出了蒙、汉关系曲折发展的局面,表现为“封锁—反封锁—互市”的发展过程。由此,便决定了长城文化带演变中的既隔绝又汇聚的双重性、既战争又互市的不稳定性和经济文化发展的不平衡性等特点(限于篇幅,在此暂不详论)。

---

〔1〕 李贤:《大明一统志》卷九十《辽东都指挥司》,三秦出版社,1990年。
〔2〕 瞿九思:《俺答列传》,《万历武功录》卷八,《续修四库全书》第436册,上海古籍出版社,1995年。
〔3〕 张廷玉:《明史》卷二二二,中华书局,1997年。
〔4〕 陈仁锡:《无梦园初集》卷二,《续修四库全书》第1381册,上海古籍出版社,1995年。

同时，明代长城文化带的演变不仅以明、蒙关系的发展为根据，而且也是国内商品经济繁荣和南北经济联系加强的结果。当时，全国形成了许许多多相互联系、密不可分的贸易市场，长城地带民族贸易市场是全国商品市场总体中不可分割的组成部分。江南对塞北物资需求量大，塞北对江南产品缺一不可，正是这种经济力量才加强了南北联系，冲破了官府的封锁，使长城沿线民族贸易空前发展起来，符合南北经济共同发展的要求。

明代后期长城沿线的民族贸易市场[1]

以长城为界,中国的北边草原游牧民族与南边耕地农业民族,由于游牧的移动性与农业的固定性,铸成了古代相互对立而又相互依存的两个社会模式。定居社会与草原社会,农耕文化与游牧文化,一方面长期并行发展,一方面又相互冲突与融合,构成了迄于 17 世纪清代统一中国南北的全部历史。秦、汉以来长城两边经济、文化分合发展的历史表明,在这两个区域及两个社会之间,必然有某种贸易存在,以体现其根本的经济共生关系。特别是明代,"经济上的需要将游牧的蒙古人和农业的汉人结合在一个帝国禁令不能完全割断的贸易体系中"[2]。

但是,真正平等互利的民族贸易在历史上的出现,却经历了漫长而艰难的历程。当中原朝廷无力制服众多的游牧部族时,便出现了"和亲赠赉贸易",即农业朝廷将公主嫁于游牧君主,同时赠送钱物以换取暂时的边境安宁;当中原朝廷势力发展到足以征服周边游牧民族时,游牧君主便接受中原王朝的封号并向其贡纳方物,以换取中原朝廷大量的物资及金银赏赐,因而形成厚往薄来的"朝贡优赏贸易";但在战、守、和的选择中,中原朝廷更多的时候以天朝帝国自居,对游牧民族采取战、守的策略,断绝一切贸易往来,迫使游牧民族采取战争掠夺的手段,在企图入主中原的大目标下,首先夺取农业物资,或以武力为后盾强迫农业物资输入草原,从而形成以无对有的"战争掠夺贸易";当战争两败俱伤、边境人民违禁走私不可遏止的时候,或在战争之后双方敌对局势缓和下来的时候,"和平互市贸易"应运而生。

长城沿线农、牧民族的和平互市贸易在明代以前便已萌生,如"后汉通交易于乌桓、北单于、鲜卑"[3],隋、唐与突厥、回鹘"缘边置市""以金帛市马"[4],宋与契丹"置通市以通有无"[5],等等。但能够于和平环境中实现平等互利的贸易往来,则是明后期明、蒙通贡互市以后的事。隆庆五年(1571年),隆庆和议以后,长城沿线"华夷兼利"的民族贸易市场普遍建立并历五六

---

[1] 该文原刊于《历史研究》1995 年第 5 期,《中国社会科学》英文版 1997 年第 4 期全文翻译转刊。

[2] [澳]费克光:《论嘉靖时期(1522—1567)的明蒙关系》,《民族译丛》1990 年第 6 期。

[3] 《宋史》卷一八六《食货志》。

[4] 《隋书》卷八十四《突厥传》、《旧唐书》卷一九五《回纥传》、《新唐书》卷五十《兵志》。

[5] 《宋史》卷一八六《食货志》。

十年盛而不衰，才使农、牧民族贸易乃至全部的民族关系产生了划时代的变化。本文拟对这一历史作一考察，借以探讨长期以来长城两边农、牧文化分合过程中经济共生关系的发展规律。

一、市场与市易的广泛兴起

为了抵御蒙古族的南下，明朝沿长城设置了九大防区——辽东、蓟镇、宣府、大同、山西(偏头关)、延绥(榆林)、宁夏、固原、甘肃，称为“九边”。九边各镇不仅是明廷同蒙古贵族抗争的战场，也是汉族人民同蒙古等北方游牧民族互市贸易的场所。明代九边地区的民族贸易通称为“马市”，马市的发展以隆庆和议为界，分为前后两大时期，前一时期是明蒙之间官办的“朝贡优赏贸易”(其间间杂着“战争掠夺贸易”)，后一时期马市性质发生变化，朝贡贸易发展为互市贸易，官市过渡到民市，在更大规模的民族贸易市场上，民间自相往来、有无互通的市易占据了主导的地位。

隆庆五年(1571 年)以后，长城沿线除辽东原有马市外，九边各镇又开市凡 11 处。其中，在大同者三，即得胜口、新平、守口；在宣府者一，即张家口；在山西者一，即水泉营；在延绥者一，即红山寺堡；在宁夏者三，即清水营、中卫、平虏卫；在甘肃者二，即洪水扁都(渡)口、高沟寨[1]。这些都是岁开一次的“大市”，属定期、定额的贸易往来，官民杂市其中。此外，还有按月开放的“小市”，属于官府监督之下民间自相往来的“民市”。作为民市的大小市场广泛开设，才真正反映了和平互市的民族贸易兴起。

下面，首先对九边地区此类民族贸易市场的设置及其市易状况分边分区予以考察。

1. 东三边市场与市易的兴盛

东三边辽东、蓟镇边外市易对象以兀良哈三卫和海西女真各部为主。明中后期，蒙古土蛮部兴盛，控制兀良哈三卫及女真各部，于蓟、辽边外游牧，“控弦之士六万，最精壮。嘉靖中，移徙黄河北，常引速把亥入海、盖、开原”。土蛮部首领土蛮仇兀、把都兀、黑石炭等，“意中独恋贡市事，二十余年乃卒不可得，老死矣”。何以土蛮部请市不可得？原因之一是土蛮部要求于蓟镇开市，地近明京师，为安全计，明廷不允。万历初年，土蛮兵陈塞上，请于蓟、辽开市，其后连年出没，“复志在蓟门”[2]。明廷派戚继光、方逢时、梁梦龙等名将强拒之。原因之二，辽东、蓟镇喜峰口等地已开设与兀良哈三卫及女真的互市市场，土蛮部可以借之索取所需物资。这样，东三边蒙汉互市便主要表现为汉人与兀良哈三卫及女真各部的贸易，市场大多数设在辽东。

---

〔1〕 万历《明会典》卷一〇七《礼部·朝贡三》。

〔2〕 瞿九思：《东三边·土蛮列传上》，《万历武功录》卷十。

辽东马市在边地贸易的发展中最为典型，其在嘉靖、万历年间，早于他镇完成了官市向民市的转变。时人云："若辽东之马市，止可当他镇之民市耳。""虏以市为命，民（汉人）以市为利。""华夷互利"的民族贸易于兹兴起[1]。特别是隆庆和议以后，辽马市又有了新的发展，首先表现为互市市场的激增。其市场设置如下表所示。

东三边贸易市场表

镇名	市场名	设置时间	互市地点	市期	互市对象	备注
辽东	广宁市	永乐四年	广宁团山堡、团山墩	月市	兀良哈三卫	《明神宗实录》卷四六，《沈故》卷一，《辽东志》卷一、三，王世贞《市考》
	开原市	同上	屈换屯、开原城南墙	月市	海西女真	
	广顺关市	同上	开原 15 里外东果园	月市	同上	
	镇北关市	同上	开原 20 里外马市堡	月市	女真各部	
	新安关市	成化年间	开原城 40 里外庆云堡	月市	兀良哈三卫	
	抚顺市	天顺八年	抚顺城东	月市	女真各部	《明宪宗实录》卷七
	达达市	成化十四年	开原庆云堡	月市	同上	《沈故》卷一
	宽甸市	万历四年	宽甸县	民市	同上	《东夷考略·建州女真考》
	叆阳市	同上	凤城县	民市	同上	
	清河市	同上	开原后施家堡	民市	同上	
	义州木市	万历二十三年	大康堡、大平堡	民市	兀良哈三卫	李化龙《议义州木市疏》，《筹辽硕画》卷首《辽东图》，《辽东志》卷一，《全辽志》卷一
	广宁木市	万历末年	镇夷堡	民市	外喀尔喀七部	
	锦州木市	同上	大福堡	民市	同上	
	宁远木市	同上	前屯高台堡	民市	同上	
	辽阳木市	万历三十三年	长安堡	民市	内喀尔喀五部	
蓟镇	喜峰口市	嘉靖二十九年	喜峰口黑峪关	月市	兀良哈三卫	《明世宗实录》卷三、六、四
	蓟州市	同上	蓟镇三屯营	月市	兀良哈三卫	

表中 17 个市场，其中 10 个设于嘉靖二十九年（1550 年）和万历四年（1576 年）以后。而蓟镇所属石塘、古北、曹寨、马兰、松棚、喜峰、太平、燕河、

〔1〕 李化龙：《议义州木市疏》，《明经世文编》卷四二二。

台头、石门诸处,皆为抚赏之地,也是一些不定期的贸易市场。随着市场的增设,民族贸易的规模也空前扩大了。

2. 中三边市场与市易的勃兴

中三边宣府、大同、山西(又称三关镇、太原镇、偏关镇)三镇,在明代中前期就设有马市市场,但都属时开时罢的官贸市场。如大同马市的开设:第一次,正统三年(1438 年)到正统十四年(1449 年)〔1〕;第二次,天顺六年(1462 年)到弘治十二年(1500 年)〔2〕;第三次,嘉靖三十年(1551 年)四月到十二月〔3〕。这类市场不仅受官方严格控制,而且数量少、规模小,仅仅为了满足政治需要而不体现贸易双方的经济利益,不可能实现民间平等互利的贸易往来。所以说:"宣、大二边外之虏,地无他产,汉人与款市,止以弥患,无所利也。"〔4〕

嘉靖、万历年间,中三边蒙古各部陆续定居下来,由单一的游牧经济开始向双向的农、牧混合经济发展。俺答等部分驻宣、大迤北云州、青山、河套、山内及河西大、小松山一带,多以耕种为务。嘉靖二十五年(1546 年),"俺答阿不亥及兀慎娘子见砖塔城,用牛二犋,耕地约五六顷……以为偃旗息鼓休田野"〔5〕。由于地广人稀,以粗放式耕作为主,"但有耕种,惟藉天不藉人;春种秋敛,广种薄收"〔6〕。因农业的兴起,摆脱了依赖汉人粮食维持生计的局面,"虏所资于我,亦惟布帛绵索而已"。加上畜牧的发展,不少产品吸引着汉族商人,"我所资于虏,非马牛羊、则皮张马尾"〔7〕。蒙古地区农牧经济的发展,使长城南北经济差距缩小,为中三边"华夷兼利"的民族贸易的兴起提供了条件。

隆庆和议后,中三边蒙汉贸易市场顺利开辟,同辽东一样,民市占绝对主导地位。其市场分大小两类,"大市"岁开一次,参与互市的主要是各部落酋长和贵族,一般部族成员则参与"小市"贸易。小市多设于沿边墩堡旁,或在边地划定市场交易,其正式设立约在隆庆末年到万历初年。万历元年(1573 年)兵部奏折云:"今边冲口,每月望后俱有小市。"〔8〕至万历时,"边外复开小市,听虏以牛、羊、皮张、马尾换我杂粮、布帛,关吏得税其物,以充抚赏"〔9〕。

〔1〕《明英宗实录》卷四十一,正统三年四月癸未。
〔2〕《明英宗实录》卷四三〇,天顺六年五月壬戌;《明孝宗实录》卷一五〇,弘治十六年壬午。
〔3〕《明世宗实录》卷三七二,嘉靖三十年四月丙戌;卷三八〇,嘉靖三十年十二月壬寅。
〔4〕 李化龙:《议义州木市疏》,《明经世文编》卷四二二二。
〔5〕《万历武功录》卷七《俺答列传上》。
〔6〕 萧大亨:《夷俗记·耕猎》,《宝颜堂秘笈续集》第 47 帙。
〔7〕《万历武功录》卷八《俺答列传下》。
〔8〕《明神宗实录》卷九,万历元年正月壬寅。
〔9〕《万历武功录》卷八《俺答列传下》。

这些“小市”是贫困牧民同汉人交易的市场,同大市中的“私市”一样,属于纯粹的民市。中三边及其边外大小贸易市场如下表所示。

中三边民族贸易市场表

镇名	市场名	所在地	设置时间	市别	互市对象	备注
大同镇	镇羌堡市	大同东北路	嘉靖十三年	大市	俺答部等	《明世宗实录》卷三七三
	新平堡市	阳和道新平路	隆庆五年	同上	五路台吉等部	杨时宁《三镇图说·大同镇》
	得胜堡市	大同北东路	同上	同上	歹成台吉等部	《明穆宗实录》卷六〇、六一,《读史方舆纪要》卷四四
	守口堡市	阳和道东路	同上	小市	摆腰兀慎等部	《万历明会典》卷一〇七
	助马堡市	左卫道北西路	隆庆六年	同上	黄金榜实等部	《三镇图说·大同镇》及其分图,《皇明世法录》卷六四,《读史方舆纪要》卷四四,《三云筹俎考》卷三
	宁虏堡市	同上	同上	同上	兀兰把剌素等部	
	保安堡市	同上	同上	同上	黄鹅儿等部	
	灭胡堡市	大同井坪路	同上	同上	威宰生等部	
	云石堡市	右卫道威远路	同上	同上	多罗土蛮等部	
	迎恩堡市	大同西路	同上	同上	大成台吉等部	
	杀胡堡市	左卫道中路	同上	同上	哑不害恰等部	
宣府镇	新开口堡市	万全右卫	嘉靖三十年	大市	青把都儿等部	《明世宗实录》卷三七三
	张家口堡市	万全右卫	隆庆五年	同上	把都儿等部	《明经世文编》第六册
山西镇	水泉营市	偏头关东北	隆庆五年	同上	俺答、多罗土蛮部	《明穆宗实录》卷五四
	老营堡市	岢岚道西路	隆庆六年	小市	打儿汉等部	《皇明世法录》卷六六
	广武城市	雁平道东路	同上	同上	顺义王等部	《三镇图说·山西镇》
	破虏营市	百杨岭堡	万历年间	同上	大成比妓等部	同上
	河曲营城市	岢岚道河保路	同上	同上	长盖等部	同上
边外	板升城	古丰州地、开化府	嘉靖二十年	民市	边地汉民同蒙古各部民	《明史》卷二二《王崇古传》
	归化城(三娘子城)	杀胡堡边地、古丰州地	万历九年	同上	同上	《全边略纪》卷一二

3. 西三边市场与市易的兴起

西三边延绥(榆林)、宁夏、固原、甘肃四镇市场与市易的发展情况与中三边基本相同。其边外“市夷”主要为吉囊等部。吉囊所属数十部,大多定居于水草丰美的河套地区,或耕或牧,明中期以后经济发展迅速,隆庆和议后,“请得贡市比宣、大”〔1〕。

延绥镇(又称榆林镇)互市市场,《明会典》载在红山寺堡〔2〕。而《万历武功录》则云:“甲戌(万历二年),西陲进上马二十四,留边马一百七十六匹,而以十五匹给延绥,六十五匹给宁夏。旋红山、清水互市。”〔3〕延绥、榆林皆无红山寺堡之属,而宁夏灵州守御千户所却有清水营、红山堡、红寺堡之设置〔4〕,可见红山寺堡当在宁夏镇。《万历武功录》又载:万历初年,“开市,请自六月二十九日至七月初三,又七月二十五日至八月初三,延、宁马价金一千九百两”〔5〕。这里延、宁市系延馁、宁夏二市合称,延绥市在绥德,为延绥镇主要市场。

宁夏镇市场,除红山堡、红寺堡外,还有清水营、宁夏中卫、平虏卫等,均设于隆庆五年(1571 年)。清水营和红山市最大,吉囊诸子、白马台吉、切尽黄台吉等来此互市〔6〕。

甘肃镇市场设在甘州洪水堡、扁都口和凉州高沟寨等地〔7〕。

固原镇有茶马互市市场,设在洮、河、西宁等地。对嘉峪关外的赤斤、罕东、沙州、哈密等蒙古卫所,从永乐六年(1408 年)起,在甘州、凉州、兰州、宁夏等地开设了不定期贸易市场。这些市场在明后期也有了较大的发展〔8〕。

上面所说的皆是定期或不定期的大市。万历年间,西三边又兴起了很多小市,如万历四年(1570 年)春,“松山宾兔岁在庄浪岔山口、铧尖墩小市”〔9〕。“戊寅(万历六年),复聚打儿汉及宾、丙兔并赴红山、清水、中卫、扁都口、桦尖墩大、小市”。〔10〕 万历十二年(1584 年),庄秃赖至孤山、木瓜园、清水(榆林清水营堡)、黄甫川、神木堡等小市。〔11〕 这些小市中,除岔山口、铧尖墩属甘肃镇外,其余皆属榆林镇。西三边各类市场如下表所示。

〔1〕《万历武功录》卷十四《切尽黄台吉传》。
〔2〕《万历武功录》卷十四《隐布台吉传》。
〔3〕 张雨:《边政考》卷二《榆林卫》、《宁夏卫》。
〔4〕《万历武功录》卷十四《吉能传》。
〔5〕《万历武功录》卷十四《隐布台吉传》。
〔6〕《万历武功录》卷十四《吉能传》、《卜失兔传》等。
〔7〕《明神宗实录》卷一八四,万历十五年三月己亥。
〔8〕《万历明会典》卷一〇七《朝贡三》。
〔9〕《万历武功录》卷十四《切尽黄台吉传》。
〔10〕《边政考》卷二《榆林卫》。
〔11〕《万历武功录》卷十四《庄秃赖传》。

西三边民族贸易市场表

镇名	市场名	设置时间	处所	市别	互市对象	备注
延绥(榆林)镇	红山墩市	隆庆五年	榆林城北	大市	吉能等部	《明穆宗实录》卷六十
	延绥市	万历初年	绥德		同上	《万历武功录》卷十四
	榆林市	同上	榆林卫		隐布台吉等	《万历武功录》卷十四
	黄甫川堡市	万历十二年	同上	小市	切尽黄台吉等	《万历武功录》卷十四,《边政考》卷二《榆林卫》
	清水营堡市				同上	
	木瓜园堡市				打儿汉等	《万历武功录》卷十四
	孤山堡市				松山宾兔等	
	神木堡市				庄秃赖等	
宁夏镇	宁夏市	明初	宁夏前卫	大市	赤斤等蒙古卫	《明万历会典》卷一〇七
	红山寺市	隆庆五年	灵州所		切尽黄台吉等	《边政考》卷二
	清水营市		同上		白马台吉等	《读史方舆纪要》卷六十二
	中卫市		宁夏中卫		抄胡儿等	《明神宗实录》卷三十一
	平虏市		平虏城		吉能等部	《明神宗实录》卷一六六
甘肃镇	甘州市	明初	甘州卫	大市	哈密等蒙古卫	《明神宗实录》卷一八四
	凉州市		凉州卫		沙洲等蒙古卫	《明万历会典》一〇七
	兰州市		兰州卫		罕东等蒙古卫	《明万历会典》一〇七
	扁都口市	隆庆五年	西宁路		青把都等卫	《明神宗实录》卷一六六
	高沟寨市	万历六年	凉州卫		松山宾兔吉等	《明神宗实录》卷七十二
	岔山口市	万历三年	庄浪卫	小市	松山宾兔等	《明神宗实录》卷四十三
	铧尖墩市	同上	同上		同上	《明神宗实录》卷七十二
	洪水堡市	万历年间	西宁路		吉能等部	《明神宗实录》卷一八四
固原镇	洮州市	明初	洮州卫	茶马市	“西番”及瓦剌蒙古	《明万历会典》卷一〇七,《明神宗实录》卷四十七
	河州市		河州卫			
	西宁市		西宁卫			
	宁河镇市	弘治年间	河州南	民市	同上	康熙《河州志》
	定羌镇市					

上述三个市场表累计列出各类市场63个,加上曾几度开市的大同宏赐堡市场和蓟镇石塘、古北等十余处抚赏地市场[1],明代长城沿线大小民族贸易市场不下70个,多数是隆庆和议以后设置的,此前零星开设的几个“马市”市场也到此时才稳定下来,并发生了质的变化,这在长城两边民族关系史上是前所未有的,它标志着农、牧民族和平互市的贸易往来真正开始了。

二、新兴市场的性质变化及其历史背景

关于明后期(隆庆和议后)长城沿线民族市场的性质,古今论者多有论及,但缺少系统的专门研究,且存在一些错误的认识。

关于各边贸易市场的名称,或称“马市”“关市”“互市”,或称“大市”“月市”“小市”或称“官市”“私市”“民市”,等等,不一而足。这些称呼包含了各个

〔1〕《读史方舆纪要》卷四十四。

时期不同类型不同性质的贸易市场，对这些市场，人们多以“马市”通称之，难免有以偏概全之失。“马市”仅以官方“马易盐米”的贸易为主要内容，且限于明中前期辽东、大同等很少几个民族贸易市场上的朝贡贸易。《明史·食货志》云：“明初，东有马市，西有茶市，皆以驭边省戍守费。”永乐年间开设的辽东马市、天顺年间开设的大同马市，以及洮州等卫的茶马市场，都是“大市”和“官市”，其共同的特征是“只可一二岁(贸易)一次，所遣止百十人”[1]。且“道路有定处”[2]，“开市有日，货物有禁”[3]。这种市场受官方严格控制，开闭无常。就开市时间最长的辽东三市而言，“正统间已罢其二”，后经巡抚陈钺力请才得恢复[4]。

相比之下，隆庆和议后的各边贸易市场皆已完成了由“大市”到“小市”，由“官市”到“民市”，从局部到全部，从时断时续到持续稳定的发展过程，因而改变了原来“马市”的性质。前述各类大小贸易市场上，以各种生产资料和生活资料交换为主体的民市贸易，不仅使原来的马市贸易与朝贡优赏贸易相分离，而且也大大超出了原先那种“马市”的狭小贸易范围。因此，这一时期长城沿线的民族贸易市场与市易应称作“互市”而不再称为“马市”，这在当时官方文书及民间称呼中都有了充分的反映。如隆庆末年张居正专门论及此事，明确指出：“今则因其入贡之便，官为开集市场，使与边民贸易有无，稍为约束，如辽东开原事例耳，又岂马市可同语乎？”[5]梅国祯《请罢榷税疏》亦云：“自隆庆五年北虏款贡以来，如立市场，每年互市，段布买自江南，皮张易自湖广。”[6]王世懋的《华夷互市》更形象地描述了这种互市景象[7]。在蒙古方面亦谓“使使者顿颡求通市……非所谓求开马市也”[8]。这种与“马市”不同而以“民市”(即小市、月市等)为主体的“互市”贸易具有下述几个明显的特征：

第一，互市市场中，民市迅速发展，取代官市占主导地位。政府设立带有“抽分”的大小市场，“乃为广召四方商贩，使之自相贸易，是谓民市之始”。民市兴起后，“惟是机利雁民，市井无聊之辈，乃始称贷出息，跋山涉水，蒙犯霜露，担负重茧，以与胡儿争杪忽之利”[9]。

第二，市易由土特产品和奢侈品为主的贸易变成以民生用品为主的贸

[1] 《明英宗实录》卷二〇〇，景泰元年正月乙丑。
[2] 严从简：《殊域周咨录》卷十八《鞑靼》，明万历刊本。
[3] 《秦边纪略》卷五。
[4] 清《续文献通考》卷二十六。
[5] 张萱：《西园闻见录》卷五十九《兵部八》。
[6] 梅国祯：《请罢榷税疏》，《明经世文编》卷四五二。
[7] 详见王叔磐：《历代塞外诗选·华夷互市诗》，内蒙古人民出版社，1986年。
[8] 王崇古：《酌许虏请乞四事疏》，《明经世文编》卷三一八。
[9] 梅国祯：《请罢榷税疏》，《明经世文编》卷四五二。

易，铁器等生产资料开始进入交换市场。据辽宁省档案馆藏明代辽东档案资料所记，嘉靖、万历年间两起马市抽分清册所列抽分货物有牛、羊、锅、铧子、貂、狍皮、袄、靴、机布、梱辐、瓷器、娄纸、链等百十余种[1]。在此前弘治十六年(1503 年)，吏科给事中邹文盛奏："辽东先年……立马市交易，当时虏酋输款，时以马易盐米，彼得食用之物，我得攻战之具。"[2]"马易盐米"发展到"马匹并土产杂物"与铁锅、犁铧等生产生活资料的交换，表明贸易性质发生了重大变化。这一变化于辽东市场上最先实现，约在嘉靖年间，隆庆以后又有了新的发展，市场上出现了房屋买卖和地场租让的现象[3]。其他各边完成这一变化大都在隆庆和议以后。

第三，市易规模日益扩大，市易过程中基本上做到了有无互通与平等互利。在开市日期上，万历年间打破了原来月市一两次和每次四五天的成规，两边商民均可随时入市贸易。在"市本"和"抚赏金"投放额上，隆庆五年(1571 年)为 10.8 万两，万历十二年(1584 年)上升为 100 万两，万历末年又增至 200 万两，如此高额银两流通在各个互市市场上，促进了贸易规模的扩大。同时，这些银两主要投放于官市之中，而各个市场上"官市毕，听民私市"，皆不用"市本"，且贸易额远大于官市。以万历二年(1574 年)为例，得胜堡市、张家口市、水泉营市官市市马 7690 匹，民市牲畜达 2 万余匹(头)，约等于官市的三倍[4]。民市规模的扩大，才真正标志着有无互通与平等互利贸易的兴起。

第四，市规市则逐渐完善，市场交换功能不断增强。万历初年，为适应贸易发展的需要，俺答制定有关互市的"规矩条约"13 条，明廷也制定了"市法五款"[5]，以保障市场市易的正常化和稳定化。在此基础上，市场市易开始规范化，主要表现为商品构成的变化适应了商品供求规律，商品价格变化适应了价值规律两方面。从商品构成变化上看，生活必需品和生产资料日益占据绝对主导地位，且数额庞大。万历十一年(1583 年)九月及次年三月，广顺、镇北、新安等市易中，交易 19 次，统计购买犁铧 4 448 件。最多的一次便成交了 1 334 件[6]。从价格变化上看，一般入市商品由"侩人(牙人)定物价，毋欺慢虏"[7]，马匹由政府定价，"务使客商有利，夷价无亏"[8]。因互市符合流通领域的基本规律，故市场功能，特别是交换功能大大增强了。

---

〔1〕《明代辽东档案汇编》下册，辽沈书社，1985 年，第 815—816 页。
〔2〕《明孝宗实录》卷一九五，弘治十六年正月甲午。
〔3〕《明代辽东档案汇编》下册，辽沈书社，1985 年，第 815—816 页。
〔4〕 转引自《明代蒙古地区和中原地区贸易关系》中的统计数字，见《民族团结》1964 年第 2—3 期。
〔5〕 王士琦：《三云筹俎考》卷二《封贡考》。
〔6〕《明代辽东档案汇编》下册，第 815—816 页。
〔7〕《万历武功录》卷八。
〔8〕 王崇古：《确议封贡事宜疏》，《明经世文编》卷三一八。

民市性质的互市市场广泛兴置，有其特定的历史背景。有人说这些贸易市场的“建立和发展，最主要的原因是我国已出现了新的生产方式的萌芽”。或说“明末商人在马市中的活跃程度及作用，直接是资本主义萌芽的产物”[1]。这种结论是值得商榷的。

明代长城沿线的交易活动主要有两大类：一是边地内军民贸易，一是汉族与蒙古、女真等族之间的民族贸易。军民贸易随着九边镇的设置而率先兴起，而民族贸易则是以军民贸易为基础，于明代中后期逐渐发展起来的。

军民贸易是内地对边军供应物资的特殊贸易。随着开中法的废除，开中商人大都撤业内归，留在边地继续营生的商人成为边镇商人。清人记述晚明边商随营经商的情况说：“塞上商贾多宣化、大同、朔平三府人。……其筑城驻兵处则建室集货。”[2]这种情况在明中前期就已出现，到弘治五年(1492年)叶淇改开中制为折色制后更为多见。如延绥镇，“兵马云集，全赖商人接济军需”[3]。嘉靖、隆庆年间，富平县商人李朝观从关中运粮数千万石到延绥柳树涧，“供安定、定边、安塞军数万人”[4]。泾阳商人刘文明，“以盐荚贾塞上广陵间”；张巍“代父为贾……用盐荚便输粟塞下”[5]。在转贩经营的过程中，边镇商人分化为行商、坐贾两部分。清人记载：“秦晋布商，皆主于家，门下客常数人，为之设肆收买。……到国初(清初)犹然。”[6]行商除在本地区经商外，多长途贩运至其他边镇。如“辽东商人，山西居多，而汾州更过半”[7]。边地军民贸易受战事影响较大，是一种畸形贸易。正是在这种贸易中，边商积累了雄厚的资本。隆庆和议后，他们挟资投入新兴的民族贸易市场，成了和平互市贸易的中坚力量。由此可见，明后期长城沿线民族贸易市场上商人的活跃，完全是边镇特殊的地理环境和军事镇戍制度的产物。

明代中前期长城地带的“马市”贸易，唯辽东一镇未曾彻底废止，其间也经历了三市罢其二的过程，其他各镇市场，皆开罢无常。究其原因，首先在于明廷君臣同历代封建统治者一样，对北方游牧民族奉行“战诎议守，守诎议贡，贡诎而复议和”[8]的基本方针，以贡市作为维护边防和控制蒙古的一种手

---

〔1〕《从马市中几类商品看明中后期江南与塞北的经济联系及其作用》，《内蒙古师范大学学报》1984年第4期。

〔2〕纳兰常安：《瀚海前集·行国风土记》，见谢国祯：《明代社会经济史料选编》，福建人民出版社，1980年。

〔3〕涂宗：《边盐塞滞疏》，《明经世文编》卷四四七。

〔4〕李因笃：《受其堂文集》，《先府君李公孝贞先生行状》卷四。

〔5〕李维祯：《大泌山房集》卷一〇七《赠户部主事刘公强安人墓表》，卷七十九《张仲公杨孺人墓志铭》。

〔6〕褚华：《木棉谱》，《丛书集成初编》。

〔7〕葛守礼：《葛端肃公集》卷上《葛端肃公家训》。

〔8〕《夷俗记·自序》。

段，不仅满足不了双方经济交往的需要，还严重违背了市场交换的根本规律。表现在以下两个方面：

第一，官办马市仅限于明、蒙统治者之间的经济往来，规模较小，不能适应南北经济发展的要求。当时的贸易方式是蒙古以朝贡马匹换取明廷“赏赐”物品，明廷采取厚往薄来的政策，通过厚礼回报实现对蒙古各部的羁縻统治。这种带着浓厚政治色彩的朝贡贸易，只能暂时满足蒙古贵族的生活需要。一旦蒙古各部丁口兴旺，便要求扩大朝贡贸易的渠道。而朝贡贸易的扩大，却带来明廷经济损失的加重，明统治者不能应允。从蒙古方面来说，“开市则利归酋长，寇抄则利归部曲”[1]。故通贡之时，亦是“贡使未还，虏骑辄入塞抄掠”。且“宣府市则寇大同，大同市则寇宣府，币未出境，警报随至”。[2]

第二，朝贡马市，不论对哪方讲，都是不平等贸易，无法达到有无互通的目的。对蒙古方面来说，明廷限制贡市规模，压低马价并严禁铁器入市，严重阻碍了他们的生产和生活。对明廷方面来说，朝贡优赏贸易只是为了政治上对蒙古约束，买马仅充作战之具，“夫马不过为征虏计耳，如互市无事，则又安用焉？”[3]所以明中前期官办马市根本上就找不到长期存在的理由。

嘉靖年间，蒙古各部在明边外驻牧，由单一的游牧经济向半农半牧经济发展，人口日渐增多，分为吉囊、老把都和俺答三大部，各众10余万。随着经济的发展和人口的增加，蒙古各部已不满足于朝贡马市贸易，强烈要求更大规模的、包括民间贸易和生产资料交换在内的互市贸易。他们一边“求贡甚哀”，一边大兵压境，寇掠日盛一日。明廷连年抗战，边费浩繁，财政匮乏，不得不考虑蒙古人民的互市要求。因此，明穆宗时几个有实权的阁老，如高拱、张居正等，坚决主张封贡互市，加上边将王崇古等人的强烈呼吁和积极配合，因而促成了一封二贡三互市的局面。

如果说明、蒙双方政策的改变和隆庆和议是和平互市的直接背景，那么，自嘉靖以来，塞北农牧经济发展则是互市贸易兴起的前提条件。由于蒙古地区用于交换的产品增多了，牧民同边民之间的违禁走私贸易便随之兴盛。边镇商人不仅同牧民开展交换布帛、粮食及畜产品的私市，而且“多以铁货与虏交易，村市居民亦相率犯禁”。[4] 与此同时，边军也开始加入走私队伍，出现了“虏代墩军隙望，军代鞑虏牧马”的局面。[5] 走私贸易势如潮流，各私市由小到大，形成了固定的主顾关系并“分帐专卖”。[6] 市场的公开化和合法化已

---

〔1〕《万历武功录》卷八《俺答列传下》。

〔2〕《明史》卷八十一《食货志五·马市》。

〔3〕《明世宗实录》卷三七一，嘉靖三十年三月癸卯。

〔4〕《明孝宗实录》卷一五〇，弘治十二年六月壬午。

〔5〕《明世宗实录》卷三六四，嘉靖二十九年八月丁丑。

〔6〕王崇古：《禁通虏酌边哨以惩夙玩疏》，《明经世文编》卷三一六。

成为历史的必然。

如此可见，明后期长城沿线和平互市市场与市易，是在农、牧民族关系演变的总背景下兴起的。其中，因农、牧民族在经济上共生关系发展的根本要求，无论官府如何禁绝，走私贸易都将打开通向和平互市贸易的通道，官方贸易演变为民间贸易，土特产贸易发展为民生用品贸易，共同构成了改变长城沿线民族贸易市场性质的一场变革运动。正是这一市场性质的改变，最终导致了农、牧民族经济共生关系的新发展。

三、新兴市场发展的历史影响

明代后期长城沿线和平互市的民族贸易市场普遍兴起，至明末，“塞上物阜民安，商贾辐辏，无异中原”。[1] 这样稳定持久的互市贸易局面在历史上是第一次出现，故云：“俺答纳款，马市互易，边疆无警，畿辅晏然，汉唐以来所未有也。”[2]这是当时人对和平互市作用的权威性评价。半个多世纪的互市贸易促进了长城内外农、牧民族的经济文化交流，从而促进了长城两边的安定团结。但更为重要的影响则是对长城地带本身的发展起了决定性作用。正是由于长城地带自身的发展，长城两边长期的内外对峙和分合无常的局面才得以结束，从而为中国北部在清代的统一奠定了基础。

关于长城地带演进的历史，中外学者的研究，多注目于它的自然的、人文的分界“线”的作用，而忽视了它在古代农耕世界与游牧世界经济共生关系中汇聚、渗透和过渡“带”的功能，因而引出了不少错误的观点。1941 年出版的法国格鲁赛《蒙古帝国史》开始把农、牧世界的自然差异性说成是蒙汉关系的“真实规律”，后来为日本白鸟库吉发展为中国历史的“南北对抗论”，又为美国拉特摩尔等发展为所谓农、牧民族不相容和长城是中国绝对“边界线”的理论[3]，再演化为所谓的长城是“屏障”“边界”“国界线”“神话”等说法[4]。造成片面认识的根源是没有深入地研究长城地带自身的发展及其历史影响，因而影响了对农、牧民族经济共生关系的正确认识。

长期以来作为“边疆形态”或“过渡地带”的长城地带实际上是一个特殊的文化区域——“长城文化带”[5]。长城文化带既是中原王朝的边防带，又是汉族同北方少数民族的融合带；既是农、牧经济相互渗透的过渡带，又是农业

〔1〕 陈仁锡：《无梦园集》卷二，崇祯六年刊本。

〔2〕 《明神宗实录》卷三十三，万历十二年十二月辛未。

〔3〕 转引自《内蒙古大学学报丛刊·蒙古史论文选集》第四辑，1984 年版，第 148—168 页；[美]拉特摩尔：《中国的边疆》，1945 年正中书局赵敏求译本。

〔4〕 Frederic Wakeman. The Fall of Imperial China. New York: The Free Press, 1975: 71. Arthur Waldron. The Great Wall of China: From History to Myth. Cambridge University Press, 1990: 2.

〔5〕 余同元：《明代长城文化带的形成与演变》，《烟台大学学报》1990 年第 3 期。

文化与游牧文化的汇聚带。明代长城文化带的演变正是历代长城文化带发展的历史总结，它经过明初以战争经济为内核的生产型文化带，发展为明中期畸形的军事消费型文化带，再发展为明后期以民族贸易为主体的交换型文化带。明后期长城沿线民族贸易市场与市易的兴盛和发展，其直接的影响正是形成了一条巨型的交换型长城文化带。明代中前期，长城沿线九边地区遍设卫、所，屡修边墙并广置屯堡关墩，到隆庆和议通贡互市后，正好被用为互市场所，除前述六七十个互市市场外，其他边关墩堡也渐渐成了农、牧民族贸易聚散地。在此基础上，"边外复开小市，听虏以牛羊皮张马尾，易我杂糗布帛，关吏得税其物"[1]。这些市场的广泛开设，是明后期交换型长城文化带形成的基本标志。

交换型长城文化带的发展，使长城文化带向农、牧、商各业并举的新型文化带演进，带来了长城两边农、牧文化二元一体格局的形成，这是明后期长城沿线民族贸易市场兴起的进一步影响，集中表现在下述两大方面：

首先是长城沿线互市市场的不断扩大和民族贸易的日益繁荣。早期的贩运贸易，是"建立在生产民族野蛮状态的基础上的"，对"不发达的共同体的产品交换起中介作用"。正是这种日积月累的产品交换和商人资本的活动，"使产品发展为商品"[2]，从而导致了交换性质的变化和市场经济的繁荣。明后期长城地带互市市场上，入市的商人日益增多，形成了庞大的边商队伍。中三边地带，"往时编、老内外极多勇烈士，彼椎埋屠狗之辈，囊无金钱，则相率而捣巢偷马……互市而此辈无所用，老者死而壮者散为商贾。……卫尉材官，舍介胄、释弓矢，而学以咿唔相高，非其业也"[3]。辽东地区，万历十一年(1583 年)七至九月和万历十二年(1584 年)一至三月半年内，女真各部来镇北关、广顺关互市者达 11 874 人，万历十二年(1584 年)海西女真都督猛骨孛罗等入市广顺关，一次便达 1 100 人[4]。汉商入市人数更多，1621 年，努尔哈赤攻占辽阳，"辽之商贾死者四五万人"[5]。这些边商大多世代互市塞上。如山西介休人范永斗父子，自明末往辽东经商，曾被清世祖召见。康熙年间西征噶尔丹，永斗孙毓馪、毓䭴，"力运挽输，辗转为沙漠万里"。乾隆时又奉命在乌苏里、绥芬采参三年[6]。

随着商人资本的活跃，互市规模不断扩大。万历十二年(1584 年)，辽东

---

〔1〕《万历武功录》卷八《俺答列传下》。

〔2〕《资本论》卷三，人民出版社，1974 年，第 369 页。

〔3〕王士性：《广志绎》卷三。

〔4〕辽宁省档案馆藏明档，万历十一年、十二年《广顺、镇北、新安等关易换货物抽分银两表册》。

〔5〕王在晋：《三朝辽事实录》卷四，1931 年国学图书馆影印本。

〔6〕徐珂：《清稗类钞》第五册，中华书局，1984 年，第 2304 页。

镇北、广顺关市场上，一次贸易成交铁器铧子达 4 292 件[1]。万历四十五年(1617 年)，大同杀胡堡市场上，“汉夷贸迁……旧不下五六百骑”[2]。张家口市到明末更是“贾店鳞比，各有名称”[3]。延及清代，边市贸易继续进行，加上政府采取鼓励、保护和减轻关税等政策，长城地带的互市市场又有新的发展，日益开放的民间民族贸易市场大多成了繁华的商业城镇。如长城西段地带，除洮州、岷州、西宁、河州、庄浪、甘州等茶马市场外，兰州、肃州、凉州，宁州、秦州、宁夏(银川)、中卫、日月山(即拉喇拉山)、红山堡、神木堡、黄甫川、花马池、拉卜楞(甘南)，以及河州双城堡、松播西河口、西宁丹噶尔等地，都是重要的民族互市市场；长城东段地带，喜峰口、古北口、独石口、杀虎口、归化城等市场于清初敞开，至康熙、乾隆以后，盛京、铁岭、通辽、辽源、阜新、朝阳、锦州、热河、乌兰哈达(赤峰)、丰镇、集宁、塔子沟、建昌营(河北迁安)等地也都成为日益兴盛的民间民族贸易市场。在此基础上，很多边商深入蒙古地区经商，被称为“旅蒙商”。因汉商的影响，一些蒙古贵族、喇嘛和牧民也开始从商，或自行买卖，或与汉商合资开办商号，使蒙古地区兴起了多伦诺尔、包头、海拉尔、胪滨、甘珠尔庙等一大批商业市镇。这些正是统一的民族市场形成的标志，同时也是蒙古民族共同体日渐巩固的前提条件。

其次是长城地带农、牧经济的发展和中国“内边疆”的消失。蒙汉互市，大批草原畜牧产品进入市场，刺激了边地畜牧业的繁盛。“西北之利，莫大于绒褐毡裘，而关中为最。有张姓者，世以畜牧为业，以万羊称。其畜牧为西北饶，富甲于秦。其他藉以富厚者，燕、周、齐、晋之郊亦伙矣。”[4]边地汉人不仅在边地放牧，而且仿效蒙古游牧的方法，逐水草放牧至外省。如时人记载：“晋俗勤俭，善养殖于外，即牧畜亦藉之外省。余令朗时，见羊群过者，群动以千计，止二三人执签随之……妓妇与肩酒肴者日随行，剪毛以酬。问之，则皆山以西人。冬月草枯，则麾羊而南，随地就牧，直至楚中洞庭诸湖左右泽薮度岁，春深而回。每百羊息羔若干，剪毛若干，余则牧者自得之。”[5]如此随地就牧，就地出售，一边放牧，一边经商，大有草原牧民之风范。

恩格斯说，“生产和交换是两种不同的职能”，“这两种职能在每一瞬间都互相制约，并且互相影响，以致它们可以叫作经济曲线的横坐标和纵坐标”[6]。和平互市的长期进行，也推动了长城地带农业生产的稳定发展并向塞北推进，使长城地带首先发展成为宽广的半农半牧经济带。边地农业在明

---

[1] 辽宁省档案馆藏明档，万历十一年、十二年《广顺、镇北、新安等关易换货物抽分银两表册》。

[2] 《明神宗实录》卷五五八，万历四十五年六月丙申。

[3] 《古今图书集成·职方典》卷一五五《宣化府风俗考》引《万历宣府镇志》。

[4] 张瀚：《松窗梦语》卷四，《武林先哲遗书》。

[5] 王士性：《广志绎》卷三《江北四省》。

[6] 《马克思恩格斯选集》第 3 卷，第 186 页。

末的发展,突出表现在屯田性质的变化上。新兴的屯田已基本上变成"募沿边之氓开垦荒地"并永为己业的民田,这在崇祯十五年(1642 年)户部尚书傅永淳的屯田奏疏中有清楚的说明:"曰军屯,军买官屯,民占军地,不必问矣,但就册报征,以折色改征本色;曰民屯,凡荒闲可耕之地,召募军民商贾有捐资开垦者,给为永业。……曰兵屯,有事用兵以战,无事用兵以耕:宜以七分戍守,三分屯田;曰商屯,依垦田多寡颁给职御,以旌异之;曰水屯……使地无旷土,水无遗利;曰陆屯,择不毛之地树以桑枣……永不起科;曰罪废开屯……三年而止,照例察叙……上是之。"[1]这里所说的七种类型的屯田,除了"兵屯"保持原来军屯性质外,其他几种性质都发生了变化。屯田的目的变为开发荒地、发展经济,"使地无旷土,水无遗利"。明末边地屯田性质的转变,说明长城地带农业经济有了划时代的发展,为中原农耕区向北扩展与农、牧业布局的变迁创造了条件。

随着各行各业的发展,长城文化带已改变了原来"边疆形态"的性质而无异于中原。明末方逢时《塞上谣》诗云:"雁门东来接居庸,羊肠鸟道连崇墉。关头日出光曈昽,于今喜见车书同。"[2]"车书同"的局面为清代中国北部的统一奠定了基础。清代统一蒙古地区,沿着明长城由东向西,"包括东三省的西部及南部、内蒙古,及拥有大量说中国语言回教徒的宁夏及甘肃两省",形成了一个"内边疆",与明代九边位置基本相似[3]。清初一度推行民族隔离政策,在辽东建"柳条边",并企图在西部长城地带也像东北地区一样,禁止汉人流入塞北,但很快就失败了。乾隆皇帝《出古北口》曰:"自秦人筑长城,畏其南下,防之愈严,则隔绝愈甚,不知来之所以安之。我朝家法,中外一体。"[4]所以,有清一代,长城沿边,西起鄂尔多斯,经归化城十默特旗,至察哈尔、卓索图盟、昭乌达盟以至科尔沁东部,汉人屯居甚密,形成了蒙汉杂居的广大半农半牧区[5]。至此,"内边疆"自然消失,存在了 2 000 多年的万里长城,到此变成历史名胜而不再具有边墙的功能,这一变化与明后期交换型长城文化带的发展一脉相承。因此,书写清代中国北部统一的历史,便不得不以隆庆和议以来蒙汉互市的历史当作直接的背景。如清人魏源指出:"高拱、张居正、王崇古张弛驾驭,因势推移,不独明塞息五十年之烽隧,且为本朝开二百年之太平。"[6]

综观明后期长城沿线民族贸易市场史,可见民间自相往来、平等互利的

---

〔1〕《明毅宗实录》卷十五,崇祯十五年七月乙亥。
〔2〕王叔磐:《历代塞外诗选》。
〔3〕[美]拉特摩尔:《中国的边疆》,第 347 页。
〔4〕《热河志》卷二十。
〔5〕戴逸:《简明清史》第二册,人民出版社,1984 年,第 219 页。
〔6〕《圣武记》卷十二《武事余记》。

民族互市贸易兴起，结束了明代中前期长城内外的抗争，带来了长城地带经济的飞跃发展，为农、牧民族大融合和农、牧文化二元一体的实现提供了前提条件。在此基础上，长城文化带发展并发挥过渡功能，将中原文化过渡到塞北。儒家的经典、佛教的教义都传入蒙古，与此同时，俺答汗开始“以大明律绳其下”[1]。正是由于这样深入的民族融合，才有了清代“内边疆”的最终消失。由此可知，民族间的经济共生关系是农、牧民族关系的主流，而民族贸易，尤其是民间平等互利的民族贸易又是这个主流中的主流。如果说经济共同繁荣是消除民族对立与差异的基础，那么，民族市场的繁荣又是基础中的基础，这正是交换职能的具体体现。若片面强调帝王将相的文治武功，而忽略经济力量，特别是市场功能在民族关系发展中的决定作用，便无法阐明我国历史上农、牧文化在长城两边由分到合的发展过程，且不利于我们以史为鉴，完善现行的民族政策。

〔1〕 方孔绍:《全边略记》卷二，北平图书馆1932年重印本。

明代马市市场考[1]

本文对明代长城地带50余处马市市场的设置、分布与市易情况作了考证性研究,认为具备市规市法和市易功能的明代马市市场近70个,其中可详考的50余个。这些市场的兴盛使明代农、牧民族之间的贸易进入新的发展阶段,同时也使长城文化带发展成为交换型文化带,从而推动了长城文化带发挥地带过渡功能,大大促进了长城两边农、牧经济和文化的二元一体化。

明代长城沿线"九边"地区的民族贸易通称为"马市"。马市的发展以隆庆和议(1571年)为界,分为前后两个时期,前一时期分别于永乐年间(1403—1424年)、正统年间(1436—1449年)和嘉靖年间(1522—1566年)开放市场,以官办的朝贡贸易为主;后一时期马市性质发生变化,由朝贡贸易发展为自由贸易,官市过渡到民市,在更大规模的民族贸易市场上,民间自相往来、有无互通的贸易占主导地位。因马市内容和性质的不同,马市市场的名称也形形色色,或称"关市""通市""互市",或称"大市""月市""小市",或称"官市""私市""民市",或称"马市""茶市""木市",等等。[2] 这些称呼涵盖了各个时期各个地区不同类型的马市市场。这些市场到底有多少,它们是怎样开设的,又是如何分布的,以及它们各自的贸易对象和贸易内容、贸易特点等问题,都是需要一一澄清的人问题。

万历十五年(1587年)申时行所修《明会典》记载,隆庆五年(1571年)后,除辽东等地原有马市市场外,长城沿线九边各镇又开市11处。其中,"在大同者三,曰得胜口,曰新平,曰守口;在宣府者一,曰张家口;在山西者一,曰水泉营;在延绥者一,曰红山寺堡;在宁夏者三,曰清水营,曰中卫,曰平虏卫;在甘肃者二,曰洪水扁都口,曰高沟寨。"[3]这些记录只限于万历十五年(1587年)前定期定额的大市,有关各边镇众多类型的小市、民市市场以及万历十五年(1587年)以后新设置的各类互市市场都没有记载。至近现代,日本学者和田

---

〔1〕 原文刊于《民族研究》1998年第1期。因曹永年教授对1995年第5期《历史研究》所刊拙作《明后期长城沿线的民族贸易市场》一文中三个附表进行商榷,特发表本文进行答复。

〔2〕 阿萨拉图:《明代蒙古地区和中原地区间的贸易关系》,《民族团结》1964年第2—3期。

〔3〕 万历重修《明会典》卷一〇七《朝贡三·北狄》,中华书局1988年影印本,下引均同此版本。

清的《东亚史研究·蒙古篇》[1]、台湾学者札奇斯钦的《明代的马市》[2],及北京大学侯仁之教授的《明代宣大山西三镇马市考》[3]等论著都对明代马市市场的设置情况作了专门的考证和研究,取得了不少令人信服的成果。在这些研究成果的基础上,近年来又出现了明代马市市场16处[4]、20处[5]和40处[6]等不同说法。本文试图在已有研究的基础上,对长城沿线九边地区的马市市场的设置情况作进一步的考察,借以就教于专家同仁。

一、东三边辽东、蓟镇马市市场考

东三边马市市场主要是汉人与蒙古兀良哈三卫及女真各部互市贸易的场所,大部分设在辽东。明中后期,蒙古土蛮部兴盛,控制兀良哈三卫及女真各部,于蓟、辽边外游牧,常引兵入海、盖、开原,"意中独恋贡市事,二十余年乃卒不可得"[7]。何以土蛮部请市不成?原因之一是土蛮部要求在蓟镇开市,地近京师,为安全计,明廷不允。万历初年,土蛮部兵陈塞上,请于蓟、辽"比宣大开市",其后连年出没,"复志在蓟门"。明廷派名将戚继光、方逢时、梁梦龙等重兵固垒强拒之。原因之二是辽东已开设了与女真及兀良哈三卫的马市市场,土蛮部可以藉之获得所需物资。土蛮部直接与明贸易不成,间接地通过兀良哈三卫及女真各部实现了入塞互市。这样,东三边的民族贸易便表现为汉人同兀良哈三卫及女真的贸易,市场主要设置在辽东。

辽东马市在明代边地贸易中发展最为典型。关于辽东马市市场的设置情况,自田静的《明代辽东的马市》到杨余练的《明代后期的辽东马市与女真族的兴起》、林延清的《明代辽东马市性质的演变》,再到萧国亮的《明代汉族与女真族的马市贸易》等论文中均有论述。[8] 其所引嘉靖年间修撰的《辽东志》和《全辽志》中的有关资料,都是可靠的第一手资料。但此二书修成于嘉靖十六年(1537年)和四十年(1561)[9],对隆庆以后的市场发展情况未有记

---

〔1〕 参见汉译本[日]和田清:《明代蒙占史论集》下册,商务印书馆,1984年,第643页。

〔2〕 札奇斯钦:《北亚游牧民族与中原农业民族间的和平战争与贸易之关系》第6章第4节《明代的马市》,台湾正中书局。

〔3〕 侯仁之:《明代宣大山西三镇马市考》,《食货半月刊》第4卷第10期。

〔4〕 秦佩琦:《明代蒙汉两族贸易关系考略》,《中国古代史论集》,吉林人民出版社,1981年。

〔5〕《中国北方民族关系史》编写组:《中国北方民族关系史》,中国社会科学出版社,1987年,第377页。

〔6〕 伊克昭盟《蒙古民族通史》编委会:《蒙古民族通史》第3卷,内蒙古大学出版社,1991年,第333页。

〔7〕 (明)瞿九思:《万历武功录》卷十《土蛮列传下》,中华书局,1962年,下引均同此版本。

〔8〕《史学月刊》1960年第6期;《民族研究》1980年第5期;《南开史学》1981年第2期;《平准学刊》第5辑下册,光明日报出版社,1985年;参见杨暘:《明代辽东都司》,中州古籍出版社,1988年,第125页;孙进己:《女真史》,吉林文史出版社,1987,第245页。

〔9〕 辽海丛书第5册《辽海丛书总目提要》,辽沈书社,1985年。

载。隆庆和议后,特别是万历年间(1573—1619 年)辽东马市市场增设的情况较复杂,有待澄清的问题还不少。

关于辽东马市市场的设置时间,清代学者及今人著述中有永乐元年(1403 年)[1]、永乐三年(1405 年)[2]和永乐四年(1406 年)[3]诸说。细考之于明代史籍,多载永乐三年始立马市,如王世贞的《市马考》[4]、万历《明会典》和陈仁锡的《皇明世法录》[5]等书中都有同样的记述,故《辽东志·马市》云:“永乐三年立辽东开原、广宁马市。”当时共设立三个市场:“一于开原城南,以待海西女真;一于开原城东,一于广宁,以待朵颜三卫。各去城四十里。”[6]此外,《明太宗实录》卷 34 和卷 41 也对辽东马市设立的过程作了详述。[7]

辽东马市设立后,除开原城南市场外,开原城东及广宁市场皆时开时废,直到明中期才稳定下来,到万历年间才有所增设和扩大。《明史·食货五》载:“正统十四年革朵颜三卫互市。”即罢开原城东和广宁二市场。成化十四年(1478 年),陈钺巡抚辽东,又恢复朵颜三卫马市。寻因通事刘海、姚安肆意侵夺,三卫不复来市。后经兵部尚书王越整顿,又再度恢复。其间,天顺八年(1464 年)开设了与女真族互市的抚顺市场。[8] 所以,万历时巡按辽东御史刘台说:“祖宗以来,嘉其慕义,许以互市。广宁设一关一市,以待朵颜、泰宁等夷。开原设三关三市,以待福余西北等火。开原逸东至抚顺设一关市,以待建州等夷。”[9]所谓开原三关三市,实指万历年间设置的新安关、广顺关和镇北关三个市场。

万历年间辽东马市市场的扩大,首先表现为明初设立的几个市场的稳定发展,其次表现为万历四年(1576 年)增设了清河、宽甸和援阳三个民市市场,更重要的表现是万历中后期义州、广宁、锦州、宁远、辽阳等木市的开设。“当是之时,从开原而抚河、宽甸,皆有关市,诸夷颇称宁巍。”“木市与马市等耳,于民有利,不费于官。”[10]可见木市属于马市中的民市,都是按月开放的马市市场。

关于辽东马市市场的所处方位,最难辨识的是开原附近的几个市场。

---

〔1〕 滕绍箴:《浅论明代女真与蒙古关系演变中的经济问题》,《辽宁师范大学学报》1986 年第 2 期。
〔2〕 (清)杨同桂:《沈故》卷一《明之马市》,辽沈书社,1985 年,辽海丛书本。
〔3〕《明史》卷六《成祖纪二》;《明会要》卷五十七,广雅书局校刊本。
〔4〕《介山堂别集》卷八十九,广雅书局校刊本。
〔5〕《大明会典》卷一二二,正德刊本;《皇明世法录》卷三十一,明刊本。
〔6〕《辽东志》卷三,辽沈书社,1985 年,辽海丛书本。
〔7〕《明太宗实录》永乐三年三月癸卯、永乐四年三月甲午条载,辽东马市从永乐三年开始设置,到永乐四年建成开原、广宁等固定市场。
〔8〕《明宪宗实录》卷七,天顺八年七月乙未。
〔9〕《明神宗实录》卷四十六,万历四年正月丁未。
〔10〕 李化龙:《议义州木市疏》,《明经世文编》卷四二二,中华书局 1987 年影印本。

《辽东志》载:女真马市,永乐初设在城东屈换屯,成化间改设于城南门外西。达达马市(即兀良哈三卫市场)成化间添设于古城堡南,嘉靖年间改设于庆云堡北。至万历年间,“查该镇(开原)三关三市,王台由广顺关入市东果园,离镇城十五里。逞家奴等由镇北关入马市堡,离镇城二十里。富余等夷由新安关人市庆云堡,离镇四十里。”此外,王台、逞家奴等部还“径至开原城南墙,混列杂处,安肆贸易,略无界限”[1]。清河、宽甸、暖阳市场分别设在开原后施家堡、宽甸县和凤城县。义州、广宁、锦州、宁远、辽阳等木市分别设在大康堡、镇夷堡、大福堡、前屯高台堡和长安堡等地。[2]

东三边蓟镇马市市场,除京师会同馆贸易市场外,主要有蓟州和喜峰口两个市场。[3] 贸易对象是蒙古朵颜、泰宁、福余三卫,合称朵颜三卫或兀良哈三卫。三卫朝贡市易,由京师会同馆回归时,可于蓟州、喜峰口两市场采购各种货物并领取明廷官员的各种抚赏。[4] 此外,石塘、古北、曹寨、马兰、松棚、太平、燕河、台头、石门诸处,皆为抚赏三卫的场所,也都是不定期的马市市场。这些市场的设置时间一时难以确定,但据《明世宗实录》记载,嘉靖二十九年(1550年)复置蓟州、喜峰口两个市场,其他不定期市场的设置时间当晚于此。[5]

东三边除辽东、蓟镇二镇设置外,后来又增设了永平镇、密云镇、昌平镇、易州镇和山海镇等五镇,这五镇是否设有马市市场皆难以详考。王世贞《市马考》云:“永乐四年,又定开平马市价,上上马一等绢五匹,布十匹,二等布十八匹,驹子布五匹。”[6]开平卫原属北平都司,后移治独石堡,属万全都司。开平左、右、前、后屯卫皆在永平境,这些地方开设马市的详情有待进一步研究。还有遵化地方,许三卫“听令两平交易,每人许收买牛一只、犁一副、锅一口”[7],可见亦设有马市市场无疑。

东三边市场设置情况如下:

广宁市,永乐三年(1405年)设,市址在广宁团山堡,市易对象为兀良哈三卫各部,初为月市,后向民市演变。

广顺关市,永乐三年(1405年)设,市址在开原城巧里外东果园,市易对象为兀良哈三卫,初为月市,后向民市演变。

---

[1] 《明神宗实录》卷四十六,万历四年正月丁未。

[2] 《辽东志》卷一、《全辽志》卷一和《筹辽硕画》卷首《图考》。参见辽宁省档案馆等编:《明代辽东档案汇编》下册《明代辽东都司州、卫、关、马市一览表》,辽沈书社,1985年。

[3] 《万历武功录》卷七《俺答列传》云:嘉靖二十九年八月,“仇莺上书请复辽东、甘肃、蓟州、喜峰口关市”。

[4] 《万历会计录》卷十八,《北京图书馆古籍珍本丛刊》卷五十三。

[5] 《明世宗实录》卷三六四,嘉靖二十九年八月丁丑,参见《蒙古民族通史》第3卷,内蒙古大学出版社,1991年,第333页。

[6] 《弇山堂别集》卷八十九《市马考》。

[7] 万历重修《明会典》卷一〇七《朝贡三》、卷一一一《给赐二》。

开原市，永乐三年（1405 年）设，市址在开原城南墙，市易对象为女真各部，初为月市，后为民市。

镇北关市，永乐三年（1405 年）设，市址在开原 20 里外马市堡，市易对象为女真各部，初为月市，后为民市。

新安关市，成化年间（1405 年）设，市址在开原 40 里外庆云堡，市易对象为兀良哈三卫，初为月市，后为民市。[1]

抚顺市，天顺八年（1464 年）设，市址在抚顺城东，市易对象为女真各部，初为月市，后为民市。[2]

宽甸市，万历四年（1576 年）设，市址在宽甸县，市易对象为女真各部，为民市。[3]

暖阳市，市址在凤城县；清河市，市址在开原后施家堡，均为万历四年（1576 年）设，市易对象为女真各部[4]，同属民市。

义州木市，万历二十三年（1595 年）设，市址在大康堡、太平堡，市易对象为兀良哈三卫。[5]

广宁木市，市址在镇夷堡；锦州木市，市址在大福堡；宁远木市，市址在前屯卫高台堡；辽阳木市，市址在长安堡，均设于万历末年，皆属民市，市易对象都为内喀尔喀五部。[6]

喜峰口市、蓟州市皆设于嘉靖二十九年（1550 年），均为月市，市易对象皆为兀良哈三卫等部。[7]

开平市与遵化市，市址不详，皆为月市，市易对象均为兀良哈三卫等部，开平市设于永乐四年（1406 年），遵化市设置时间不详。[8]

此外，尚有石塘、古北、曹寨、马兰、松棚、石门、太平、燕河、台头等十多处不定期市场及京师会同馆官市。

二、中三边宣府、大同、山西三镇马市市场考

中三边宣府、大同、山西（又称三关镇、太原镇、偏关镇）三镇，在明代中前期就设有马市市场，但都属时开时罢的官贸市场。如大同马市的开设：第一

〔1〕 以上五市设置，参见《明神宗实录》卷四十六，《沈故》卷一，《辽东志》卷一、卷三，《食山堂别集》卷八十九《市马考》。

〔2〕《明宪宗实录》卷七。

〔3〕 参见《明代辽东档案汇编》下册附表及《东夷考略·建州女真考》。

〔4〕《东夷考略·建州女真考》，《明代辽东档案汇编》下册附《马市表》。

〔5〕 李化龙：《议义州木市疏》，《明经世文编》卷四二二。

〔6〕《筹辽硕画》卷首《辽东图》，《辽东志》卷一，《全辽志》卷二。

〔7〕《万历武功录》卷七，《万历会计录》卷十八，《明世宗实录》卷三六四。

〔8〕《弇山堂别集》卷八十九《市马考》，万历《明会典》卷一〇七、卷一一一。

次，正统三年（1438 年）到正统十四年（1449 年）；[1]第二次，天顺六年（1462 年）到弘治十二年（1499 年）；[2]第三次，嘉靖三十年（1551 年）四月到十二月。[3] 这类市场不仅受官方严格控制，而且数量少、规模小，仅仅为了满足政治需要而不体现贸易双方的经济利益，不可能实现民间平等互利的贸易往来。所以说："宣、大二边外之虏，地无他产，汉人与款市，止以饵患，无所利也。"[4]

嘉靖、万历年间，中三边蒙古各部陆续定居下来，由单一的游牧经济开始向双向的农、牧混合经济发展。俺答等部分驻宣、大迤北云州、青山、河套、山内及河西大、小松山一带，多以耕种为务。嘉靖二十五年（1546 年），"俺答阿不亥及兀慎娘子见砖塔城，用牛二犋，耕地约五、六顷，所种皆黍蜀林糜子，……以为堰旗息鼓休田野"[5]。由于地广人稀，采取粗放式的耕作方式，"但有耕种，惟藉天不藉人；春种秋敛，广种薄收"[6]。因农业经济的发展，摆脱了依赖汉人粮食维持生计的局面，"虏所资于我，亦惟布帛绵索而已"。加上畜牧业的发展，不少产品吸引着汉族商人，"我所资于虏，非马牛羊，则皮张马尾"[7]。蒙古农牧经济的发展，使长城南北经济差距缩小，为中三边"华夷兼利"的民族贸易兴起创造了前提。

隆庆和议后，中三边蒙汉贸易市场顺利开辟，同辽东一样，民市占绝对主导地位。其市场分大、小两类，"大市"岁开一次，参与互市的主要是各部落酋长和贵族，一般部族成员则参与"小市"贸易。小市多设于各边墩堡旁，咸于边地划定市场交易，其正式设立约在隆庆末年至万历初年。万历元年（1573 年）兵部奏折云："今边冲口，每月望后俱有小市，虽以抚安穷夷，尤当严加防范。"[8]《万历武功录》亦云：至万历时，"边外复开小市，听虏以牛羊皮张马尾换我杂粮布帛，关吏得税其物，以充抚赏"[9]。小市是贫困牧民同汉人交易的市场，与大市中的"私市"一样，是纯粹的民市。

关于中三边马市市场的设置情况，侯仁之先生在《明代宣大山西三镇马市考》中进行了专门研究。该文对张家口堡（属宣府万全右卫）、新平堡（隶大同阳和道新平路，南去大同镇城百余里）、得胜堡（隶大同北东路，去大同城 80

[1] 《明英宗实录》卷四十一，正统三年四月癸未。
[2] 《明英宗实录》卷四三〇，天顺六年五月壬戌；《明孝宗实录》卷一五〇，弘治十六年六月壬午。
[3] 《明世宗实录》卷三七二，嘉靖三十年四月丙戌；卷三五〇，嘉靖三十年十二月壬寅。
[4] 李化龙：《议义州木市疏》，《明经世文编》卷四二二。
[5] 《万历武功录》卷七《俺答列传》。
[6] 肖大亨：《夷俗记·耕猎》，《宝颜堂秘籍续集》第 47 帙。
[7] 《万历武功录》卷八《俺答列传》。
[8] 《明神宗实录》卷十，万历元年正月壬寅。
[9] 《万历武功录》卷八。

里)、水泉营(隶山西奇岚道西路,在偏头关东北印里)、守口堡(又称阳和后口,隶大同阳和道东路,东南去阳和卫城巧里)、助马堡(隶大同北西路,东南去大同镇城百里)、宁虏堡(隶大同北西路,在助马堡西南50里)、杀胡堡(隶大同中路,在右卫城西北20里)、云石堡(隶大同威远路,东北距杀胡堡印里)、迎恩堡(隶大同西路,在平虏卫城西北40里)、灭胡堡(隶井坪路,在平虏卫城西40里)、老营堡(隶山西奇岚道西路,在偏头关东北80里)等12个大小马市市场作了详细论证。需要补充的是,大同弘赐堡、镇羌堡,宣府新开口堡,山西的柏杨岭堡、河曲营城等处,也都曾开设过马市市场。

镇羌堡在大同镇城北80里处,隶属大同分巡道北东路,与大同拒墙堡、拒门堡、助马堡和弘赐堡(又称宏赐堡)等,总称"大同外五堡"。嘉靖二十九年(1550年),大同总兵仇莺奏请于大同"五堡边外开立马市",明世宗派兵部侍郎史道前往经略,发马价银10万两开市。于是嘉靖三十年(1551年)四月正式开大同马市于镇羌堡。[1]"俺答及脱脱巡澂关市下,诸酋肃然。"[2]但开市不久便因市法大坏而关闭,直到隆庆和议后才得以恢复。故《读史方舆纪要》说:"隆庆五年设马市于此,尤为要地"[3],"阖镇大市集焉"[4]。

弘赐堡在得胜堡东20里,嘉靖十八年(1539年)置,万历二年(1574年)增修,"周四里有奇,分边九十里零。……嘉靖三十年,仇莺陷敌,开马市。市成,寇又入边。"[5]故杨时宁《宣大山西三镇图说·大同镇图说》云:"本堡……每遇开市,抚镇私节弹压之。"

宣府新开口堡,隶属宣府西路万全右卫,东南去卫城40里。《宣大山西三镇图说·大同镇图说》云:"本堡创建于宣德十年,重修于嘉靖七年,隆庆四年始议砖包,周二里零二十三步,高三丈四尺……边外榆林庄一带俱青把都毛明暗台吉驻牧"。嘉靖三十年(1551年)夏开马市,互市对象为青把都儿、辛爱、伯腰、卜郎台吉、委兀儿慎台吉五部,故《万历武功录》云嘉靖三十年(1551年)六月新开口市成。[6]

又据《宣大山西三镇图说·山西镇图说》载:柏杨岭堡,建于万历二年(1574年),设防守一员,分管边墙20里。"惟是款后,好汉山设有市口一处,夷人往来老营,岁易市马。"另一市口设在堡北破虏营。河曲营城,属山西奇岚道辖河堡路,宣德四年(1429年)建土城,万历二年(1574年)展修,万历七年(1579年)砖包,设参将、防守各一员,"分边十五里,边墩砖楼二十一座,市

---

〔1〕《明世宗实录》卷三七一,嘉靖三十年三月壬辰;卷三七二,四月丙戌;卷三七三,五月乙巳。

〔2〕《万历武功录》卷七《俺答列传》。

〔3〕《读史方舆纪要》卷四十四,中华书局,1957年。

〔4〕(明)杨时宁:《宣大山西三镇图说·大同镇图说》,《玄览堂丛书》第20册。

〔5〕《读史方舆纪要》卷四十四。

〔6〕《明世宗实录》卷三七三,嘉靖三十年五月乙巳;《万历武功录》卷七《俺答列传》。

口一处”。市场形成于万历年间,为小市。[1]

中三边各类马市市场设置情况如下:

镇羌堡市、弘赐堡市,均为嘉靖三十年(1551年)设,市址在大同北东路,市易对象为俺答等部,属小市。[2]

新平堡市,市址在大同阳和道新平路;得胜堡市,市址在大同北东路;守口堡市,市址在大同阳和道东路。此三市皆设于隆庆五年(1571年),均属小市,市易对象皆为俺答各部。[3]

宁虏堡市,市址在大同左右卫道北西路;助马堡市,市址在大同左卫道北西路;灭胡堡市,市址在大同井坪路;云石堡市,市址在大同左卫道威远路;迎恩堡市,市址在大同西路;杀胡堡市,市址在大同左卫道中路。据《宣大山西三镇图说·山西镇图说》载,此六市皆设于隆庆六年(1572年),贸易对象为俺答各部,均属小市。

新开口堡市,设于嘉靖三十年(1551年),市址在万全右卫,市易对象为俺答等部,属大市。[4]

张家口堡市,市址在万全右卫;水泉营市,市址在偏头关东北,皆设于隆庆五年(1571年),市易对象皆为俺答等部,属大市。[5]

老营堡市,设于隆庆六年(1572年),市址在山西奇岚道西路,市易对象为俺答等部,属小市。[6]

柏杨岭堡市,设于万历年间,市址在山西破虏营好汉山,市易对象为俺答等部,属小市。

河曲营城市,据《宣大山西三镇图说·山西镇图说》载,设于万历年间,市址在奇岚道何保路,市易对象为俺答等部,属小市。

另外,宣大山西边外的大阪升城,在丰洲滩西部今土默特右旗一带,嘉靖三十年(1551年)初建,后为汉人赵全扩建;归化城(蒙语库库和屯,意为青色的城),万历三年(1575年)建成,在大同西北。此二城渐为蒙、汉人杂居,亦渐成商贸市场[7],其是否属马市性质,需要进一步研究。

三、西三边延绥、宁夏、甘肃、固原四镇马市市场考

西三边延绥(榆林)、宁夏、固原、甘肃四镇市场与市易的发展情况与中三

---

[1]《宣大山西三镇图说·山西镇图说》“柏杨岭堡”“河曲营城”。

[2]《明世宗实录》卷三七三,《宣大山西三镇图说·大同镇图说》。

[3]《明穆宗实录》卷六十、六十一,万历《明会典》卷一〇七,《宣大山西三镇图说·大同镇图说》。

[4]《明世宗实录》卷三七三。

[5]《明穆宗实录》卷五十四。

[6]《皇明世法录》卷六十六。

[7]《万历武功录》卷七《俺答列传》。

边基本相同。其边外“市夷”主要为吉囊等部。吉囊所属数十部,大多定居于水草丰美的河套地区,或耕或牧,明中后期经济发展迅速,隆庆和议后,“请得贡市比宣、大”。[1]

延绥镇(又称榆林镇)互市市场,《明会典》载在红山寺堡,而《万历武功录》则云:“甲戌(万历二年),西陲进上马二十匹,留边马一百七十六匹,而以十五匹给延绥,六十五匹给宁夏。旋红山、清水互市。”[2]延绥无红山寺堡之属,根据《明穆宗实录》卷60记载:延绥(榆林)市设在红山墩。[3]《万历武功录》又载:万历初年,“开市,请自六月二十九日至七月初三,又七月二十五日至八月初三,延、宁马价金一千九百两”。[4]这里延、宁市是否系延绥、宁夏二市合称,一时尚难确定。

宁夏镇市场,有清水营、宁夏中卫、平虏卫等处,均设于隆庆五年(1571年)。清水营和红山市最大,吉囊诸子、白马台吉、切尽黄台吉等来此互市。[5]

甘肃镇市场设在甘州洪水堡扁都口和凉州高沟寨等地。

固原镇有茶马互市市场,设在洮、河、西宁等地。对嘉峪关外的赤斤、罕东、沙州、哈密等蒙古卫所,从永乐六年(1408年)起,在甘州、凉州、兰州、宁夏等地开设了不定期马市市场。[6]康熙《河州志》载,弘治年间,又在河州开设宁河镇、定羌镇二市。

上面所说的皆是定期或不定期的大市。万历年间,西三边又兴起了很多小市。如万历四年(1576年)春,“松山宾兔岁在庄浪岔山口桦尖墩小市”[7];“戊寅(万历六年),复聚打儿汉及宾、丙兔,并赴红山、清水、中卫、扁都口、桦尖墩大小市”[8];万历十二年(1584年),庄秃赖至孤山、木瓜园、清水(榆林清水营堡)、黄甫川堡、神木堡等小市[9]。这些小市中,除岔山口桦尖墩属甘肃镇外,其余皆属榆林镇。

西三边各镇马市市场设置情况如下:

红山墩市,隆庆五年(1571年)设,市址在榆林城北,市易对象为俺答、吉能所部,属大市。[10]

黄甫川堡市、清水营堡市、木瓜园堡市、孤山堡市、神木堡市,均为万历十

---

[1]《万历武功录》卷十四《切尽黄台吉传》

[2]《万历武功录》卷十四《隐布台吉传》。

[3]《边政考》卷二《榆林卫》《宁夏卫》,国立北平图书馆善本丛书第1集。

[4]《万历武功录》卷十四《吉能传》。

[5]《万历武功录》卷十四《隐布台吉传》《吉能传》《卜失兔传》等。

[6]《明神宗实录》卷一八四,万历十五年三月己亥;万历《明会典》卷一〇七《朝贡三》。

[7]《万历武功录》卷十四《切尽黄台吉传》。

[8]《边政考》卷二《榆林卫》。

[9]《万历武功录》卷十四《庄秃赖传》。

[10]《明穆宗实录》卷六十。

二年(1584 年)设,市址皆在榆林卫境内,市易对象亦皆为俺答、吉能所部,都是小市。[1]

清水营市,市址在宁夏灵州所;中卫市,市址在宁夏中卫;平虏卫市,市址在宁夏平虏城。此三市均设于隆庆五年(1571 年),均属同俺答、吉能所部互市的大市。[2]

甘州市,市址在甘肃甘州卫;凉州市,市址在凉州卫;兰州市,市址在兰州卫,皆自永乐年间始设市场,与赤斤蒙古、糙靶蒙古等部市易。[3]

洪水扁都口市,市址在甘肃西宁路;高沟寨市,市址在甘肃凉州卫;桦尖墩市,市址在甘肃庄浪卫,分别设于隆庆五年(1571 年)、万历六年(1578 年)和万历三年(1575 年),都是与把都儿等部互市的小市。[4]

洮州市、河州市、岷州市、西宁市,市址分别在洮州卫、河州卫、岷州卫及西宁卫,设市时间不详,主要是同靶糙蒙古及"西番"等部互市的茶市和马市市场。[5]

宁河镇市、定羌镇市,市址位于河州南,均设于弘治年间,是对西番犷及土默特蒙古的茶、马市易市场。[6]

其中,洮胜州、河州和西宁三个市场,在明代史籍中多称茶市,这里列入马市市场,需加以特别说明。

《明史·食货五》云:明代"东有马市,西有茶市。"此处"东""西"无明确分界("西"大略指当时的甘肃、青海、四川和西康地区,其中甘、青地区属"东""西"共有区),但茶市和马市却有明显的区分。其一,互市对象不同。茶市市易对象以"西番"为主,指由明政府所主持的,与甘、青、藏、川、康地区藏族、撒拉族等进行的民族贸易。马市主要对象是"北虏",是明政府所主持的,与塞北、东北地区蒙古族、女真族之间进行的民族贸易。其二,互市的内容和方式不同。茶市"以茶易于番",指的是明政府以茶叶向"西番"换取马匹的贸易;马市"以货市于边",指的是明政府以货币及茶叶以外的农业物资和手工业产品向蒙古、女真族换取马匹的贸易。

为了防止蒙古族参与"茶市"贸易,同时也为了限制"西番"进行"马市"贸易,明政府对茶市实行"金牌信符制",制造金牌 41 面,作为贸易执照发给"西番"各族,让他们持牌人市,以马易茶。故云:"诸番市马皆用茶,已著为

[1] 《万历武功录》卷十四,《边政考》卷二《榆林卫》。
[2] 《读史方舆纪要》卷六十一,《明神宗实录》卷三十一、卷一六六。
[3] 《明神宗实录》卷一八四,万历《明会典》卷一〇七《礼部·朝贡》等。
[4] 《明神宗实录》卷一六六、卷七十二、卷四十三。
[5] 万历《明会典》卷一〇七《礼部·朝贡》,《明神宗实录》卷四十七。
[6] 康熙《河州志》。

令。"[1]直到万历五年(1577 年),"俺答投书甘肃军门乞开茶市,部复:'茶市岂容轻许?……惟量给百数十,以示朝廷赏贵厚待之恩。'上是其议。"[2]可见茶市与马市的区别是极严格的。为什么不让蒙古人参与茶市呢?万历时巡按陕西御史傅元顺解释说:"近议西海丙光开市,即以番茶易虏马,将使番人仰给于虏,彼此市合,贻患匪细。"[3]

为了使茶市、马市分开,对东、西交界地带的一些市场就只好分期分批开放了,其措施是:"每年招中马日期,洮州茶司定以五月,河州、甘州茶司定以六月,西宁茶司定以七月,番市告竣,而后虏赴市。"[4]由此可见,洮州、河州、甘州、秦州、惶州、岷州、西宁等市场既是茶市市场,也是马市市场。每年互市,先进行对"西番"的茶市贸易,再进行对"北虏"的马市贸易。

《清史稿·杨吉署传》云:"明制,凡诸部互市,筑墙规市场,谓之市圈。"市圈中的市易,设有管理机构,立有市规市法,是结构齐备、功能齐全的民族贸易市场。据此标准,明代长城地带九边地区的马市市场近 70 个,其中可以详考的达 50 余处。这些市场的先后设置和兴盛,使长城地带变成一条巨型的交换型长城文化带,因此推动了长城文化带发挥过渡地带的过渡功能,导致了长城两边农、牧经济和文化的二元一体化,这正符合本人在《明代长城文化带的形成与演变》和《明代后期长城沿线的民族贸易市场》等文中已经得出的结论。[5]

---

〔1〕《明成祖实录》卷二十七,永乐三年三月丙寅。
〔2〕《明神宗实录》卷六十七,万历五年九月乙未。
〔3〕《明神宗实录》卷四十七,万历四年二月。
〔4〕《明神宗实录》卷四十七,万历四年二月。
〔5〕余同元:《明代长城文化带的形成与演变》,《烟台大学学报》1990 年第 3 期;余同元:《明代后期长城沿线的民族贸易市场》,《历史研究》1995 年第 5 期。

清代边疆与内地一体化发展的途径与标志[1]

——兼说"走西口""跑口外"与"闯关东"的历史内涵

中国历史上的农耕区和游牧区大致以长城为界,中间长城沿线两边向南向北伸展形成一个半农半牧的农牧过渡带,正好处于哈·麦金德《历史的地理枢纽》所说的"心脏地带"的东部。在这一中间地带上,农耕与游牧两个民族几乎几千年来不断发生各种交往关系,形成一条特殊的区域文化带——长城文化带。[2] 在长城文化带演变过程中,虽然民族冲突与战争常常构成其历史发展的悲壮画面,但经济共生、文化互补与民族融合则始终构成其历史发展的主流脉络,而长城内外农、牧民族人口的迁移杂居则一直作为内在的根本动力驱动农牧民族融合向前发展。在《论中国历史上的农牧民族二元一体化》论文中,我们提出了"农牧民族二元一体化发展"的研究课题,认为游牧人口的南移与农耕人口的北移以及农牧人口在长城地带的叠移是中国历史上农牧民族二元一体化的前提条件。[3]

关于历史时期游牧人口的南移及其影响,我们已在《中国历史时期游牧人口的南移与西迁》[4]一文中作过专门论述。本文欲在此基础上,对清代中原农耕人口北移进入内蒙古地区(以归化城地区和鄂尔多斯地区的移民垦殖为主)的移民史进行初步梳理,并以清代内蒙古地区汉族移民的迁入过程和影响为讨论重点,深入探讨晚清时期长城内外农牧民族社会经济与文化的二元一体化发展的历史进程。这既是我们了解内边疆地区现状形成与未来发展的重要途径,也可为当前西北部大开发中正确处理民族矛盾与制订积极有效的开发政策提供有益的历史借鉴。

---

[1] 该文原刊于田澍主编《西北民族研究》2005年专刊,余同元、王来刚合作,原题《晚清边疆与内地一体化发展的途径与标志——兼说"走西口""跑口外"与"闯关东"的历史内涵》,收入本书时有删节和修改。

[2] 余同元:《明代长城文化带的形成与演变》,《烟台大学学报》1990年第3期。

[3] 余同元:《论中国历史上农牧民族的二元一体化》,《烟台大学学报》1999年第3期。

[4] 余同元:《中国历史时期游牧人口的南移与西迁》,《教学与研究文集》,电子科技大学出版社,1995年。

一、边疆与内地一体化发展的背景

晚清政府逐渐放弃传统的“分而治之”的边疆政策，改而推行边疆民族地区与内地一体化的政策，是东南中国与北西中国之间长期以来的农、牧民族二元一体化发展的结果。“一体化发展”，是相对于“分而治之”政策而言的。在统一边疆的过程中，清朝对内蒙古地区实行“因俗而治”“分而治之”政策，建立了以盟旗制度为主的管理体制。随着内地移民的垦殖、与内地联系的加强以至国内统一市场的建立，自19世纪中期以来，清政府逐步解除各种“边禁”，让内地人民移居口外开垦土地，广设州县并改制设省，使内蒙古与内地迈入一体化发展的进程。[1] 其历史背景如下：

1. 内地边疆经济共生关系强化与边疆内地化

有清入关以来，边疆和内地各民族以各种形式突破清朝隔离、限制政策，在人员往来、经济交换和文化交流诸方面都取得了空前的进展。边疆民族地区城镇兴起，如星罗棋布，商路开辟，纵横交错，商旅和驼队络绎不绝，内地与边疆经济交流一派繁盛景象。边疆和内地在国家经济体系中所扮演的角色不同，但地位却同等重要。游牧经济区比以往任何时候都更加需要内地的人员、技术和产品；内地也更需要边疆吸纳多余的劳动力以缓解人口压力，双方的互补性与共生性越来越强。这是清政府放弃“分而治之”的边疆政策，改为推行一体化政策的根本动因。

所谓边疆内地化，是指边疆地区各民族区域在政治、经济和文化诸方面出现与内地逐渐趋同和接近的趋势。内地化与一体化有密切的联系，内地化是一体化的重要前提，而一体化是内地化的必然结果。清朝统一全国后，大一统的政治局面为各民族相互交往和经济、文化交流创造了有利的客观条件。内蒙古原先以游牧为主，变成了既有牧业，又有农业、商业和手工业的多种经济并存的地区，从而缩小了同内地的差距。

2. 晚清边疆危机导致移民实边

在清初统一过程中，清朝对西北各民族“因俗而治”(即“修其教不易其俗，齐其政不易其宜”)和“分而治之”(即“众建而分其力”)。在蒙古建立盟旗制度，从而确立了中央政府的有效管辖权。鸦片战争使清廷陷入统治危机，清廷在边疆地区的统治也日益松弛，到19世纪末，随着列强的不断侵略，中国

---

[1] 苏德把政治上的建省设县看作是“一体化”的主要内容，把移民垦殖看作是主要途径。他在《试论晚清边疆、内地一体化政策》(《中国边疆史地研究》2001年第3期)中提出“一体化就是改变新疆、蒙古和西藏等地区多元化的行政管理体制，逐步建立行省体制，以达到‘治同内地’的目标。其主要途径是，以移民开垦为先导，广设州县，进而建立行省。”我们认为“一体化”是边疆与内地在政治、经济、文化等各个方面的一体化发展，移民垦殖不是唯一的途径，旅蒙商的作用也不容忽视。

出现边疆危机。随着边疆危机的不断加深,国防压力日益加重,清朝统治者意识到,只有大量移民于边疆,并全面建立州县体制,将边疆与内地一体化,才能巩固边防、稳定边疆统治。清政府最终不得不改变"因俗而治""分而治之"的治边方法,改而推行边疆、内地一体化发展的政策。

3. 晚清财政危机导致边疆放垦

与此同时,财政危机又直接促使了清朝政府推行边疆与内地一体化政策。

嘉庆、道光以后,清朝财政日益紧张,特别是历经过内地大规模农民起义后,清政府财政困难更是有增无减,企图通过招民放垦增加财政收入。加上地方各省督抚千方百计扩大财源、增加收入,使沿边各省督抚、驻边将军、都统等,纷纷将视线转移到边疆广阔的土地上。以蒙古地区为例,清初进入蒙地"私垦"的汉人数量较少,蒙旗收一些微薄的租税聊补财政匮乏,清代后期情况发生变化。如张之洞所说:"今则出塞民人数倍于土著,蒙部察哈尔附近围场地方,弥望沃壤,私垦甚多,其地本属蒙部,不征钱粮,今若听其旷废则可惜;徒听私垦不能升科,则仍于国计无补。"因此,张之洞出任山西巡抚不久,即上奏请求"把寄居于察哈尔、归化城土默特以及伊克昭、乌兰察布两盟各旗境内的所有汉人稽察登记,编立户籍,令其报地升科、永远居住"[1]。其继任者主张将更多的蒙旗土地招民放垦,令所有民户报地升科,并纳入正式国赋体系以增加地方财政收入。所以,奏请放垦蒙地,成了清末每一任晋抚所应尽的"职责"。胡聘之任山西巡抚时说:"蒙古生计,在租不在牧。"[2]在这种情况下,清朝不得不改变过去旧的对边疆地区的经营观念,开始从经济利益上考虑政策调整问题。

可见传统治边政策已无法满足边疆统治与克服财政危机的需要,是清政府改行一体化政策的直接动因。自清初以来,因中原汉族自发移民,内蒙中西部地区汉族人口聚居区日益扩大,引起该地区原有人口结构和政治制度变化,为清廷将内地州县制推广到边疆地区创造了条件。清廷在蒙汉杂居区设立了厅、县,如在内蒙古归化城土默特地区设立了厅,这些设厅的蒙旗成了内地省县的延伸。府、厅、州、县的增加,冲击了传统社会结构和管理体制,加快了边疆地区行政建制的内地化,从而加速了晚清边疆、内地一体化发展。

二、边疆与内地一体化发展的途径

1. 移民垦殖

自19世纪60年代以后,清政府逐渐放松和废弃对蒙古、东北的封禁,允许并鼓励内地汉民到关外从事农耕,以开浚利源,增加财政收入。1902年,清

---

〔1〕 内蒙古自治区档案馆:《准格尔旗札萨克衙门档案》卷六十五,第79页。

〔2〕《清德宗实录》卷四一五。

政府批准山西巡抚岑春煊的奏请，派垦务大臣到内蒙古西部地区推行蒙地开垦。随之，东北三将军也对各自管辖范围内的蒙旗地方实行招民放垦。至此，内蒙古地区已向内地全面开放。下面重点说说归化城地区和鄂尔多斯地区的移民垦殖情况。

在归化城地区，因康熙年间连年对西北部用兵，长途转运军粮至为艰难，康熙皇帝深感“边外积谷甚属重要”[1]，下令在山西杀虎口外和归化城附近进行屯田[2]，将大小黑河沿岸土地“分画九区，招民认种”。费扬古还在此开渠灌溉，该水渠被当地人称为“将军渠”。[3] 同时建立粮庄，占地约 234 顷。康熙二十七年(1688 年)，张鹏翮出使俄罗斯时途经此地，看到不少村落已是一派农区风光。[4]

康熙末年，山西百姓出长城关隘杀虎口定居者日益增多。到雍正初年，仅大同府民人“散居在土默特各村落者”，已不下 2 000 家；而“归化城外尚有五百余村，更不知有几千家矣”[5]。雍正十一年(1733 年)，方观承看到从张家口至杀虎口沿边千里，汉族民人与土默特牧人一起耕种[6]，说明一些从事游牧的少数民族也加入到农耕行列。至乾隆初年，土默特平原垦殖范围已西达包头黄河边，北至大青山脚下。原为草原的清水河一带，十数年“民人寄寓者十万有余”。[7] 汉民大量涌入，使这一带行政管理也发生了变化，清政府从雍正末陆续在山西口外设置丰镇厅和宁远厅，乾隆四年(1739 年)设绥远城直隶厅，乾隆五年(1740 年)将归化同知厅升为直隶厅，乾隆二十五年(1760 年)又在这一地区新设和林格尔、清水河、托克托城和萨拉齐等四直隶厅。行政建制的增加，反映出清中期以来山西长城口外同中原一体化发展的迅速。

人口增加也使山西口外及土默特地区垦殖速度不断加快。乾隆初年，归化城附近已是“开垦无复隙土”[8]，大青山麓“迷漫千里，悉皆腴壤”[9]。雍正时期开始放垦土地以招徕山西民人，仅 13 年就放垦 4 万顷。截至乾隆八年(1743 年)，归化城都统奉命普查土默特两旗土地，原来的 75 048 顷牧地只剩下 14 268 顷，仅占 20%，基本已变成了农耕区。[10] 康熙时清政府在土默特设置粮庄 13 所，定额 234 顷，至乾隆二年(1736 年)定额增至 2 600 顷。丰镇一

---

〔1〕《清圣祖实录》卷一五三。
〔2〕《清圣祖实录》卷一五四。
〔3〕民国《绥远县志·金石志》。
〔4〕张鹏翮：《奉使俄罗斯行程录》，《小方壶斋舆地丛钞》二帙。
〔5〕《宫中档雍正朝奏折》第 17 册。
〔6〕《方观承肌军杂记》，《方壶斋舆地丛钞》二帖。
〔7〕光绪《新修清水河厅志》卷十四《户口》。
〔8〕夏之磺：《入塞豪中集》卷三。
〔9〕光绪《新修清水河厅志》卷十四《户口》。
〔10〕《清高宗实录》卷一九八。

带牧场在乾隆年间也被大批开垦，据光绪《丰镇厅志》记载，仅乾隆年间升科垦田即达27 999顷。

清代后期，政治腐败，社会动荡，经济日趋衰退，加上天灾人祸的交相侵袭，内地各省大量破产的农民流出长城口外寻求生路。同时，清朝统治者在日益严重的财政困难和边疆危机的形势下，推行了“开放蒙荒”“移民实边”的政策，更助长了河北、山西口外移民潮。光绪二十八年(1902年)，清廷正式决定在以归化城(呼和浩特)为中心，包括伊克昭、乌兰察布两盟和原察哈尔八旗的内蒙古西部地区，实行全面放垦。年初光绪帝批示：“著派贻谷驰赴晋边，督办垦务。”[1]任命兵部左侍郎贻谷为钦命督办蒙旗垦务大臣。贻谷在归化城土默特地区首先开放的是八旗牧场。绥远八旗牧场是乾隆三年(1738年)由土默特境划拨的军用牧场。贻谷到任后，设立了办理后山八旗牧场垦务事宜的垦务总局，委任前兵部候补主事李云庆为总办，熙煜、僧格为帮办。绥远将军信恪也派荣昌、寿勋等人前去协助垦务。据光绪《土默特旗志》载，截止到光绪十三年(1887年)，仅可查土默特垦地即达57 606顷，垦殖范围逐渐向西扩展到了河套地区，归化城等六厅人口已由嘉庆末12万人增至33.3万人，增长了177%。[2] 到光绪末年，土默特平原已全部成为农业区。

再看河套平原的鄂尔多斯地区。河套平原平坦广阔，黄河襟怀其间，又有阴山、贺兰山阻挡寒流和沙漠侵袭[3]，光热资源充足，有利于作物生长，是内地汉民迁入的首选地。因汉族移民的大量进入，鄂尔多斯地区民族构成发生变化。清初该地区可以说是纯蒙古族的游牧社会，随着汉人移民增多，长城边外很多地方已变为农耕区，蒙古人因而逐渐向鄂尔多斯中部退缩。乾隆中期以后，汉民开始深入到鄂尔多斯中部地区，呈点状分布。至道光、咸丰时期，迁移到鄂尔多斯地区的汉族人口大大增加，主要分布在东部长城沿边一带，鄂尔多斯中部地区的汉族仍呈点状分布。道光中期以后，伊克昭盟蒙古族人口减少，汉族人口不断增加。至清末该盟汉人口大大超过了蒙人口数量，分布也更为广泛，形成了大杂居、小聚居的局面。

2. 旅蒙商

“旅蒙商”是指清代深入漠南、漠北进行贸易的边地商人。清政府对贸易贡使和商民人数、入贡商路都有规定。杀虎口是去归化城和鄂尔多斯的必经商道，明代在此设立马市。康熙三十五年(1696年)明令取消官营马市，以集

---

〔1〕《清德宗实录》，光绪二十七年十一月戊子。

〔2〕张承熊等修：《晋政辑要》卷八《户制》。

〔3〕河套一般有广义和狭义两种说法：广义上说，河套包括前套和后套两部分，其中关于前套又有鄂尔多斯(伊盟)和土默川两种不同的说法；后套则系包括黄河以北、五加河以南、乌梁素海以西、磴口县以东的这个范围以内的地区，也即俗称“黄河百害，惟富一套”的这个地方。狭义上的河套即前说的后套。本文所说的河套主要是指狭义范围内的，即“惟富一套”的这个地区。

市贸易为主要形式的民间贸易兴起，一些重要寺庙和那达慕大会所在地都成了贸易市场，旅蒙商便成为边地贸易的骨干。康熙中叶，山西商人从事随军贸易，在征讨准噶尔部叛乱中建立功勋。故纳兰常安说："塞上商贾，多宣化、大同、朔平三府人，甘劳瘁，耐风寒，以其沿边居处，素习土著故也。其筑城驻兵处，则建室集货。行营进剿，时也尾随前进。"[1]这些商人深入蒙古草原为清军购买粮秣，运送辎重，形成以晋商为主体的包括河北、陕西等地商人在内的行商，便被人们称为"旅蒙商"。

清政府对汉人赴蒙满地区经商多有限制，但对旅蒙商特别优待，给予种种特权。如允许旅蒙商到新疆、蒙古的归化城等城镇进行贸易，还可在蒙古伐木出售。康熙后期规定，凡赴归化城以北地区和漠西厄鲁特蒙古地区进行贸易的旅蒙商人，经由归化城将军批准，颁发准入蒙古"部票"（亦称"龙票"）后，即可去指定的蒙旗进行贸易。清中后期，随着清政府对蒙古地区封禁政策的松弛，杀虎口、归化城成为旅蒙商出入经商的重要孔道。从事蒙古贸易的人循着蒙古驿站由近及远。一般是从晋北杀虎口开始"走西口"，有的深入到漠北的喀尔喀、科布多乃至唐努乌梁海，以及西北边疆的伊犁、塔尔巴哈巴等厄鲁特蒙古地区。乾隆年间，出现《大清会典事例》所述情况："蒙古人之衣食等一切物质，大半购自内地，因而携货赴边之内地人，日积月累，迄今在归化城、八沟、多伦诺尔数处聚有数十万之众。"[2]

旅蒙商不辞劳苦，几乎跑遍了漠南、漠北和西北蒙古高原的各个角落。他们带着内地所生产的粮食、烟茶、布匹、器皿和生产工具，换取蒙地的牲畜、皮毛等畜产品以及珍贵的野兽裘皮、金砂、玉石、茸角、麝香和羚角等，然后将这些收购品输入内地出售。随着时间的推移，旅蒙商所设的具有固定性质的销售网点不断扩大，一些旅蒙商开始在当地建立了永久性商店，行商变为坐贾。准噶尔部叛乱平定后，旅蒙商中的晋商积极开展对蒙贸易。大盛魁、天义德、元盛德是清代后期对蒙贸易的三大晋商商号。介休商人侯氏蔚字号绸缎行，康熙年间到内蒙以贩卖苏杭绸缎为主，获得巨额利润。道光初年侯氏蔚字号改为票号，专门经营金融汇兑业务。[3]

归化城是漠南政治经济中心和交通枢纽，也是沟通漠西、漠北各地区经济联系的桥梁。在康熙时，这里"外番贸易络绎于此，而中外之货亦毕集"。旅蒙商贸易尤为兴盛，牛羊马驼不绝于道，大体经杀虎口、得胜口分四条商路到晋南、晋东南，再入河南、河北。最为著名的商号是山西商人开设的天元号、宏图号、范家号"老三号"和大盛魁、元盛德、天义德"新三号"，时称"大外

---

〔1〕 纳兰常安：《行国风土记》。

〔2〕《大清会典事例》卷九九四。

〔3〕 冀孔瑞：《介休侯百万和蔚字号》，《山西商人的生财之道》，文史出版社，1986 年。

路”，余则为“小外路”。

包头市场多为山西旅蒙商经营，谚语说：“先有复盛公，后有包头城。”复盛公是山西祁县乔家于乾隆年间在包头创立的字号，此后乔家的“复”字号连号逐年增加，构成从包头深入漠南的商业连锁网络，经营皮毛、绸缎、药材、典当、估衣、钱业、粮食等，民生日用杂品应有尽有。特别是咸丰年间，乔氏看到包头蔬菜少而价贵，遂在南龙王庙一带购地 280 亩，开办了复盛菜园，首先在塞外苦寒之地经营蔬菜行业。

3. “走西口”“跑口外”与“闯关东”

无论是移民垦殖还是旅蒙商贸易，中原山东、直隶、山西、陕西以及河南等省通往内蒙古等北部边疆地区的移民都可以归结为“走西口”“跑口外”“闯关东”三大途径。其中，移往内蒙古东部的昭乌达、卓索图、哲里木等地的主要是山东、直隶、河南等地人民，历史上称为“闯关东”；迁往察哈尔、归化城土默特的主要是直隶、山西等地人民，称“跑口外”；迁往内蒙古西部的伊克昭盟、乌兰察布盟等地的主要是山西、陕西、甘肃、河南等地人民，称“走西口”。清王朝建立后，对农耕与游牧两大民族实行不同的管理方式，并在一些方面限制两个民族的交往。但随着农业人口增长及天灾人祸等因素，大量中原汉族移民开始北迁。北迁移民主要通过“走西口”“跑口外”“闯关东”等途径迁入内蒙古等北部边疆地区。下面先谈一下“走西口”“跑口外”“闯关东”的情况：

一是“走西口”。

清初，内地农民多由山海关、喜峰口、古北口、独石口、张家口、杀虎口和陕西边外关口等“出边”谋生。顺治初年，清廷规定“各边口内旷地听边治田，不得往口外游牧”。顺治十二年(1655 年)，清政府又规定内地民人“不得往口外开垦牧地”。[1] 康熙七年(1668 年)停止“辽东招民开垦”，下令封禁东北，在山海关、喜峰口等九处边门设守边旗员进行稽查，禁止流民出口。乾隆十三年(1748 年)再次颁布禁令，把封禁推向顶点。但这些禁令的实施并没有真正阻挡住移民的步伐，内地移民仍多出边垦殖或定居。所谓“口”原是明隆庆以后在长城沿线开设的互市关口，后演变为对蒙贸易市场。山西商人习惯称大同以东的张家口为“东口”，称大同以西的杀虎口为“西口”，后来“西口”移到归化城，即今呼和浩特市。“西口”为“旱关”。另外，在晋蒙交界的黄河段沿岸还设有“水关”。“水关”上的渡口称为“官渡”，也是“走西口”的口子。

“走西口”的主要是山西西北的保德、河曲和偏关三县，山西雁北地区的朔县、平鲁、左云、右玉、山阴等县和陕北的府谷、神木、榆林、横山、靖边、定边

---

〔1〕《清世祖实录》卷十五、卷一六六。

等县的农民和部分甘肃、河南农民。据史料记载，在陕西的明末农民起义军被清军次第歼灭后，一些被打散的农民军余部，为了逃避缉捕，大多向内蒙古河套（鄂尔多斯）地区移居。“明末鼎革之际，籍隶山陕之官绅，起兵抗拒清军。兵败后无所为，则挈家至塞外避祸。荒山僻野，耕稼其中。或有招捕急而入蒙籍者。迄今绥人尤有能指其后裔者焉。”一些无法生存的内地破产农民也不畏长途跋涉冒禁私越长城。[1] 这三部分人当为明末清初迁入蒙古地区的早期内地汉人移民。

“走西口”的路线主要有三条：第一条自土默特沿黄河西进而达鄂尔多斯左翼后旗和右翼后旗，流入的主要是山西人；第二条自陕北越长城至乌兰木伦、榆林、哈柳河流域，流入的主要是陕西人；第三条自宁夏渡黄河进入其东岸一带，流入的主要是甘肃人。[2]

“走西口”活动大兴于康熙二十一年(1692 年)，是随着清朝“绿营军”驻防内蒙古，实行“开边制”（招募汉人种植）而开始兴起的。出关口的人就近从不同的水旱关口出发，然后走向各自的目的地谋生。他们的足迹遍及呼和浩特以西的内蒙古西部地区和河西走廊，以鄂尔多斯地区为活动中心，集中生活在乌兰察布盟、伊克昭盟、巴彦绰尔盟和阿拉善盟，向北辐射到库伦（今乌兰巴托）。

在康熙、雍正时期，土默特蒙古人“有地而不习耕耘，无畜而难为孳牧”，只有将其“户口地”招募汉民耕种，“才有粮可食，军有租可用”[3]。“山、陕北部贫民，由土默特向西，私向蒙人租地垦种，而甘省边氓亦逐渐开垦。于是，伊盟（鄂尔多斯）七旗境内，凡邻黄河、长城处，所在（皆）有汉人足迹。”[4]如《陕西通志稿》记载：“以蒙垦言之，榆林近边六县（榆、府、神、横、定、靖）居民生计多恃租种蒙地，计东西广千余里，南北袤百里、二百里不等。名为蒙地，实汉、唐之上郡、朔方、胜、夏各州地也。清初边地租种，至乾隆、道光以后租垦益多。”[5]雍正以后，内地农民陆续前往后套（今巴彦蹼尔盟狼山、乌拉山麓南部平原）开垦者渐多。

在清代前期，边墙内陕西等地的农民出边到蒙古地区耕种，春出秋归，名为“雁行”客户，实为一种典型的流动人口。如陕西的延安、榆林二府，靠近伊克昭盟，“地处沿边，土多沙漠，各邑农民全赖耕种口外地亩以资生计，春出秋归，岁以为常”[6]。由于这种雁行客户在边外暂时伙聚定居，故而他们开垦的土地称为“伙盘地”。随着时间的推移，这种人口流动现象周而复始地循环进

〔1〕 傅增湘等：《绥远通志稿》，1970 年修订本。

〔2〕 参见安斋库治：《清末绥远的开垦》，《满铁调查月报》第十九卷第一号，1939 年。

〔3〕 王先谦：《东华录》。

〔4〕 潘复：《调查河套报告书》，京华书局，1923 年，第 219 页。

〔5〕 民国《续修陕西通志稿》杨虎城序，1934 年。

〔6〕 明德：《敬陈西北地方积贮疏》，《皇清奏议》卷五十五。

行，许多雁行客户便在蒙古地区定居下来，从而完成了向移民身份的过渡。

二是“跑口外”。

清代直、鲁两省人民前往口外蒙古地区谋生称为“跑口外”。口外泛指长城以北的塞外地区。跑口外主要是指中原汉人通过张家口、独石口、喜峰口、古北口等关口到口外营生，一路出张家口、独石口进入察哈尔、热河、土默特等地；一路经喜峰口、古北口进入内蒙古东部地区。口外地广人稀，土地条件优越，因此成为关内百姓流入之地。出口者以山东人最多，其次是直隶、山西人。

清初顺治年间颁布了“辽东开垦招民令”，鼓励汉人出口开垦，便有汉人通过喜峰口、古北口迁住口外。〔1〕宣统《新民府志》称：“民人则直隶、山东者多，言顺治三年移民实边，迁徙以至也。”康熙中期，应蒙古人招垦，来口外垦荒的人越来越多。据《喀喇沁左翼蒙古族自治县志》记载，康熙、雍正年间，汉人来境内开垦土地，春来秋返。雍正二年(1724 年)，关内河北、山东等地连年灾荒，清政府实行“借地养民”政策，屯垦实边，汉人逐渐迁居境内。〔2〕如迁安民人吴振清“三屯营人，年十余岁，值年饥，随父母诸兄觅食口外，至朝阳，遂家焉”〔3〕。后来虽当丰收之年，“亦多出关、出口谋生”〔4〕。

即便在严格封禁的乾隆时期，口外也涌入了大量的汉族移民，如乾隆九年(1744 年)一月癸巳曾下谕：“近来流民渐多，皆山东、河南、天津被灾穷民，前往口外八沟等处，耕种就食。”〔5〕乾隆十三年(1748 年)，仅喀喇沁中旗的汉人就有 42 924 人，这些人大多来自山东、河北。〔6〕至于清末开禁放垦之后，关内移民涌入关外自不必说了。

三是“闯关东”。

清初一度对东北实行封禁，但由于东北地区土地肥沃，地广人稀，又与直、鲁两省邻近，陆路经由山海关，海路乘船即可到达，因此移民偷偷越关从未间歇。“直隶民人，虽当丰收之年，亦多出关、出口谋生。”〔7〕直隶关内、山东、河北地区农民在乾隆年间即已深入东北腹地，其中有一部分在进入吉林乌拉、伯都讷地区的同时，沿辽河和柳条边墙北上，进入伊通河流域的内蒙古东部的哲里木盟垦种。《东三省政略》在记述哲里木盟的郭尔罗斯旗垦务时

〔1〕《宁城县志》卷三《人口民族》，内蒙古人民出版社，1992 年。
〔2〕《喀喇沁左翼蒙古族自治县志》第三编《人口》，辽宁人民出版社，1998 年。
〔3〕民国《迁安县志》卷八《文献志·人物篇·乡型》。
〔4〕孙嘉淦：《安插流民疏》，《孙文定公奏疏》卷四。
〔5〕《清高宗实录》卷二〇八，乾隆九年正月癸巳。
〔6〕《宁城县志》卷三《人口·民族》，内蒙古人民出版社，1992 年。
〔7〕孙嘉淦：《安插流民疏》，《孙文定公奏疏》卷四。

提到："乾隆中，直隶、山东人出关就食，流寓旗地，渐事耕种。"[1]至嘉庆、道光年间，移民沿嫩江两岸逐次进入黑龙江西部地区，多成为郭尔罗斯后旗(今黑龙江肇源县)、杜尔伯特旗(今黑龙江省安达县附近)等地蒙古王公的佃户。[2]嘉庆十六年(1812年)，"滦水大发，洪波迅湍，势不容遏。……滦昌南界尽被水灾，乐邑四门借被水困。登城四望一片不可胜言者。八月之后，诸乡庐舍虽存，墙院萧然，家无盖藏，人有饥色。十月处，妇女遍野，皆以掘草根度日，见之惨然。穷苦之家，生无衣食，死无棺木，道歹堇相望，至有鬻妻卖女者。十七年春，逃荒之人屯聚山海关，填街塞巷，问之皆滦、昌、乐三邑之民，关吏不容过。有拥挤山海关之谣。"[3]

在关内人民闯关的大潮下，山海关形同虚设，民人"出山海关者，依然络绎"[4]。如经喜峰口进入哲里木盟科尔沁左中右(前、后)六旗，郭尔罗斯前、后旗，杜尔伯特旗，扎赉特旗，卓索图盟喀喇沁左、中、右三旗，土默特左、右旗，喇嘛旗，昭乌达盟(敖汉旗、奈曼旗、喀尔喀左翼旗)；经古北口进入昭乌达盟扎鲁特左、右旗，阿鲁科尔沁旗，巴林左、右旗，翁牛特左、右旗，锡林郭勒盟乌珠穆沁左、右旗；经独石口进入昭乌达盟克什克腾旗，锡林郭勒盟阿巴噶左、右旗，浩齐特左、右旗，阿巴哈纳尔左、右旗；经张家口进入锡林郭勒盟苏尼特左、右旗，乌兰察布盟四子部落，喀尔喀右翼旗，茂明安旗；经杀虎口一归化城进入乌兰察布盟乌拉特中、前、后三旗，伊克昭盟、阿拉善地区。

三、边疆与内地一体化发展的标志

1. 农牧融合带的半农半牧区增多

随着内地人民的人量迁入，清廷在直隶张家口外设立的皇庄得到全面开垦，一般旗地也得到私垦。至清末，察哈尔牧地大面积开垦，最终形成了察哈尔南部一带的农业区和察哈尔中部的半农半牧区。

归化城土默特地区，康熙年间已有大批汉民迁来垦殖。据统计，乾隆年间归化城土默特牧地已不足五分之一，其他被垦作农田。[5]随着归化城六厅的设立和大量汉人的迁入，耕地进一步增加，到清末已几乎变成了纯粹农区。鄂尔多斯地区的农业开发始于康熙三十六年(1697年)，清廷应鄂尔多斯部奏请，"发边内汉人，与蒙古人一同耕种黑界地"[6]。雍正以后，鄂尔多斯南部边缘地带兴起了大规模农业经济。道光年间移民的"伙盘地"北界大致已接近

---

〔1〕 徐世昌：《东三省政略》，《蒙务上·蒙旗篇》，文海出版社，1965年。
〔2〕 孙占文：《黑龙江省史探索》，北方文物出版社，1985年。
〔3〕 光绪《永平府志》卷七十二《志余上》。
〔4〕《清高宗实录》卷一四七，乾隆六年七月。
〔5〕《清高宗实录》卷一九八。
〔6〕《秦疆治略》"神木县"条。

今陕西与内蒙古交界一带，嘉庆年间达拉特旗、杭锦旗和鄂托克旗地区得到开垦，准噶尔旗在嘉庆十八、十九年也招徕汉民连续开垦，集宁南部地区、伊克昭盟南部和东部的农业开发至清末完成。[1]

其余部分地区也成了半农半牧区，完成了从游牧业到农业的过渡，一直处于农牧交错状态。农牧交错带结构的形成过程，从总体上就是旧有结构的复制、转化、选择和重组的过程。与农业扩展的同时，社会经济的整合也基本上完成。汉人精耕细作的技术结构与蒙地社会的居住、所有权、婚姻社区、租佃关系等相关社会问题构成了一系列的共时性和历时性变化。内蒙古南部的牧民早就学会了粗放型"漫撒籽"式农业，这种农业是游牧的附庸，与汉族的精耕细作有着很大的不同。在从蒙古族农业向汉族集约化农业转变的过程中，并不是像汉人农业那样完成原技术中的几个程序替代即可，而是要彻底接受汉人农业，向汉人学习。在鄂尔多斯，农业发生于东北部的达拉特旗和准噶尔旗地区。土默特蒙古和察哈尔蒙古地理上比较接近汉族农业区，雨量条件和土壤条件较西部鄂尔多斯干旱区好，汉化农业程度高于西部地区。[2]

在汉人移民进入鄂尔多斯地区之前，当地社会结构为单纯的封建牧奴制。随着土地的开垦与汉族移民的迁入，蒙古王公贵族身份开始发生变化，他们将土地出租给迁移进来的汉族农民，与汉族农民结成了地主与佃户关系。如清末放垦之前，蒙古王公私垦了相当数量的土地，出租给前往耕种的汉族农民，此种情况以准噶尔、达拉特旗最为普遍。蒙古王公台吉成了大地主，拥有的土地可至数百顷。"旗府及王府所有垦地除一小部分租给蒙民外，大部分亦招租汉人耕种。"在准噶尔旗，普通的蒙民亦拥有一定数量的户口地，"每户土地在十顷以上者最为普遍"[3]。出租给汉人耕种，与租种的汉人形成了地主与佃户的关系。蒙古牧民之中有些还租旗府及王府的一部分土地，但他们自己并不耕种，而是将其转租于汉人，成了二地主。而达拉特蒙民却很少拥有户口地，拥有户口地的普通牧民皆为王公奴仆，他们仍然不能摆脱牧奴制隶属关系，其中一些人将土地出租给汉人耕种，自己成了地主。

2. 边疆与内地市场一体化

首先是农产品和技术交流。

商品粮交流方面。经过汉蒙人民的开发，内蒙古地区出现了大片农业区、半农半牧区，基本上满足了蒙古族人民和边外汉民的食粮需求，有的地区

---

〔1〕 赵松乔、董勉、过鉴懋：《内蒙古自治区农牧业生产配置问题的初步研究》，科学出版社，1958年，图8。

〔2〕 Lawrence Krader. Social Organization of the Mongul-Turkic Pastoral Nomads. Indiana University Publications, Uralicand Altaic Series, Vol. 20. 1963: 150.

〔3〕 梁冰：《伊克昭盟的历代开垦和近代社会形态之变化》，《鄂尔多斯史志研究文稿》第4册，第135—136页。

还成了粮食输出地，如热河的八沟厅“素产米谷，内地商贩前赴采买者多”。[1]有“直隶一省向藉八沟粮石”[2]的说法。哲里木盟昌图地方“在未开垦之前，不过蒙古一游牧场，其实除牧畜外，别无价值。迨开放以后……遂变为产量最盛之区，年产额以百余万石计，自给而外，尚可运输出口。”[3]归化城的粮食除供京师、直隶等地外，山西也受其泽惠，太原的百姓就“得食归化之粮”[4]，地处晋中的寿阳县，产麦“不足本邑之用”，“有自归化城来者，专称‘北面’”[5]。陕西省同州等府，“地窄民稠……历来不敷民食”，故“其商贩者赴归化城……贩卖粮食。”[6]

农作技术传播方面。内地移民来到口外，也带来了中原传统的农业生产技术，如耕、耙、耱的保墒技术，轮作倒茬，改良土壤，施肥浇水，选用良种，间套混种，因地种植栽培，提高光能利用率等田间管理技术及利用晴雨、兴修水利、掌握农时、开畦培垄等。蒙人在招民垦种中也逐渐学会了农耕生产技术，乾隆帝曾写诗描述这一变迁，曰：“蒙古昔种田，撒种委之去，谓曰靠天收，秋成返刈获。”“而今则不然，均习耘耨务，课雨与量晴，不殊三农虑。”[7]到清朝后期，农区或半农半牧区的许多蒙古人已经使农重于牧，操作一如汉人了。

蒙、汉人民长期共同劳动，逐渐总结出一些适应内蒙古地区自然环境的新技术，如汉民在清初就已摸索出一套适合于归化城地区气候、土壤的农耕经验：如在种植作物的种类方面，归化城地区更适于种大麦、糜黍等耐寒而成熟期较短的谷物；在种植方法方面，为了御风，要把田垄培高；为了适应本地气候，应及早播种；为了抗旱，要用雪拌种等适合地区特点的经验。[8]河套地区农业生产技术的应用表现在水渠灌溉方面：道光年间黄河改行南道，南道与旧道之间因黄河水冲刷形成肥沃土地，地商根据本区西南高、东北低的自然地形，开成灌溉渠道。在咸丰特别是同治末年后的数十年间开挖了三四十条引水干渠，比较重要的干渠有永济渠（缠金渠）、刚济渠、通济渠（老郭渠）等。[9]

其次是商路的开拓。

山西旅蒙商人在清初开辟了由漠南到漠北及西北的“大北路”，因以驼运

[1] 黄可润：《口北三厅志》卷五《田赋志》。
[2] 杨锡绂：《陈明米贵之由疏》，见贺长龄辑：《皇清经世文编》卷三十九《户政·仓储上》。
[3] 《昌图厅志》“实业志”，第62页，《中国方志丛书》，成文出版社影印本。
[4] 岳震川：《赐葛堂文集》卷三《赠单雪樵先生序》。
[5] 马家鼎：《光绪续修寿阳县志》卷十《风土·物产》，《中国方志丛书》，成文出版社影印本。
[6] 乔光烈：《最乐堂文集》卷一，《上陈大中丞论黄河运米赈灾书》。
[7] 和珅：《钦定热河志》卷七十五《藩卫一 蒙古田》，见沈云龙主编：《中国边疆丛书》29，文海出版社，1966年。
[8] 《清圣祖实录》卷一五八。
[9] 绥远省政府编印：《绥远概况》，第五编第2章，第13—18页，民国二十二年，苏州大学图书馆藏。

为主,又称"驼路",米面杂粮均靠此路输往蒙古腹地及边境地区。由于茶叶、毛皮亦是南北往来出入的主要商品,所以此路又称"茶叶之路""毛皮之路"。经过 300 年的开发延伸,逐渐开拓和形成一些商业路线。在众多对外贸易商路中,以出长城,北越蒙古,经西伯利亚,通往欧洲腹地的商路最为著名,这是世界上最长的草原丝茶之路。大北路的开拓促进了明代以来蒙汉互市据点的发展,一批新的草原城镇也随着旅蒙商人的到来而开始兴起。

归化城牲畜贸易市场的马匹,除了在内蒙古的几个牲畜市场如包头、丰镇转销之外,主要是通过外地来的客商及本地的各大商号和牲畜贩子的辗转运销,可以说遍及全国各地。民间贸易数字,据一位老驼户回忆说:归化城的大小旅蒙商及通事行,清末生意好时,每年约赶回 80 万只羊和十几万匹马,连附近大户的存羊存马计算在内,约有 100 万只羊,20 万匹马。这就是归化城羊马交易市场的主要容量。〔1〕

清初河套地区的民族市场正式确立,贺兰山西麓的阿拉善蒙古地、石嘴子市场、磴口市场、套西地区、定远营都是重要的民族贸易市场。磴口亦称定口,为阿拉善蒙古地,设有蒙古衙门。该地南临黄河,街市沿河,汉商主要从事蒙古贸易,交易以米、面、油、酒、砖茶、布为大宗,冬春以骆驼载货至牧地,秋季收回毛皮。由包头往河西及青海的驼队多由此渡河,河上有皮筏,船只往来于宁夏府城与包头之间;吉兰泰池盐也须从此装船外运,故清中后期直至近代,该地都是河套地区最负盛名的蒙汉贸易市场,时有"南碧口,北磴口"之说。石嘴子在平罗东 70 里,右临黄河。清时专设主簿管理蒙汉贸易,近代亦成为重要的羊毛外贸市场。阿拉善蒙古亲王王府所在地定远营在近代逐渐成为蒙汉交易市场。定远营南门外商号颇多,为汉商向亲王租赁,牧地蒙民多驼来畜产品易换粮食及手工业制品。其内地商人中晋商占多数,最大者为"祥泰隆"。祥泰隆来定远营经商甚早,故有"先有祥泰隆,后有定远营"的说法。清末民初,仅祥泰隆每年输出毛皮即值百余万,输入布、糖、茶、杂货亦年值数十万元。定远营距宁夏府城约 200 里左右,来往商货主要靠驼运。

再次是近代工矿业和金融业兴起。

绥远的酿酒业〔2〕、榨油业都很出名,如榨油业分布在河套等农业发达地区,如包头、萨拉齐两地年产 46 万余斤,除供当地食用外,还有少量销往山西、宁夏。内蒙机器工业起步较晚,清末新政时期才开始出现工厂。绥远工艺局创办于光绪三十年(1904 年),"将军贻谷会同地方官商集资近万金,以栽绒瑜及熟羊皮为业"〔3〕。据记载,该工艺局也有一定的成效,"人竟趋之,于是两城

〔1〕 内蒙古政协编:《内蒙文史资料》第 12 辑。
〔2〕 绥远省政府编印:《绥远概况》,第五编第 2 章,第 13—18 页。
〔3〕《绥远旗志·经政略·五司所职类记(下)》。

旗民鲜游手”。光绪三十一年(1905 年),胡孚宸创办了归化城工艺局。该工艺局主要经营毛纺织业,也属于官商合办。这里招募、训练的工徒共有几十人。其产品质量较好,一度有很好的销路。[1] 绥远城将军贻谷仿照各省的养济院,创办了一个女工厂,共有女工 40 余人,主要是制作军衣、军鞋、编织草帽等,该工厂又称“恤纬堂”。[2] 绥远地区在此期间的工艺局、官办工厂,基本都属于官办工艺局。工艺局强调劝工习艺,对于各地的技术推广、转移风气、发展实业等方面,都有一定的积极作用。

清末新政期间,金融业方面也有变革。光绪三十年(1904 年)年底,绥远城将军贻谷奏请在绥远城设立官钱局。清政府为加强统治,于光绪二十八年(1902 年)在绥远城和归化城各设一邮寄代办所,这是绥远地区最早的邮政业。此后又添设萨拉齐、包头、托克托、和林格尔、河口、可可以力更、隆兴长各镇邮寄代办所多处。这些邮寄代办所在民国年间逐步改为邮电局。清末归化城还开设了电报业务,与外地有了电报联系。[3] 上述清政府在绥远地区的新政措施,将资本主义因素带进了绥远地区;近代文明成分,特别是邮电和铁路交通的出现,对于当地与外界的进一步联系及社会进步都有很大的积极意义。

内蒙古地区矿业兴起较早。雍正乾隆年间,归化城的煤矿得到开采。[4] 清中叶,归化城、阿拉善等旗用土法开采金、银、煤矿,大多招汉商承包,少数直接雇佣蒙、汉人开采。如乾隆二十年(1755 年),归化张照禄与赵周“合伙开采”煤窑,雇工生产。[5] 新政时期,在绥远地区试办矿务,主要是对土默特境内的煤炭窑进行了整顿和管理。土默特旗境内的煤炭窑,主要分布于万家沟、五当沟、巴图沟一带。这里的窑户曾经由归化城副都统衙门管理。在交纳煤炭税钱后,窑户领取该衙门的票据进行开采。

最后,是城镇发展及其与内地市场的联系加强。

随着内蒙古地区农业的开发、手工业的发展及旅蒙商活动的推进,一些城市和市场贸易日益兴盛。作为驿路要冲的归化城、包头城开始成为繁盛的商业城市。

归化城在乾隆初年已有“小北京”之称。[6] 乾隆初绥远新城的建立,使归化城商业贸易额急剧增长,19 世纪 70 年代,每年从西、北两路运入归化城的

---

〔1〕《呼和浩特市毛纺织工业历史概况(上)》《呼和浩特史料》。
〔2〕《绥远旗志·经政略·五司所职类记(下)》。
〔3〕汪炳明:《清末新政与北部边疆开发》,《清代边疆开发研究》,中国社会科学出版社,1990 年。
〔4〕张穆撰,张正明、宋举点校:《蒙古游牧记》卷二,山西人民出版社,1991 年。
〔5〕中国人民大学清史研究所等编:《清代的矿业》下册,中华书局,1983 年,第 456 页。
〔6〕夏之湟:《塞外橐中集》,《入塞橐中集》卷三。

货物,价值白银 2 000 万两以上。[1] 归化城成为内蒙古第一大商业城市。归化城是山西商帮的大本营,"西庄业"(专做新疆贸易)及"通译业"(专做外蒙古贸易)皆以此为根据地,从内地运来京广杂货、布匹、绸缎等土特产。

包头原为小镇,同治以后逐渐发展成为内蒙古西部地区水陆交通枢纽、东西物产的集散中心,同时也是河套、甘肃、宁夏、外蒙古皮毛的屯集之地。后套的牲畜、甘草及各种药材,以及临河、五原的粮食等,都经过这里转销内地,成为西北地区的重要商埠之一。

与农村关系密切的基层市镇也涌现出来。流迁到口外的农民,一般分散居住在由三五家或十数家组成的小村落里。随着生产的发展,人口相对集中的村落形成乡镇。在这些乡镇中,不仅居住着农户,而且居住着商贩、手工业者及其他服务行业的人,使乡镇成为远近村落交换农牧产品的基层市场。如萨拉齐、托克托、和林格尔、清水河等,都在清末发展成为较大的基层市场。

3. 社会文化融合加速

一是通婚联姻与礼仪风俗的融合。

在汉人迁入草原的过程中,蒙汉人民之间的通婚增多。清初最先来到蒙古的农民,大多为内地生活无着落的单身汉。在内蒙古,他们作为少数群体,除了砍柴不许越界,收养不准出圈外,还经常有蒙古地痞流氓闯入家中索要酒食,这迫使汉人依附于蒙古人,"依蒙族,习蒙语,行蒙俗,入蒙籍,娶蒙妇"。[2] 例如李守信的祖先是山东济南府长清县人,"单身跑到土默特右旗给蒙古人种地,后来被主人招为养老女婿,入了蒙古籍,成了'随蒙古'"[3]。虽然清政府严禁蒙汉通婚,但私娶私嫁者仍接踵不绝。如移居土默特川的汉人与当地蒙古族人长期交往,通婚已十分普遍。就连关帝庙主持关暹也"有蒙古妻室,其弟子二人亦然"[4]。以致乾隆十五年(1750 年)清政府再颁禁婚令。嘉庆年间又规定:娶蒙古女为妻的汉人死后,其妻及子给所属札萨克或呼图克图为奴,对蒙汉通婚者加重惩治,延及子嗣。然而,清朝法令在禁止蒙汉通婚上的逐步升级与屡宣不废,恰恰证明蒙汉通婚在当时一直存在。通婚使两种文化融于一个家庭,有利于民族融合。

有些蒙民因不能生育而抱养汉民子女为过继子,也使蒙汉民结成亲戚。道光元年(1821 年)十一月,大臣文孚等奏称:"续行查出抱养民人为子,冒入旗籍"者,不仅有蒙古牧民,甚至"镶兰旗蒙古马甲莫沁多尔济、护军德通"等

---

〔1〕 贾汉卿:《归化城金融史话》,《内蒙古文史资料》第 18 辑,内蒙古人民出版社,1992 年。

〔2〕 沈鸣诗纂:《朝阳县志》卷二十六《种族》,1930 年铅印本。

〔3〕 中国人民政治协商会议内蒙古自治区委员会文史资料研究委员会编:《内蒙古文史资料》第 20 辑《李守信自述》,1985 年,第 3 页。

〔4〕 张鹏翮:《奉使俄罗斯日记》,《满蒙丛书》本。

蒙旗官吏,亦抱养汉民子女,过继收养。尽管朝廷三令五申稽查,他们仍长期隐匿。道光帝在上谕中指出,对朝廷"限内未经呈报",嗣后经查出抱养民人子女的蒙古官吏,"本应交部治罪,但思法愈重,则隐匿愈深,莫沁多尔济、德通俱著革退钱粮,出旗为民,免其治罪。嗣后如系自行呈首者,仍遵照前定章程,另册注明"。[1] 可见清廷政策并不能保证令行禁止。

随着文化知识的传播,蒙汉民族信仰互相渗透,呈现互通的格局。

中原移民带来的宗教得到蒙古族的承认和信仰,如先农神已为土默特蒙古所崇尚。归化城先农坛由土默特都统丹津建于雍正五年(1727 年),每年由土默特派员恭备祭品祭祀。[2] 如果说这只是表现了官方的价值趋向,那么民间的宗教互通则更加普遍,如土默特地区先后出现了观音庙、龙王庙、土地庙、奶奶庙、财神庙、文昌庙、关帝庙等。所供神灵不少是封建传统思想或美德的化身,如关帝是"忠""义"的化身,也是儒学一向倡导的伦理道德的代言人。随着农耕传统文化的渗透,关帝这位英勇善战的人格神,对崇尚武功的蒙古族产生了特殊吸引力,故"祭祀关公,亦为俗所重视"[3]。同时也有蒙古人信奉道教的,如归化城城隍庙道士孙氏是土默特蒙古人,祖孙四代历百年信奉全真道。[4] 为蒙人尊崇的归化第一召庙伊克召也显示出汉文化的影响。阿·马·波兹德涅耶夫在游记中写道:"伊克召所有好的东西都是年代久远的。而近年来这座庙可以说只是日趋破落。召里的喇嘛说,这是由于当地的土默特人受汉人的影响,完全忘记了圣庙,对宗教越来越不虔诚了。"他认为,在光绪初年重修的伊克召更具汉文化的特色,不仅表现在伊克召外墙上的佛陀画多取材于汉文的佛陀传记,还表现在图画的说明均用汉文,作画者均为汉匠。[5] 另外,在热河地区,"汉人也有到喇嘛庙烧香磕头的"[6],有些汉人婚丧嫁娶也同蒙民一样,延请喇嘛念经。凡有疾病不用医药,专请喇嘛等诵经、"颂鬼"或"跳来青"。

同时,中原地区依农作忙闲而定的节日庆典也在内蒙古地区流传开来,且有多种民俗合流的趋势。清中叶,内蒙古节庆合农事、祭祀、信仰、民俗、饮食、交际、娱乐于一体,清后期则表现出祭祀性淡化、娱乐性增强的特点,形成了区别于内地、兼容两种文化特色的地域新文化。如土默特蒙古民俗受汉俗闹元宵的影响,形成极具地方特色的节日庆典活动。正月十五前后,各大召庙连续几天"跳且穆"(俗称"跳鬼"),大小喇嘛头戴面具扮天王、菩萨、牛头、马面、小丑等在

---

〔1〕《清文宗实录》卷二十六。

〔2〕贻谷修,高赓恩等纂:《土默特旗志》卷六《祀典》,清光绪三十四年(1908)刻本。

〔3〕傅增湘等:《绥远通志稿》,《民族志 蒙族》,1970 年修订本。

〔4〕孙明亮:《呼和浩特火居道与城隍庙孙氏》,《土默特文史资料》第 1 辑。

〔5〕[俄]阿·马·波兹德涅耶夫:《蒙古及蒙古人(二)》,第 73、115 页。

〔6〕武尚权:《热河》,第 40—41 页。

四坛跳动。蒙汉百姓还连续几天举办灯会、焰火、秧歌、高跷、旱船、社戏等活动。土默特蒙古向有尚火习俗，腊月二十三祭灶时，外出亲人必赶回吃团圆饭，喝团圆酒。“供灶神者，亦如汉人，纸印神牌，日落后以米糖供神”。[1]

另外，汉民也受到蒙古习俗的影响。如陕北数县原属口外，受蒙、回少数民族的影响，游牧民族逐水草而居，不像农耕民族聚族而居，也就不重视保留祖先坟墓。当地人性格豪放，再加上经济贫穷，经常辗转迁徙。“保安县家无族谱，族无宗祠，绅士家方许设立，庶民不与焉。各姓坟地复无志碑墓表，不数传，子孙竟有忘其祖父者。矧自乱离以来，耆老代谢，其子弟无祖宗邱墓之可守，无旧德先畴之难忘，稍有变乱辄轻去其乡，视里闾如传舍，无惑乎户口之日以凋零也。”[2]“靖边县不修神主，坟不择地，各就左近荒山葬之……惟不修围墙，不树碑碣，蔓草宿烟，转瞬即不知为谁何。”[3]

二是生活方式的互相影响。

清初，即有汉民为了免受民族歧视，加入蒙古籍，变成“随蒙古”。随着农业的发展，蒙民与汉民濡染日深。在汉族聚居的农业区，一部分蒙古族人受汉族影响，学习农业生产，逐渐变为“有事南亩”的定居民。如雍正十一年(1733 年)有大臣奏称：“自张家口至山西杀虎口，沿边千里，窑民与土默特人咸业耕种。”[4]乾隆帝也有诗云：“蒙古佃贫民，种田得租多。即渐罢游牧，相将艺黍禾。”[5]说明蒙古人从事农耕者已经不少。另外，在半农半牧区，一些牧民在汉民的影响下，也开始经营粗放农业，走向定居或半定居的农耕生活。汉族农民、手工业者也从蒙古牧民那里学到放牧、饲养牲畜等生产技术，同时学会制作皮衣、擀毛毡、加工乳食品等手工业生产技术，对发展塞北边疆地区多种经济，促进蒙汉民族的经济、文化交流都具有重要的意义。

清代内蒙经过开发，形成了农业区和半农半牧区。在这些区域，内地汉民带入内地习俗的同时，也因“入境问俗”，深受蒙民习俗感染，不同的习俗在长期生产劳动中相互渗透，逐渐融合。乾隆以后，有些掌握农耕生产技术的蒙古牧民不堪蒙古王公贵族的压榨，“出旗”到汉族村庄给汉族地主做工[6]，生活方式不断汉化。许多蒙民“饮食起居与内地民人无异”，[7]也习惯住土屋，学会给牲畜修圈等。如归化城土默特蒙民，“旧以游牧为生涯，穹庐毛幕，

---

〔1〕 冯一鹏：《塞外杂识》，《中国方志丛书》，成文出版社 1968 年影印本。

〔2〕 咸丰《保安县志》，《中国方志丛书》，成文出版社影印本。

〔3〕 光绪《靖边县志》卷六，《中国方志丛书》，成文出版社影印本。

〔4〕 方观承：《从军杂记》，《小方壶斋舆地丛钞》第二帙，杭州古籍书店影印清光绪上海著易堂本。

〔5〕《钦定热河志》卷九十二。

〔6〕 中国人民政治协商会议内蒙古自治区委员会文史资料研究委员会编：《内蒙古文史资料》第 20 辑《李守信自述》，1985 年，第 4 页。

〔7〕 郑裕孚纂，郑植昌修：《归绥县志》，《中国方志丛书·塞北地方》，成文出版社，1968 年，第 198 页。

习尚迥殊。自满汉人入居其地,其俗遂变。"[1]清末土默川平原、河套地区及东部喀喇沁等地区的绝大部分蒙古牧民开始从事农业生产,生活方式几乎与内地相同。在衣着方面,"察哈尔、归化城之蒙民,因迩来移民之增进,渐次同化于汉族,与内地无异";在饮食方面,"察哈尔、归化城之住民,近来开拓进步,渐有杂粮之交易,且与市场接近,故食粟者亦渐次增多";在出行方面,"东南开拓之地,则渐次柔弱,妇人殆无乘马者;若在喀喇沁、土默特地方,多控驴,置小鞍,男子执鞭而随其后"。[2] 这是一幅典型的汉族夫妇出行画面。

蒙汉民族的影响是双向的。农区和半农半牧区的汉族人民,也自觉不自觉地改变着生活方式,衣蒙袍、穿蒙靴、食乳肉、住蒙包。五原地区的汉族"饮食衣服,渐染蒙部习俗,以糜谷、麦面、牛乳、羊肉、粗布为大宗,喜欢砖茶,水烟,以羊腿为烟袋,成丁以上大率手携一支,冬季着羊皮袄裤以御寒"。东胜"棉衣与他处不同,内多絮以羊毛,而少用棉花"[3]。

三是在共同反抗外国侵略中加强团结合作。

鸦片战争以后,随着帝国主义入侵和清政府统治政策失调,内蒙古汉人移民和蒙民之间的关系也有了时代特色。具体表现为蒙汉民族在共同抵抗西方列强的侵略中团结起来,形成了一个休戚与共的整体。反帝国主义侵略、反洋教斗争集中出现在义和团运动时期。光绪二十六年(1900 年),中蒙古地区蒙、汉人民的反洋教运动,首先发端于"口外七厅"。托克托城厅(今呼和浩特市托县)是内蒙古西部反洋教斗争的策源地,贫苦农民和手工业者、商号和店铺之学徒,纷纷参加义和团。[4] 西南蒙古教区蒙、汉人民也纷纷参加义和团,或是配合义和团攻打教堂。萨拉齐二十四顷地教堂遂成为攻击的目标。萨拉齐的反洋教斗争,很快波及鄂尔多斯七旗。

当时,鄂托克旗、乌审旗、扎萨克旗的蒙古牧民群众,以"独贵龙"形式开展反洋教斗争,如鄂托克旗组织 120 多人、乌审旗组织 80 余人的"独贵龙"。他们手持长矛、大刀,围攻教堂,先后焚毁了城川、堆子梁及乌审旗的巴格西勒等处教堂。7 月 15 日,毗连陕北靖边和定边县属安边堡一带义和团民 1 000多人,与鄂托克、乌审、札萨克三旗的蒙古兵 700 余人会合,联合攻打小桥畔天主教堂。[5] 东蒙古教区蒙汉联合反洋教斗争也开展得如火如荼。据记载,"热河全境害天主教者,系拳匪在理教人。蒙古人与八旗人,参入其间,约居其半。"[6]所谓"在理教人"多为汉族贫苦农民群众和手工业者。"蒙古人

---

〔1〕《西北丛编》,第 28 页。
〔2〕花楞:《内蒙古纪要》,民国五年铅印本,第 44 页。
〔3〕《五原厅志稿》"风俗",江苏广陵古籍刻印社,1982 年。
〔4〕《托克托县志(修订稿)》,内蒙古人民出版社,1984 年,第 146—147 页。
〔5〕陕西省档案馆:《关于处理帝国主义教会侵占陕西三边等地一案的来往文书》。
〔6〕李杕:《拳祸记》下册,土山湾印书馆活版,光绪三十一年,第 253—261 页。

与八旗人”是指蒙古族与满族广大下层群众。东蒙古西段建昌县、平泉州、滦平县等地，也爆发了反洋教斗争，[1]在东蒙古东段以赤峰县为中心，蒙、汉人民群众也联合起来攻打教堂。在战斗中，满、蒙、汉各族人民群众团结战斗。

四是语言文学的一体化发展。

随着时间推移，内蒙古地区的汉民与蒙民交往日益密切，两种文化相互影响、融合，最终形成新的文化特质。表现在以下几个方面。

相互学习对方的语言文字，是蒙汉人民文化交流的重要手段。在清初，汉人为了适应蒙古，也有学蒙语、起蒙名的。随着“内地民人渐集，汉文风气一开”[2]，蒙人一改“禁习汉文”的陈规，“起用汉名”“学习汉字文艺”蔚然成风，甚至“蒙古人词讼，亦用汉字”[3]。至于蒙古王公贵族，因交往需要，学习汉文者更多。至清末，“热河人民的语言，汉人都是用国语，蒙人也大都通汉话。在四十岁以下的蒙古青年多有不能说蒙语的人。上层阶级的蒙古人更精通汉文。汉、蒙间的书信和契约全用汉文。汉、蒙间的社交关系也全用汉话。”[4]哲里木盟地区“几乎多数蒙古人已通汉语，并识汉字”[5]。各地移民的汉语方言也与蒙古语相互融合。如土默特归化城地区，汉人多关南晋北人，故土默特方言中有较浓重的晋北土语。自康熙以来，当地汉语方言也融入了蒙古训词。如“饽饽(馒头)”“旮旯(角落)”“大大(爸爸)”等。另外，许多地名反映了蒙汉的共同影响。《古丰识略》载：汉民“租种蒙古地亩，初则敕椽茅屋，略避风雨，比户聚居渐成村，其名之稍存古昔者，十无二三，余皆蒙古俗语，诘屈聱牙，借音成文，无一定言义”[6]。大量蒙古台站的代称“五十家”(塔宾格尔)、“二十家”(和林格尔)等蒙古地名保留至今。

随着汉人的迁入，大量的汉族文学作品、民间传说在蒙古地区得到传播。《三国演义》《水浒》《西游记》《封神演义》等作品在农业蒙旗中几乎是妇孺皆知。同时，许多蒙古族文人也开始将汉族的文学作品大量翻译成蒙文，如嘉道年间蒙古文学家哈斯宝的《新译红楼梦》问世，迅速成为蒙古人民喜爱的文学作品。

随着汉人移民大量迁入，城乡经济发展，内地民间戏曲在内蒙古地区也得到传播。在内蒙古西部地区，流行的是与山西移民关系最密切的山西梆子、大秧歌、二人台。[7]晋北、晋中的梆子戏在清代咸丰朝以前，统称“大戏”，外地统称为“山西梆子”。晋地艺人往来于晋地与归化城土默特之间，为广大

〔1〕 李杕：《拳祸记》下册，第219—222页，第215—219页。
〔2〕 贻谷修，高赓恩等纂：《土默特旗志》卷四《法守》。
〔3〕 李鸿章修：《光绪钦定大清会典事例》卷九九三《理藩盐 禁令》。
〔4〕 武尚权：《热河新志》，商务印书馆，1943年，第40页。
〔5〕 孙进己：《东北各民族文化交流史》，春风文艺出版社，1992年，第338页。
〔6〕 张曾：《古丰识略》卷二十三“地部”，《中国方志丛书》，成文出版社影印本。
〔7〕《中国地方戏曲集成·内蒙古自治区卷》前言，中国戏剧出版社，1959年。

喜爱晋剧的蒙汉群众服务。当时有一支歌谣反映艺人的生活:“学戏在忻、代二州,红火在东、西两口,吃肥在水淹包头,临死在宁武、朔州。”[1]“大秧歌”是保存于山西晋北的一个古老剧种,大批山西人走西口,也将大秧歌带到内蒙古西部地区,并使之成为当地群众喜爱的民间戏曲之一。“二人台”深受内蒙古西部地区各族人民喜爱,其曲目大多是晋、陕传来的汉民歌、爬山调,与当地蒙古牧歌融汇,使之兼具蒙、汉两个民族的艺术特点。《走西口》《打樱桃》是其优秀剧目。[2] 另外,二人台牌子曲《四公主》《三百六十只黄羊》等流传在土默特川上的牧歌“蒙古曲儿”,有的佚词存曲,被填上汉词演唱,变为供乐师演奏、艺人表演的器乐曲牌。这种充满浓郁乡土气息的地方小戏,以反映蒙汉百姓共同劳动中结成的友好情谊和真挚爱情为主,生动体现了蒙汉两族的患难深情和民俗风情。清中叶后,在土默特川安家的社火、高跷、旱船等也成为蒙汉百姓共同喜爱的节庆娱乐活动,并形成了区别于内地的粗犷、豪放的特殊风格。

内蒙古东部地区戏剧也比较兴盛。乾隆年间,科尔沁、敖汉、土默特、喀喇沁、翁牛特等十八旗先后建立王府戏班,艺伶大部分来自口内、口外民间班社。嘉庆后,直隶其他地区的梆子戏班不断进入卓、昭盟演出。梆子戏多是“跑台口”,唱庙戏、神戏、会戏、祈雨戏和谢雨戏,受到普通百姓的欢迎。咸丰年间,“移民实边”政策促使移民人口剧增,戏剧也更加兴盛。此外,光绪十七年(1891 年)翁牛特右旗王府从外地请艺人创建了河北梆子戏班,经常到围场、喀喇沁、宁城等地流动演出,促进了当地戏剧的发展,也促进了蒙汉文化的交流。直隶关内的移民带来了说唱艺术“好来宝”,经常演唱《三国演义》等故事。

另外,中原传统民俗娱乐活动,如游戏杂耍、荡秋千、踢毽子、跳绳、抖空箧、踢球、拔河、弈棋及博戏、纸牌、麻将、斗蟋蟀等,也成为内蒙古地区蒙汉人民共同的社会娱乐活动,并表现出浓厚的地方和民族特色。蒙古族盛大集会、祭典仪式上的骑射、摔跤等比赛,也成为蒙汉民众不可缺少的民间竞技娱乐活动。

五是教育的一体化发展。

随着经济的发展和汉族文化的影响,内蒙古地区先后创办了一些官学、书院和私塾,清末内蒙古地区又出现了学堂,使内蒙古的教育水平得到了广泛提高。

官学与书院:雍正二年(1724),土默特都统丹津在归化城南建官学,官学设满、蒙教习,教以满汉蒙文字,讲授经书。[3] 官学要学生“朝夕诵读”“躬修实践”康熙圣谕广训十六条及四书等[4],以礼法、声教对蒙古族“熏陶而涵育

---

[1] 《中国地方戏曲集成·山西卷》前言,中国戏剧出版社,1959 年。

[2] 《中国地方戏曲集成·内蒙古自治区卷》前言。

[3] 贻谷修,高赓恩等纂:《土默特旗志》卷四《学校》。

[4] 《土默特旗志》卷六《祀典》,第一条即“敦孝弟以重人伦”。其他如“黜异端以崇正学”“明礼让以厚风俗”“务本业以定民志”等。

之”。[1] 这势必促使其潜心研习汉族封建正统思想文化。官学后更名启运书院，“课程专重满、蒙文及习射”，“同、光以后，蒙人风气大开，虽官学定制如旧，而外间渐多兼习汉文者。故致清末，遂有与汉籍文童一体应试之举。”[2] 书院的设置是内蒙古地区教育步入正规化的开始，书院的受教育范围扩大，不再仅局限于满、蒙等民族，教育内容、教学方式上也有了变化，如绥远城长白书院规定“归化城不论蒙汉人等，愿来应课者，均准一体入考，以广文教”。古丰书院初设时“止课童生，不课生员”，之后不久开始接受生员入院。[3]

私塾教育：绥远地区有许多山西移民设立的私塾，归化城著名儒士韩嘉会即为典型代表。韩嘉会“二十二岁遂设教于本城玉皇阁”，成就卓著，堪称师范。“至于教授生徒，不计贫富，不论智愚，但有愤悱，即尽力启发……即为讲说，并于‘孝’、‘弟’、‘忠’、‘信’数大端，藉篇章为戒劝。晚年从者益众……总计三十八年，教人子如己子，莫不望其上达，而恶其下流，所以门生中蒙古人固多显达。”[4]

汉族移民私塾教育的发展同时影响到农区和半农半牧区的一些蒙古上层人物，他们纷纷延聘蒙汉教师，举办私塾。如光绪初年，敖汉旗有 12 处专馆、东馆、散馆，12 名塾师，265 名塾生。光绪末年，郭尔罗斯前旗齐王在王府内设蒙文学堂 1 处，学生 20 余人，汉文学堂 1 处，学生 12 人。旗内其他蒙古族村屯，还有私塾性质的学堂 10 余处，蒙汉文兼授，每处学生 10 至 20 人不等。[5] 从统计来看，越是蒙汉杂居程度高的地区，塾馆的发展数量越大，如整个赤峰地区 147 个塾馆中，赤峰县、喀喇沁左旗、喀喇沁右旗、克什克腾旗、敖汉旗 5 个旗占 84.35%，塾生数也占总数的 80%以上。[6] 一些地区的塾师由汉人充任，特别是在汉族人口较多的地区更是如此。

学堂：20 世纪初，在清廷废科举、兴学堂的“新政”影响下，喀喇沁右旗王爷贡桑诺尔布在旗里开办崇正学堂、毓正女子学堂、守正武备学堂，共有学生百余人，以蒙汉语授课。还派出部分学生到内地学习或出国留学。敖汉旗内一些开明士绅及进步青年，也纷纷要求兴办学堂。[7] 宣统元年(1909 年)，郭尔罗斯前旗齐王建学堂，招收学生 40 人，从外地聘请教员。[8]

---

[1] 傅增湘等：《绥远通志稿》卷五十《教育》。
[2] 贻谷修，高赓恩等纂：《土默特旗志》卷四《学校》。
[3] 《归化城厅志》卷四《学校》，《中国方志丛书》，成文出版社，1968 年影印。
[4] 郑裕孚纂，郑植昌修：《归绥县志》，“金石志”《韩亨轩先生德教碑》，《中国方志丛书》，成文出版社，1968 年影印。
[5] 《前郭尔罗斯蒙古族自治县志》，辽宁人民出版社，1993 年，第 821 页。
[6] 《赤峰市志》，内蒙古人民出版社，1996 年，第 2503—2504 页；《敖汉旗志》，内蒙古人民出版社，1991 年，第 87 页。
[7] 《敖汉旗志》，内蒙古人民出版社，1991 年，第 87 页。
[8] 《前郭尔罗斯蒙古族自治县志》，第 821 页。

下编　江南早期工业化及近代技术经济兴起

明清江南早期工业化社会的形成与发展[1]

明代中期以后，江南纺织业等传统支柱产业从业人数空前增加，清中期以后江南工业更为发达，从业人员也逐渐增多。根据传统工业从业人口增长这一早期工业化社会形成与发展的关键标准，分期估算明中期到清末民初江南传统工业从业人数，说明江南早期工业化社会形成于明代中后期，此后到清末民初是江南早期工业化社会的发展时期。

中国早期工业化社会形成于何时？形成的主要标志是什么？学术界有多种说法。李伯重《江南的早期工业化(1550—1850)》一书认为，"早期工业化"(Early Industrialization)所指时间是明代中后期到清代中前期[2]；费维凯《中国早期工业化：盛宣怀(1844—1916)和他的官督商办企业》一书认为，中国"早期工业化"(The Early Period of Modern Industrialization)[3]发生于晚清到民国初年；马敏《中国早期工业化的若干问题》一文认为，"早期工业化阶段，主要指 1860 年代至 1949 年的近代工业化，但往前可追溯到明清时期"。[4] 三家之所以分歧较大，关键在于没有一个统一的标准。樊树志《明清江南市镇的"早期工业化"》[5]一文，从丝、棉织品出口驱动的外向型经济所带来的巨额白银资本，江南市镇雇佣工人群体与劳动力市场的形成，地权分散化趋势与田面权、田底权的分离等方面，论证江南市镇的早期工业化。其中一节讨论了以雇佣工人群体、劳动力市场的形成与市镇人口结构的变化作为江南市镇的内部变革和早期工业化的重要指标，揭示了工商业人口比重的增大与市镇早期工业化发展的内在联系，确定了衡量早期工业化社会形成与发展的重要标准。本文在此基础上，专门以传统的区域工业，特别是区域支柱产业从业人数增长为关键指标，分期估算明中期到清末民初江南传统工业从业人数增长情况，论述明清时期江南地区早期工业化社会形成、发展的时间

---

[1] 该文原刊于《史学月刊》2007 年 11 期第 53—61 页，中国人民大学复印报刊资料《明清史》2008 年第 1 期全文转载。

[2] 李伯重：《江南的早期工业化》，社会科学文献出版社，2000 年。

[3] 费维凯著，虞和平译：《中国早期工业化：盛宣怀(1844—1916)和他的官督商办企业》，中国社会科学出版社，1990 年。

[4] 马敏：《中国早期工业化的若干问题》，《光明日报》2003 年 9 月 7 日(理论版)。

[5] 樊树志：《明清江南市镇的"早期工业化"》，《复旦大学学报》2005 年第 4 期。

和标志,以与上述各家研究相呼应。

一、晚清江南棉纺织业从业人数的增长

随着棉花与棉布产业的发达,明代嘉靖、万历(1522—1620年)以后,棉花棉布产业从业人员空前增加。乾隆以后江南棉纺织业更为发达,从业人员也逐渐增多。下面先根据有关历史资料,运用学术界常用的从棉布产量推测纺织人数的计算方法,对明后期和清中期的江南棉纺织业从业人数做一个初步的估算。

一是明代后期:吴承明估计江南地区明末棉布的年输出量为1 500万匹～2 000万匹。[1] 范金民估计明末江南年产棉布2 500万匹(仅松江有2 000万匹)。[2] 李伯重根据江南棉布输出量与本地消费量二者相加的总量之和,推算出明后期(1620年左右)江南棉布输出量为1 500万匹～2 000万匹;本地人口2 000万(城市人口占当时总人口的15%),若按人均消费1.67匹/年,或按每家5人折为400万户、户均消费棉布8.35匹/年计算,可知江南区域内总消费量为3 340万匹,加上输出量共计5 000万匹,是为明后期江南棉布的总产量。[3]

二是清代中期:徐新吾估计清代江南商品棉布产量每年两千数百万匹。[4] 吴承明推算苏松地区年产4 500万匹,进入长距离运销的4 000万匹。[5] 范金民在《明清江南商业的发展》一书中加进了苏松以外的江南地区,推算松江年产棉布3 000万匹,常熟年产2 000万匹,嘉定、太仓年产2 000万匹,江阴、平湖、海盐、嘉善、乌程等县年产500万匹,无锡年产300万匹,江南年产棉布可达7 800万匹,进入市场的商品量在7 000万匹左右。[6]

李伯重推算清代中期(1850年前)江南棉布输出量为4 000万匹;江南人口3 600万口,折为720万户(其中城市人口占全国总人口的20%),按户均消费8.4匹/年估算,得出清中期江南消费棉布6 100万匹,加上当时江南输出棉布4 000万匹,共计1亿匹左右,为清中期江南棉布总产量;[7]又按江南人均消费棉布1.5匹/年、城市人口人均为1.80匹/年、农村纺织户人均消费量

---

〔1〕 许涤新、吴承明:《中国资本主义的萌芽:中国资本主义发展史》第1卷,人民出版社,1985年。

〔2〕 范金民:《明清江南商业的发展》,南京大学出版社,1998年。

〔3〕 李伯重:《江南的早期工业化》,社会科学文献出版社,2000年,第39—40页。

〔4〕 徐新吾:《鸦片战争前中国棉纺织手工业的商品生产与资本主义萌芽问题》,江苏人民出版社,1981年,第17页。

〔5〕 吴承明:《中国资本主义与国内市场》,中国社会科学出版社,1985年,第260页。

〔6〕 范金民:《明清江南商业的发展》,南京大学出版社,1998年,第29—30页。

〔7〕 李伯重:《江南的早期工业化》,社会科学文献出版社,2000年,第39—40页。

1.65 匹/年、农村非纺织户为 1.35 匹/年等[1]标准估算，同样得出明末江南棉布年产量约 5 000 万匹，清中期(1850 年)为 1 亿匹；再按康熙前织一匹布需 7 个工作日、此后需 6 个工作日推算，得出明后期江南一个农妇一年可纺织 29 匹，清代中期则约 33 匹；[2]最后按江南各地平均每年每个村妇纺织的时间在 200 天左右计算[3]，得出明代后期每年生产 5 000 万匹棉布需农妇 170 万人/年，而清代中期每年生产 1 亿匹则需农妇 300 万人/年从事纺织。[4]

在棉布产量的估算上，显然前三者的数字与李伯重的数字差距较大。但本文认为尽管李伯重的估数最高，但也是比较保守的估计。本文在上述各家研究的基础上，估算明代后期有 340 万江南妇女从事纺织业，清代中期有 570 多万江南妇女从事纺织业。

首先，从各方面的资料看，明后期到清中期江南妇女劳力多数从事纺织业(含丝织业)生产是毋庸置疑的。如明天启初年，在上海、嘉定等地从事传教活动的葡萄牙人耶稣会传教士鲁德昭，就当地的棉纺织业生产情况记录道："南直隶最东边的地区，殷富肥沃，出产大量的棉花。据当地人们肯定的说法，只在广大的上海城镇及其所辖区内，有以这些棉花为原料的二十万台织机[5]。因此，仅以此一地每年就要向皇帝缴纳四十五万杜卡特[6]。织机和布匹同样是窄幅的，所以在一间屋内可放置多架，几乎全部是妇女从事此项工作。"[7]又如《利玛窦中国札记》说，天启末年上海县城和郊区人口 30 余万，其中织布工人达 20 万；[8]又谈迁《枣林杂俎》说隆庆六年(1572 年)上海全县在籍男妇总数 19 万余人(其中男 158 532 人，妇人 34 425 人)，如果妇女与在籍男子一样多，就是 30 多万人了。[9] 织布工人占总人口的 2/3，几乎是全县全部劳动力的总和。所以清代官员尹会一在奏疏中说："江南苏松两郡最为繁庶，而贫乏之民得以俯仰有资者，不在丝而在布。女子七八岁以上即

[1] 徐新吾：《江南土布史》，上海社会科学院出版社，1992 年，第 229 页。

[2] 徐新吾：《江南土布史》，上海社会科学院出版社，1992 年，第 53、472、505、553 页。

[3] 根据有关统计，19 世纪末叶常熟农妇每年织布 168 天，20 世纪初江阴妇女每年织布 180 天，上海郊区一个农妇每年织布 200 天，1860 年松江农户中专门从事棉纺织业生产的农村妇女从事纺织的天数多达 265 日，因此说江南各地平均每年每个村妇纺织的时间在 200 天左右。(见徐新吾：《江南土布史》，上海社会科学院出版社，1992 年，第 53、242、243、472、505、553 页。)

[4] 李伯重：《男耕女织与半边天角色的形成：明清江南农家妇女劳动问题探讨之二》，《中国经济史研究》1997 年第 3 期。

[5] 所谓织机二十万台，可能是当时松江府属七邑或上海县邻各邑的总和。以上海县一县而言，五口之家的户数不会超过十万，不可能拥有二十万台织机。

[6] 杜卡特亦称杜卡托，初铸于 1284 年，是威尼斯金币 Daucato 的音译，为欧洲中世纪最通行的金币。16 世纪中叶后，铸造有大型杜卡特银币。上文所指当系银币。

[7] 徐新吾：《江南土布史》，上海社会科学院出版社，1992 年，第 33 页。

[8] 利玛窦著，何高济、王遵仲、李申译：《利玛窦中国札记》，广西师范大学出版社，2001 年，第 420 页。

[9] 李伯重：《江南的早期工业化(1550—1850)》，社会科学文献出版社，2000 年，第 73 页。

能纺絮,十二三岁即能织布,一日之经营,尽足以供一人之用度而有余。"[1]"无论贫富妇女,无不纺织。"[2]"女红自针黹外,以布为恒业。"[3]说明江南乡村妇女劳力绝大部分都从事纺织业。

其次,明后期到清中期50%以上的江南乡村女劳力从事纺织业是保守的估计。关于明清江南人口数量,明前期洪武二十六年(1393年)和清中期道光三十年(1850年)都有较可靠的记载。根据万历《大明会典》卷十九记载,苏、松、常、镇、应天五府1393年606万人口,再根据康熙《浙江通志》卷十五记载,杭、嘉、湖三府明初264万人口,合计1393年江南八府人口870万,到1400年大约900万;[4]清代中期的江南人口,则以道光三十年《户部清册》中江、浙两省人口总数为基数,再根据嘉庆二十五年(1820年)两省人口分布情况,推出江南八府一州1850年人口在3 600万左右。[5] 最后以1393—1600年全国人口年增长率3.8%推得明泰昌元年(1620年)江南人口在2 000万左右。[6] 如果根据徐光启《农政全书》中说的江南"生人之率,大抵三十年而加一倍,自非大兵革,则不得减",则明末江南人口要远远大于2 000万。[7]

关于明代后期与清代中期江南的城市化水平,曹树基教授和李伯重教授的研究结论分别为15%[8]和20%[9]。在明后期2 000万江南人口之中,除掉15%的城市人口300万,再以每户5口人推算,得出从事农业劳动的为340万户;同样,清代中期的3 600万江南人口之中,除掉20%的城市人口720万,再以每户5口人推算,得出从事农业劳动的为576万户。就乡村劳力而言,按每户2人计,则分别为680万人和1 152万人。若每户出女劳力一人,则明后期有340万名江南妇女从事纺织业,清中期有576万名江南妇女从事纺织业。由此可见,李伯重所推算的明后期170万名江南乡村妇女劳力(只占女劳力人数的50%)从事纺织业是较为保守的数字。那么,清代中期300万名江南乡村妇女劳力(只占当时女劳力人数的52%)从事纺织业也是一种较低的估计。

---

〔1〕 尹会一:《敬陈农桑四议疏》,《皇朝经世文编》卷三十六。
〔2〕 (清)许光墉:《枫泾小志》,光绪十七年(1891)铅印本,卷一《食货》。
〔3〕 (清)周凤池、蔡自申:《金泽小志》,乾隆间纂道光十一年(1831)续纂,抄本,卷一《风俗》。
〔4〕 李伯重:《江南的早期工业化(1550—1850)》,社会科学文献出版社,2000年,第39、398页。
〔5〕 李伯重:《"天"、"地"、"人"的变化与明清江南的水稻生产》,《中国经济史研究》1994年第4期。
〔6〕 (清)周凤池、蔡自申:《金泽小志》,乾隆间纂道光十一年(1831)续纂,抄本。
〔7〕 洪焕椿、罗仑:《长江三角洲地区社会经济史研究》,南京大学出版社,1989年,第292页。
〔8〕 葛剑雄主编,曹树基执笔:《中国移民史》第5卷,福建人民出版社,1997年,第424—425页。
〔9〕 李伯重:《江南的早期工业化》,社会科学文献出版社,2000年,第414页。

二、明清江南丝织业从业人数的增长

先看明末清初,主要表现为织机总数增多。

范金民估算明后期江南官营织机约 3 500 台,民营织机 10 000～15 000 台;清代前期(含乾嘉时期)江南官营织机 1 836 台,民间织机可能达到 8 万台。[1] 按照明代官营织机平均每机 4.2 人操作、清代平均每机 3.8 人操作[2],民营织机用工少一些,平均每机 2 人操作计算[3],明末直接从事丝织业生产的织工数为 3 万～4 万人,清前期(含中期)则有 16 万～17 万人。[4] 徐新吾推算清代前期南京、苏州、镇江、盛泽、杭州、湖州、双林、绍兴、宁波诸地有织机 68 900 台,织工约有 213 000 人。[5] 其中,若去掉绍兴、宁波等地的织机数,当与当时实际织工人数相差不大。

再看清代中期,主要表现为民营织机增多。

吴承明先生估计清中叶江宁织机 4 万台以上,苏、杭两地 2 万台以上,加上官营织机台数和湖州、常州、松江织机台数,总数在 8 万台以上。[6] 范金民认为清代中前期江南丝织业又有较大的发展,19 世纪初期江南输往国内市场的各类丝织品相当于 1 400 万匹濮院绸,价值 1 500 万两;从匹数上看增加了 25 倍,从价值上看增加了 38 倍。[7] 具体说来:

一是苏州,织机在万台以上。乾隆《元和县志》称:"在(苏州)东城,比户习织,不啻万家。工匠各有专能,计日受值。"[8]可见乾隆时仅苏州东城工匠就"不啻万家"。特别是民营丝织业较明末清初更为增多。嘉庆九年到十年(1804—1805 年)间苏州大灾,周夔芳等"力募绅富,按户赈恤,全活万众"。[9]

二是杭州,民间丝织业最盛,雍正时人厉鹗说:"杭东城,机杼之声比户相闻。"[10]估计乾隆年间织机至少达万台。[11]

---

〔1〕 范金民、金文:《江南丝绸史研究》,农业出版社,1995 年,第 200—204 页。

〔2〕 许涤新、吴承明:《中国资本主义的萌芽:中国资本主义发展史》第 1 卷,人民出版社,1985 年,第 364 页。

〔3〕 范金民、金文:《江南丝绸史研究》,农业出版社,1995 年,第 201 页。

〔4〕 因为对清代历史分期方法不同(本文分为前、中、后三期),"清前期"这个数字在统计中包含了清中期乾嘉时期的情况,若去掉乾嘉时期的增长数,则清前期江南民营织工实际不足 16 万人。

〔5〕 徐新吾:《近代江南丝织工业史》,上海人民出版社,1991 年,第 56 页。

〔6〕 许涤新、吴承明:《中国资本主义的萌芽:中国资本主义发展史》第 1 卷,人民出版社,1985 年,第 307 页。

〔7〕 范金民、金文:《江南丝绸史研究》,农业出版社,1995 年,第 203—204 页。

〔8〕 许治修,沈德潜、顾诒禄纂:《乾隆元和县志》,《中国地方志集成·江苏府县志辑》14,卷十六《物产》,江苏古籍出版社,1991 年。

〔9〕 (清)顾震涛:《吴门表隐》卷十九,江苏古籍出版社,1992 年。

〔10〕 (清)厉鹗:《东城杂记》,商务印书馆,1936 年。

〔11〕 范金民、金文:《江南丝绸史研究》,农业出版社,1995 年,第 201 页。

三是湖州,明代中后期湖州府城丝织业尚不发达[1],但至乾隆时已有织机 4 000 余台,织工上万人。[2]

四是盛泽镇,当地人以为并峙苏杭,号为诸镇第一。"在乾隆三十五一四十五年间,盛泽镇周围的农村有织机八千多台"[3]。织工不下两三万人。

五是濮院镇,早在万历时,濮院镇就"肆廛栉比,华夏鳞次,机杼声轧轧相闻,日出锦帛千计"。[4] 乾隆时杨树本说:"他邑之织多散处,濮川之织聚一镇,比户操作,明动晦休,实吾衣食之本。……机杼为阖镇恒业。"[5]所以,清中叶该镇有织机上万台,织工三四万人。[6]

六是双林镇,明末清初有居民 3 000 余户,嘉庆、道光间增至近万户。清初镇上有衣庄 70 余所,乾隆时尚存 40 余所,可见产绢之多。估计两镇织机有 3 000 台左右。

七是江宁府,江宁在乾嘉时有织机 3 万台。[7]

综上所述,清代中期江南民间丝织业最为兴盛时,南京、苏州和杭州三大丝织城市的织机总共在 5 万台左右,盛泽等市镇和乡村织机约有 2.5 万台,总计约为 7.5 万台。如果加上镇江、嘉兴等城市和菱湖、乌镇、长安、硖石等市镇及其周围乡村的织机,江南民间织机总数在 8 万台以上。由此可知,从明后期到清中期的两三百年间,民营丝织业力量大为增长。若清代中后期按每机 3 人推算,则清中期江南 8 万台织机,从业人员达二三十万人。所以,李伯重教授认为,如加上丝织业辅助业和丝织品流通行业的从业人数,清中期江南丝织业从业人员总数在 50 万人以上。[8]

三、明清江南纺织业辅助行业从业人数的增长

纺织业的辅助行业很多,如棉纺织业辅助行业有治标布、踹布、服装加工(染匠、踹匠、裁缝匠)等系列,丝织业的辅助行业更多,以缫丝、纺丝、染色、络丝和刺绣业从业人员最多。明清时期,这些辅助行业的主要从业人员也都是当时手工工匠的重要组成部分。这些工匠中,有一部分属于进行简单技术操作的行业雇工,只能属于半工匠的性质。

首先看棉布加工业从业人数。

---

〔1〕 朱新予:《浙江丝绸史》,浙江人民出版社,1985 年,第 104 页。
〔2〕 袁良儒、蒋道龙:《浙江丝绸史辑要》,浙江人民出版社,1985 年,第 21 页。
〔3〕 宋伯胤:《盛泽镇丝织手工业历史调查随笔》,《中国历史博物馆馆刊》1983 年第 5 期。
〔4〕 陈学文:《明清时期江南的一个专业市镇》,《中国社会经济史研究》1985 年第 12 期。
〔5〕 杨树本:《濮院琐志》卷十四《织作》,《中国地方志集成・乡镇志专辑》,江苏古籍出版社,1991 年。
〔6〕 李伯重:《发展与制约:明清江南生产力研究》,台湾联经出版公司,2002 年,第 84—85 页。
〔7〕 莫祥芝:《同治上元江宁两县志》卷七《食货考》,同治十三年刻本。
〔8〕 李伯重:《江南的早期工业化》,社会科学文献出版社,2000 年,第 43—45 页。

明代后期以降,随着江南棉纺织业日益发达,治标布业、踹布业、服装加工业(染匠、踹匠、裁缝匠)从业人数均随之增加。

踹布作坊,开设者叫“作头”,或称“包头”。康熙年间,苏州“踹工多至一二万人”[1]。其经营情况,雍正年间浙江总督兼管江苏督捕事务李卫、署理两江总督史贻直、江苏巡抚尹继善等作过说明:“苏郡五方杂处,百货聚汇,为商贾通贩要津。其中各省青兰布匹,俱于此地兑买,染色之后,必用大石脚踹研光。即有一种之人,名曰包头,备置菱角式样巨石、木滚家伙、房屋,招集踹匠居住,垫发柴米银钱,向客店领布发碾,每匹工价银一分一厘三毫,皆系各匠所得,按名逐月给包头银三钱六分,以偿房屋、家俱之费。习此匠业者,非精壮而强有力不能,皆江南、江北各县之人,递相传授牵引而来,率多单身乌合不守本分之辈……从前各坊不过七八千人……现在细查苏州阊门外一带,充包头者共有三百四十余人,设立踹坊四百五十余处,每坊容匠各数十人不等。查其踹石已有一万九百余块,人数称是。”[2]可见清代前期的苏州,仅城西一带踹布作坊的包头与踹布匠就有 11 240 人。

清代苏州整染作坊中,“自漂布、染布及看布、行布各有其人,一字号常数十家赖以举火。中染布一业,远近不逞之徒,往往聚而为之,名曰踏布房。”[3]清代中期,苏州踹坊有六七百家之多,雇有踹匠万人以上,而过去仅有七八千人。染坊数量也不少,染匠也有万人。染坊、踹坊过多,造成水道污染,乾隆二年(1737 年),地方政府颁布了保护环境、治理污染的专门法令,即著名的《苏州府永禁虎丘开设染坊污染河道碑》。碑文记载元和、长洲、吴县官府告示曰,“因有射利之徒,妄希开设染坊”,致使“满河青红黑紫”,因此“饬将置备染作器物迁移他处开张”[4]。

其次看丝织业辅助行业从业人数。

丝织业辅助行业从业人员很多,以缫丝业从业人员和刺绣业从业人员为主,另外还有以下从业人员:纺丝工(车户、纺经户、掉经娘)——南浔“农人纺经十之六”;络纬工——将纬丝绕到梭管上;牵接匠——牵经接头工;摇经匠——苏州有摇经作坊(熟货生产也);染匠——万历二十九年(1601 年)曹时聘说苏州“染坊罢而染工散者数千人,机坊罢而织工散者数千人”。丝织业辅助行业从业人数甚至不少于织工人数。[5] 如绸缎商人开设账房,用机户为其织造,织挽之前,要加工丝料——纺丝、染色、络丝。其中,络丝交个体户进

[1] 徐新吾、黄汉民:《上海近代工业史》,上海社会科学院出版社,1998 年,第 4 页。
[2] 江苏省博物馆:《江苏省明清以来碑刻资料选集》,三联书店,1959 年,第 53 页。
[3] 《乾隆长洲县志》卷十,《中国地方志集成·江苏府县志辑》,江苏古籍出版社,1991 年,第 5 页。
[4] 苏州历史博物馆:《明清苏州工商业碑刻资料集》,江苏人民出版社,1981 年,第 71—73 页。
[5] 《明神宗实录》卷三六一,万历二十九年七月丙午日,上海书店,1984 年。

行,工匠在商人支配下于自己家中进行丝料加工。络工“日络三四窠,得钱易米,可供一日食”[1]。1913 年苏州开业帐房 57 家,支配机户 1 000 家,共有织机 1 524 台,使用男女工徒 7 681 人,平均每机 5 人。[2] 江南缫丝业从业人数的变化,与整个丝织业的发展同步而行。近代刺绣业从业人数的增长则是异军突起,后来居上。

再次是清末民初传统纺织业转型与现代纺织工人出现。中国纺织业的发展,进入了传统纺织业衰退与现代丝织业兴起的转型期。与此同时,传统的纺织工匠出现减少的趋势,而现代纺织业工人队伍则开始成长起来。根据范金民教授的研究,清末同治、光绪以后,江南丝织业总体上是处于衰退之中。南京、苏州和杭州三大城市的民间丝织业衰退尤为明显。在同治十一年到十二年(1872—1873 年),因同治大婚典礼需用缎匹浩繁,南京缎机添至16 700余张。光绪六年(1880 年),据统计只有织机 4 500 张,从业者 7 600 余人。光绪十一年(1885 年)为 8 367 张,次年底稍稍上升到 12 281 张。苏州织机在光绪六年(1880 年)降为 8 000 台,清亡时仅为 7 000 台。杭州的情形与苏州相似,太平天国运动期间机户“幸存者不过数家”,光绪六年(1 880 年)增加到 3 000 台左右。总计三大城市的民机到清亡时大约只有以前兴盛时的一半[3],江南传统的纺织工匠自然也大大减额,一部分纺织业从业人员开始向现代纺织业工人转变。如《马关条约》签订后,德商瑞记纱厂就有佣丁 1 000 人。与近现代棉纺织业工人队伍出现同时,近现代丝织业工人队伍也在清末民初产生了。如 1914 年莫觞清创建的久成织丝集团,佣工就达 3 700 人。[4] 这些新式纺织业工人,大多是直接来源于江南传统纺织工匠。

四、晚清工业人数增长与江南早期工业化社会之形成

1. 西方早期工业化时期工匠与工人数量情况

根据法国著名史学家费尔南·布罗代尔的研究,17 世纪初期的欧洲7 000万居民中,有两三百万工匠。他说:“如果城市人口占总人口的10%,即600 万～700 万,若说有 200 万～300 万工匠,即占城市人口的三分之一或二分之一。”威尼斯的情况特殊,兵工厂工人 3 000,毛纺工人 5 000,丝织工人5 000,总共有工匠 13 000 人。再把他们的家属包括进去,就占这个城市 14 万人中的 5 万人。这个数字“还不包括各种各样的私人造船厂里的工人,以及整个泥水匠大军”。“还应该把制毛毯工人也算进去。在离城市更远一些的

〔1〕 陈作霖:《凤麓小志》卷三《记机业》,光绪年间江宁陈氏可园刊本。
〔2〕 (民国)曹允源、李根源:《吴县志》卷五一,苏州文新公司,民国二十二年铅印本。
〔3〕 范金民、金文:《江南丝织史研究》,农业出版社,1995 年,第 204 页。
〔4〕 徐新吾、黄汉民:《上海近代工业史》,上海社会科学院出版社,1998 年,第 83、153 页。

地方,还有磨坊工人。……除此之外,还应该再加上铜匠、铁匠、首饰匠、制糖技工、穆拉诺的玻璃工人、吉乌德卡的皮革工。此外还有大批其他工匠,例如印刷工人。16 世纪威尼斯印刷的书籍占欧洲的一大部分。”“在这个总数里还应加上农村的工匠。每个村庄不论人口多少,总有工匠的存在,总有工业活动为副业。……16 世纪的乡村工业在人数方面即使不在质量方面也在收入总量方面,与城市工业处于同等地位。没有任何事实证明这一点,也没有任何事实否认这一点。至多有 300 万的农村居民和 300 万城市贫民加在一起,也就是与市场经济相联系的手工作坊的世界。”〔1〕

这段话包含了三个早期工业化时期工商业人口指标:一是 700 万城市人口占城乡总人口的 10%,而 300 万城市工匠占城市人口的 42.85%;二是 300 万乡村工匠人数占乡村 6 300 万总人口的 4.76%;三是农村工业人数与城市工业人数共计 600 万,占城乡总人口的 8.57%。由此可见,西欧在城市人口占城乡总人口的 10%的情况下,乡村工匠占乡村人口的 4.76%左右,农村工业人数与城市工业人数占城乡总人口的 8.57%左右,正是欧洲进入早期工业化的关键指标。这一关键指标为我们确定明清江南早期工业化社会的形成和发展提供了重要的参照。

2. 明清时期江南工匠与工人队伍的壮大

首先看明代前期:明代前期官手工业工匠人数,轮班匠以景泰五年(1454 年)289 000 人〔2〕为基本数,住坐匠以永乐年间(1403—1424 年)北京 27 000〔3〕人和嘉靖九年(1530 年)南京 7 600〔4〕人为基本数,军匠以宣德年间(1426—1435 年)26 000 人〔5〕为基本数,工匠共计 349 600 人。再按当时“一匠五夫”(即每个工匠配 5 名工匠助手,称匠夫,为半工匠)的夫役旧例计算,可以得出 349 600 名工匠和 1 748 000 名民夫数,两者相加为 2 097 600 人。据此估算,明朝洪武二十六年(1393 年)全国人口为 1 065 万户、6 055 万人,其中官府手工业所占用的劳动力约为 2 097 600 人,约占全国总人口的 3.46%。若按每户一个劳动力计算,明代前期官手工业工匠及匠夫人数占全国总劳力的 20%左右。这个数字略高于《中国资本主义的萌芽》中 17%的估算结果。该书列出《明代前期在籍工匠人数表》,认为官手工业占有工匠 30 万人左右,加上每个工匠配 5 名工匠助手计 150 万,便有占全国人口 3%(即 30+150=180 万人左右)和占全国家庭劳动力 17%(按一户一匠计)的人在官

〔1〕 [法]布罗代尔著,唐家龙等译:《菲利普二世时代的地中海和地中海世界》上卷,商务印书馆,1996 年,第 615—617 页。

〔2〕《明英宗实录》卷二四〇,景泰五年夏四月甲辰日,上海书店,1984 年。

〔3〕《明英宗实录》卷一一四,嘉靖九年六月甲子日,上海书店,1984 年。

〔4〕(明)申时行重修:《大明会典》卷一八九《工匠》,江苏广陵古籍刻印社,1989 年影印本。

〔5〕(清)张廷玉:《明史》卷一七五,中华书局,1974 年。

手工业部门服役。[1]

但这个数字未包括商品化生产的乡村家庭纺织业劳力，也没有算入工匠助手的人数。而且，明清江南地区家庭纺织业多是男女劳力一起投入的，所以其劳力数应是户数的两倍。如果将上述3.46%乘以2(即增加一倍)，则为6.92%，与欧洲早期工业化时期城乡手工业人数占城乡总人口的8.57%相差不大。

再根据上文对江南纺织业从业人数的论述看，仅以50%的乡村妇女劳力从事棉纺织业计算，明代后期乡村棉纺织业妇女也有170万[2]，再相应地加上明代后期江南地区男性手工业劳力170万，共340万，占明后期(1620年)江南2 000万总人口的17%，比明前期增加了2.5倍。

同样仅以50%的乡村妇女劳力从事棉纺织业计算，清代中期乡村棉纺织业妇女288万，对应加上清代中期江南地区男性手工业劳力288万以及丝织业劳力50万，共计626万，则其约占清中期(1850年)江南3 600万总人口的17.4%，比明前期增加了2.6倍。

可见明代后期到清代中期江南乡村手工业劳力数量一直呈增长趋势，工匠与工人队伍日益壮大是无疑的。加上城镇工商业人口，明后期(1620年)300万(以15%比例推算)，清中期(1850年)720万(以20%比例推算)，分别得出明后期640万和清中期1 346万的数量，分别占明后期总人口的32%(而17世纪欧洲只有10%)和清中期总人口的37.4%。这正是早期工业化社会形成的一个核心标志。

3. 江南早期工业化社会形成的有关指标

工业化有广义和狭义之分，狭义的工业化是指一个国家由农业国向工业国转化的过程，而广义的工业化则是指“发展”与“现代化”。[3] 对于狭义的“工业化”定义，美国经济学家W. W. 罗斯托说：“工业产品和劳动力结构，以及人口居住发生的重要的变动，一般都归结于工业化和城市化。”[4]1971年，诺贝尔经济学奖获得者库兹涅茨说：“产品的来源和资源的去处从农业活动转向非农业生产活动，即工业化的过程；城市和乡村之间的人口分布发生变化，即城市化的过程。”[5]英国经济学家汤姆·肯普说，工业化“根本的特点在于劳动力和资源从农业(粮食生产)转向工业制造及有关部门”。“非农业人

---

〔1〕 许涤新、吴承明：《中国资本主义的萌芽：中国资本主义发展史》第一卷，人民出版社，1985年，第114—115页。

〔2〕 从事纺织辅助行业、建筑营造业、食品加工业和器具制造业等行业，按明初工匠6.92%比率推算为134万，明中后期增加是肯定无疑的。

〔3〕 蔡思复等：《发展经济学概论》，北京经济学院出版社，1991年，第202—203页。

〔4〕 W. W. 罗斯托：《从起飞进入持续增长的经济学》，四川人民出版社，1988年，第26页。

〔5〕 [美]西蒙·库兹涅茨：《现代经济增长》，北京经济学院出版社，1989年，第1页。

口不断增长,从事粮食和初级产品生产的人口在有些阶段反而下降。""随着'非农业化'的发生,居住在城市地区的人口急剧增加。"[1]

工业化应是一个渐进的过程,工业革命以前有一个"前工业时期"。前工业时期的西方,特别是英国的技术进步和工业增长称为"前工业化"或"原始工业化",主要指乡村工业化。早期工业化的原工业化时代和工业化初期阶段,既是工业化的准备时期,又是工业化发展过程的组成部分。西欧发达国家的早期工业化大约是在16—19世纪进行的。其中,16—18世纪西欧开始从封建社会向资本主义社会,从传统农耕社会向现代工业社会转变,被西方史学界称为"原工业化时代"。乡村工业在农业部门之外开辟了新的产业领域,这个领域与传统农业的一个显著区别是以资本而不是以土地为主要资源。资本是可以再生的,而且是直接通过人的劳动创造出来的,这样就从根本上改变了人口或劳动力与资源的关系。

在探讨西欧工业化的动因时,国内外学者争议颇大,有皮朗的"贸易根源说"、波斯坦的"新人口论"、布伦纳的"阶级斗争推动说"、瓦勒斯坦的"世界体系论"和诺斯的"产权革命说"以及"农民个人力量说""城市主导论"等主要观点。但另一些学者在探讨工业化的起源时又发现:"工业世界的孢子——乡村工业"业已存在于农耕世界,它的孕育、产生和发展奠定了"现代化基石"。[2] 广大乡村农民将农业与手工业相结合,亦工亦农,生活在"二元经济"之中。

作为早期工业化第一发展阶段的原工业化时期,正是乡村工业将大批附着于土地的农民"解放"出来,使之成为提供工业劳动力的工资劳动者和半工半农者,解决了人口增长与土地数量不足之间的矛盾。劳动力资源由传统农业部门向工商业部门转移,将农业中多余的劳动力转移到工商业,又为工业品创造出容量更大的市场。所以,根据当时的人口职业构成,可以直接透视早期工业化社会的性质特征。

根据西方学者哈瑞森《普通的人民——从诺曼征服到现在的历史》介绍,1350年以前,英格兰村庄分布了数量惊人的手工业者,例如木匠、铁匠、马具匠、屋顶匠、车夫、漂洗工、染工、制皂者、硝皮匠、制针匠、黄铜匠等,多来自小土地持有者阶层。村庄手工业者和工资劳动者的人身依附关系较弱,前者经济地位比后者高。他们也是农民和商人,用贸易中赚取的利润经营起比邻居规模更大的农业。在14世纪晚期的人头税调查册上,常常可以见到农村中的铁匠、木匠、制革匠、鞋匠、裁缝、屠夫、织工和剪刀匠的名字。14世纪中叶到1520年,德比郡雇工队伍增长了;到16世纪末,雇工人数已超过一半。这大

〔1〕[英]汤姆·肯普:《现代工业化模式——苏、日及发展中国家》,中国展望出版社,1985年,第5页。
〔2〕袁芳:《原工业化时期乡村工业对英国农村人口的影响》,《文史杂志》2003年第2期,第58页。

概是个别地区的情况。[1] 就不列颠全国而言,哈瑞森肯定地说,到16世纪,雇工人口相当于乡村全体人口的25%～30%。[2]

根据迪恩和科尔《英国的经济发展:1688—1957》介绍,18世纪中叶以前,农业是英国国民经济的基础产业。1688年前后,制造业、矿业和建筑业加在一起,仅创造国民收入的21%。当时的工业还处在手工工场和家庭作坊阶段,大部分分散在农村。农业和手工业还没有完全分离,许多农民同时又是手工业者,他们农忙时务农,农闲时做工。手工业所需要的原料就产在农村,所需动力是风力、水力或者畜力。当时在英国工业中大约占30%的毛纺织业也大多分散在农村。全国经济生活的重心在农村,全国人口的绝大多数也生活在农村,1750年农村人口约占全国人口的3/4。这种情况在18世纪中前期无大改变。19世纪六七十年代开始工业革命以后,由于机器生产取代了手工劳动,工厂取代了手工工场和家庭作坊,蒸汽机成了万能的动力机,工业摆脱了对风力和水力等自然力的依赖。[3] 工业生产的机械化和工厂化使工业生产率提高的速度远远超过了农业,工业和与之有关的采矿、建筑、商业、交通运输行业迅速发展,在国民经济中的比重很快超过农业。

相比之下,明代后期历清代前期到清代中期的江南,正处在早期工业化的第一个发展阶段——即所谓的"原工业化时代",这从以下几个数据中可以得到充分说明。

一是从江南乡村工业从业人数比率看,明后期为17%,清中期为17.4%,远高于17世纪欧洲的工业人数4.76%的比率。

二是从城市人口占总人口的比率看,采用比较保守的说法,明后期为15%,清中期为20%,均高于17世纪欧洲的城市人口10%的比率。清代中期,苏州、南京、杭州在当时是工商业发达的大城市,拥有大批的工匠和其他各类手工业人口。据沈寓《治苏》记载,清代中期苏州府城人口在百万以上[4],无疑是当时全国最大的和工商业最发达的城市之一。南京城市人口在乾隆年间可能达到85万。至咸丰三年(1853年),"南京城中的在籍人口'几九十万',加上不在籍者,人口当超过100万"。除了大城市以外,江南地区的中小城市和众多的市镇工商业都非常发达。清代前期江苏城市人口等级模式如下:"小市镇约2 000人,县城及中等市镇约1.2～1.5万人(县城计作1.2万人,中等市镇计作1.5万人)、府城及大市镇约5万人,中心城市的人口规模

[1] [英]哈瑞森:《普通的人民——从诺曼征服到现在的历史》,FLAIMINGO出版社,1985年,第69—70页,第129页。
[2] 袁芳:《原工业化时期乡村工业对英国农村人口的影响》,《文史杂志》2003年第2期,第60页。
[3] [英]迪恩、科尔:《英国的经济发展:1688—1957》,剑桥大学出版社,1964年,第156页。
[4] 沈寓:《治苏》,(清)《皇朝经世文编》,《近代中国史料丛刊》,台湾文海出版社有限公司,1972年。

从15万至85万不等。苏南三级市镇之间的人口级差,大约为5倍。”在小市镇之下,江南地区还分布着大大小小几百个“市”,有些“市”因人口众多,已经达到了镇的标准。[1] 所以刘石吉认为,清代强盛时期江南城镇人口在总人口中的比重约为20%,而乾隆时苏州府吴江县城镇人口占总人口的比率为35%。[2]

三是从江南城镇工业从业人数比例看,略低于17世纪欧洲的城市工业人口比例。从明代中后期至清代中期,江南城镇手工业、商业和服务业均有长足发展。“清代乾隆年间,江南地区的城市和大小市镇达五六百个以上,手工业、商业和服务业的各种行业数以百计。”[3]全面估算在这些城镇和行业中就业的雇佣劳动者,无疑是困难的,但从一些市镇人口的历史记载中还是能够看出江南城镇工业人口的大致比例。如乾隆初年,苏州木渎镇有制酒“烧锅者二千余家”,“日耗米万石”,[4]当时木渎镇的总户数也不过两三千户,仅制酒工业人口至少占总人口的50%。又如同治年间,苏州周庄镇全镇居民5 000余人,其中作坊店铺雇工1 000余人,占20%左右。[5] 李伯重教授估计清中期(1850年)江南城镇人口720万,以20%工商业人力比例计算,则江南城镇雇工为150万人。[6] 这只反映江南中小市镇的情况,在苏州、南京、杭州等大城市中,工商业人力则远远大于这个比例,估计接近17世纪欧洲的城市工业人口的比例,但总比例要低于欧洲的42.85%则是肯定的。

四是从现代工人队伍形成上看,随着晚清现代工业在江南的兴起,现代工人阶级群体也在江南正式出现。江南及其周边地区大量高水平的熟练工匠是江南现代技术工人的直接来源,江南各大城市形成了中国最集中的廉价劳动力市场。特别是晚清上海和无锡,迅速成了江南新兴的工业中心城市和发达的工业劳动力中心市场。

上海开埠虽在鸦片战争后,但其工商业龙头都市地位的形成却与明代以来松江府深厚的农业基础和发达的工商业经济一脉相承。徐光启在《农政全书》中说:“陶宗仪〈南村〉称松江以黄姬故,有棉布之利。而仲深(邱濬字)先生亦云,其利视丝枲百倍。此言信然。然其利,今不在民矣。尝考宋绍兴中(1134年左右),松郡税粮十八万石耳,今平米九十七万石,会计,加编,征收,耗剩,起解、铺垫,诸色役费,当复称是,是十倍宋也。壤地广袤,不过百里而遥;农亩之入,非能有加于他郡邑也。所繇共百万之赋,三百年而尚存视息

[1] 曹树基:《清代江苏城市人口研究》,《杭州师范学院学报》2002年第4期,第53页。
[2] 刘石吉:《明清时代江南市镇研究》,中国社会科学出版社,1987年,第136—137页。
[3] 方行:《清代前期江南的劳动力市场》,《中国经济史研究》2004年第2期,第4页。
[4] 罗仑:《苏州地区社会经济史(明清卷)》,南京大学出版社,1993年,第469页。
[5] 方行:《清代前期江南的劳动力市场》,《中国经济史研究》2004年第2期。
[6] 李伯重:《江南的早期工业化(1550—1850)》,社会科学文献出版社,2000年,第417页。

者,全赖此一机一杼而已。非独松也,苏、杭、常、镇之币帛枲纻,嘉、湖之丝纩,皆恃此女红末业,以上供赋税,下给俯仰。若求诸田亩之收,则必不可办。"[1]

上海城市人口 1893 年已达 90 余万,1913 年上海已经有 120 万人口,此后至 1915 年,平均每年增加 14 万人。[2] 上海新增加的主要是工商业人口,其中工业人口又占了 50%以上的比例。仅以上海公共租界为例,1876 年华人数量为 9.5 万余人,1885 年已有 12.5 万余人,1895 年达到 24.1 万余人。[3] 1930—1936 年增长的 452 982 人之中,产业工人有 210 707 人,占人口增长总数的 46.6%,另有 39 000 人进入剩余劳动力市场(即无业人口),加起来占增长总数的 55.2%。[4] 无锡地处沪宁铁路和江南运河的中心,据估计清末人口达 20 万左右,也已是一个大型的工商业城市了。[5]

综上所述,可以认为江南早期工业化社会形成于明末清初,此后到清末民初是江南早期工业化社会发展的时期。其中,清末民初已开启了江南工业现代化发展的历史进程,早期工业与现代工业并存,标志着江南早期工业化社会已开始向工业现代化社会转变(将另文论述)。从明末清初开始的江南早期工业化时期,包含了人们常说的原始工业化阶段和工业化初级阶段,主要指在以动力机器为基础的近代工业产生之前,以商品生产为目的,以手工工具为基础,程度不同地在手工作坊、手工工场,或在家庭内与农业生产相结合的工业生产时期。它是家庭手工业到现代机器工业的过渡形态。它与自给自足的家庭手工业的共同点在于它们都是手工业,都是手工形态的工业生产;不同点在于它是商品生产,属于市场经济,从一开始就是为了出售,而自给自足的家庭手工业则主要为了自给,自给有余才出售。它与近代工业的共同点在于都是商品生产;区别在于它是手工生产,而近代工业是动力化的机器生产。原始工业化阶段和工业化初级阶段虽然有区别,但其共同的本质特征,除了都表现为商品性生产以外,还特别表现为工业生产者在工业生产过程中技术科学化(即经验型技术向科学型技术转变)与科学技术化(即科学理论转化为生产技术)的继承性和延续性。[6]

---

〔1〕 (明)徐光启:《农政全书校注》卷三十五,上海古籍出版社,1979 年,第 969 页。
〔2〕 邹依仁:《旧上海人口变迁的研究》,上海人民出版社,1980 年,第 90—91 页。
〔3〕 [美]霍塞:《出卖的上海滩》,商务印书馆,1952 年,第 69—70 页。
〔4〕 邹依仁:《旧上海人口变迁的研究》,上海人民出版社,1980 年,第 90—118 页。
〔5〕 曹树基:《清代江苏城市人口研究》,《杭州师范学院学报》2002 年第 4 期。
〔6〕 余同元:《传统工匠的现代转型》,《光明日报》2005 年 7 月 20 日(理论版)。

明末清初到清末民初：江南产业技术理论化的差异性与关联性研究[1]

产业技术理论化主要指江南及其周边地区传统工业技术由经验形态向理论形态转变的过程。它以传统工业文献的形成及其科学内涵的增加为主要标志。本文对明清江南及其周边地区200多种工业科技文献的生成及其作者、版本、内容等进行初步的分期分类研究，梳理其科学理论化内涵，分析其技术科学化的意义，以讨论江南及其周边地区在明末清初和清末民初两个时期工业技术理论化的外在差异性和内在关联性，旨在揭示明清江南区域社会经济由传统向现代转型的基本脉络。

一、区域工业化进程中产业技术理论化及其意义

现代化是一个历史过程，是一个由传统社会向现代社会转型的整体过程。在这个整体过程中，区域工业化是人们首先关注和研究的重点。作为区域现代化根本标志的区域工业化，一般都要经历早期工业化和工业现代化两个阶段。近代欧洲就经历了从16世纪开始到19世纪中后期的350年左右的动荡时期，即是西方工业化的早期阶段。[2] 从科学技术驱动区域工业化发展的角度看，早期工业化过程与工业现代化过程，本质上就是技术科学化过程和科学技术化过程。所谓技术科学化是指经验性技术或技术的经验形态向理论知识形态转变，属于早期工业化的重要标志；所谓科学技术化是指新的理论知识通过教育等手段转化为新的技术，是工业现代化的重要特征。

传统产业技术主要是一种经验型的技术，产业技术的理论化进程显示着传统社会向现代社会转型中区域经济发展的内在动力与外在表现。每个社会在早期现代化过程中，都要经历以经验性技术向理论性技术转变为核心基础和根本标志的早期工业化阶段。明清江南早期工业化进程中，也有一个经验性技术发展到科学性技术的技术转型过程。[3] 传统产业技术转型中的技

〔1〕 原文刊于《明清论丛》第9辑（北大与故宫博物院主办），紫禁城出版社2009年版，第307—321页。

〔2〕 [英]罗伯特·杜普莱西斯著，朱智强等译：《早期欧洲现代资本主义的形成过程》，辽宁教育出版社，2001年，第1—7页。

〔3〕 余同元：《传统工匠的现代转型》，《光明日报》2005年7月30日（理论版）。

术科学化和科学技术化过程，可以是分阶段完成的，也可以是同步完成的。只是在中国明清江南地区表现出一定的历史阶段性：大体说来，技术科学化阶段大约从明代后期嘉靖、万历以后开始发轫，表现为明末清初工匠和学者撰写科技著作的明显增多；以江南地区的职业技术教育兴起为主要标志的科学技术化则普遍兴起于清末民初。从地域范围论，中国明末清初到清末民初产业科技的发展和走向现代化，领风气之先又独占龙头地位的当然是江南及其周边地区。

科学与技术之间始终呈现着复杂的互动关系，这种关系的发展，在不同的历史时期具有不同的特点，从而在根本上决定了人类社会历史发展进程的时代性特征。美国社会学家默顿(Robert King Merton)在他著名的博士论文《十七世纪英格兰的科学、技术与社会》中认为，17 世纪英国的工匠传统和培根所倡导的实验科学，有力地推动了近代科学的实质性变革并使科学更加具有实用价值。在 17 世纪的英国，经验主义和功利主义渐成教育的主调，职业技术教育迅速发展，从而大大推动了技术科学化和科学技术化的历史进程。“人们所熟悉的科学活动的主要根基不在于学识渊博的大学传统，而往往在于已有的技艺之中，他们全部严格依赖于往往由工匠们帮助引进新的科学实验程序和新的仪器。”[1]这就是“默顿命题”中的一项重要内容[2]，即 17 世纪的工匠传统与实验科学开始结合并推动了近代科学发展，它一方面促成了长期分离的学术理论传统与工匠经验传统的联姻，另一方面又促成了科学理论的技术化及科技主体的社会化运动。

首先，推动了中国传统科学的现代转型。

传统工业技术主要是一种经验型的技术。传统工匠或传统工业技术转型，首先是指工匠经验型技术向理论型技术转化的技术形态之间的转型，呈现出“生产—技术—科学”的序列关系，即所谓工匠经验技术的科学理论化(简称科学化，其主要标志是较多的工匠著作及其数理化趋势的出现)。随着西方资本主义国家技术的大量引进，又有了上述三种技术形态自身的转型和技术要素系统整体转型的开始。特别是知识形态的技术一旦产生，导致职业技术教育的发展，从而对科学的技术化发挥前所未有的催化作用。所以，在近代前期的历史上主要是“生产—技术—科学”的序列关系(即技术科学化)，只有到了近代中期以后才开始有了“科学—技术—生产”的序列关系(即科学

---

〔1〕 [美]库恩著，纪树立译：《必要的张力》，中华书局，2002 年，第 116 页。

〔2〕 默顿在发表于 1938 年的博士论文《十七世纪英格兰的科学、技术与社会》中，试图解释英格兰的科学为什么在 17 世纪突飞猛进，这个解释被称为“默顿命题”。详见默顿著，范岱年等译：《17 世纪英国的科学技术与社会》，第 20—31 页，第 46 页。参见徐道稳：《科学与社会的互动——“默顿命题”评析》，《深圳大学学报》1998 年第 1 期，第 83—89 页。

技术化，其主要标志是职业技术教育的兴起与生产动力化的出现）。一旦经验性技术或技术的经验形态向理论知识形态转变（简称技术科学化），新的理论知识通过教育等手段转化为新的科学性技术（简称科学技术化），传统工匠的生产技术便在这个双向互化的过程中实现了最后转型，其相应的社会角色也发生了新的变化。〔1〕

其次，促进了传统工匠技术的现代转型。

工匠，作为传统社会的技术主体，不仅是传统社会中工业财富的直接创造者，也是科学技术的重要创造者、实践者和传承者。工匠传统直接带来技术发展，不仅可以提升科学理论，而且还承担着传统社会中创造发明的职责。传统工匠的技术转型主要包含技术科学化（以工匠著作的数量增多和科技含量增加为标志）和科学技术化（以新型职业技术教育和机器工业兴起为标志）两项内容。这两项内容的实现，可以是分阶段完成的，也可以是同步完成的。在中国明清江南地区，技术科学化阶段大约从明代后期嘉靖、万历时期发轫，表现为工匠和学者撰写科技著作的明显增多。从地域范围论，明代后期的科技复兴，领风气之先又独占龙头地位的当然是江南及其周边地区。

技术科学化进程的开启也就是传统工业科技现代转型进程的开端。“技术”(technology)本义指专门的手段和方法体系。这种手段和方法是经过反复练习，达到一定的熟练程度，而获得的经验、技能和技艺，或者说是人类为实现社会需要而使用的手段、方法和技能的总和。主要有三种表现形态：一是“人化”形态，亦称主体技术或人化技术。二是“物化”形态，表现为以实物为载体的、为实现某种目的的物质手段或物质手段体系的总和。三是“知识”形态，亦称书本技术或理论技术，它是以语言、文字、图形或符号等要素来表达的技术。技术是这三种形态的有机统一体，是为实现某种现实的人类活动目的而将劳动技能、方法和规则、劳动手段与技术知识等要素以一定方式结合而成的有机系统。所谓技术转型则是指技术的三种形态及系统结构的转化。一般说来，上述三种技术形态的转变是彼此互动、相辅相成的，但知识形态的技术转型起主导作用。尽管其相互之间的作用有主次先后，而且在不同国家不同区域有不同的表现，但基本上都有一个渐次发展的过程。在明末到清末的江南地区，在这三种技术形态转变过程中，经验型技术上升到理论型技术的技术科学化过程是整个技术转型的枢纽。

再次，推动了江南早期工业化与早期现代化进程。

现代化是一个历史过程，是一个由传统社会向现代社会转型的过程。在这个过程中，区域工业化是人们首先关注和研究的重点。英国学者认为近代

〔1〕 王树松：《从近代科学技术发展历史辨析科学与技术的关系》，《高师理科学刊》2002年第4期，第100页。

早期的欧洲，经历了从16世纪开始到19世纪中后期的350年左右的动荡时期，即西方工业化的早期阶段。[1] 说明与现代化历史分期相对应的是，工业化也分早期工业化与工业现代化两个发展阶段。早期工业化时期相当于早期现代化时期。工业现代化“是指在一国或地区的经济现代化过程中，在现代科学技术的推动下，新兴工业部门不断产生和增长、原有的工业部门持续变革和发展，并由此导致工业结构变化和整体工业生产力水平提高、最终达到现今世界先进水平的过程”[2]。

明清江南早期工业化进程中，有一个经验性技术发展到科学性技术的技术转型过程。吾淳在《古代中国科学范型》中认为，中国古代知识活动中有着深刻的工匠因素，因而经验特征与技术特征特别突出。“经验特征与技术特征息息相关且成正比关系。如果说技术乃是知识主体运用其知识的样式以及这种样式在成果或产品上的体现，那么经验则是这种样式在思维或工作方式上的具体展开。”技术更多地表示着作为物化的知识方面，而经验则更多地表示着作为精神活动的思维方面。古代中国的知识是“经验”的，古代希腊的知识是“理论”的。

每个社会在早期现代化过程中，都要经历以经验性技术向科学性技术转变为核心基础和根本标志的早期工业化阶段。“经验特征的突出同时也表明在知识活动中有深刻的工匠因素。因为按照常规，学者在主流上多占有理论，而工匠在主流上则更依赖于经验，这是与其所接受的训练密切相关的，工匠这一阶层很难享受到文字训练的权利与机会，因此必然会导致对经验的亲近和对理论的疏离这样一种结局，或者说必然会导致稀释理论浓度、增加经验成分这样一种结果。”[3]经验型技术向科学理论型技术转型的同时，技术主体也开始由经验型向经验与理论结合的素质型生产劳动者转变，从而实现传统工匠角色向现代技术工人和工程师角色的转换。

二、明中期至明末清初江南产业技术的文本化

产业技术理论化的首要标志是经验技术的文本化。所谓产业技术文本化，是产业技术理论在学科化之前以多种文本形式流传的过程，特指某一产业技术由经验技术上升到理论技术再形成技术著作与科技文献的过程。产业技术文本文献数量的增长是衡量产业技术理论化水平的刻度尺。

---

〔1〕 [英]罗伯特·杜普莱西斯著，朱智强等译：《早期欧洲现代资本主义的形成过程》，辽宁教育出版社，2001年，第1—7页。

〔2〕 陈佳贵、黄群慧：《工业现代化的标志、衡量指标及对中国工业的初步评价》，《中国社会科学》2003年第3期，第18—28页。

〔3〕 吾淳：《古代中国科学范型》，中华书局，2002年，第19页。

中国工业文献到底有多少？笔者在《中国传统工业文献的初步统计与明清江南工业著作的地域分布》一文中作过初步统计，20世纪20年代前，除翻译西方科技书以外，现存中国传统的工业科技文献尚有550多种。其中，属于明代中期1520年以前的为116种，占总数的21%；1520年以后的434种，约占总数的79%，是1520年以前的3.7倍。将1520年到1920年全国434种工业科技著作，分别扣除佚书、作者佚名，或无法查对籍贯，或姓名无考者，剩下371种(全国书数)。在这371种(全国书数)书中，作者为江南籍贯或在江南生活或写江南八府一州(苏、松、常、杭、嘉、湖、宁、镇、太仓八府一州)之事的工业科技书有209种，占1520年到20世纪20年代全国371种工业科技书数的57%，占江南及其周边地区299种工业科技书的70%。由此可见，16世纪20年代到20世纪20年代，江南区域工业生产的经验技术上升到理论技术和科学技术的速度，不仅遥遥领先于全国其他地区，而且在本区域内也是空前未有的。从这种工业书在各大行业部门的分布情况看，在明末清初到清末民初这一历史时期，除了新兴电力工业书和化学工业书多译自欧、美、日等国以外，其余每个工业部门内的科技著作，主要都由国内学者专家研究撰写，而且大都与此前的科技著作一脉相承，特别是在类型数量和科技质量上大大提高，出现了明显的技术科学化趋势。〔1〕

这里对明清(泛指明代中期到清末民初)江南及其周边地区209种工业科技著作做进一步甄别和增补，仍为209种，分为“器械制造业(含铸造业)”“建筑营造业”“水利工程业”“纺织印染业(含踹印、缫丝、刺绣等纺织辅助业)”“食品工业”“车船业”“文具业”“陶瓷业”“综合工艺杂业”等九大系列〔2〕，分为明代中期至明末清初和清代中期至清末民初两个阶段进行分类统计。

先看明代中期至明末清初(大致将天启年间到康熙年间称作“明末清初”)阶段江南及其周边地区工业科技著作文本增长情况。

1. 铸造与制造业(12种)

万历　乐青　赵士祯　《车铳议并图》

万历　乐青　赵士祯　《神器谱》

万历　金山卫　侯继国　《两浙兵志》

---

〔1〕 余同元:《中国传统工业文献的初步统计与明清江南工业著作的地域分布》,《明清时期江南社会史研究》,群言出版社,2006年,第1—52页。明末已有西方工业科技书翻译介绍到中国,大约到江南制造局大规模译书,西方工业分类法才开始被中国学术界普遍接受,但到20世纪20年代中国建筑营造学社成立后采用的工业分类法研究传统工业,还是土洋结合,以土为主,不过此时中国现代工业科技研究已成为独立的工学学科,主要标志有1928年上海商务印书馆出版《工程丛书》和其后上海商务印书馆出版《工学小丛书》(收录当时出版的工业科技书120多种)。

〔2〕 清末江南制造局翻译40多种西方工业书与北京古籍出版社2002年版王世襄先生收集的70多种《清代匠作则例》等未列入。

万历　歙县　毕懋康　《军器图说》
万历　秀水　盛万年　《岭西水陆兵纪》
万历　上海　徐光启　《守城制器疏稿》
天启　归安　茅元仪　《武备志》
崇祯　新安　程子颐　《武备要略》
明末　苏州　薄珏　《浑天仪器图说》
明末清初　吴县　孙云球　《镜史》
清初　义乌　傅禹　《武备志略》
康熙　苏州　薛熙　《练阅火器阵纪》
2. 建筑营造业(10 种)
嘉靖　苏州　张问之　《造砖图说》
隆庆　新安　黄成　《髹饰录》
万历　南京　午荣　《鲁班营造正式》
万历　扬州　周嘉胄　《装潢志》
明末　吴江　计成　《园冶》
明末　苏州　文震亨　《长物志》
清初　昆山　顾炎武　《历代帝王宅京记》
清初　杭州　李渔　《一家言居室器玩部》
清初　江宁　黄周星　《将就园记》
清初　鄞县　万斯同　《庙制图考》
3. 水利工程业(28 种)
弘治　贵溪　姚文灏　《浙西水利书》
嘉靖　吴县　伍余福　《三吴水利论》
嘉靖　昆山　归有光　《三吴水利录》
嘉靖　昆山　归小宁　《三吴水利附录》
嘉靖　吴江　沈啓　《吴江水(利)考》
万历　上海　王圻　《东吴水利考》
万历　秀水　黄承元　《河漕通考》
万历　江南　仇俊卿　《全修海塘录》
明代　华亭　张内蕴、周大韶　《三吴水考》
明代　浙江　富玹　《萧山水利》
崇祯　东阳　张国维　《吴中水利全书》
明末　华亭　吴嘉允　《漴阙捍海石塘录》
明末　常熟　薛尚质　《常熟水论》
明末　娄县　陈瑚　《筑围说》
明末　华亭　朱国盛、徐标　《南河志》

明末　华亭　朱国盛、徐标　《南河全考》
清初　江南淮阳道　傅泽洪　《行水金鉴》
清初　吴县　金友理　《太湖备考》
清初　武林　孙峻　《筑圩图说》
清初　秀水　陈士矿　《明江南治水记》
清初　归安　沈恺曾　《东南水利》
清初　吴县　钱中谐　《三吴水利条议》
清初　太仓　陆世仪　《娄江条议》
清初　太仓　陆世仪　《娄江图说》
清初　太仓　顾士链　《吴中开江书》
清初　太仓　顾士链　《水利五论》
清初　太仓　顾士链　《娄江志》
清初　太仓　顾士链　《新刘河志》
4. 纺织印染业(3种)
万历　兰溪　倪仁吉　《凝香绣谱》
明末清初　秀水　朱子建　《服制图考》
康熙　吴县　孙佩　《苏州制造局记》
5. 食品工业(19种)
嘉靖　长洲　顾元庆　《茶谱》
嘉靖　华亭　徐献忠　《水品》
嘉靖　华亭　陆树声　《茶寮记》
嘉靖　钱塘　陈师　《茶考》
隆庆　华亭　冯时可　《茶录》
万历　震泽　张源　《茶录》
万历　昆山　张谦德　《茶经》
万历　进贤　熊明遇　《罗岕茶记》
万历　慈溪　罗廪　《茶解》
万历　鄞县　屠本畯　《茗笈》
明末　长兴　冯可宾　《岕茶笺》
崇祯　江阴　周高起　《洞山岕茶系》
明末　江阴　夏树芳　《茶董》
明末　华亭　陈继儒　《茶董补》
明末　钱塘　许次纾　《茶疏》
明末　钱塘　田艺蘅　《煮泉小品》
清初　如皋　冒襄　《岕茶汇钞》
清初　嘉定　陆廷灿　《续茶经》

清初　苏州　陈鉴　《虎邱茶经注补》

6. 陶瓷业(4 种)

万历　归安　茅一相　《茶具图赞》
崇祯　江阴　周高起　《阳羡茗壶系》
清初　海宁　吴骞　《阳羡名陶录》
清初　钱塘　吴允嘉　《浮梁陶政志》

7. 文具业(12 种)

万历　松江　何通　《印史》
万历　鄞县　屠隆　《文具雅编》
万历　鄞县　屠隆　《文房器具笺》
万历　鄞县　屠隆　《纸墨笔砚笺》
明末　宣城　麻三衡　《墨志》
明末　新安　方瑞生　《墨海》
明末　上海　顾从德　《印薮》
清初　萧山　毛奇龄　《后观石录》
清初　嘉兴　曹溶　《砚录》
顺治　常熟　钱朝鼎　《水坑石记》
顺治　宣城　施闰章　《砚林拾遗》
清初　秀水　朱彝尊　《说砚》

8. 车船业(4 种)

嘉靖　吴江　沈啓　《南船纪》
嘉靖　上海　李昭祥　《龙江船厂志》
嘉靖　歙县　潘之恒　《南陔六舟记》
万历　上虞　倪涷　《船政新书》

9. 综合工艺杂业(24 种)

嘉靖　青田　刘基(托名)《多能鄙事》
嘉靖　青浦　王圻　《三才图会》
嘉靖　太仓　王世懋　《二委酉谭》
嘉靖　太仓　王世懋　《艺圃撷余》
嘉靖　仁和　郎英　《七修类稿》及《续稿》
万历　上海　朱长芳　《南京工部志》
万历　上海　徐光启　《农政全书》
万历　宜兴　何士晋　《工部厂库须知》
万历　秀水　沈德符　《敝帚斋剩语》
万历　鄞县　屠隆　《起居器服笺》
明末　松江　董其昌　《骨董十三说》

明末　华亭　陈继儒　《妮古录》
明末　长洲　文震亨　《长物志》
明末　奉新　宋应星　《天工开物》
明末　常熟　周之玙　《农圃六书》
明末清初　桐城　方以智　《物理小识》
明末清初　上海　叶梦珠　《阅世编》
明末清初　宜兴　陈贞慧　《秋园杂佩》
明末　钱塘　高濂　《燕间清赏笺》
清初　杭州　陈淏子　《群芳花镜》
清初　吴江　沈自南　《艺林汇考》
清初　歙县　王棠　《知新录》
清初　海宁　吴骞　《桃溪客语》
清初　海宁　陈元龙　《格致镜原》

明中后期至明末清初江南及其周边地区116种工业书数量增长和变化表

行业/时间	铸造业与制造业	建筑营造业	水利工程业	纺织印染业	食品工业	陶瓷业	文具业	车船业	综合工艺杂业	总计(种)
明中后期	6	4	10	1	10	1	4	4	10	50
明末清初	6	6	18	2	9	3	8	0	14	66

三、清中期至清末民初江南产业技术的文本化

再看清代中期至清末民初(仅将咸丰到宣统年间称作“清末民初”)阶段,江南及其周边地区工业科技著作文本数量增长情况。

1. 铸造与制造业(9种)
乾隆　毗陵　陈玉堪　《农具记》
乾隆　无锡　惠麓酒民　《洴澼百金方》
嘉庆　苏州　潘世恩等　《工部修辑军器则例》
嘉庆　富阳　董诰　《军器则例》
嘉庆　松江　徐朝俊　《自鸣钟表图说》
道光　长洲　龚振麟　《铁模图说》
道光　江南河道总督　麟庆　《河工器具图说》
道光　歙县　郑复光　《镜镜詅痴》
光绪　海宁　李善兰　《火器真诀》

2. 建筑营造业(3种)
雍正　荆溪　任启运　《宫室考》
乾隆　仪征　李斗　《工段营造录》

同治　吴县　姚灿庭　《梓业遗书》(存于《营造法原》)

3. 水利工程业(31 种)

乾隆　孙尔德、李永书　《三江水利纪略》

乾隆　天台　齐召南　《浙江诸水编》

乾隆　天台　齐召南　《太湖源流编》

乾隆　天台　齐召南　《水道提纲》

乾隆　休宁　戴震　《水地记》

乾隆　江南　未知撰者　《太镇海塘纪略》

乾隆　江南河道总督　高晋　《海塘说》

乾隆　仁和　翟均廉　《海塘录》

道光　江南　未知撰者　《宝山海塘全案》

清代　华亭　曹家驹　《华亭海塘纪略》

道光　江南　陶澍　《华亭海塘全案》

道光　陈銮　《江南水利全书》

道光　陈銮　《重濬江南水利全书》

道光　凌介禧　《东南水利略》

道光　不著撰者　《海盐县新办塘工成案》

道光　岱山　叶机　《泄湖入江议》

道光　浙江　周道遵　《甬上水利志》

嘉道　浙江　钱文瀚　《悍海塘志》

清代　不著撰者　《两浙水利详考》

清代　张世友　《浚吴淞江议》

清末　泾县　潘锡恩　《续行水金鉴》

清末　王凤生　《浙西水利备考》

光绪　江南　李庆云　《江苏水利图说》

光绪　江南　李庆云　《江苏海塘新志》

光绪　江南　李庆云　《续纂江苏水利全案》

光绪　太仓　苏品仁　《重濬太仓州七鸦浦記》

清末　朱日宣　《宝山海塘图说》

清末　谢源深、朱日宣　《浦东塘工善后局案牍丛刊》

清末　浦东塘工善后局　《浦东塘工善后局案》

清末民初　李澍　《治水工程节要》

清末民初　李世禄　《修防琐志》

4. 纺织印染业(6 种)

乾隆　阳湖　恽敬　《大云山房十二章图说》

乾隆　范铜(旅居松江)　《布经》

嘉庆　上海　褚华　《木棉谱》

道光　松江　丁佩　《绣谱》

清末　江南　无名氏　《布经》

清末　江南　汪裕芳　《布经要览》

5. 食品工业(4 种)

乾隆　仁和　袁枚　《随园食单》

乾隆　余姚知县　李化楠　《醒园录》

咸丰　会稽　赵之谦　《勇庐閒诘》

清末　嘉兴　顾仲　《养小录》

6. 陶瓷业(8 种)

雍正　歙县　程哲　《窑器说》

乾隆　海盐　朱琰　《陶说》

乾隆　钱塘　梁同书　《古铜瓷器考》

乾隆　昌南　蓝浦　《景德镇陶录》

乾隆　佚名　《南窑笔记》

清末　丹徒　陈浏　《匋雅》

清末　丹徒　陈浏　《杯史》

清末民初　平江　向焯　《景德镇陶业纪事》

7. 文具业(16 种)

乾隆　歙县　汪近圣　《鉴古斋墨薮》

乾隆　歙县　程瑶田　《纪砚》

乾隆　歙县　曹素功　《艺粟斋墨品》

乾隆　钱塘　朱玉振　《端溪砚坑志》

乾隆　杭州　金农　《冬心斋砚铭》

乾隆　钱塘　袁树　《端溪砚谱记》

乾隆　钱塘　梁同书　《笔史》

清代　上海　唐秉钧　《文房四考图说》

嘉庆　阳湖　李兆洛　《端溪砚坑记》

嘉庆　海盐　张燕昌　《金粟笺说》

道光　金匮　钱泳　《履园丛话》

道光　苏州　顾禄　《桐桥倚棹录》

清末　钱塘　周二学　《赏延素心录》

清末　仁和　应㧑谦　《古乐书》

清末　秀水　计楠　《墨于赘稿》

清末　嘉定　金元钰　《竹人录》

8. 车船业(3 种)

乾隆　嘉定　钱坫　《车制考》

乾隆　仪征　阮元　《考工记车制图解》

清末　钱塘　丁午　《湖船续录》

9. 综合工艺杂业(13 种)

乾隆　仪征　阮元　《畴人传》

乾隆　歙县　程瑶田　《考工创物小记》

乾隆　休宁　戴震　《考工记图》

乾嘉　山阳　阮葵生　《茶余客话》

嘉庆　海盐　张燕昌　《羽扇谱》

嘉庆　常州　罗士琳　《续畴人传》

同治　嘉兴　唐翰题　《唯自勉斋长物志》

同治　钱塘　诸可宝　《畴人传三编》

同治　震泽　王廷鼎　《杖扇新录》

光绪　武进　徐寿基　《续广博物志》

光绪　元和　吴传澐　《艺兰要诀》

光绪　秀水　杜文澜　《艺兰四说》

清末　仪征　刘文淇　《艺兰记》

清中后期至清末民初江南及其周边地区93种工业书数量增长和变化表

行业 时间	铸造业与制造业	建筑营造业	水利工程业	纺织印染业	食品工业	陶瓷业	文具业	车船业	综合工艺杂业	总计(种)	附:江南制造局译书数
清中后期	8	2	20	4	2	5	12	2	6	61	
清末民初	1	1	11	2	2	3	4	1	7	32	40

四、明末清初到清末民初:江南产业技术理论化的差异性

1. 著作数量的差异性

从明中后期至清末民初,江南及其周边地区工业著作文本数量迅速增长。四个阶段的情况分别是:明中后期 50 种;明末清初 66 种;清中后期 61 种;清末民初 32 种。

明末清初为第一个高峰期。清末民初 32 种加上江南制造局翻译的 40 种西方工业科技文献,共为 72 种,总数超过明末清初而成为第二个高峰期。详见下表。

明中后期至清末民初江南及其周边地区 209 种工业书数量增长和变化表

时间＼行业	铸造业与制造业	建筑营造业	水利工程业	纺织印染业	食品工业	陶瓷业	文具业	车船业	综合工艺杂业	江南制造局译书	总计（种）
明中后期	6	4	10	1	10	1	4	4	10	0	50
明末清初	6	6	18	2	9	3	8	0	14	0	66
清中后期	8	2	20	4	2	5	12	2	6	0	61
清末民初	1	1	11	2	2	3	4	1	7	40	32＋40
行业总数	21	13	59	9	23	12	28	7	37	40	209＋40

由此表可以看出：明中后期 50 种，约占 209 种总书数的 24%左右；明末清初 66 种，约占 209 种总书数的 32%左右；清中后期 61 种，约占 209 种总书数的 29%左右；清末民初 32 种，占 209 种总书数的 15%左右。但加上 40 种汉译过来的西方工业科技文献，总数仍然超过前面几个时期，所占比例仍在 30%以上。

2. 著作形成途径的差异性

明清江南及其周边地区的工业著作，从作者身份上看，可分成官员著作、学者著作和工匠著作三大类。大抵中国历史上科技著作的作者都分为这三种情况，一是政府官员，他们身居生产或科技管理岗位，勤于学习钻研，又善于进行文字总结，因而取得重要的研究成果；二是文人学者研究工业科技并撰写理论专著；三是工匠因长期生产实践而积累经验，善于总结经验又具备文字书写的条件，因而有专业技术著作传世。这也就是明清江南工业技术理论化的三个主要途径。明清江南工业著作的形成也是通过这三个途径完成的。

一是官员编撰。按照官员管理的对象不同划分，该类图书可以划分为两种。一种是针对某种行业或事务而编订的综合文献，如《河工器具图说》《铁模图说》等该类图书；另一种是集多种行业或事务于一体的类书，如《工部修辑军器则例》《军器则例》等。

二是学者著述。按照内容划分，此类文献可以划分为三种。一种为描述或考订性的文献，如《后观石录》《食宪鸿秘》《车制考》等；一种是集多种行业于一体的类书，又称为博物书，如《农政全书》《长物志》等；还有一种是作专门工业技术量化分析的文献，如《畴人传》《火器真诀》等书。

三是匠人撰述。如《鲁班营造正式》《园冶》和《梓业遗书》等，就是匠人撰写的。

在上述四个阶段中，后两个阶段官员著作数量越来越少，学者和工匠的专业科技著作数量在迅速增长。工匠著作的出现，标志着工匠经验技术开始上升为理论技术,是传统工业技术理论化的核心标志。另外,还有翻译自西方的工业科技书与传教士所写的工业科技书。这种引进的西方近代科技成果,直接应用到中国工业生产之中,促进了中国工业技术的现代转型。

3. 著作中科技含量的差异性

明清江南及其周边地区工业技术的理论化,不仅表现为工业著作数量的增长,更重要的是表现为工业著作中科学技术含量的增加,而这种科学技术含量增加的过程也就是传统工业技术的科学化过程。上述工业科技书在内容体例上大体分为四种。

第一种是包含在各种农书之中的综合产业科技书。如《农政全书》被称为农学书,其中包含了很多工业科技内容,大凡农业生产工具制造业、农产品加工业和食品工业生产技术等在书中都有介绍。

第二种是融诸多工业行业于一体的概论性的科技书。其中以手工业专著《天工开物》为杰出代表。《天工开物》是明末以介绍工业技术为主的综合性科技著作。在冶铸方面,《天工开物》重点研究了鼎、钟、釜(锅)、像、炮、镜、钱七种器物的铸造方法,介绍了造型材料、金属材料的配制成分和熔炼炉的制造方法,并特别介绍了用小炉子熔炼、铸造大型铸件的生产程序。在造型技术方面,《天工开物》主要记述泥型的(即古代的陶范)制作法、失蜡铸造法和无模铸造法等。书中还记述了用实物作模样制造铸型,用多熔炉连续浇注铸造大型钟、鼎的方法,熔炼铜、铁的炉子均用耐火泥制造,炉后连接连续鼓风的活塞式木风箱。在锻造和金属热处理方面,《天工开物》记述了大到重数千斤的铁锚,小到微细绣花针的制造工艺过程,拉丝模的制造,金属材料的淬火、退火,以及制造锯、刨、锉、凿的锻接、焊接等工艺方法。《天工开物》所记载的三四百年前流传于民间的107种工艺技术,其中大部分至今仍存在于民间。

第三种是某工业行业及辅助业产、供、销一体化的专业书。如《布经》和《布经要览》,是棉纺织业及其系列辅助业产、供、销一体化的专业著作。

第四种是某一具体工业行业的专业研究性科技专著。这类著作都取得了杰出的科技成就,具有很高的科学价值,其中不少著作于所在行业学科中领先于同时代的欧洲。如《浑天仪器图说》《镜史》《铁模图说》《园冶》《景德镇陶录》《阳羡名陶录》《南窑笔记》等。

无论是官员著作、学者著作,还是工匠著作,在明中后期到清末江南地区都出现了作品数量和科技含量空前增长的趋势,是全国其他地区难以比拟的。这标志着中国古代科技的发展,到明代后期发生了新的变化,正式开启了技术科学化的历史进程。

五、明末清初到清末民初：江南产业技术理论化的关联性

1. 呈现出工业技术数量化和数理化发展的连续性

明清江南工业技术理论总结的数量化主要表现为概数化和实数化两大内容。所谓概数化是指工艺理论总结中简单而不确切的数字的使用。如《髹饰录坤集·裹衣第十五·纸衣》中说："纸衣，贴纸三四重，不露胚胎之木理者佳。"〔1〕概数化的规定使工艺操作更加灵活。所谓实数化是指比较精确的数字的使用。如《营造正式·卷二》"三架屋后连三架"中说："造此小屋者，切不可高大。凡步柱只可高一丈零一寸。栋柱高一丈二尺一寸……间阔一丈一尺一寸，次间一丈零一寸。此法则相称也。"〔2〕这些样式中所规定的数据都是实数。

宋代大木作技术采用"材分制"，清代采用"斗口制"。制度的变化，必然要求标准的数量化。《鲁班经》中有许多木匠祖师留下来的"格"（大木作样式），在《工程做法》等文献中也有相似的记载。这种技术标准的数量化是多种因素共同起作用的结果。它使大木作技术的应用更加便利和实用。

实数化不仅在明清江南工业科技应用中有着重要的意义，同时也为工业科技理论的数理化奠定了基础。但正如王世襄先生在《清代匠作则例汇编》中所说的那样："清代匠作则例有很大的局限性。例如我们最希望知道的造作程序，制造经验，整体及构件的式样等等，偏偏是一般匠作则例所缺少的。在这些方面，他们比起《营造法式》来便大有逊色。这种缺点是由于清代匠作则例不以传授技法而以经济核算为主要目的所造成的。"〔3〕

技术理论的数理化是指重视技术客体在数量上的逻辑关系或在逻辑上的数量关系。技术数理化中的数，不仅限于数字的简单记录和累计，更多的是考虑数量之间的因果联系以及对数学方法的运用，这种因果联系必须建立在技术客体内在运行规律的基础上。构成数理化的基本要素是数与理，数即数学，理即因果和规律，数学本身也是一种理。

技术数理化过程中数与理的不同组合构成了数理化的三种主要类型：一是数在人为制定的规则中的应用，如建筑模数（材分制、斗口制）、步架与举架的数量比例关系等；二是采用几何方法对物体构型进行解释，如《考工记车制图解》《轮舆私笺》《考工创物小记》等书中都列有图解，普遍采用了几何学中的勾股定理对器物构型进行数的分析；三是数与物理学的结合，如建筑模数、步架和举架的采用，体现了在建筑实务中寻求一种操作上的合理性和规制上

〔1〕 王世襄：《髹饰录解说——中国传统漆工艺研究》，文物出版社，1998年，第161页。
〔2〕 宋应星：《天工开物》，岳麓书社，2002年，第207页。
〔3〕 《清代匠作则例汇编》，北京古籍出版社，2002年，第5页。

的统一性,尽管还不能完全从物理学上解释其合理性,但是已融入了数学和几何学的基本方法。

2. 呈现出工匠著作数量增加与水平提高的关联性

中国古代创造手工业历史的杰出工匠代有其人,但工匠写的工业书却不多,能够进行专门研究并将工业生产方面的经验技术上升到科学理论的人更少,加上一些工业科技书早已失传,使宋元以前与明清以后工匠著作在数量上差别很大。特别是明代中后期到明末清初,经清中后期再到清末民初,工匠著作数量呈现连续性增长的趋势。如以下几部是学界公认的工匠名著,都是明中期以后到清末民初的专业作品。

隆庆　新安　黄成　《髹饰录》二卷、《笺证》一卷

万历　扬州　周嘉胄　《装潢志》一卷

明末　午荣　《鲁班营造正式》六卷

明末　吴江　计成　《园冶》三卷

明末清初　吴县　孙云球　《镜史》

乾隆　无锡　惠麓酒民　《洴澼百金方》十四卷

乾隆　范铜　绛州(旅居松江)　《布经》八卷

乾隆　歙县　曹素功　《艺粟斋墨品》一卷

乾隆　歙县　曹素功　《墨林》二卷

乾隆　歙县　汪近圣　《鉴古斋墨薮》四卷加附录一卷

道光　松江　丁佩　《绣谱》一卷

清末　汪裕芳(抄本)　《布经要览》二卷(松江布)

清末　吴县　姚灿庭　《梓业遗书》六卷(存姚承祖《营造法原》)

清末民初　吴县　沈寿　《雪宧绣谱》

其中部分著作包含着很高的现代科技含量。

又如《鲁班经》到《梓业遗书》中建筑理论的发展。《鲁班经》是流传至今的南方民间建筑书,与专为宫廷官式营缮的“法式”不同,为明代以后江南沿海诸省民间工匠工作的准绳和依据。现知最早的这类书是宁波天一阁所藏明成化、弘治年间刊行的《鲁班营造正式》(简称《营造正式》),是一本纯技术性著作,主要内容是关于一般民间房舍和楼阁的建造方法。万历年间出版的《鲁班经匠家境》刊于杭州,比天一阁本《鲁班营造正式》增加了不少生活用具的内容。此后刊行的《鲁班经》均从此二本衍化而来。崇祯本《鲁班经》卷首存有编者的姓名:北京提督工部御匠司司正午荣汇编,局匠所把总章严全集,南京御匠司司丞周言校正。这几个人的头衔实则为作者杜撰的职务,真正的

作者是江南民间工匠。[1]《营造法原》的初稿是姚承祖根据祖父姚灿庭编辑的《梓业遗书》手稿和其他家传秘籍、施工图册，加上自己的深厚积淀与丰富实践，在既有的“营造原图”基础上编写而成的。《营造法原》的出版，是对江南建筑地域特色的一次系统总结，其所奠定的江南建筑的基本格调，充分显示了江南工匠的生机活力，同时也为中国传统建筑工匠吸收西方技术、改进本土技术，并实现现代转型提供了科学理论依据。[2]

3. 科技含量不断提高的内在关联性

产业技术理论化的本质要求是产业技术理论的科技含量日益提高，在这方面，在明代中后期到清末民初四个发展阶段中，形式上具有差异性，但本质上却具有内在的关联性。表现为：

明中后期：以产业技术文本化为主流。

明末清初：以产业技术数理化为主流。

清中后期：以产业技术则例化为主流。

清末民初：以产业理论学科化为主流。

文本化、数理化、则例化、学科化四者的差异性与关联性一体两面，虽然在不同时期有不同的侧重，但总体上呈现为彼此互动和前后相继。

文本化趋势在传统建筑技术理论化过程中出现得比较早，但是这里讲的文本化与宋元时期的稀少文本形式又有很大的不同，主要有两个不同点：一是文本的流传数量比宋元时期要多，而且作者来自社会的不同阶层，能够反映不同阶层的人对建筑技术的不同认识。宋元时期因为流传的文本稀少，不具备本文所指的文本化这个特点。二是宋代《营造法式》的编写质量较高，因此宋元时期可以称为传统建筑技术理论化的法式化阶段。法式化阶段的建筑技术文本的质量和意义都是文本化阶段的技术文本所不能比拟的，反映了从法式化到文本化之间存在着因为技术演变而形成的断层。

在技术数理化过程中，数与理的不同组合构成了数理化的三种主要类型：一是数在人为制定的规则中的应用（如中国古代建筑技术之中建筑模数、步架与举架的数量比例关系等）；二是采用几何方法对物体构型进行解释（如在《工程做法》中的图例有明确的比例尺）；三是数与近代物理学的结合（如对建筑物构件的密度及其抗压力、剪力等方面进行物理学的解释）。技术数理化中的数，主要是考虑数量之间的因果关系以及对数学方法的运用，这种因果联系必须建立在技术本身内在运行规律的基础上。

---

〔1〕 潘谷西主编：《中国古代建筑史》卷四，中国建筑工业出版社，2001年，第538—539页。

〔2〕 潘力行编审《蒯祥与香山帮建筑》第35—43页《一代宗匠姚承祖》《香山帮建筑特色》等篇，天津科学技术出版社，1993年；陆觉：《规矩千秋在、方圆一代新——记建筑经典〈营造法原〉成书始末》，《苏州杂志》2001年第1期，第72页。

则例化即标准化,是指某一行业技术理论以“则例”(标准)的形式出现和流传的过程。“则”就是法则、准则或规则,“例”就是先例、成例或定例。如清代匠作则例就是对已有的建筑和已制成的器物,列出其整体或部件的名称、规格,包括制作要求、尺寸大小、限用工时、耗料数量以及重量、运费等,使它成为有案可查、有章可循的规则和定例。[1] 这些抄本原来是官方为了控制大型的土木工程而创制的,民间的抄本则是工匠们根据自己的实际需要,摘抄部分官方的匠作则例或者自己仿写而成,所以其名称也多变,大体经历了“法式”“做法”“算例”等过程才最终定型。[2]

则例化主要出现在清代中后期,它是江南传统建筑技术理论化的第三个阶段。建筑技术理论的则例化在清代中期的江南非常普遍,反映出当时官式建筑技术对民间建筑技术的影响。这种影响表现在建筑技术的标准化和工程管理的科学化两个方面。

学科化是技术理论化的最终阶段,也是科学理论技术化开始的阶段。技术理论的学科化,最后必须完成自己的用语规范和学科专门化过程。虽然这一现象在明末清初便已出现,但作为技术理论化的最终标志,它却是清代后期至清末民初江南产业技术理论化的新特点。在清末新式教育体系中,以职业技术教育为主要内容的技术学科化,不仅改变了专业技术的教育方式,而且大大加强了传统产业技术的保护和传承。这就是我们所说的技术科学化基础上的科学技术化,它是早期工业化发展到现代工业化的内在动力和根本标志。

总而言之,从明末清初到清末民初,江南产业技术理论化的差异性与关联性一体两面,彼此互融,共同构成明清江南经济早期工业化和江南社会早期现代化发展的核心动力和内在标志。

---

〔1〕 王世襄编:《清代匠作则例》第一卷,大象出版社,2000年,前言第1页。

〔2〕 马峰燕:《明清江南建筑技术的理论化》(余同元指导),苏州大学历史系2007年硕士论文。

明清江南织布技术的理论化[1]

——以清代三部《布经》为例

清代以来,外省商人纷纷到江南地区经营棉布生意,在长期的返销过程中,在辨别棉布优劣、染色好坏方面积累了一定的经验。为了能更好地收购和贩卖棉布,便把这些经验编成书籍,供学徒们学习。到目前为止,一共发现了三本《布经》,分别是山西商人范铜编著的《布经》八卷和徽商编写的两本《布经》。

一、整经技术理论化

1. 传统整经技术的种类

整经是棉纺织织造工序中重要的环节之一,它是将一定长度和根数的经纱,按某种规律平行卷绕在织轴上。整经所用的工具,称为经架、经具或纼床。不论是丝、麻,还是棉纤维,都须将纺好的线条排列整齐,按一定的规律,牵于经轴上,以便穿筘上浆,最后织造。整经依工具可分为齿耙式整经和轴架式整经两大类。

一是齿耙式整经,由地桩发展而来,又分立式和卧式两种。

立式齿耙整经的主要部件有溜眼、掌扇、经耙、经牙、引架等。溜眼是在竹棍上穿孔,做导线用;掌扇是分交用的经牌,也称为扇面,近似近代的分交筘;经耙为钉在竹桩或木桩上的牵经架子;经牙为经耙上的竹桩或木桩,数量的多寡,视整经长度而定;引架为卷经用的架子。整经需要两个人配合,操作如下:一人将纺好的线排放在溜眼下,将线头穿过溜眼,集中于掌扇处,掌扇有上下两排孔眼,将经丝分成上下两层,进行分绞。分绞后的束经交另一人左右往复绕于经耙,达到一定长度后,取下线缕卷在引架上。卷好以后,中间用两根竹竿把线分成上下两层,然后穿过梳筘与经轴相系。[2]

卧式齿耙整经的主要部件有经牙、木桩、撑框、交墩、竹棍、铁环、纼床等,部件尺寸和用法如下:

---

〔1〕《故宫学刊》2008年第4辑,紫禁城出版社,2009年,原文作者为余同元、黄康健。选入本书时有删节,为节省版面,其中多幅插图皆删除。

〔2〕赵承泽主编:《中国科学技术史·纺织卷》,科学技术出版社,2002年,第259页。

用方木桩二根，长八尺，密钉二寸，长木橛一行，相去寸余，每根可钉橛六七十。上下安撑枕二道，阔一丈。左边木桩外侧近顶五寸，钉一木橛，下去地五寸，亦钉一木橛。用时倚墙斜立，经牙之下，近右桩一尺五六寸地上，置交墩一个（用木板一块，长一尺二寸，阔五寸，中安竹棍一行五根，俱高一尺，以左三根编大交，以右二根挂小交）。对经牙相去五尺，用绳悬经竿（长一丈，上钉小铁环五十个），略于人肩齐。下置丝篗五十个，密摆二行，将篗上丝头提起，贯入经竿环内，总收一处，挽成一结.挂在交墩右边第一竹棍上。一人手牵丝绺，又挂在右边桩下第一木橛上。复牵挂在左边桩下第一橛上。如此往来牵挂，层层至顶橛尽处（如经缕只有二三十丈，当间一挂之）。又将丝绺在左桩外侧，木橛之外边，引至桩下橛上，复牵往右行至中间，以左手提住丝绺，以右手大指食指向上，将丝头在二指虎口内，一左一右拾成交，挂在交墩竹竿上（以左边三竹棍编大交，以右边二棍挂拾下的小交），复挂在右桩下，第一橛上，如前层层经挂，迴迴拾交，周而复始，以足数而止（丝头或一千五百或二千三千，酌量所织之□重以为多少）。经毕在交墩外右边空处剪断，将交用丝绳贯在两边拴紧（若绳脱交乱则满架经缕无用矣），将两头俱挽一结，再用绳拴紧，然后用缠篗一个（用木四根各长二尺造成架，阔一尺八寸内锭一钉），将有交一头以北绳子拴聚钉子，一人执定缠篗，缓缓将经牙上丝绺旋旋卸缠，缠讫，再上纼床。[1]

二是轴架式整经。轴架式整经出现的时间比齿耙式晚，大约宋代才出现。到明清时期在工具上有些变化，早期是倾斜式经架，到清代时变成了水平式经架。同时，元代使用的是木梳理经，到明代则改为分经筘埋经。

分经筘理经的操作方法是：先排棉纱篗于经架下，纱穿过列环，引到引架上。操作时需要三人，二人在前，一人转动经轩（圆框）卷绕经线，另一人左手拿木梳一把，右手理经，或左手握分经筘一把，理通经线的结并均匀地将线排在经轩上，第三人站在经架处，将线缕整齐排列，防止乱头。

从倾斜式经架到水平式经架、从木梳理经到用分经筘理经的演变，无疑是为了操作者更好地观察操作过程中的纱线状态，高质量地理顺纱线并均匀地排纱于纼床之上。轴架式与齿耙式相比，不仅产量高，质量有保证，还特别适宜于棉纤维整经。[2]

2. 明清江南整经技术的理论总结

明代宋应星的《天工开物》详细介绍了齿耙式整经技艺：

凡丝既篗之后，牵经就织。以直竹竿穿眼三十余，透过蔑圈，名曰溜

〔1〕 杨屾：《豳风广义》，引自任继愈主编：《中国科学技术典籍通汇·农学卷》，河南教育出版社。
〔2〕 赵承泽主编：《中国科学技术史·纺织卷》，科学技术出版社，2002年，第261页。

眼。竿横架柱上，丝从圈透过掌扇，然后缠绕经耙之上。度数既足，将印架捆卷。既捆，中以交竹二度，一上一下间丝，然后扱于拓内。[1]

清代乾隆时《钦定授衣广训》中，具体介绍了南北方所用整经工具之差异：

理其绪而络之，以为经。南方用经床枝竖八缍，下控一轩四股，次第旋转。北则持木架引缍而卸络之。势若相婴薄者，一架容数缍，重约四两许，当其心间手敏，茅簷笑语间坐立，皆可从事此经床，为便捷也。[2]

南方使用的是轴架式整经工具，北方则使用齿耙立式整经工具，南北相比，南方在整经的效率和质量上都高于北方。

关于经车，褚华的《木棉谱》记录云：

以棉纱成纴，古用拨车，持一缍，周匝皤竹，方架上日得无几，继用轩床，制如交椅，其上竖列八缍，以掉枝牵引分布成纴，较便于前，今则取所谓如交椅者，令一人负之而趋，一人随理其绪，往来数过，顷刻就，名其所负者曰经车。[3]

张春华《沪城岁事衢歌》也介绍了经车的结构和用法：

取石苇作管，长六寸许，搬纱使满，名"筒子"。有所谓"经车"者，形如算盘，表里透漏。取筒子分左右匀列其中，于广场植竹为架，以纱绕竹人，径数十丈。负经车往复数次，理其经纶，以文竹中分之，平如疋练。[4]

3. 明清江南整经技术理论化的特点

宋应星《天工开物》介绍："凡丝既篗之后，牵经就织。以直竹竿穿眼三十余，透过篾圈，名曰溜眼。竿横架柱上，丝从圈透过掌扇，然后缠绕经耙之上。度数既足，将印架捆卷。"虽然《天工开物》在介绍整经工具时绘有专门插图，详细说明了经具的结构，增加了读者感官上的认识，但没有运用数理方法对溜眼、掌扇、经耙、引架等部件的大小、组装顺序作详细说明，让初学者很难仿制。

褚华的《木棉谱》简要总结了整经工具的演变史，最早是用拨车，仅一缍，效率很低；后是轩床，用四缍；到康熙时是经车，可用二三十缍。但《木棉谱》没有谈到经车的装配部件和使用方法，只说"令一人负之而趋，一人随理其绪，往来数过，顷刻就"。其在经车结构介绍上过于简略。

张春华的《沪城岁事衢歌》介绍了经轩的长度和操作方法："取筒子分左右匀列其中，于广场植竹为架，以纱绕竹人，径数十丈。"但对溜眼、掌扇、经耙、经牙、引架等部件使用却未仔细说明，使仿学者无法对经车整体结构和具体

---

〔1〕（明）宋应星：《天工开物·乃服第二》，岳麓书社，2002年。

〔2〕《钦定授衣广训》，《续修四库全书》，第977册，第91页。

〔3〕（清）褚华：《木棉谱》，《续修四库全书》，第977册。

〔4〕张智主编：《中国风土志丛刊》，第43册，广陵书社，2003年。

用法有全面了解，一定程度上限制了实际推广效果。

二、浆纱技术理论化

1. 传统浆纱技术的种类

对于棉、麻等短纤维的织制，一定要经过经纱上浆的程序，以增大经线的强力、减磨和保伸，以改善经线的织造性能。浆纱，又称为“过糊”“浆经”，我国古代浆纱的方法主要有两种，一种是轴经浆纱，另一种是绞纱上浆。

轴经浆纱主要用于丝织品，棉纱有时也用。操作方法如下：先将整经后的经轩(圆框)放于引架上，用重物压住，将经丝展开成片状，约五至七尺距离，并和经轴连接起来，用分经筘梳通，使经纱均匀整齐，在经纱绷紧的情况下，将浆糊涂在分经筘上，推移分经筘，使浆糊染在经纱上。在经纱干燥后，卸去印架上的重物，转动经轴卷经，印架上的经轩逐渐退出经纱一定长度，再在架上压上重物，以保持经纱的张力，依次反复上浆，直至上浆完毕，卷好经轴为止。

绞纱上浆的技术方法有两种：一是将两股合成一股的棉线放入浆糊盆里，浸透一夜，取出后除去过多的浆液，然后使纱蓬松、分开，在竹竿上晾干，最后用经车理成经线。二是两股线合一股后，用竹木将纱线绷紧，用刷子蘸上浆料，染于经纱上，候干后整经上机。

在浆糊的调配上，主要是以小麦粉和粳米粉为原料，浆糊比例是：“纱一斤，面粉四两，小粉二两，食盐五分”。在调浆时，“调浆不可过熟，熟则令纱线黑；不可太生，生则令纱不紧”[1]。说明清代江南匠人已经充分掌握了淀粉浆糊化过程的黏度变化，“不可过熟”，“不可过生”。

刷子，元代称为纑刷：“纑刷，疏布缕器也。束草根为之，通柄长可尺许，围可尺余。其纑缕杼轴既毕，架以叉木，下用重物掣之。纑缕以均，布者以手执此，就加浆糊。”[2]刷浆糊要前后均匀地刷，在晴天阳光充足，边刷边晒，待干后卷于经轴上。这种方法在江南地区、江西万载、四川隆昌等棉布生产地区非常普遍。

明清江南地区，浆刷和刷纱技术已广泛使用。以上海为例，嘉定县：“布有浆纱、刷纱二种。”[3]青浦县珠里镇：“用帚刷之，谓之刷布，使纱经皆匀。”[4]宝山江湾：“邑之北境皆浆纱，浆湾为刷线。刷线工夫远过浆纱，而布

〔1〕 清嘉庆二十二年修《松江府志》，引自上海市文物保管委员会辑：《上海地方志物产资料汇编》，中华书局，1961年。

〔2〕 (元)王祯：《农书·农器图谱》。

〔3〕 (清)赵昕修，苏渊纂：《康熙嘉定县志》，引自《中国地方志集成》第7册，江苏古籍出版社，1992年。

〔4〕 (清)周郁滨纂：《嘉庆珠里小志》，引自《中国地方志集成·乡镇志专辑》第2册，江苏古籍出版社，1992年。

值不同。”[1]除了地方志记载外，清代范铜的《布经》也对上海及周边地区浆纱优劣有详细表述：

布之经纱，各处俱浆者也。惟松有刷纱之工，不亦异哉！刷者将经纱浆过牵长，路上二人挟抬竹刷，往来多遍，经纱光细为上。

北路马桥、千步泾、陈家行亦系铁椗纱线，略次。南路阮巷、何家桥，内有白璞，里外不均者，必木椗也。西路铁椗浆纱，朱风泾、平湖县、千巷、小蒸、新仓、广成、嘉善等处。惟朱泾东边出刷线，西边出浆纱。嘉定县西门及外冈镇系出木椗浆纱，甚是光景。大都铁椗，松府甚多，木椗东北路为广。然处处有高低，浆刷不一。若欲细分乡落数道，非浅学所能知也。[2]

2. 明清江南浆纱技术理论化

明徐光启的《农政全书》，在浆纱技术上主要介绍了两个方面：一是对明代江南浆纱、刷纱工艺进行了说明："南中用糊有二法，一先将绵、缏作绞糊，盆度过复于拨车，转输作缏，次用经车，萦回成纴，吴语谓之浆纱；其一线将棉缏入经车成纴，次入糊盆度过，竹木作架，两端用絳急维，竹帚痛刷，候干上机。吴语谓之刷经。"比较准确地记录了浆纱的操作过程，但有些细节还是比较粗略，如浆糊原料配制、纻刷大小和使用技巧等。二是对南方纱线质优、北方纱线粗糙的差异进行了解释，北方气候干燥，纱线不易凝结，即使凝结也比较粗糙易断，而南方气候湿润，刷浆糊后纱线紧凑并很坚实。"乡北土风气高燥，绵毛断续不得成缕，纵能作布，亦虚疏不堪用耳。南人寓都下者，多朝夕就露，下纺日中，阴雨亦纺则徒业矣。南方卑湿，故作缕紧细布亦坚实。今肃宁人乃多穿，地窖深数尺作屋，其土檐高于平地仅二尺许，作窗棂以通日光，人居其中，就湿气纺织，便得紧实，与南土不异，若阴雨时，窖中湿烝太甚，又不妨移就平地也……亦缘风土高燥，塵沙盆起故耳。"[3]徐光启对南北方纱线质量差异的分析，是现有古代技术文献中记载最早的，后来的学者都沿用了这种观点。

明宋应星《天工开物》中也有对浆纱的介绍："凡糊用面筋内小粉为质。纱罗所必用，绫绸或用或不用。其染纱不存素质者，用牛胶水为之，名曰清胶纱。糊浆承于筘上，推移染透，推移就干。天气晴明，顷刻而燥，阴天必藉风力之吹也。"[4]首先讲了浆糊的原料"小粉为质"，但没有说小粉的数量，其次

〔1〕 钱淦修：《民国江湾里志》，引自《中国地方志集成·乡镇志专辑》第4册，江苏古籍出版社，1992年。

〔2〕 范铜：《布经》八卷，引自四库未收书辑刊编纂委员编：《四库未收书辑刊》第3辑第30册，紫禁城出版社，2000年。

〔3〕 (明)徐光启：《农政全书·蚕桑广类》卷三十五，岳麓书社，2002年。

〔4〕 (明)宋应星：《天工开物·乃服·过糊》，岳麓书社，2002年。

粗略讲到了轴经浆纱的方法："糊浆承于筘上，推移染透，推移就干。"简略的介绍起不到技术推广应用的效果，实际效果不大。

褚华的《木棉谱》系统描述了江南浆纱工艺，先介绍了浆糊的成分和调配技巧："浆必须细白好面，调法不可大熟，熟则令纱色黑；不可太生，生则令纱不紧。"对浆糊的准确把握说明当时人们已经掌握了浆糊的黏度变化规律，能利用浆糊的最佳时机刷线。然后介绍了刷浆的方法："在糊盆浸过一夕，值晓露未晞或天阴不雨时，植竹架于广场，牵其两端，以竹帚痛刷侯干。"对刷纱的介绍比较简单，与其他著作相比，没有什么特异之处。接着对刷好的经线进行了分类，共分为三类："于分絍处间以交竹，捲如牛腰，然后上机，此种最贵；名刷纱次，则捲之成饼，列肆卖之；名布经团燥者多断，湿者多霉，黦又有以棉纱作绞，入浆水不复，帚刷而成絍，浆纱最下。"最后对南北方刷线进行了对比："盖北方风日高燥，棉縰断续不得成缕，纵能作布，亦稀疏不堪用。南方人寓都下者，朝夕就露下纺，或遇日中阴雨亦纺，不则徒业矣。"[1]褚华的观点与徐启光相同，都认为气候的差异是造成南北纱线不同的主要原因。

乾隆时期的《钦定授衣广训》也介绍了浆纱工艺："先以浆绩纱上，取竹帚长二尺余者，两人持帚，左右行刷之使匀，烘以睛日，俾纱燥而不粘，则机口滑润，纱不中绝，省接续之工，易于成布。"[2]从技术理论化的角度看，没运用理论化和数量化的记述方法，实际影响不大。

3.《布经》总结浆纱技术的理论化特点

(1) 山西商人范铜编著的《布经》。

《布经》的作者范铜，字西山，山西绛州人(今山西运城)，乾隆年间来到松江开设布号，看到当时江南旧《布经》内容与当地实际情况不符，"见夫产布之不一其地，织布之不一其类，与染布之不一其色，踹布之不一其弊，因为之究源探本而斟酌增损之"。"旧经叙事甚详而繁文屡出，使初学者不知所从来，几茫然莫识其指归也。然历年久远人更物变，其中讹舛难辨真赝。"于是就决定重新编写《布经》。在编写过程中，他深入乡村，进行实地调查，"偶于长夏余闲，潜心旧典，访诸里老，乡落产布优劣、地里、桥梁、方向，有革有因，或增或损，皆有据依，纤悉条纲具载于篇"[3]，于乾隆十八年(1751)编写完成。

全书共分八卷，分别是"地理图""乡落方向""土产""白布经""染色经""光布经""总论"和"发货篇"。全书主要介绍松江地区："凡苏松出布乡区，看布之法度，治布之规略，各省之去路，靡不细为注释，间补前人之未备，更有心

〔1〕(清)褚华:《木棉谱》,《续修四库全书》,第977册。

〔2〕《钦定授衣广训》,《续修四库全书》,第977册,第91页。

〔3〕(清)范铜:《布经·序》,引自四库未收书辑刊编纂委员会编:《四库未收书辑刊》第3辑第30册,紫禁城出版社,2000年。

领神会，不能为言语传者，深得格物穷理之要，是诚布业中之先觉，使后世之业斯业者一览洞悉，遂为楷模，孰非范子之功也。”[1]

《布经》的作者范铜，虽是贩布商人，但是在贩布的过程中，在布匹的好坏、瑕疵的原因和补救手段上积累了一定的经验，因此无论是在专业术语，还是在技术操作上都非常专业，与专业匠人相差无几。此书一出，初学者一目了然，能够掌握好织棉布的各项技能。正如范铜的好友刘汉乘所言：“此篇一出，使后之学得有所从，更有所谓以先知先觉而觉后知，以先觉而觉后觉，其有功于斯业也。”

《布经》中关于浆纱的内容主要有四个方面。一是以问答的形式介绍了浆纱与刷纱的区别：“夫刷线之布，每匹刷工银一分有余。经纱光洁，愈看愈妙。大小路数……排稀里外稍页不称，其体大概低者多，高者少。铁椗浆粗硬，木椗浆松噗。较之刷线，天渊之隔。”二是讲述了刷纱与浆纱的工艺流程：“布之经纱，各处俱浆者也，惟松有刷纱之工，不亦异哉！刷者将经纱浆过，牵长路上，二人挟抬竹刷，往来多遍，经纱光细为上，织成匹缎，光紧细结，染踹不变。浆纱环于杆上，以手上浆捋干，故比刷纱有毛头起。但刷浆之日，遇和暖天气方妙。若逢烈日狂风，必致空松。”从技术理论化的角度看，记载比较粗略，没有运用数量化的方法记录经纱与浆糊的调配比例、纻刷的使用方法和浆纱在糊盆中的浸泡时间，等等。三是讲刷好的经线如何取舍，范铜把经线分为三大类：“好者通身，纱线俱称其体，次者，无处不病。木椗刷线取秀熟紧结，不取粗硬，即用粗硬，亦要粗细相配，方可去得；木椗浆纱，取糙硬沉重，不取轻秀；铁椗浆纱尚熟，南浔水纱，取小二椗浆刷，认清是白布贾师矣。”[2]最后，对松江及周边地区的刷纱和浆纱优劣分类评述。

(2) 安徽图书馆藏《布经》。

1995 年在安徽图书馆发现了一本《布经》，这本《布经》没有署名，前文没有序言，文中也没有透露任何信息，因此很难得知作者情况。写作年代也不明确，笔者试从四个方面框定成书时间：

一是从“铁锭”的大量使用来判断年代，从锭子的发展历史来看，最初一般用竹或木制，故在古籍中写作“梃”或“筳”。随着冶金技术的普及，曾有使用铜、铁杆作锭子的，但是因金属锭杆需要专门的生产技术，普通农户不能制作，在民间使用并不普遍，直到清代上海开始有专业生产的商品铁锭，这样才在民间普及。新《布经》中有两处大标题“指明东路铁锭木锭诀”“认刷纱病处併木锭铁锭分解”中出现了“铁锭”字样，同时又有“夫看东路铁锭纱线，即叶榭荘、行南桥是也，内有白净勂朴，上眼好看，下缸变而毛松。”“有一种铁锭浆

[1] (清)范铜：《布经·序》。
[2] 范铜：《布经八卷》卷四《白布经》。

纱,不用刷箒,故纱线毛软松,配号者,亦当细辨之。其木锭布与铁锭布大同小异,无非取细紧光洁为主。"[1]等语段,可以粗略判断此书写于清代。

二是从"踹布"的工艺名称上判断,砑光为我国古代的整理方式之一,是利用石块的光滑面,在织物上进行碾压加工,从而改善织物的外观效果。砑光最早叫砑,《说文解字》说:"砑,以石扞缯。"早在汉代以前,这种整理方法就已经出现。汉代以后,砑光整理继续发展。明代《天工开物》记载:在织物上,还可以用先浆后碾压方式砑光,使表面更为平整光洁。砑光技术发展到清代,其工艺名称亦由砑、研、碾而演进为踹,除练染坊踹布外,更有专业的踹布坊和踏步坊。新《布经》文中使用了"踹布"这一名称,并且介绍了踹布的各种踹法及注意事项:"凡石上踹布,或有背地踹,或有抽套踹,或有削提踹,或有擦皮踹,或有擦纸踹。盖背踹因有湾边绉者,不能踹,只得用背踹法,但背踹法极难,新学手不敢背踹,故绉破者。抽套踹乃正踹法,踹得透,必有宝色。提削踹法乃偷工踹法也,容易发亮,重水不能踹干,则外面亮内里黑,有绉破者多,不可取也。用擦皮擦纸踹者,因人不识货,故将此法欺之,并害他生意,其布必然上霉也。"[2]

三是与乾隆年间范铜的《布经》相比,记载的松江各地出产布匹的等级几乎相同。以上等布的产地为例,《布经》有:"东路庄行、叶谢、红桥、亭林、华阳桥周围地方,纱线紧结,各色俱佳,深色之王也。张泽、松隐、里旺、潘泽、陶宅、杨店、张堰秀熟者,多浅色之王也。好织手,一机多则四匹刷得透,故细紧光结,为天下最。"[3]安徽图书馆藏《布经》则记有:"庄行、叶榭、虹桥、停林周围地方,此路布箴门、纱线各色俱全者多,倘有别路道布放在内,亦搭不上,看者不必多疑。张泽、松隐、旺里、潘陶泽、杨家店、张家堰此路布秀者多,可以浅色最妙。"[4]安徽图书馆藏《布经》只多记华阳桥一镇,两书所列举乡镇相差无几。

最后参考范金民《清代江南棉布字号探析》一文,文中也对安徽图书馆藏《布经》写作年代进行了揣测,认为"至迟形成于乾隆初年的《布经》一书,大约就是由专门为字号看布之人传授的经验总结"[5]。据此,可以推出《布经》一书写于清代乾隆时期。

在研究区域上,它以江南地区为重点。介绍江南棉纺织业的内容有很多,如松江产布的情况:"南翔、白鹤、江青蒲、紫地、蟠龙、徐泾、小涞、纪王庙、

---

〔1〕《布经》,"指明东路铁锭木锭口诀"。
〔2〕新《布经》,"石上踹布法"。
〔3〕(清)范铜:《布经》卷四《白布经·产布路道》。
〔4〕新《布经》,"刷经布路道大略"。
〔5〕范金民:《清代江南棉布字号探析》,《历史研究》2002年第1期。

朱家角、泗泾、七宝、陈坊桥、辛庄左近地方等处布……至西路而枫泾、平湖、吕巷、新仓、广成、嘉善等处，此乃出浆纱线路道，布以前东路、西路各处处有好布，处处有低布，亦听各人取法不一，但毛布、光布取法合而为一，惟白布取法各有不同也。"[1]

从全书来看，安徽图书馆藏《布经》一书有一些明显的特点。一是在介绍染料时，运用了数量化的记述方法，不仅列出每种颜色的配料种类，而且用数字表示出配料多少。"沉香：川棓四斤 槐米卅三斤 白凡八斤 青凡五斤 广灰半斤。水绿：月白脚地 黄柏廿五斤。中明：川棓四斤 槐米卅斤 白凡八斤 青凡贰斤 广灰半斤。豆绿：深宝蓝脚地 槐米廿五斤 白凡七斤 广灰半斤。圆眼：川棓三斤 槐米廿五斤 白凡八斤 青凡贰斤 广灰半斤。柳绿：深月白地 槐米廿五斤 白凡七斤 广灰半斤。"[2]二是对布的各要素作了详细定义，用语更加专业。"经：直者为经。纬：横者为纬。箴：如篦样取紧密为上，以纱线念砠为满，箴每砠五十根。细：经纬纱俱要匀细，光洁为上。紧：纬纱织得足紧密……朴：纺纱时，手中捻不紧，则虚空，比如空心萝葡或孩童学纺织纱，即刷得好布无甚美。"[3]

总体来说，尽管对安徽图书馆藏《布经》的作者尚未搞清，但从书中的内容看，可以确定成书年代应在乾隆时期，更为重要的是，书中用数量来表示颜料的搭配比例，对布的各要素也作了详细的定义，这些变化都是当时同类书所未有的。

《布经》中涉及浆经技艺的有两个方面：一是先介绍了刷纱和浆纱的制作工艺，讲了天气的变化对刷纱质量的影响。"何谓刷经，将经纱用面浆浆了，放在路上，二人扶着竹帚刷干，然后上织，用纬纱织成，故此为刷经布也。刷时天气阴凉，其纱线自然细紧光标，否则或赤日，或大风，线纱易干，必然松朴，若遇天雨连日，恐纱线浸坏，候天晴方可刷得，此经织成之布……何谓浆纱，不用刷，只挂在竹头上，用手上浆干，故有毛头起，外面松内里紧。"[4]书中对浆纱技艺的介绍不系统，比较零散。二是介绍了劣质纱线产生的种类和原因："浓浆：因用面太多，刷不清凝滞，上看似匹实，下缸稀松；清浆：浆清即刷纱带软，子眼清爽，纱线熟脱，刷得透也；春纱：春日和暖，纱线必好，若留到黄霉，浆必泛，纱线有变之意患；热纱：夏天纱线必干燥不润。"[5]书中共介绍了14 种节气和天气变化对纱线造成的影响，不仅罗列了名称，而且进行了详细

[1] 新《布经》"半东路大略布言"。
[2] 新《布经》"染坊总诀"。
[3] 安徽图书馆藏《布经》，"指明布中一切条款"。
[4] 安徽图书馆藏《布经》，"认刷纱病处併木锭铁锭分解"和"指名浆纱水纱而布分解"。
[5] 安徽图书馆藏《布经》，"指明布中一切条款"。

的解释，初学者通过阅读，可以在实践中避免这些失误。

(3) 清汪裕芳抄本的《布经要览》。

此抄本无作者姓名，自称是维新程的弟子，正文中也没有提到关于作者身份的语句，因此作者的身份背景就很难确定。但从文中看，"磨布要诀"开头说："大凡学布业生意，必先磨布，须要讲究布之身分。"由此可以断定书的作者是一位来松江经营棉布的商人，为了培养学徒，特编纂本书。另外王家范教授在《清抄本〈布经要览〉释读》一文中，也认为此抄本为徽商土布行业富有经验的"看布先生"对收布、赔布、复布、磨布经验的总结。[1]

《布经要览》的成书时间，文中也没明确写，汪裕芳只注明抄书时间为乙亥四月中浣，在清代历史上共出现五次乙亥年，分别是顺治十六年(1659 年)、康熙五十八年(1719 年)、乾隆二十年(1755 年)、嘉庆二十年(1815 年)和光绪元年(1875 年)。从书的题目看，含有"要览"二字，该书应是在汇总前人《布经》内容的基础上，根据经商的需要，把相关看布技巧汇于一体的书籍。鉴于此，《布经要览》只能出现在各类《布经》之后，也应在乾隆时期范铜《布经》和新《布经》成书后出现。另外光绪元年(1875 年)时国门已经打开，洋布和外来纺织技术已进入我国，洋务派早在 19 世纪 60 年代就联合一些地方绅士，在"振兴实业、挽回利权"口号下，先后筹集资金从国外引进纺织机械建厂，传统纺织技术和棉布在市场中所占的比率越来越小，如《布经要览》在此时编写可能性较小。因此可把《布经要览》的成书时间框定在乾隆二十年(1755 年)到嘉庆二十年(1815 年)之间。

《布经要览》中涉及浆纱的内容比较少。第一处是讲江南各地浆经产品的优劣："太口镇，纱低线粗；亭陵镇，有浆纱，有刷经；七灶镇，刷浆线子即带毛。"[2]第二处是对刷纱和浆纱工艺进行了介绍："刷何为刷，线乃左路，上用扫帚将面浆，二人递刷。干者曰刷布。但刷布之日，若遇阴凉天气，最好其线必细紧光滑；若遇赤日大风，纱线必糙松；若遇天雨多时刷者，纱线不能收潮，复放在浆桶内，候天晴再刷者，此布必(月介)毛软。……其浆纱出于黄浦西，不用刷只挂在竹竿上，用浆手揉干。纱线外松内结，总不能比刷经光亮伏贴。但刷经中次者，亦有内外高低不一，而浆纱内外者少无之。"[3]与前两本《布经》相比，对刷纱和浆纱的介绍变化不大。

---

〔1〕 王家范：《清抄本〈布经要览〉释读》，引自饶玲一：《器物与记忆：近世江南文化学术研讨会综述》，《史林》2004 年第 6 期。

〔2〕 《布经要览》，"刷经路道"，《四库未收书辑刊》子部第 10 辑第 12 册，北京出版社，1997 年，第 581 页。

〔3〕 《布经要览》，"刷经路道"，《四库未收书辑刊》，子部第 10 辑第 12 册，北京出版社，1997 年，第 581 页。

三、织造技术的理论化

1. 明清以前的织造技术

织造技术是把纱线分成经纬两组使其交织成织物的技术。从发展过程看，织造技术和织具的演变有一个由不完善到完善，由低级向高级发展的过程，即从最初的“手经指挂”，发展到使用具备杼、轴、综、蹑、支架等部件的综蹑织机，最后到可以贮存提花信息的花本提花机技术。下面分述之。

一是原始织造机具及其操作技术。

在我国古代，最初是编结捕捉鱼、鸟的网，后来发展到编制筐席，再由编制筐席发展到编织织物。它们的编织方法基本相同，区别在于使用的原料不同，成品的结构、紧密程度和用途不同。据我国史书记载，在伏羲氏时就已“作结绳而为网罟，以佃以渔”[1]。主要的编织方法是“手经指挂”，有平铺式和吊挂式两种。平铺式是把两根以上平行状态的纱线，按“×”或“+”的方向，平铺于地，一端固定于一根横木上，扯动相邻或间隔的纱线，反复编制；或者利用骨针和骨梭，在经线中一根根地穿织，用骨匕一类工具，沿着织者的方向，把编入的纱线打紧。吊挂式是把准备织作的纱线垂吊在横杆或圆形物体上，纱线下端一律系以石制或陶制的重锤，使纱线张紧。织作时，甩动相邻或有固定间隔的重锤，使纱线相互纠缠，形成绞结，逐根编织。用这种方法，能编织出许多织纹的带状织物。

人们在长期的生产、生活中发现，“手经指挂”织出的织物太疏松、不保暖，纱线容易脱落，生产效率也低。夏朝以前，随着人们生产经验的积累，逐渐发明了开口、引纬、打纬三者结合的原始织机和织作技术。

原始织机的结构非常简单，实际上就是由几根木棍组成。前后两根横木，相当于现在的卷布轴和经轴；一根比较粗的分经棍，将奇数、偶数经线隔开，分为上下两层，形成一个自然梭口；提综杆较细，将奇数或偶数的经线与提综杆连接起来，它可以把全部奇数或偶数经线提起或放下，形成一个个织口，这比用手指把一根根奇数或偶数经线提起来快得多，大大提高了生产效率；引纬的纡子，用比较长的骨针、木板，从织口穿过整个经面，完成投放纬线的动作，后来成为织机的杼子，速度比“手经指挂”快很多，也提高了效率；打纬工具是骨匕或木匕，作用有二：一是在提综开口后，它可以放在织口中，以扩大、固定织口，便于杼子和纬线通过，加快织作速度，二是在纬线通过以后，可以用它将纬线打紧，使织物较为紧密、牢固。[2] 织工的操作如下：织工席地而坐，把卷布轴系于腹前，再用双脚踏住经轴，靠腰和脚的力量控制经线张

---

〔1〕《易·系辞下》。

〔2〕 陈炳应：《中国少数民族科学技术史丛书·纺织卷》，广西科学技术出版社，1996 年。

力，使织机上经线基本平齐。织造时，先利用分经棍形成一个自然梭口，将木刀（打纬棍）放入梭口，用纡子把纬线从梭口引过，再用木刀将引过的纬线打紧后抽出。织下一梭时，提起综杆，形成前一梭下层经线变为上一层经线的梭口，然后放入木刀，做纡子引纬、木刀打纬的工作。待织完一定长度后，翻转经轴放出若干长度的经纱，卷布轴卷入相应长度的织物，如此反复。

二是综蹑织机的机具及操作技术。

夏至战国时期的织造技术和织机结构在原始织机的基础上有了较大的发展和提高，结构变化很大，逐步形成了完整的手工机器，代表织机是鲁机。

鲁机也叫双轴织机，是一种用手提综开口，有机架，以卷布轴和经轴为主要特征的织机。“鲁机”的名称来自于《列女传·鲁季敬姜传》，文有：“文伯相鲁，敬姜谓之曰：‘吾语汝，治国之要，尽在经矣。夫幅者，所以正曲枉也，不可不强，故幅可以为将；画者，所以均不均、服不服也，故画可以为正；物者，所以治芜与莫也，故物可以为都大夫；持交而不失，出入而不绝者，梱也，梱可以为大行人也；推而往、引而来者，综也，综可以为关内之师；主多少之数者，均也，均可以为内史；服重任、行远道，正直而固者，轴也，轴可以为相；舒而无穷者，樀也，樀可以为三公。’文伯再拜受教。”[1]此段文字，敬姜把一架织机比作一个国家，把经丝的处理比作国家治理，把织机的各部件功能比作国家对各级官吏的要求。鲁机主要部件包括：幅，即幅撑，控制织物的宽度；画，即筘，打纬用；物，棕刷，梳理经丝或加湿上浆用；梱，开口杆，清理梭口用；综，综杆，提升经线用；均，分经木，使经丝按规律分组；轴，卷布轴；樀，经轴。操作方法如下：织工坐在板上，卷布轴用腰带系于腰间，织工一手拿综（提综棍），提起奇数经纱，形成一个梭口，另一手拿起梱（打纬刀），在梭口中穿过，引进纬纱，然后放下综，靠分绞棍（分经棍）形成自然梭口，拿起梱放入梭口，把上一次引进的纬纱打紧，同时穿过梭口引进纬纱。

鲁机是手提综片织机，一手拿提综棍，一手拿打纬刀和纡子，操作很不方便。到春秋、战国时期，我国已逐步在手提综开口的基础上，发明了脚踏提综开口的斜织机。它将织工的双手从提综动作中解放出来，专门从事投纬和打纬，大大提高了生产效率。

简单综蹑织机按经面角度可分为斜织机、立机和小布卧机三类。

斜织机的机身可分为机台和机架两部分，机台为长方形框架，中后端斜架长方形机架，卷经线的“滕”和卷布的“榎”以及其他一些部件，均不在机台上，而是在机架上，经面与水平的机台成50～60度的斜角。织机中的滕和榎，两端都装有轴牙，两个轴牙的配置是：榎用稀疏的板形牙，并备有一个撑杆；

〔1〕（汉）刘向：《列女传》卷一《鲁季敬姜传》。

滕用较密的凹形牙,用绳套牢后再用小木棍收紧,可随时控制放经量和卷布量的平衡,以保证织造时的经线紧张,并不因放经、卷布而耽误过多的时间。当织好一段布后扳动撑杆放经,一边转动卷布辊张紧纱线,继续织造。宋以后,机座、卷经轴、卷布轴以及其他部件,都是安装在机身上,并且经面与机座的角度也变小,这种变化使机座上的织工,眼睛在平视的状态下,能最大范围地发现和解决织造时经面上所发生的各种问题,如经线张力是否均匀,是否有断头等。[1]

斜织机采用踏脚板(蹑)提综开口,这是织机发展史上的一项重大发明。踏板操作方法如下:当织工踏踏板时,由绳子牵引的压纱棍向下压纱,压纱辊连接杠杆另一端的压线板连同半综(提综棍),带动它们上升,使半综提起下层纱线到上层梭口的位置,原来的上层纱线,由于压纱辊的作用被压到下层位置,形成了三角形的梭口。织工在投梭引纬、打纬操作完毕后,就将双脚松开,由于经纱的张力作用,使压纱辊恢复到原来的位置,上层纱和下层纱由于弹性的作用,也回复到原来的位置。

立机也叫竖机,因其经纱垂直于地面而得名。薛景石在《梓人遗志》中介绍了立机子的零件共 29 种,漏述 3 种,可归纳成 15 条:机身,即支撑整个立机的两根直木;小五木,是机身上端的一根横木,上装掌手一对,用于限定掌滕木(卷经轴);大五木,即中轴,是整个织机的中枢,后装引手,通过连杆将中轴与踏板相连,牵动脚踏板,前装掌木,支撑掌滕木,下装垂手,推拉压经木和推动综片运动;马头,这是一对伸出机身之前的木板,板上钻眼,以承受籰丝木、高梁木、约缯木(含鸦儿木),其中籰丝木用于分经开口,高梁木用于固定经丝位置,约缯木是为了装配鸦儿木,而鸦儿木实为一杠杆,上端与曲胳肘子连,下端与悬鱼儿连;曲胳肘子,前连鸦儿木上端,后连垂手,中有压经木;悬鱼儿,就是综框(提经辊);掌滕木,用于支撑滕子的木架;滕子,即经轴;脚柱与卷轴,脚柱是支撑机身的部分,中有机胳膝,装有卷轴;脚踏五木,是安装踏板的横档;长短脚踏,两个踏脚均有转轴踏动,但与连杆连接处长踏脚在转轴后,短踏脚在转轴前;连杆,木质,呈刚性,分别连接左引子与短脚踏、右引手与长脚踏;筬,即筘;梭子。[2]

立机的操作方法如下:当织工踏下长脚踏时,连杆就顶起其相连的右引手,中轴就向前转动,前掌手下降,掌滕木随之下降,经轴也因此下降而放松其张力,在中轴向前转动的同时,中轴上的垂手子[3]向后移动,拉动与垂手子

---

〔1〕 引自赵承泽主编:《中国科学技术史·纺织卷》,科学技术出版社,2002 年,第 188 页。

〔2〕 (元)薛景石著,郑巨欣注释:《梓人遗志图说》,山东画报出版社,2006 年。

〔3〕 用于支撑滕子的机件。

相连的曲胳肘子，曲胳肘子又拉动鸦儿木一端往后，其另一端就把悬鱼儿[1]往前拉，这样，综片就提起经线作一次开口。当另一块短脚踏被踏下时，与短脚踏相连的连杆就被往下拉，中轴向后转动，前掌手上升，顶起掌滕木，经轴也随之上升，垂手子向前移动，推动曲胳肘子，悬鱼儿通过鸦儿木而得到放松，穿过综片的一组经丝被放松，而由曲胳肘子中间的压经木控制的一组经线则位于经丝上层，形成新的开口。由于短脚踏与连杆连接处在机身前，踏下时拉动中轴，使与长脚踏相连的连杆也作向下运动，就把与连杆连接处在机身后的长脚踏压下，通过转轴，其机身前的部分就上升，给织工下一次踏板创造了机会。[2]

立机踏板织机与普通踏板织机的不同处在于以下三点：其一，经面垂直；其二，经轴可以升降；其三，采用刚性连杆及踏板与连杆的巧妙连接方式，可以说立机是我国古代踏板织机中最为巧妙、最为出色的一种。但是由于经轴位于机架上方，更换不便，另外打纬作上下运动，很难掌握纬密的均匀度，因此只能织一些平纹织物，故它的使用远不如斜织机普及。

织造棉布使用最广的是小布卧机，是单蹑单综织机，即《农书》中的布机、卧机，《蚕桑萃编》中的织绸机，《天工开物》中的腰机，民间称为夏布机。该织机机架由立身子和卧身子构成，立身子是矗立的机身上面的两根直木，它是构成机身的主干，立身子顶端是一对鸦儿木，鸦儿木前端挂着综片，后端则与踏脚板相连，但在两者之间还连有一个悬鱼儿，悬鱼儿中穿一根辊轴，就是压经棒，立身子上向后伸出马头，滕子（经轴）就安置于此，卷布轴缚于织工腰上。因卷布轴缚于织工腰上，宋应星称其为腰机。卧机利用了张力补偿的原理，脚踏踏脚板使鸦儿木相连的提综上升，相连的经线也上升，同时悬鱼儿上的压经棒则将另一组经丝下压，这样梭口就形成，当踏脚板放开时，织机恢复到最初的开口。[3]

三是引纬和打纬机具的发展演变。

第一阶段：引纬、打纬工具是分开的。此阶段出现在原始织布时期（夏以前），引纬、打纬的方式非常简单，引纬的工具是一支直接缠绕纱线的小木棒，磕磕碰碰在织口中通行，称为“梱”；打纬工具是一块宽扁的光滑物，能够在织口中来去自如，称为“机刀”。织作时将小木棍由一手经过织口递给另一手后，再用宽扁的机刀将引过的纬线打牢。

第二阶段：引纬、打纬工具合二为一。此阶段出现在春秋战国时期，古代织工从“机刀”得到启示：在机刀上刻一长条槽子，将绕着纱线的莩（梱）嵌进

〔1〕 综框的提杆。
〔2〕 陈炳应：《中国少数民族科学技术史丛书·纺织卷》，广西科学技术出版社，1996年。
〔3〕 中华文化通志编委会编：《中华文化通志·科学技术典》第7卷，上海人民出版社，1998年。

去,这样既可以引纬又可以打纬,称为“砍刀”。元代砍刀“长二尺八寸,广三寸六分至四寸,厚一寸二分,背上三池槽各长四寸”。

第三阶段:引纬、打纬工具又分开,引纬由梭子完成,打纬由筘完成。此阶段不会晚于汉代,梭子是由砍刀演变而来的,为了克服砍刀经常磨损纱线的局限,改成了两头尖、形似小舟的形状,梭子的引纬作用,由纡子承担,纡子的形状和缠纬方法与梱相同;梭引纬后,原来砍刀所承担的打纬任务必须另找工具承担,织工可能受到木梳的启发,将一把“大梳子”固定在两根木条当中,经纱依次穿人梳齿,这样经纱排列就有了一定的宽度,布幅也得到稳定,这一工具称为“筘”,这样织工一手投梭,一手拉筘,既迅速又省力。[1] 薛景石《梓人遗制》记载了立机子的梭子尺寸:“长一尺三寸至四寸,中心广一寸五分,厚一寸二分。开口子长六寸五分至七寸,心内广凿得一寸明,两头梢得五分,中心钻蚍蜉眼儿。”华机子的筘尺寸为:“长三尺六寸,广二寸四分,厚一寸二分。内安斗于,其斗子内二尺八分明,通高五分,筘扣上下离八分至一寸,斗子上是鹅材,长三寸六分,方广二寸,开口深二寸四分,横钻寨眼子。”[2]

织机在明清江南使用已非常普遍,当地女孩七八岁就能纺纱,十二三岁就可以纺织,昼夜织纺。“(松江府)纺织不止乡落,虽城中亦然。里媪晨抱纱入市,易木绵以归,明旦复抱纱以出。无顷刻间,织者率日成一匹。有通宵不寐者,田家收获输官偿息外,未卒岁室庐已空,其衣食全赖此。”[3]“嘉定斥卤而硗,故俗啬而民织,无锦绮柔丽之玩,独以土宜木棉,民间机杼之声相闻也。”[4]在苏州甪直镇,“东南隅多业蒲屦,迤东南多业织棉布,迤东北多业织夏布,迤西北多业蒲篓”[5]。周庄“棉布以棉纱著,浆理作经,捲于机轴,复以棉纱为纬织成布,细密者与陈墓庄同,故县志并载”[6]。在浙江嘉兴,“纺织所成或纱或布,侵城入市易木棉以归,明旦复持以易。纺者日可得纱四五两,织者日成布一匹。”[7]“浔市湖州南浔,居其中,四乡之人自农桑外,女工尚焉。推车、蹋弓、纺线、织机率家有之。村民入市买棉归,诸妇妇女日业于此。”[8]

---

〔1〕赵承泽主编:《中国科学技术史·纺织卷》,科学技术出版社,2002年,第259页。

〔2〕(元)薛景石著,郑巨欣注释:《梓人遗志图说》,山东画报出版社,2006年。

〔3〕《正德松江府志》,《天一阁藏明代方志续编》第5册。

〔4〕《嘉定县志》(明万历三十三年),《中国地方志丛书》第421册卷六。

〔5〕(清)彭方周纂修:《吴郡甫里志》(乾隆三十年修),《中国地方志集成·乡镇志专辑》第6册,江苏古籍出版社,1992年。

〔6〕(清)陶煦纂:光绪《周庄镇志》,《中国地方志集成·乡镇志专辑》第6册,江苏古籍出版社,1992年。

〔7〕(清)郑凤锵纂:同治《新塍琐志》,《中国地方志集成·乡镇志专辑》第18册,江苏古籍出版社,1992年。

〔8〕周庆云纂:民国《南浔志》,《中国地方志集成·乡镇志专辑》第22册,江苏古籍出版社,1992年。

江南出现了专业化生产织布器具的作坊，布机以青浦黄渡徐氏最为有名，“徐家布机，出黄渡徐氏，坚致而利于用，价亦稍昂，机之横木，必书其年月某房造”[1]。织布时刷布的刷帚，苏州唯亭陆氏独家生产。“黄金草刷帚，出唯亭，陆氏独造，各处所无，织布者借以刷布。今北街顾氏亦造，系陆姓所传。草出于湖南，名黄金草。”[2]在专业化生产的引领下，江南地区出售纺织工具的店铺也随之发展起来，如江宁，在乾隆时期就有“机店、梭店、筘店、篗子绺竹器店……”[3]

2. 明清江南织造技术理论化的标志

明代的两部全国性著作《天工开物》和《农政全书》对织机的介绍都很简单，徐光启的《农政全书》没有提到织机，《天工开物》仅说明了腰机（小卧布机）的用途：“凡织杭西、罗地等绢，轻素等绸，银条、巾帽等纱，不必用花机，只用小机。织匠以熟皮一方置坐下，其力全在腰尻之上，故名腰机。普天织葛、苎、棉布者，用此机法，布帛更整齐坚泽，惜今传之犹末广也。”[4]

乾隆年间政府编的《钦定授衣广训》，对织机的介绍也很简略：“机之制与丝织同柚，受经二人理之杼，受纬一人行之，必鬻必浆而纬，则否引绳高下，手足并用，尽一日之力，成一布长二十尺，粗者倍之，拙工得半而已。”[5]文中先介绍了经纱上机前的整经和浆经：“受经二人理之杼，受纬一人行之，必鬻必浆而纬。”其次讲了综蹑织机的织布效率：“尽一日之力，成一布长二十尺，粗者倍之，拙工得半而已。”《钦定授衣广训》的目的是将纺织技术推广到纺织欠发达地区，但由于对织机的介绍简略，很难达到目的。

褚华的《木棉谱》，介绍了乾隆时期江南织布多用双蹑连单综织机，描述也很粗略：“今女红用二蹑，又为简要。按蹑俗呼踏脚，或一或二或三或四蹑之多，寡视布之，花文为增减不定，二蹑也。”

乾隆时范铜的《布经》和安徽图书馆发现的《布经》也都没有介绍织机的大小、结构等，但文中总结了两种因织布操作不当造成劣布的情况：“综头破：织纬投过经纱，上落不齐，故有空路跳纱；上下手：上手密下手稀，布机不平也。”[6]

张春华的《沪城岁事衢歌》对织机的介绍也比较粗略，先将棉布机和丝绸

---

〔1〕 光绪《青浦县志》修刊本，见上海市文物保管委员会辑《上海地方志物产资料汇编》，中华书局，1961年。

〔2〕 （清）沈藻采纂：道光《元和唯亭志》，《中国地方志集成·乡镇志专辑》第7册，江苏古籍出版社，1992年。

〔3〕 陈作霖：《凤麓小志》卷三《记机业》，见中华文史丛书《金陵琐志》第12辑，台湾华文书局。

〔4〕 （明）宋应星：《天工开物·乃服第二·腰机式》，岳麓书社，2002年。

〔5〕 《钦定授衣广训》，《续修四库全书》，第977册，第91页。

〔6〕 （清）范铜：《布经》，见四库未收书辑刊编纂委员会编：《四库未收书辑刊》第3辑第30册，紫禁城出版社，2000年。

机进行了对比:"机式大象与绸缎机同,而相机较省便,布幅亦较狭。"再讲了织机的工作效率:"织布皆女工,日可得布一匹。亦有极一日半夜之力,得布两匹者,然亦仅见。"[1]

3. 明清江南织造技术理论化的特点

宋应星的《天工开物》、徐光启的《农政全书》、褚华的《木棉谱》和张春华的《沪城岁事衢歌》对织机的介绍都仅是文字上的描述,在织机的大小、结构、操作方法上均没有具体说明,不利于织机技术向外推广。

乾隆时范铜的《布经》和安徽图书馆藏《布经》对织机的介绍也非常简单,但是两本书提出了劣布出现原因及补救办法,这是以前书中所没有的。范铜和新《布经》的作者都是来松江经营布匹的商人,为了辨认布匹好坏,必须将劣布出现的原因搞清楚,反过来,织工在看到对劣布出现原因的解释后,必然会在织布时谨慎小心,防止出现上述情况,因此能够起到借鉴作用。

从上述分析来看,明清时期,无论是全国性的农书,还是江南的文人笔记,对织机的规模、结构和操作方法的记述都非常简单,再也没有出现像元初《梓人遗制》那样高水平的著作了。对织机的简略记载,并不表明织机技术理论化在倒退,而是因为在江南地区,乃至全国地区,织机已被广泛应用。据清代地方志记载,除了江南地区成为棉纺织中心外,北方的棉纺织业也已发展起来,以山东、河南、直隶最为显著,如济南府"乡中妇女勤纺织"[2],寿张县"妇女纺织,几于家喻户晓"[3],河南的孟津县"邑无不织之家,秦陇巨商终岁坐贩,邑中贫民资以为业"[4],河北的献县"妇勤于绩,夏月席门前树荫下,引钩声相应,比户皆然"[5],南方的湖北、湖南、四川、贵州等省份的棉织业也有较大进展,如湖北的汉阳县"乡农之家勤于纺织,每夜登机,而昼成匹"[6],湖南的巴陵县"妇女工织纴……每行乡间,闻机杼声、络纬声"[7],四川的中江县"邑境悉产木棉,下村尤盛,妇女又能纺,故织者恒多,宽长者曰大布曰连机,小曰台正,其佳者皆曰卓,劣皆曰行,远商贩至滇黔,为大装货"[8]等等。如此广泛地使用,人们对织机的构造和使用方法已经非常熟悉,再也没有必要运用数量化和数理化的结构分析和机械绘图来仿制织机了,因此当时的专业书籍中对织机的介绍就比较简略了。

---

〔1〕 张智主编:《中国风土志丛刊》第43册,广陵书社,2003年。
〔2〕 道光《济南府志》卷十三。
〔3〕 光绪《寿张县志》卷一。
〔4〕 嘉庆《孟津县志》卷四。
〔5〕 乾隆《献县志》卷四。
〔6〕 乾隆《汉阳县志》卷九。
〔7〕 光绪《巴陵县志》卷五十二。
〔8〕 道光《中江县新志》卷一。

清代技术经济史发微

——关于《匠作则例》之技术标准化及其产业经济效应研究[1]

技术经济学探讨技术与经济发展的互动关系，唯有通过技术经济史的长时段动态研究才能找到技术经济发展的内在规律。清代技术经济的兴起，首先体现在传统产业技术的理论化与标准化发展，以及这种理论标准的经济实践作用之上。清代典制则例日渐完备，是当时传统产业技术理论化与标准化发展的重要标志。本文试图以清代匠作则例的技术标准化及其产业经济效应为例，来研究清代技术经济的兴起。当否，请各位专家批评指正。

邓之诚在《中华二千年史》卷5中说："清以例治天下，一岁汇所治事为四季条例，采条例而为各部则例。"所谓"则例"，就是把衙门经办事例归纳起来，选编成册，由皇帝批准颁布实施，成为会典的实施细则。顺治五年(1648年)，工科右给事中魏象枢上疏，首言修会典事。[2] 康熙十二年(1673年)，清廷颁布了《六部题定新例》，使用者唯其"所从"，奏法者能有"所分"。乾隆以后，各部院衙门编纂则例更加普遍，中央各部院无一不编则例，各部院下属机构乃至地方政府也纷纷编制则例。先后制定的主要则例有《吏部则例》《户部则例》《礼部则例》《刑部则例》《工部则例》《理藩院则例》《内务府则例》《宗人府则例》《光禄寺则例》《太常寺则例》《督捕则例》《军需则例》《军器则例》等。由地方政府所编订的则例有《粤东省例》《福建省例》《江苏省例》《顺天府省例》等。这种大规模、全面地编纂则例活动一直延续到清朝灭亡，保存下来的清代则例种类繁多，数量丰富。

一、清代匠作则例的编修及其法规化

1. 人员机构设置与编修年限规定

则例馆是清代则例纂修机构，设有以下三类人员：

---

〔1〕 原文提交"辛亥革命百年纪念暨第十四届国际清史学术研讨会"交流讨论(2011年9月17日北京)，刊发于紫禁城出版社2012年版《明清论丛》第11辑，余同元、何伟合作，原题名为《清代〈匠作则例〉之建筑技术标准化及其经济效应》。

〔2〕 魏象枢：《寒松堂全集》卷一《奏疏》，"圣朝大礼既行，亟请更定会典，以明职掌，以悬国制事"。

一是“总领其纲”的总裁官员，包括总裁官和副总裁官。

二是编纂业务人员，有总纂官、纂修官、协修官、总校官、校对官（有时又称分校官、初校官）、详校官、翻译官、誊录官等，承担各种档案史料汇编的纂修、校对、翻译、誊录等工作。

三是提调官、收掌官、供事官及各色匠役人等。这些人员负责管理监督工作、编纂业务工作、行政事务工作等。

乾隆时规定凡则例每10年重修一次。《清高宗实录》卷九六三载：“谕各部为直省案件总汇，其常行事例多有因地因时。斟酌损益者，不得不纂为则例，稗内外知所适从。然甫属成书，辄有增改，故每阅数年或十余年，又复辑一次，并不能为一成不易之计。”[1]在《理藩院则例》《礼部则例》等则例中均有“查向例各部则例向系十年纂修一次”的记录。[2]《清文献通考》中亦载“谨按各部则例，每十年奏请纂修一次”。[3]龚自珍《定盦全集》亦称：“各部则例十年一修，天运十年而小变，人事亦然。”[4]由此可知10年纂修则例为定制。但所谓十年，只是大体而言，不可能严格遵守。道光十年（1830年）后有变动，每朝或一修或数修。

2. 编修程序及内容种类

则例编修的材料主要来源于以下两个方面。一为各衙门的“清厘案卷”。各部院则例的奏文，均有这方面的记载。如《内务府则例》载：“同治十二年五月吏部奏……令大小各衙门遴派司员，将嘉庆十八年以后案件，逐细检查，编次成帙。”“所有从前旧例，其应删者即详加厘剔，其现行事宜应行纂入者，亦量为修改，务期简明，尽人易晓，方足以昭画一。”[5]二为查抄实录、谕旨和内外臣之条奏。

匠作则例大体可分为官修和私撰两类，其中官修则例多为抄本，如工部则例皆上报皇帝批准，往往冠以奉敕或者钦定的名义。它们多经过刊刻并公开出版，有领衔者和刊刻年代。如雍正十二年（1734年）允礼等修撰的《工程作法则例》七十四卷，乾隆十四年（1749年）敕命史贻直等修撰的《钦定工部则例》，乾隆二十四年（1759年）时编订的《钦定工部续增则例》，嘉庆二十年（1815年）曹振镛等奉敕编撰的《钦定工部则例》，嘉庆十四年（1809年）修撰的《工部则例》五十卷附《乘舆仪仗做法》二卷，嘉庆二十四年（1819年）保亮等修撰的《工部续增则例》一百二十六卷等。这些则例中多钤有“营造司工程处

---

〔1〕《清高宗实录》卷九六二，乾隆三十九年七月。

〔2〕《章氏遗书》卷二十七《通志检稿·湖北通志辨例》。

〔3〕《清文献通考》卷二二二《经籍考》，浙江古籍出版社，2000年。

〔4〕龚自珍：《定盦全集》，《文集补编》卷二，清光绪二十三年万本书堂刻本。

〔5〕朱寿朋：《东华续录（光绪朝）》光绪147，《续修四库全书》第381册，上海古籍出版社，1995年。

图记”印章。至于样房、算房及工匠自辑的底本，往往偏重算例，“袖珍小册，世守相传，也绝无刊本”[1]。这类则例有《总管内务府御书处现行则例》《内庭大木石瓦搭土油裱画作现行则例》《总管内务府现行则例》《圆明园内工现行则例》等。

也有一些抄本则例不写明撰著者，没有序跋，不明年代。可以推断这类抄本或是施工单位组织抄录以作为施工的脚本，或是工匠艺人在各处修造留下的记录，后成为向徒弟传授经验的课本。

匠作则例主要记录技术，特别是建筑技术资料，是建筑和样式做法的规范标准，包含了丰富、翔实的技术内容，其中详列了各种物料名称、规格，生产工具以及有关工艺。其所制定的规则和定例详细精确，为政府部门进行经济核算和管理提供了操作性很强的依据。部分匠作则例是专门为了经济核算和管理而制定的，目的是使官吏们不能够“高下其手，以滋弊窦”[2]。很多匠作则例还对清代的俸银工资制度，以及各工种工匠的工价，都有十分详细的记载。工匠工价就是匠作则例都涉及的一项专门内容，如“顺治十六年题准，内工每匠给银二钱四分，每夫给银一钱二分，冬月每匠给银一钱九分，每夫给银一钱，外工匠夫比内工减给银二分，康熙四年题准内工每匠给银二钱四分，每夫给银一钱二分，外工每匠给银二钱二分，每夫给银八分，冬月不论内工外工每匠给银一钱四分，每夫给银七分，五年题准嗣后凡有工程工匠夫役，俱照时价给发，雍正元年，定各项匠役每工给银一钱八分，冬月给银一钱四分，夫役仍旧。”[3]此外，匠作则例还详列了各种物料名称规格，生产工具以及有关工艺。它在列出用工用料的时候，会按照制作的过程提到整体以及构件的名称。我们可以从中看出操作的程序和各个构成部件之间的关系。

匠作则例的编修程序，仅以《工程做法则例》为例就可说明。清康熙、雍正年间，社会相对稳定，大量建筑工程开始兴建，全面地总结这一时期建筑技术的成就、制定规范，已是水到渠成。雍正十二年(1734年)由工部编定并刊行了《工程做法则例》一书，作为控制工程预算、作法、工料的依据。卷首《奏疏》说明了则例编纂的指导思想、目的、适用范围及编纂原则等。《奏疏》中特别明确了编纂原则：“如某项工程应用工某项物料，同某项作法，其物价应若干，工作应若干，一一详注，务使开册了然，以便查证。”[4]若是修理工程仍照旧制尺寸，若是营造工程，它的级别、材料的好坏都要符合《工程做法则例》规

〔1〕 王世襄：《谈清代的匠作则例》，《文物》1963年第7期，第19页。
〔2〕 清工部编：《钦定总管内务府现行则例》，《故宫珍本丛刊》第45册，海南出版社，2000年。
〔3〕 允禄：《大清会典(雍正朝)》卷一九八《工部二》，见《近代中国史料丛刊三编》第787册，文海出版社，1986年。
〔4〕 允礼：《工程做法则例》，《奏疏》，《续修四库全书》第879册，上海古籍出版社，1995年，第115页。

定,因为《工程做法则例》反映了当时建筑设计与建筑施工的内容。

3. 匠作则例成为国家建筑标准

则例与会典互为经纬,统一规定建筑做法、等级标准是清工部颁行《工程做法则例》的最终目的。

首先,当时的建筑设计即官工设计,"外工"掌在工部营缮司,"内工"属于内府营造司。后来,圆明园又设有"内工部"专门办理"园工"设计事务。营造司分设样房、算房,设计图式,绘制图样,制作烫样,应用工料估算,都根据《工程做法则例》的规定标准,针对具体工程编制做法说明和经费预算,进行完工结算,这些都有一整套严密的管理制度。

其次,做法说明以文为主。烫样示其形象轮廓,图式显其建筑结构,并标注主要尺寸、做法,与文字说明相辅为用。文字越复杂,其做法越明了,施工据以放样核算,百无一失。由大木匠掌握全局总尺寸,分丈竿标注局部、分件尺寸,瓦、石各作均以大木作丈量尺度为准,分别安排作业施工。

最后进行工料估算,有关工程经济之核定,掌在官府,人力调度,物材供应,各有保证,更有利于现场施工,掌握好规矩尺寸,把住质量关,按期分工,别无他物。[1] 利用则例限定用工、用料是为了便于制定预算,检查质量,控制开支。

"乾隆元年,经工部题定一切物料按照时价厘定章程,编为四卷,至是因各处欵项不齐,价值互异,乃奏请辑为则例,详明纂核勒成是编。" "各部院纂修则例,堂司各官务当详加考订,折衷至当,垂为宪典。"[2]"则例与会典互为经纬,自乾隆辛巳钦定《大清则例全书》数十年来,内外奉行,政经具备。"[3]"则例其大纲固皆会典等书之支流余裔"。[4] 乾隆七年(1742年)十月,《宫中现行则例》成书,朝廷即下谕:"自今年《钦定宫中现行则例》为始,宫内一切事务,宫殿监督领侍卫,须恪遵定例,每年年底,仍将紧要事例,遵旨汇奏,有不遵者以违制论。"凡编成则例后,衙门相关事务必须按照定例执行。"一切营建制造多开经制。其规度即不可不详,而钱粮尤不可不慎,是以论物价当第质料高下,计工价当核造作之精粗,比量而势难一例,请敕下内务府,会同臣部选取谙练详慎之员,逐欵酌拟工料做法,务使开册了然,以便查对。至于物价偶有低昂,原非一定尤当,细访平价,量为增减,庶可遵行,以重永远矣。"[5]"则例犹权衡,不可欺以轻重规矩,不可欺以方圆。"[6]"各衙门咸有例案,勒为

〔1〕 梁思成:《清式营造则例》,中国建筑工业出版社,1981年,第1页,第2页。

〔2〕《清文献通考》卷一一五《职官考一》,浙江古籍出版社,2000年。

〔3〕 庆桂:《国朝官史续编》卷八十六,北京古籍出版社,1994年。

〔4〕 朱寿朋:《东华续录(光绪朝)》光绪66,《续修四库全书》第381册,上海古籍出版社,1995年。

〔5〕 金简:《内廷工程做法》卷首《奏议》,《故宫珍本丛刊》第339册,海南出版社,2000年,第1页。

〔6〕 朱寿朋:《东华续录(光绪朝)》光绪66,《续修四库全书》第381册,上海古籍出版社,1995年。

成书，斠若画一，不特易于遵行，兼可杜吏胥任意准驳之弊，法至善也。"[1]"工部营造规条多关经制，是编详细编纂，开卷了然，信可以遵行而永守也。""是编因乘舆、仪仗、金银器皿应需，雕刻、漆金并布帛、彩绣、缝绢等，及一切器物所用工料，向未详定条规，乃奏请编纂成书，以昭画一。""工部旧则例日久未修，惟据事案办理，工料银数未免先后参差，贻直等请旨续纂辑成是编。"[2]

各部院衙门订立的则例皆经议准、题定乃至钦准等法定程序，因此具有法律效力。或者说，编撰则例本身就是一次立法活动，包括对原有条规的删除，核定各则例间的歧出歧入等问题，则例与会典一致，但以后者为大法。

各种则例的及时颁布弥补了会典"经久常行"之不足。"一切修造工程须将木工形体作何做法，先于册前逐一叙明，次将逐欵用工、用料之处，详细分晰，以便查核。"[3]"凡各项物料应开明长宽厚各尺寸。"[4]由工程预算评估人员前往工程现场，对于所修工程的损坏之处、丈尺、所需工料数额、工程做法、拆换旧料处理等根据工程做法进行详细调查。

二、建筑材料技术标准化及其应用

1. 砖瓦件使用的规范化与定量化

在匠作则例中从砖瓦的制作、规格到营造用料、用工都有明确规定。清代官式建筑设计和施工中，所用砖瓦数量极大，种类繁多，每一构件又有许多不同尺寸，在计算这些构件的尺寸及单位面积或单位长度的瓦件数量时用样等模数，即"二样""三样"以至"九样"。下面列举一些图表说明。

砖瓦用料及用工统计表[5]

构件名称	白灰用量	砍砖匠1工砍砖数	瓦匠1工墁地数	砍砖匠1工砍砖头捌字数	瓦匠1工摆砌砖数	瓦匠1工用壮夫数
贰尺金砖	7斤	3个	4个			1名
尺贰金砖	12斤	4个	5个			1名
贰尺方砖	12斤	12个	16个			2名
尺柒方砖	7.8斤	12个	16个			2名
尺肆方砖	3斤	24个	28个			2名

〔1〕朱寿朋:《东华续录(光绪朝)》光绪147,《续修四库全书》第381册,上海古籍出版社,1995年。
〔2〕《清文献通考》卷二二二《经籍考》,浙江古籍出版社,2000年。
〔3〕清工部编:《工部简明做法册》,第229页,《故宫珍本丛刊》第340册,海南出版社,2000年。
〔4〕清工部编:《工部简明做法册》,第233页,《故宫珍本丛刊》第340册,海南出版社,2000年。
〔5〕清工部:《简明做法则例》卷三,《故宫珍本丛刊》第340册,第277页,海南出版社,2000年。

续表

构件名称	白灰用量	砍砖匠1工砍砖数	瓦匠1工墁地数	砍砖匠1工砍砖头搠字数	瓦匠1工摆砌砖数	瓦匠1工用壮夫数
尺贰方砖	2.8斤	36个	4个			1名
临清城砖	3斤	18个		12个	20个	2名
澄浆城砖	3斤	23个		16个	28个	2名
新样城砖	3斤	25个		18个	28个	2名
新样斗板城砖	2.8斤	35个	35个		32个	2名
旧样城砖	3斤	28个		20个	32个	2名
埚白旧样城砖	3斤	40个		32个	16个	2名
旧样斗板城砖	2.8斤	38个	40个			2名

圆明园内工用瓦规格〔1〕

种类	二样	三样	四样	五样	六样	七样	八样	九样	备注
脊瓦用料	5.8斤	5斤	4.8斤	4斤	3斤	2.8斤	2斤	1.8斤	料为白灰
调定旧琉璃脊料尺寸	4.2尺	3.9寸	3.6尺	2.2尺	1.9尺	1.7尺	1.2尺	0.8尺	正脊高
	2尺	1.8尺	1.3尺	1.2尺	1.1尺	1尺	0.7尺	0.5尺	垂脊高
	1.5尺	1.3尺	1.3尺	1尺	0.9尺	0.8尺	0.6尺	0.4尺	岔脊高
琉璃脊瓦料夹陇捉节折见方丈	110	120	125	140	110	120	60	70	白灰斤数
	80	86	92	100	60	65	30	35	红土斤数
	8	9	10	11	6.5	9	5	6	麻刀斤数
	535	6	6.3	7	5.5	6	3	3.5	江米合说
	9	10	10	11	9	10	5	6	白矾两数
	1工	1工	1工	1工	1.5工	1.5工	0.5工	0.5工	瓦匠
	3名	3名	3名	3名	4.5名	4.5名	1.5名	1.5名	壮夫

表中仅列出当时常用砖瓦规格的一部分，就足见官方对各个型号砖瓦定分的严格。以金砖为例，又分为贰尺金砖和尺柒金砖，主要用途为宫殿室内墁地、宫殿建筑杂料。贰尺金砖的规格为640毫米×640毫米×96毫米，在砍净后的规格为糙砖尺寸扣减10～30毫米，大约为630毫米×630毫米×86毫

〔1〕 王世襄：《圆明园内工现行则例》，《清代匠作则例》卷一，大象出版社，2000年，第152页。

米,每使用一块金砖,需要同时搭配7斤白灰,每砍砖3块需砍砖匠1工,每墁地4块需瓦匠1工,而每瓦匠1工又要同时搭配壮夫1名。也就是说,只要建筑设计图确定,根据比例测算出实际建筑尺寸以后,就可以确定工程所需贰尺金砖数目,以及白灰用量和所需建筑工匠的数量,精确度达到毫米,可见规格制定之详细。

营造工程所需砖瓦数量在建筑设计完成以后即已知晓,因此可以按量烧造,精确控制。如明代规定营建工程需用砖瓦必须呈报营缮司,营缮司核查后发文于相关窑厂,注明某工,需用某号瓦若干,该窑照数烧完即止,如无行文到达该窑,则不许擅造。[1] 这在明代以前是很难实现的。

营建工程所需砖瓦数量的计算方法,这里以城墙修筑为例加以说明。一丈宽重城需砌45层砖,每层用砖7块,侧向宽度为4层砖,共用砖1 260块。都城所需砖料为重城的4倍,又如拦马墙每宽一丈需砌45层砖,每层双砌,共需用砖210块,此三项皆为每丈全估数,若有旧砖可利用,则查数扣除新砖数,若有一段旧墙坚牢可用,亦查数扣除新砖数。[2] 这样便可计算出修筑整段城墙所需砖料的数量。

计算出所需砖料数量后,窑厂即开始准备砖瓦烧制所需原材料,定量供应。《工部厂库须知》规定:每瓦料1万个用两火烧出,每一火用柴15万斤,共需用材30万斤,需坩子土25万斤,黄土200车,煤碳5 000斤。烧造有色砖瓦所需各色料数量如下:以烧造1 000个所需为一料,若用黄色料,则需黄册306斤,马牙石102斤,黛赭石8斤;若用青色料,则需焇10斤,马牙石10斤,铅末10斤,素嘛呢青8两,紫青石6两;若用绿色料,则需铅末306斤,马牙石102斤,铜末15斤8两;若用蓝色料,则需紫英石6两,铜末10两,焇10斤,马牙石10斤,铅末1斤4两;若用黑色料,则需铅末306斤,马牙石20斤,铜末22斤,无名黑20斤;若用白色料,则需黄丹50斤,马牙石15斤。[3]

对常用砖瓦的价格、运费,也有极详细的规定。如明代原本运砖瓦多赖漕运船只夹带,不另给运费,只对运送数目做一些规定。清代编修的《钦定工部续增则例》规定临清城砖,每块长1尺5寸,宽7寸5分,厚5寸,其中敲击声音响亮砖每块砖价银1厘7毫,运输时原本随粮船搭解并无运价,如遇工程

[1] 郭尚友:《缮部纪略》,《续修四库全书》第878册,上海古籍出版社,1995年,第382页。

[2] 何士晋:《工部厂库须知》卷四《用夫匠规则》,《续修四库全书》第878册,上海古籍出版社,1995年,第487页。

[3] 何士晋:《工部厂库须知》卷四《琉璃厂烧造琉料瓦料合用物料工匠规则》,《续修四库全书》第878册,上海古籍出版社,1995年,第509页。

紧急，则需雇佣民船，每块砖给水脚银2分6厘。[1] 分类明确到敲击的声音，可谓精细。又规定：江苏省制造2尺2寸金砖，正砖每块核准砖价9钱1分，包装所用稻草蒲包草价格为9分6厘；副砖每块核准砖价6钱3分7厘，包装所用稻草蒲包草价格为8分4厘。2尺金砖，正砖每块核准砖价银4钱9分4厘8毫，包装所用稻草蒲包草系银8分6厘；副砖每块核准砖价银3钱3分3厘8毫，包装所用稻草蒲包草系银7分4厘；1尺7寸金砖，正砖每块核准砖价银4钱8厘7毫，包装所用稻草蒲包草系银7分4厘；副砖每块核准砖价银2钱7分7厘，包装所用稻草蒲包草系银6分2厘。并明确规定以上各项金砖每正砖10块备副砖3块，以备不时之需。运输时金砖由水路到通州时每块给上岸雇佣脚夫、租赁房屋等运输费用1钱2分3厘6毫4丝4忽5微，运输时原本随粮船搭解并无运价。如遇工程紧急时，需雇民船自江苏省运至通州，见方2尺金砖，每块运价银3银7分，自通州运送至京，见方2尺金砖，每块运价银1钱3分7厘5毫3丝4忽。如需自通州运至圆明园，按路程70里，照通州运京例计程核值。[2]

2. 木料使用的规范化与定量化

明清建筑技术文献的"料例"中，对木材的使用和损耗所做的规定是相当严格、细致的。如福长安主编《钦定工部则例》对各省进贡木材数量、尺寸以及价格进行了详细规定，如：江苏省每年定额进贡长6丈、大径4尺5寸、小径2尺1寸的桅木20根，每根价银24两，另补充规定，倘若难以购齐，折算添补最多不能超过4根。每年定额进贡杉木384根，其中头等128根，各长3丈，大径3尺9寸，小径2尺1寸，每根价10两8钱2分2厘；二等126根，各长3丈，大径3尺6寸，小径1尺8寸，每根价9两7钱4分；三等126根，各长3丈，大径3尺3寸，小径1尺5，每根价8两6钱5分8厘。每年定额进贡架木2 400根，其中头等800根，各长3丈，木料直径1尺5寸，每根价2钱4分；二等800根，各长2丈9尺，木料直径1尺3寸5分，每根价2钱9厘；三等800根，各长2丈8尺，木料直径1尺2寸，每根价1钱6分。另有年例架木1 000根，其中头等334根，各长2丈尺木料直径1尺3寸，每根价1钱6分；二等333根，各长2丈7尺，木料直径1尺2寸，每根价1钱4分4厘；三等333根，各长2丈6尺，木料直径1尺5寸，每根价1钱2分1厘。[3]

---

[1] 史贻直：《钦定工部续增则例》卷四《临清城砖尺寸价值》，《故宫珍本丛刊》第295册，海南出版社，2000年，第72页。

[2] 史贻直：《钦定工部续增则例》卷四《金砖尺寸价值》，《故宫珍本丛刊》第295册，海南出版社，2000年，第73页。

[3] 福长安：《钦定工部则例》卷十九《各工行取木植》，《故宫珍本丛刊》第294册，海南出版社，2000年，第106页。

对木料的运输也有详细的规定:鲇鱼头架木每 12 根装 1 车,通梢架木每 20 根装 1 车,桐皮槁每 40 根装 1 车,头号长短架木自长二丈至三丈者每 40 根装 1 车,二号长短架木自长一丈五尺至一丈九尺者每 50 根装 1 车,三号长短架木自长一丈至一丈四尺者每 60 根装 1 车,四号长短架木自长五尺至十九尺者每 70 根装 1 车,柏木地丁松椽每 70 根装 1 车。

且解释说以上各项物体俱按件数核定装车,如论件数装载者仍照各项论件装载,如论觔两数装车者,每 1 300 觔装 1 车,凡京城内不论里数每车给制钱百文,如出城 10 里之内给制钱 300 运价。〔1〕

木料不仅可以按件数核定装车,也可论斤两数装车。如板材无法以数量来衡量,即以重量来控制运送数量,《工部厂库须知》规定:楠木板枋(每见方一尺重三十三斤),连四每车每里银二分三厘三毫,连三每车每里银二分二厘三毫,单料每车每里银一分九厘三毫。以上楠木板枋内有长阔厚比旧则不同,如单料一块长一丈三尺,阔二尺四寸,厚七寸,称重七百斤,每车二千二千斤,照通州运价银一两一钱。

杉木板枋,连四每车每里银二分一厘三毫,连三每车每里银二分一厘三毫,单料每车每里银二分一厘三毫。以上杉木板枋内有长阔厚比旧则不同,如单料一块长八尺五寸,阔二尺,厚七寸,称重三百斤,每车二千二千斤,照通州运价银一两一钱。〔2〕

在营建工程开始时,要先将所做工程的做法、尺寸清单送部查验,经查验必须用桅木截木者方准发给大木,其余一切零星工作则按其丈尺径寸俱于累年积存架木内截取。〔3〕对于截取木料的规定则更加详细。如《钦定工部则例》就规定,建筑工程领取木植每 100 根,内廷工程准许截锯 20 根,外工每 100 根准其截锯 10 根,搭盖天棚架木准其截锯二成,筵宴供应一切棚座架木准其截锯一成。又规定锯解杉木段以木植大小径寸折见方尺 70 尺,用锯匠 1 工。锯解杉木板片平面折见方尺 70 尺,用锯匠 1 工锯解柏木、檀木等硬木以锯板平面折见方尺 70 尺,用锯匠 1 工 2 分。〔4〕木料在工程中的使用情况见下表。

---

〔1〕 李宗昉:《九卿议定物料价值》卷四《运价》,《故宫珍本丛刊》第 317 册,海南出版社,2000 年,第 202 页。

〔2〕 何士晋:《工部厂库须知》卷五《运价规则》,《续修四库全书》第 878 册,上海古籍出版社,1995 年,第 528 页。

〔3〕 翁同龢:《钦定工部则例》卷十五《各工行取木植》,《故宫珍本丛刊》第 297 册,海南出版社,2000 年,第 148 页。

〔4〕 史贻直:《钦定工部续增则例》卷四《锯解木植》,《故宫珍本丛刊》第 295 册,海南出版社,2000 年,第 60 页。

各斗口墩木用料统计表〔1〕

构件名称＼斗口尺寸	1	1.5	2	2.5	3	3.5	4	4.5	5	5.5	6
斗口单昂平身斗科	0.04	0.02	0.27	0.49	0.83	1.28	1.87	2.62	3.56	4.68	6.3
斗口单昂柱头科	0.03	0.11	0.24	0.44	0.73	1.13	1.66	2.34	3.34	4.32	5.42
斗口单昂角科	0.11	0.36	0.81	1.57	2.48	3.82	5.84	9.4	10.82	13.96	18.07
斗口重昂平身斗科	0.08	0.22	0.51	0.94	1.56	2.41	3.53	4.616	6.72	8.85	11.39
斗口重昂柱头科	0.08	0.24	0.53	0.98	1.66	2.57	3.79	5.33	7.24	9.57	12.35
斗口重昂角科	0.26	0.76	1.81	3.25	5.38	9.17	12.8	18.4	23.43	30.8	34.82
单翘单昂平身斗科	0.07	0.22	0.48	0.8	1.49	2.31	3.38	4.74	6.42	8.46	10.89
单翘单昂柱头科	0.07	0.3	0.45	0.89	1.53	2.37	3.49	4.91	6.66	4.68	11.35
斗口单昂角科	0.23	0.72	1.71	3.7	5.8	8.71	11.3	16.4	20.21	29.5	32.55
单翘单昂平身斗科	0.12	0.36	0.76	1.44	2.41	3.83	5.46	7.66	10.8	13.67	17.6

注：墩木用料单位为“料”

斗口单昂平身斗科制作所需物料与功限〔2〕

构件名称	构件尺寸	每攒用料	工种	工时
斗口单昂平身斗科	斗口 4 寸～3.1 寸	墩木 2 料	木工	11 工
			雕匠	1.25 工
	斗口 3 寸～2.1 寸	墩木 1.5 料	木匠	8 工
			雕匠	1 工
	斗口 2 寸～1.1 寸	墩木 1.2 料	木匠	6.5 工
			雕匠	0.75 工

由上面两张表可以看出，建筑工程中对所用木料的规定精确到了寸，且对所需工种、工时都做了详细规定。

还有对木料出材率的规定，如《工程作法则例》卷 48《木作用料做法》规定：“凡大、小额方，金脊、檐方、天花、随梁、博脊、压科等方……长一丈以外，

〔1〕 金简：《内廷工程做法》，《各项斗口用料》，《故宫珍本丛刊》第 339 册，海南出版社，2000 年，第 156 页。

〔2〕 王世襄：《内廷圆明园内工诸作现行则例》，《清代匠作则例》卷一，大象出版社，2000 年，第 17 页。

高一尺内外者用园木，以本身高、厚尺寸凑高，将凑高尺寸均分一半，用七归归之，即得用园木径寸之数。如枋子一根，高一尺六寸，厚一尺四寸，得凑高三尺。均分之得一尺五寸，即以一尺五寸七归之，得用径二尺一寸四分园木一根。"[1]将其简化为公式：

$$E=\frac{h+b}{2\times 0.7}$$ （E 为圆木直径，h 为枋子高，b 为枋子宽）。

出材率在70%。而在加工望板之类的构件时，所要求的出材率还要高，接近80%。"如望板每块连荒厚一寸，宽九寸，九块并一块，得见方九寸。即以见方九寸八归之，得用径一只一寸二分有零圆木一根。"[2]在木材出材率规定的过程中，还考虑到了木材锯、刨在加工时的损失，提出了"加荒"的概念。如卷48载："凡各项柱子、戗木径五寸起至贰尺，以净径尺寸之外加荒径一寸，再长壹丈以外每丈加小头荒径壹寸。"[3]

另外，还规定了拼合料的使用，如："凡各项柱子……径二尺至四尺如无合式园木，取径寸最大木植做净之外，其不足之径另加木植，分瓣剑攒俱照不足之径定瓣数，宽厚其所分瓣料以净宽厚之外仍行加荒。"又如："至柁梁高厚甚大，如无合式园木可取整料者，另加木植剑楞长盖，或用二木别攒长盖以所配之园木高厚各取平正，其余不足之数另给木植。其所加木植仍照法加荒。"[4]《营造法式》中尽管也有关于拼合柱用榫的规定，但是宋代拼合柱的使用远不如清代普遍。

3. 石材使用的规范化与定量化

明清建筑技术书籍中关于石作用料、用工的规定，不再以整体器物为单位出现，而是折合成表面积等共同标准来统一计量。"各山石料运至各工地有远近，石有大小新旧，估内号数颇繁难以槩开，惟计里计尺递减磨算，皆可类推，共折方止以一块折成方数，不得以零星小石积算。"[5]这一现象与明清时期建筑构造程式化有关，每件器物均有其标准做法，且其做法已甚为固定，故可以列为制度，形成标准。

明《工部厂库须知》记载了石料表面积的计算方法，以长一丈、阔二尺、厚二尺的石料为基本单位，折算时以长一丈为主，以阔二尺乘之得积二丈，再以

[1] 允礼：《工程做法则例》卷四十八，《木作用料》，《续修四库全书》第879册，上海古籍出版社，1995年，第573页。
[2] 允礼：《工程做法则例》卷四十八《木作用料》，《续修四库全书》第879册，上海古籍出版社，1995年。
[3] 允礼：《工程做法则例》卷四十八《木作用料》，《续修四库全书》第879册，上海古籍出版社，1995年，第572页。
[4] 允礼：《工程做法则例》卷四十八《木作用料》，《续修四库全书》第879册，上海古籍出版社，1995年，第573页。
[5] 何士晋：《工部厂库须知》卷四《运石脚价》，《续修四库全书》第878册，上海古籍出版社，1995年，第485页。

二丈为主,以厚二尺乘之共得见方四丈,其余各样尺寸石料均依此法类推。[1]

既然石料共同标准折合具有共同标准,则从采集石料、运送石料到石料安装所需工匠,以及匠人工粮均以折见方计算。如《工部厂库须知》记载大石窝采集白玉石,折方每一寸需工石匠一工,青白石折方每六寸需石匠一工;马鞍山采集青砂石折方每一尺一寸需石匠一工,紫石折方每六寸需石匠一工;白虎涧采集豆渣石每一尺一寸需石匠一工;牛栏山采集青砂石每一尺一寸需石匠一工。[2]

清内务府编《圆明园石料价值则例》规定:汉白玉石折宽厚一尺,长一丈,采运价银八两五钱,每见方一尺重一百八十觔;小件青白石折宽厚一尺,长一丈,采运价银五两五钱,每见方一尺重一百八十觔;石灰青砂石折宽厚一尺,长一丈,(清漪园、静明园)采运价银二两四钱五分,(静宜园)运价银二两一钱,每见方一尺重一百六十觔;韩家川青砂石折宽厚一尺,长一丈,采运价银二两,豆渣石折宽厚一尺,长一丈,(清漪园、静明园)采运价银一两五钱,(静宜园)运价银一两六钱八分,每见方一尺重一百四十觔;杏子口青砂石折宽厚一尺,长一丈,采运价银二两四钱;虎皮石折宽厚一尺,长一丈,采运价银二两,每见方一尺重一百觔;山子石,每车银二钱四分。由于采石场多位于山区,离施工地点有一定距离,这就要求建筑主管部门制定详细的石材运输规范。《圆明园石料价值则例》规定:"大石窝至城一百四十里,至沙河桥一百七十里,至山陵陆路二百四十里。马鞍山至城计五十里,至沙河桥九十六里,至山陵一百四十里。白虎涧至城计一百五里,至沙河桥朝字桥人行径路三十六里,车路三五十九里,至山陵七十里。牛栏山至城计一百五里,至沙河六十八里,朝怀柔厂至山陵九十里。方石每方堆垛长一丈高五尺阔五尺,自八角山等处运至桥南、西岸,三宫庙前至河中旧堤一带交卸者每方给匠运价三两四钱,自旧堤迄南至河东堤每方给银四两,自束堤至合南高婆者每方给银四两五钱,大约计里增减。"[3]

三、建筑构件技术标准化及其应用

1. 斗口模数制确立

《工程做法则例》用"斗口"作为木结构建筑的基本模数单位,确立了以斗口为模数的建筑模数体系,并对建筑模数制有了新的发展。《工程做法则例》

---

〔1〕 何士晋:《工部厂库须知》卷四《石料折见方规则》,《续修四库全书》第 878 册,上海古籍出版社,1995 年,第 483 页。

〔2〕 何士晋:《工部厂库须知》卷四《开石折价规则》,《续修四库全书》第 878 册,上海古籍出版社,1995 年,第 484 页。

〔3〕 清内务府:《圆明园石料价值则例》,《清代匠作则例》卷一,大象出版社,2000 年,第 1154 页。

的重要标准化贡献之一是建立了斗口模数制。这种模数制把“斗口”作为基本尺寸，分为11个等级，相当于现代建筑标准化里面的模数。一个建筑的级别确定之后，其模数级别也随之确定。

如《工程做法则例》卷二十八《斗科各项尺寸做法》对斗口制规定：“斗口有头等材、二等材，以至十一等材之分。头等材迎面安翘昂，斗口六寸；二等材斗口宽五寸五分；自三等材以至十一等材各递减五分，即得斗口尺寸。”〔1〕

《工程做法则例》以斗栱中坐斗的斗口宽来度量建筑中各部构件，称“斗口材分制”。斗口材共十一等，各等之间按等差级数变化——即高以0.7寸，宽以0.5寸增减。虽然等级增多，但有规律，同时减少了换算程序，为建筑设计、施工提供了方便。材分制以“材契”为建筑的基本模数，实际上包括了4个尺寸，即构成“材”和“契”这两个断面的长、宽两个方向的尺寸。《工程做法则例》则将这两个方向的4个尺寸简化为单一方向的一个尺寸——斗口。这是使模数制更为实用化的重大进步，是从宋代较为原始的模数概念向现代工业化模数制转变的一个重要标志。

另外，《工程做法则例》对构件尺寸的规定较《营造法式》远为严格。以柱的计算为例，《工程做法则例》卷三《九檩单檐庑殿周围廊单翘重昂斗科斗口二寸五分大木做法》中檐柱做法曰：“凡檐柱以斗口七十分定高，如斗口二寸五分，得檐柱、平板方、斗科通高一丈七尺五寸。内除平板方、斗科之高，即得檐柱净高尺寸。如平板方高五寸，斗科高二尺八寸，得檐柱净高一丈四尺二寸。……以斗口六份定径寸，如斗口二寸五分，得柱径一尺五寸。”其尺寸规定得十分细致具体。《工程做法则例》对《营造法式》没有做详细规定的面阔和进深也做了详细规定：“凡面阔、进深以斗拱攒数面定。每攒以斗口十一份定宽。如斗口二寸五分，以科中分算，得斗科每攒宽二尺七寸五分。如面阔用平身斗科六攒，加两边柱头科各半攒.共斗科七攒。得面阔一丈九尺二寸五分。如次间收分一攒，得面阔一丈六尺五寸。稍间同，或再收一攒，临期酌定。如廊内用平身斗科一攒，两边柱头科会半攒，共斗科二攒，得廊子面阔五尺五寸。如进深每山分间各用平身斗科三攒，两边柱头科各半攒，共斗科四攒，明间、次间各得面阔一丈一尺，再加前、后廊各深五尺五寸，得通进深四丈四尺。”〔2〕

2. 斗口制模数分等

“斗口”不仅用来衡量斗栱中每个构件的尺寸及柱、梁等结构构件断面，而且在确定了房屋的进深、间数后，可以用来确定建筑的总体尺寸。以斗口数来确定建筑物的开间、进深等尺寸体现了房屋的进一步定型化。清工部

---

〔1〕 允礼：《工程做法则例》卷二十八，《续修四库全书》第879册，上海古籍出版社，1995年，第343页。
〔2〕 允礼：《工程做法则例》卷三，《续修四库全书》第879册，上海古籍出版社，1995年，第149页。

《工程做法则例》卷二十八《斗科各项尺寸做法》有如下明确规定:“斗口有头等材、二等材,以至十一等材之分。头等材迎面安翘昂,斗口六寸;二等材斗口宽五寸五分;自三等材以至十一等材各递减五分,即得斗口尺寸。”〔1〕显然这十一等材的大小是一个以五分为公差的等差数列算术系列。对于设计工匠来说,可以根据斗口等级准确把握建筑尺度,所有尺寸都用“几斗口”来确定。对于现场施工的工匠来说,只要掌握一套用材标准,各种不同级别的建筑构件只要用材分模数制所确定的各自材分尺寸去放线、施工,免去了繁多尺寸的记忆。

斗口模数制的特点是在有斗栱的建筑中,以斗栱的斗口作为模数来衡量建筑开间、进深,以及梁、柱、斗栱等构件的大小。斗口是斗上用以插放栱、翘、昂、枋等的开口,不同部位的斗栱,不同类别的斗,同一个斗的迎面方向和侧面方向,开口尺寸都是不同的。《工程做法则例》卷二十八《斗科作法》中对斗口模数制做如下记载:“凡算斗科上升、斗、栱、翘等件长短高厚尺寸,俱以平身科迎面安翘、昂斗口宽陆寸,二等材斗口宽五寸五分,自三等至十一等材各处减五分,即得斗口尺寸。”〔2〕由此可见,平身科大斗安装翘的槽口宽度称为“斗口”,一般也叫“口份”。斗口分十一等,一等斗口宽为营造尺6寸,二等斗口宽为5.5寸,各等斗口宽依次递减0.5寸,至十一等斗口宽为1寸。由单向值的斗口派生出具有双向值断面的单材和足材。清制单材的宽高比为1∶1.4,足材的宽高比为1∶2,由此形成与十一等斗口相对应的n等单材和足材。它们的尺寸和使用范围如下表所示。

《工程做法则例》中的斗口等级〔3〕

斗口等级	斗口宽度(寸)	折合公制(厘米)	备　注
一级斗口	6.0	19.2	
二级斗口	5.5	17.6	
三级斗口	5.0	16.0	
四级斗口	4.5	14.4	
五级斗口	4.0	12.8	多用于重檐、大滴水檐、城楼、角楼、大体量建筑
六级斗口	3.5	11.2	多用于重檐、大滴水檐、城楼、角楼、大体量建筑。
七级斗口	3.0	9.6	多用于九檩以上的建筑

〔1〕 允礼:《工程做法则例》卷二十八,《续修四库全书》第879册,上海古籍出版社,1995年,第343页。
〔2〕 允礼:《工程做法则例》卷二十八,《续修四库全书》第879册,上海古籍出版社,1995年,第343页。
〔3〕 吕舟:《〈工程做法则例〉研究》,《建筑史论文集》第10辑,清华大学出版社,1988年,第61页。

续表

斗口等级	斗口宽度(寸)	折合公制(厘米)	备　注
八级斗口	2.5	8.0	多用于七檩以上的建筑
九级斗口	2.0	6.4	
十级斗口	1.5	4.8	
十一级级斗口	1.0	3.2	

有了标准斗口单位,斗科构件及带斗科的建筑物构件多数以斗口为单位确定尺度比例。例如,大斗长3斗口,宽3.25斗口,高2斗口,其上所装的栱长6.2斗口,宽1.25斗口,高2斗口,所装翘宽1斗口,高2斗口。长度随需要而定。又如带斗科的檐柱,其直径为6斗口,高为60斗口,檐椽直径为1.5斗口。凡是带斗栱的建筑,所有地盘布局的面阔、进深尺寸,间架结构的定分尺寸,大木构件的断面尺寸,举架、出际的选用尺寸,斗栱分件的规格尺寸,全部都标定为若干斗口,或在斗口的基数上,辅以尺寸的增减作为调节。由此建立了一整套的定型体系,只要选定斗口的等级,就能确定整个结构尺寸。

3. 斗口全盘定分

宋材分制尽管对多数构件尺寸做了规定,但对间广、椽架平长、柱高等限制建筑单体外轮廓的尺寸并没有严格规定。清《工程做法则例》则从单体建筑的总体直至细小的构件都有细致规定,反映了建筑技术的标准化。

首先是斗口定分。明清官式带斗栱的建筑,以斗栱的斗口作为基本模数,来衡量建筑的开间、进深,以及梁、柱、斗栱等构件的大小,斗栱作为木结构的重要组成部分,也同样严格遵循这个模数制度。清《工程做法则例》卷二十八《斗科各项尺寸做法》开篇就有如下规定:“凡算斗科上升、斗、栱、翘等件长短、高厚尺寸,俱以平身科迎面安翘昂斗口宽尺寸为法核算。”[1]“斗口有头等材、二等材以至十一等材之分。头等材迎面安翘昂,斗口六寸;二等材斗口宽五寸五分;自三等材以至十一等材各递减五分,即得斗口尺寸。”[2]这些规定将斗栱各部分构件的长、短、高、厚尺寸以及比例关系明确标准化。对于每攒斗栱之间的中心距离也有明确规定:“凡斗科分当尺寸,每斗口一寸,应当宽一尺一寸。从两斗底中线算,如斗口二寸五分,每一当应宽二尺七寸五分。”[3]这个规定使斗栱与斗栱之间的距离、斗栱的密度都有了明确的标准。各类斗栱分件的权衡尺寸见下表。

〔1〕 允礼:《工程做法则例》卷二十八,《续修四库全书》第879册,上海古籍出版社,1995年,第384页。
〔2〕 允礼:《工程做法则例》卷二十八,《续修四库全书》第879册,上海古籍出版社,1995年,第384页。
〔3〕 允礼:《工程做法则例》卷二十八,《续修四库全书》第879册,上海古籍出版社,1995年,第384页。

平身科斗栱尺寸表〔1〕

斗口尺寸	各件尺寸	名称										
		大斗	单昂	蚂蚱头	撑头木	正心瓜栱	正心万栱	厢栱	桁栱	十八斗	槽升	三才升
一寸	长	3	9.85	12.54	6	6.2	9.2	7.2	6	1.8	1.3	1.3
	高	2	3	2	2	2	2	1.4	1.5	1	1	1
	宽	3	1	1	1	1.24	1.24	1	1	1.48	1.72	1.48
一寸五分	长	4.5	14.7	18.81	9	9.3	13.8	10.8	9	2.7	1.95	1.95
	高	3	4.5	3	3	3	3	2.1	2.25	1.5	1.5	1.5
	宽	4.5	1.5	1.5	1.86	1.5	1.5	1.5	1.5	2.22	2.58	
二寸	长	6	19.7	25.08	12	12.4	18.4	14.4	1.2	3.6	2.6	2.6
	高	4	6	4	4	4	4	2.8	3	2	2	2
	宽	6	2	2	2	2.48	2.48	2	2	2.96	3.64	2.96
二寸五分	长	7.5	24.6	31.35	15	15	23	18	15	4.5	3.25	3.25
	高	7	7.58	5	5	5	5	3.5	3.75	2.5	2.5	2.5
	宽	7.5	2.5	2.5	2.5	3.1	3.1	2.5	2.5	3.7	4.3	3.7
三寸	长	9	29.5	37.62	18	18.6	27.6	21.6	18	5.4	3.9	3.9
	高	6	9	6	6	6	6	4.2	4.5	3	3	3
	宽	9	3	3	3	3.72	3.72	3	3	4.44	5.16	4.44
三寸五分	长	10.5	34.4	43.89	21	21.7	32.2	25.2	21	6.3	4.55	4.55
	高	7	10.5	7	7	7	7	4.9	5.25	3.5	3.5	3.5
	宽	10.5	3.5	3.5	3.5	4.34	4.34	3.5	3.5	5.18	6.02	5.18
四寸	长	12	39.4	50.16	24	24.8	36.8	28.8	24	7.2	5.2	5.2
	高	8	12	8	8	8	8	5.6	6	4	4	4
	宽	12	4	4	4	4.96	4.96	4	4	5.9	6.8	5.9
四寸五分	长	13.5	44.3	56.43	27	27.9	41.4	32.4	27	8.1	5.85	5.85
	高	9	13.5	9	9	9	9	6.3	6.75	4.5	4.5	4.5
	宽	13.5	4.5	4.5	4.5	4.85	4.85	4.5	4.5	6.66	7.74	6.66
五寸	长	15	49.25	62.7	30	31	46	36	30	9	6.5	6.5
	高	10	15	10	10	10	10	7	7.5	5	5	5
	宽	15	5	5	5	6.2	6.2	5	5	7.4	8.6	7.4
五寸五分	长	16.5	54.175	68.97	33	34.1	50.6	39.6	33	9.9	7.15	7.15
	高	11	16.5	11	11	11	11	7.7	8.25	5.5	5.5	5.5
	宽	16.5	5.5	5.5	5.5	6.82	6.82	5.5	5.5	8.14	9.46	8.14
六寸	长	18	59.1	75.24	36	37.2	55.2	43.2	36	10.8	7.8	7.8
	高	12	18	12	12	12	12	8.4	9	6	6	6
	宽	18	6	6	6	7.44	7.44	6	6	8.88	10.32	8.88

〔1〕 邢凯:《中国古代建筑模数体系研究》,哈尔滨工业大学,2003年硕士学位论文,第40页。

从上表可以看出，以平身科斗栱为例，大斗、单翘、重翘、正心瓜栱、正心万栱、单才瓜栱、单才万栱、厢栱、十八斗、三才升、槽升子为平身科斗栱的通用分件，尺寸恒定；而头昂、二昂、三昂、蚂蚱头、撑头木、桁拱的长度随斗栱晒数而定，也就是说，只要平身科斗栱晒数确定，所有分间的尺寸就都确定下来了，例如某厅堂建筑斗口为七等，宽 3 寸，其正心瓜栱用料的具体尺寸，长为 6.2×3＝18.6 寸，宽为 1.25×3＝3.75 寸，高为 2×3＝6 寸，檐柱高 18 尺。可见构件定分之详细。

其次是全盘定分。中国传统建筑，在结构构造上取决于建筑的地盘布局形式和梁架结构的方式，地盘定分是大木作统筹考虑的首要问题。《鲁班营造正式》诗曰："世间万物得其乎，全仗权衡及准绳。创造先量基阔狭，均分内外两扣停。"所谓地盘定分，就是对梁架、柱位在平面上的纵横间距尺度的定夺，也就是斟酌面阔和进深之间的关系，以及柱网落位的确定。《营造法式》中没有明确的地盘布局要求，清《工程做法则例》则有较详细的要求，即面阔进深定分。

所谓面阔进深定分，也就是对于间架柱位落在地盘平面纵横间距远近尺度的定分。面阔一般是指明间面阔而言，即房屋迎面，左右檐柱中心至中心之间的档距。进深是指房屋两侧面前后檐柱中至中的距离，即房屋的深度。一般清官式建筑都是进深大于面阔，对于以明间面阔定进深尺寸的方法，它的面阔、进深的比例关系为 1∶1.3、1∶1.7、1∶1.8 不等，有斗栱的建筑以斗口来计算。没有斗拱的建筑是依已经确定的面阔来定进深，通常面阔尺寸为九尺、一丈、一丈一尺、丈二、丈三、丈四、丈七不等，相应的进深尺寸为一丈、丈二、丈六、丈八、两丈一尺、两丈九尺、三丈二尺等，进深尺寸大的一般都带有前廊或后廊或是前后廊都有。按照上述尺寸可总结其比例关系有 1∶1.1、1∶1.2、1∶1.5、1∶1.8、1∶2 等。[1] 另一种说法是以确定的通面阔来确定通进深。通面阔是建筑迎面数间一顺相连，或者左右廊子间宽度的总和。两山单独成间或分成数间带前后廊子的，合计即为通进深。"(面阔)按斗栱定：明间按空当七分定，次稍间各递减斗栱空当一份。如无斗栱歇山庑殿，明间按柱高六分之七，核五寸止；次稍间递减，各按明间八分之一，核五寸止。或临期看地势酌定。""(通进深)按面阔八分之五。如有斗拱，核正空当，要空当坐中。如无斗栱歇山庑殿房核五寸止。其次稍间，临时核檩数再定。或临期看地势酌定。"[2]以上两种定分方法参见以下两张表。

---

〔1〕 白丽娟：《古建清代木构造》，中国建筑工业出版社，2007 年，第 122 页。

〔2〕 梁思成：《营造算例》，《清式营造则例》，中国建筑工业出版社，1981 年。

以明间面阔定进深表〔1〕

建筑情况	明间面阔	进深	面阔进深比	备注
有斗栱建筑	7×11×2.5=192.5	192.5×1.3=250寸 192.5×1.8=346寸	1∶1.31∶1.8	7个斗栱空当,间距11斗口,按斗口2.5寸计算,比例是确定的数据
无斗栱建筑	12尺	12×1.3=15.6尺 12×1.8=21.6尺	1∶1.31∶1.8	确定的数据
太和殿	8.44米	11.77+7.46×2=26.69米	1∶1.3	为1∶3.16,舍弃尾数
斋宫	5.56米	4.05+2.4×2=8.85米	1∶1.6	为1∶1.59,进为1∶6
寿皇门	5.99米	3.34×2=6.68 (3.34+1.71)×2=10.5米	1∶1.1 1∶1.7或 1∶1.8	两山有前后廊,走廊进深未计算在内,其比为1∶1.115;如按明间计算,则没有走廊,其比为1∶1.7529

以明间面阔定通进深表〔2〕

建筑情况	明间面阔	进深	面阔进深比	备注
有斗栱建筑	7+2×(6+5+2)=33攒斗栱 33×11×2.5=907.5寸	907.5×5/8=567.1875寸≈567寸	1∶6.1	以面阔五间带周围廊,斗口二寸半计算
无斗栱建筑	明间12×7/6=14尺通面阔14+(12+10)×2=58尺	58尺×5/8=36.25尺≈36尺	1.61∶1	设柱高12尺,面阔五间,次稍间递减2尺
太和殿	60.08	33.33	1.8∶1	
斋宫	28.18	8.1	3.5∶1	为3.479,进到3.5
寿皇门	23.13	10.1	2.3∶1	为2.29,进到2.3

间架面阔定分以当中间即明间为准,其余比照明间递次减小。廊子不包括正身间数,另外核计。如周围廊做法,两山分成三大间,或大木中柱式做法,前后隔成两间的,一般都是按空当匀分。就山面而言,也称为面阔,如两山明间,两山次间面阔;如不分间仍称为进深,以免与前后檐相混。因为一攒

〔1〕 白丽娟:《古建清代木构造》,中国建材工业出版社,2007年,第123页。

〔2〕 白丽娟:《古建清代木构造》,中国建材工业出版社,2007年,第123页。

斗科中至中空当的距离为 11 斗口。正中一间的平身科一般用 6 攒,空当居中,计入柱头斗科 2 攒,共 8 攒斗科,7 个空当,故正中一间的面宽为 77 斗口。左右次间斗科减 1 攒,面宽 66 斗口。最外的尽间又减 1 攒,面宽为 55 斗口。当为五开间宫殿,则其总面宽为 77+(66×2)+(55×2)=319 斗口。此殿的进深如为相等的三间,每间用 3 组斗科,其进深为 44 斗口,则总进深为 132 斗口。选定斗口尺寸,即可算出总面宽和总进深的具体尺寸。《工程做法则例》列出庑殿、歇山房等例,其中带周围廊做法两例,设计规定安装翘昂斗科,应用材分 2.5 寸材作为全部建筑统一用材标准单位。

房殿、歇山转角周围廊做法(按五开间计)表[1]

明间面阔	按斗科 7 攒定分	计 77 斗口	按每斗口 0.52 尺换算成营造尺,计 19.52 尺
两次间面阔	各按 6 攒定分	各计 6 斗口	各 61.5 尺
两梢间面阔	各按 6 攒或 5 攒定分	各计 66 斗口或 55 斗口	各 16.5 尺或 1375 尺
左右廊子面阔	各按 2 攒定分	计 22 斗口	各 5.5 尺
通面阔	合计 35 攒或 33 攒	合计 385 斗口或 363 斗口	合计 96.25 尺或 0.75 尺
两山次间面阔	庑殿分三间,按 4 攒定分	各计 44 斗口	各计 44 斗口
前后廊子面阔	各按 2 攒定分	各计 22 斗口	各计 5.5 尺
通进深	房殿分三间,合计 16 攒;歇山不分间,合计 13 攒	合计 176 斗口或 143 斗口	合计 44.00 尺或 35.75 尺

歇山转角前后廊做法(按五开间计)表[2]

明间面阔	按斗科与攒定分(每攒通宽 11 斗口)	计 55 斗口	按每斗口 0.3 尺换算成营造尺计 16.5 尺
两次间面阔	各按 4 定分	各计 44 斗口	各计 13.2 尺
两梢间面阔	各按 4 攒或 3 攒定分	各 44 斗口或 33 斗口	各计 13.2 尺或 9.9 尺
通面阔	各计 21 攒或 19 攒	合计 231 或 209 斗口	合计 693 尺或 627 尺
两山明间面阔	不分间按 9 攒定分	计 99 斗口	计 29.7 尺
前后廊子面阔	各按 2 攒定分	各计 22 斗口	各计 6.6 尺
通进深	合计 13 攒	合计 143 斗口	合计 42.9 尺

〔1〕 王璞子:《工程做法注释》,中国建筑工业出版社,1995 年,第 13、14、17 页。

〔2〕 马炳坚:《中国古建筑木作营造技术》,科学出版社,1991 年,第 9 页。

四、技术标准化的产业效应

1. 促进建筑材料生产规模化

产业技术标准化为生产的专业化和规模化奠定了经营基础。

先看临清城砖生产的规模化。临清城砖，特指山东临清所生产的各式城砖，因其质地细腻、品质优良而出名。“明清两代修建北京皇宫各大殿和紫禁城城墙用砖，以及明代修建的北京十三陵和清代修建的东陵、西陵等皇帝陵寝用的砖，绝大部分是山东临清砖。”[1]

据《临清直隶州志》记载，“临清砖窑有六，东曰孟守札，在二十里铺，清平界内。南曰张泽，曰畅道，地名白塔窑。西南曰刘承恩，在吊马桥。迤西北曰周循鲁，曰周有德，地名张家窑，旧六处，共窑十二座，乾隆十三年五年奉文……由是复添建窑十二座。”[2]实际上清代临清所建砖窑远不止此数。据傅崇兰《中国运河城市发展史》统计，东、西吊马桥有官窑 72 座，东西白塔窑有 48 座，张家窑有 72 座，合计共 192 座。每窑有作头、把式，加上工人，约计 50 人，这 192 座窑共需 9 600 人。因每块砖都要用黄裱纸包好，送到运河码头装船。包装和搬运用人，也会有相当的数量。所有官窑，每一座都划给 40 亩地，专供密户取土、盖窑、堆柴、存放砖坯和成砖之用，按 192 座窑计算，占地面积 7 680 亩[3]每窑每年出 12 窑砖。按 384 个窑计算，临清全部官窑每年共出 4 608窑砖。每窑砖的容量，有 1 000 至 4 000 块不等，视砖窑的大小而定。按每窑 2 500 块计算，每窑每年出口窑砖，384 个窑，共可出砖 1 152 万块。《临清直隶州志》记载：“砖每块给工价银二分七厘，如挑出哑者，每块变银一分七厘，不堪用者每块变价银一厘七毫。”[4]此外，临清“柴薪每烧砖一窑约需柴八九万觔不等，办柴州县东昌府外，有东平、东阿、阳谷、寿张等共 18 处，每年领价办柴运送各窑”[5]，推动了当地产业经济的发展。

其次看苏州金砖生产的规模化。金砖是专供宫殿等重要建筑使用的一种高质量的铺地方砖。金砖质地密实，敲之作金石之声。据李伯重研究，自明代至清代中叶，苏州砖瓦生产主要集中在陆慕和徐庄二镇。[6] 明代张问之曾撰《造砖图说》一卷，记载了金砖的制造工艺。《吴县志》载：“陆慕窑户如鳞，凿土烧砖，终岁不觉。”[7]《姑苏志》载：“窑作出齐门，陆慕坚细异他处，工

---

〔1〕 傅崇兰：《中国运河城市发展史》，四川人民出版社，1985 年，第 293 页。
〔2〕 张度：《临清直隶州志》卷九《关榷附临砖》，中国国家图书馆馆藏，乾隆五十年刻本。
〔3〕 傅崇兰：《中国运河城市发展史》，四川人民出版社，1985 年，第 293 页。
〔4〕 张度：《临清直隶州志》卷九《关榷附临砖》，中国国家图书馆馆藏，乾隆五十年刻本。
〔5〕 张度：《临清直隶州志》卷九《关榷附临砖》，中国国家图书馆馆藏，乾隆五十年刻本。
〔6〕 李伯重：《工业发展与城市变化：明中叶至清中叶的苏州》，《清史研究》2001 年第 3 期。
〔7〕 曹允源：《吴县志》卷二十二下《乡镇四》，苏州文新公司，民国二十二年。

部兴作，多于此烧制。”[1]现在陆慕镇附近许多村庄都以烧窑而命名，如砖场、北窑、南窑、乌窑里、俞窑、御窑头等，烧制工艺极为复杂，从选料到烧成合格的砖需要一年甚至两年的时间。金砖须达到颜色、声音、规整等几方面的标准。如乾隆四年(1739年)《江苏巡抚张渠奏为成造金砖维坚请开销副砖价值折》载，金砖“必须颜色纯青，声音响亮，端正完全，毫无斑驳”[2]。《四库全书总目·造砖图说》记金砖烧造流程曰：“其土必取城东北陆慕所产乾黄作金银色者，掘而运，运而晒，晒而椎，椎而舂，舂而磨，磨而筛，凡七转而后得土。复澄以三级之池，滤以三重之罗，筑地以晾之，布瓦以晞之，勒以铁弦，踏以人足，凡六转而后成泥。揉以手，承以托板，砑以石轮，椎以木掌，避风避日，置之阴室，而日日轻筑之。阅八月而后成坯。其入窑也，防骤火激烈，先以糠草薰一月，乃以片柴烧一月，又以棵柴烧一月，又以松枝柴烧四十日，凡百三十日而后窨水出窑。或三五而选一，或数十而选一。必面背四旁，色尽纯白，无燥纹，无坠角，叩之声震而清者，乃为入格。其费不赀。嘉靖中营建宫殿，问之往督其役。凡需砖五万，而造至三年有余乃成。”[3]

自明永乐至清光绪年间，陆慕御窑金砖生产均由工部下达烧制任务，苏州地方官督造，由具体负责营造的佐官监造，通过地方保甲落实到窑户，层层签订承包契约。每年明清政府大量下达烧造任务，嘉庆朝《大清会典事例》载：“康熙十八年题准，令江宁巡抚动支正项，烧造二尺、一尺七寸金砖，万五十四块，每正砖十，烧造副砖三。二十七年题准，令江宁巡抚动支正项，烧造二尺金砖千四百九十块，一尺七寸金砖千一百五十九块，每正砖十，烧造副砖一。雍正三年题准，令江宁巡抚动支正项，烧造一尺七寸金砖万块。乾隆四年复准，一尺七寸、二尺及二尺二寸金砖，均照顺治十二年、康熙十八年止十副三例烧造。”[4]道光《苏州府志》载：“苏州窑设于江南苏州府，制造金砖大者方二尺二寸，次二尺，次尺有七寸，每正砖十备副砖三，由江苏巡抚给帑，委员监造输部，部选收其精良者以备用。”[5]雍正《大清会典》卷六百七十载：“顺治十四年题准江苏等七府二尺金甎价值每块工料银五钱八分八毫，一尺七寸金砖四钱二厘七毫。苏州府二尺副金砖每块工料银三钱三分三厘八丝，一尺七寸副金砖二钱七分七厘。”[6]《钦定工部续增则例》规定：江苏省制造2尺2寸

---

〔1〕 王鏊：《姑苏志》卷十四《土产》，上海书店，1990年。

〔2〕 转引自宋玲平：《清宫金砖档案研究》，《明清论丛》第9辑，第535页。

〔3〕 永瑢：《四库全书总目》卷八十四，《史部·政书类存目二》，中华书局，1965年。

〔4〕 托津：《钦定大清会典事例》卷六七〇《工部·物料》，《近代中国史料丛刊三编》第669册，文海出版社，1991年，第4846页。

〔5〕 石韫玉：《苏州府志》卷十七《田赋十》《钱法》，道光四年刻本。

〔6〕 允禄：《大清会典》卷一九九《工部三》，《近代中国史料丛刊三编》第787册，文海出版社，1991年，第13394页。

金砖，正砖每块核准砖价格9钱1分，包装所用稻草蒲包草价格为9分6厘；副砖每块核准砖价6钱3分7厘，包装所用稻草蒲包草价格为8分4厘。2尺金砖，正砖每块核准砖价银4钱9分4厘8毫，包装所用稻草蒲包草系银8分6厘；副砖每块核准砖价银3钱3分3厘8毫，包装所用稻草蒲包草系银7分4厘；1尺7寸金砖，正砖每块核准砖价银4钱8厘7毫，包装所用稻草蒲包草系银7分4厘；副砖每块核准砖价银2钱7分7厘，包装所用稻草蒲包草系银6分2厘。并明确规定以上各项金砖每正砖10块备副砖3块，以备不时之需。[1] 金砖的大量烧造需要大量工人，陆慕御窑村的村民世代以烧造金砖为业，并且金砖的搬运、运输均需要大量的工人，可以获得大量的"工价银"，这一切对陆慕镇工商业的繁荣有一定的推动作用。

再看琉璃砖瓦生产的规模化。琉璃砖瓦件是中国传统建筑的重要材料之一，产生于北魏，发展于隋、唐、宋、元，到明代已逐步成熟，进入鼎盛时期。[2] 尤其是明代中后期以后，传统建筑中已建立并采用了斗口制。这种新的建筑模数制更利于简化计算，加快工程进度，顺应木架建筑模数制向标准化、简便化发展，保证建筑在规格、尺度、形式、质量等各方面的要求。明代以来，建筑木构与装饰日益分化，木构简洁有序，整体性加强，受力传载路线明确、直接，构件在用材、构造、做法及形式上更趋规范与制度化。这为琉璃构件的使用和生产系列化奠定了基础。

雍正年间清工部颁行的《工程做法则例》对琉璃构件的样制、规格、尺寸有详细记载。清代琉璃瓦的生产实行统一型号制度，使得琉璃瓦的配置安装更为准确，为估工算料增加了科学依据。康熙二十年(1681年)核准，宫窑屋面琉璃瓦件定为十样。据《大清会典》载，(康熙二十年)议准："琉璃砖瓦大小不等，共有十样，内第一样与第十样，原无需用之处。"[3]琉璃砖瓦件经常应用的有八种。雍正时还将各样成品皆烧成样品一件，永存窑场，作为标准瓦件，且令窑户依照定式造办。"各项琉璃砖瓦在烧制之初即各取数件呈经工部作为样品，工部验明批示照准后，官窑方面始正式烧制。""(琉璃窑)向皇室承办砖瓦等物事前，概询明砖瓦之形式、种类、尺寸大小，估计其应需价格，呈复工部。"[4]嘉庆年间对八样琉璃瓦件的长、宽、高尺寸做了详尽规定。琉璃瓦定样以后，除了便于施工、订货以外，在经济上亦产生很大效益。

乾隆时期，由于城市发展，琉璃厂已成为繁华市区，琉璃厂窑迁到琉璃

---

〔1〕 史贻直：《钦定工部续增则例》卷四《金砖尺寸价值》，《故宫珍本丛刊》第295册，第73页。

〔2〕 贾亭立：《明代官式建筑琉璃》，东南大学2006年硕士学位论文。

〔3〕 允禄：《大清会典(雍正朝)》卷一九九《工部三》，《近代中国史料丛刊三编》第77辑第768册，文海出版社，1994年，第13385页。

〔4〕 王柱宇：《琉璃窑访问记》，《世界日报》1934年1月19日。

渠,与当地窑场合并,从此,琉璃渠窑场兴盛起来。自清乾隆年间开始,皇家园林大规模修建,所需琉璃均产自琉璃渠窑场。当时的琉璃渠琉璃窑窑主姓赵,据《琉璃窑赵访问记》载:“举凡各地之宫殿、坛庙、陵寝至今巍然尚存者,无一而非本琉璃窑承办,细晰之如三殿、故宫、太庙、中山公园、北海、中海、南海、天坛、地坛、先农坛、明十三陵、沈阳故宫、陵寝、圆明园、颐和园、东西两陵等处所之琉璃瓦,以及种种点缀皆本琉璃窑烧制。”清代琉璃窑属于官督商办。“(琉璃窑)向皇室承办砖瓦等物事前,概询明砖瓦之形式、种类、尺寸大小,估计其应需价格,呈复工部。”赵氏琉璃窑中用工颇多,且分工极细。“琉璃窑中所用工人种类甚繁,如锤干子土为一种之工人,过筛为一种之工人,加水和之成泥为一种之工人,用脚踢又为一种之工人,入模、制坯、装窑、加火、验火、出窑、熬釉、镌刻花纹、绘图皆为一种之工人,他如挑土、转运等等亦属于工人职务。”“工人分为两类,一为有手艺者,一为卖力者,卖力者随时随地亦可罗致,有事招佣,按日计以工价。”[1]琉璃渠琉璃业的发展,对当地商业的繁荣有很大的推动作用。

2. 有利于建筑产业工程监管规范化

随着明清官式建筑技术标准的完善,官式建筑样式设计形成了一整套备料、建造程序,进而确定了一套用工、用料的固定算法。这不但给建筑工程承办者提供了内部经济核算依据,也为工程营建初期编制预算定额提供了条件,使建筑预算节约化和高效化。工程营造活动各个阶段都有一定之规,成为有案可查、有章可循的规则和定例,使政府能准确控制和监督建筑工程营造的各个阶段。

一是促进工程预算勘估规范化。

工程预算勘估的目的,在于通过对建筑设计样式的审核和对修建工程的现场考察,来评估建筑工程营造活动所需钱粮数额,避免建筑工程营造管理的随意性,减少不确定因素造成的钱粮浪费。清代工程预算由工部主管,工部通过工程预算勘估确定营建工程产品中每一工程所消耗的物料、匠役数量的标准。清代,在营建工程申请时,工部即要求将工程做法册呈报。“一切修造工程须将木工形体作何做法,先于册前逐一叙明,次将逐欵用工、用料之处,详细分晰,以便查核。”[2]清代工程做法规定:“各省修建一切工程城垣、仓库、衙署等工,务照部颁工程则例,将工料做法及墙垣宽、长、高、厚,房屋檐高、面阔、进深丈尺,逐款分析注明。”[3]这就使工程预算有章可循,使“做法、

---

〔1〕 王柱宇:《琉璃窑访问记》,《世界日报》1934年1月19日。

〔2〕 清工部编:《工部简明做法册》,《故宫珍本丛刊》第340册,海南出版社,2000年,第229页。

〔3〕 曹振镛:《钦定工部则例》卷一〇九《通例十二》,《故宫珍本丛刊》第298册,海南出版社,2003年,第368页。

物料及匠夫名数、工价悉照工部例复算"[1]。"凡修建一切房间,应开明间数,并各檐高,面阔进深丈尺,檩数如系何等。房一座,应开明计几间,每间以所用檐柱之长,丈尺,即系檐高,丈尺以左右柱中计之,中宽丈尺即系面阔丈尺,以前檐柱中至后檐柱中之丈尺计之,即系进深丈尺,以所用之桁条根数即系檩数,凡系重复檐成造,亦应将上檐之各檐高、面阔进深丈尺及檩数一并开明。"[2]"凡修建各项牌楼、辕门、栅栏等处,应开明各高宽丈尺,如修建牌楼、辕门应开明中高丈尺,两边高丈尺,并面宽丈尺,栅栏应开明高宽丈尺。"[3]清雍正七年(1729 年)工部营缮司下设料估所主管各项工程所需工料之数,凡在京工程归工部主管,千两以下的工程,由各处奏咨到部,料估所在 20 日内,将应修丈尺、做法与工料引数,造册呈工部堂官,交承修官办理。所需经费超过 1 000 两的各项工程,由钦派大臣查估,造册送部,料估所也按 20 日之限,核算其银数。[4] "凡有工程皆先期料估复定,别委能员承办。"[5]

工程预算勘估时,重大工程由部勘估,如《钦定工部则例》规定:"宫殿黏修工程由内务府承办,如工程重大先期奏明,交部勘估办理。"[6]或由工部与各主管部门会估,如"修葺工程报部会估"条规定:"紫禁城有应修葺者报部会估。"[7]或由工部派员与主管部门会估,如"城上滓漏修补"条规定:"凡城上遇有滓漏之处,步军统领即会同工部委员查验修补。"[8]或由各主管部门自行评估,如"东华门、西华门添设栅栏"条规定:"栅栏外应添步军看守之处交步军统领衙门妥议办理。"[9]

关于各省、州、县修建工程,则规定:"各省修建工程银数在千两以上者,该管道、府亲往勘估,千两以下者,省委附近府、厅、直隶州牧亲往勘估。"[10]建筑工程预算需银 1 000 两以上的重要工程,则须要由主管部门奏请,得旨后再由工部奏请钦派大臣进行勘估,如《钦定工部则例》"大小修工程"条规定:"工程约计银数在千两以上者,先由太常寺奏请修理,得旨后再由工部奏请钦派

[1] 曹振镛:《钦定工部则例》卷二《三陵》,《故宫珍本丛刊》第 297 册,海南出版社,2003 年,第 64 页。
[2] 清工部编:《工部简明做法册》,《故宫珍本丛刊》第 340 册,海南出版社,2000 年,第 229 页。
[3] 清工部编:《工部简明做法册》,《故宫珍本丛刊》第 340 册,海南出版社,2000 年,第 406 页。
[4] 张德译:《清代国家机关考略》,中国人民大学出版社,1981 年,第 136 页。
[5] 托津:《大清会典事例(嘉庆朝)》卷六八一《工部》,《近代中国史料丛刊三编》第 69 辑第 686 册,文海出版社,1991 年,第 5315 页。
[6] 曹振镛:《钦定工部则例》卷三《宫殿》,《故宫珍本丛刊》第 297 册,海南出版社,2003 年,第 69 页。
[7] 曹振镛:《钦定工部则例》卷三《宫殿》,《故宫珍本丛刊》第 297 册,海南出版社,2003 年,第 69 页。
[8] 曹振镛:《钦定工部则例》卷四《城垣》,《故宫珍本丛刊》第 297 册,海南出版社,2003 年,第 74 页。
[9] 曹振镛:《钦定工部则例》卷三《宫殿》,《故宫珍本丛刊》第 297 册,海南出版社,2003 年,第 71 页。
[10] 曹振镛:《钦定工部则例》卷一〇九《通例十二》,《故宫珍本丛刊》第 298 册,海南出版社,2003 年,第 364 页。

大臣查估。”[1]部分工程则由主管部门预先勘估，工部派员核估，“工价五十两以上，物料价值二百两以上者，着该修理处料估启奏，工部差官核估，会同该处官员首领监修”[2]。对于紧急工程来不及进行工料钱粮勘估者，为了不耽误工期，“酌量工程之大小，豫发钱粮派员修造”[3]。

工程预算勘估分为新建工程预算评估和工程维修预算评估两部分。工程维修预算评估主要是根据《保固例》的规定。清代对宫殿、城垣、公廨、水利工程等各式建筑保固期有严格的规定。保固期的确定也有严格的规定，凡遇工程必简选贤能司官引见、派出，务令坚固修造，若三年倒坏，亦应定例，令其赔补，每月具题档案，将派出工程司官职名及物料估计、支用钱粮逐件详明分晰细数，造册具奏。[4] 清工程做法规定：“在京千两以下工程均以工竣查验之日，起限保固，千两以上各工俱以查验大臣奏明奉旨之日起限保固。”保固期以工程做法为技术支撑，根据各式建筑的不同做法分别确定保固期。这就使得不仅同一营造物的不同组成部分有不同的保固期，而且相同部分也可以有不同的保固期。如：“城工凡新修及拆修城身，另筑地脚者，保固三十年；补砌城身海墁及补筑土牛，不动地脚者，保固二十年；贴砌砖块，拆修海墁不动土牛者，保固八年；零星剔补、黏修者，保固三年。”[5]

又如：“殿宇等处如更换大木夯筑地脚，一律见新者保固十五年，拨正者保固十二年，揭瓦头停者保固十年，拔草构抿等工保固一年。”[6]申请工程维修时要“先奏明保固年份，在年限内坍塌者应行赔付，年限外例应修理之工，亦将何年承建，何员承建，保固限满之外于估报案内详细申明”[7]。然后由工程预算评估人员前往工程现场，对于所修工程的损坏之处、丈尺、所需工料数额、工程做法、拆换旧料处理等根据工程做法进行详细调查，以便造册报部。“雍正三年复准，一应修理工程，令该修理处派员会同工部派出之员，会同料估，监修工完，仍另行派员查验。”[8]

---

〔1〕 曹振镛：《钦定工部则例》卷一《坛庙》，《故宫珍本丛刊》第297册，海南出版社，2003年，第54页。

〔2〕 允禄：《大清会典（雍正朝）》卷一九七《工部一》，《近代中国史料丛刊三编》第77辑第768册，文海出版社，1994年，第13282页。

〔3〕 托津：《大清会典事例（嘉庆朝）》卷六八五《刑部》，《近代中国史料丛刊三编》第69辑第686册，文海出版社，1991年，第4164页。

〔4〕 允禄：《大清会典（雍正朝）》卷一九七《工部三》，《近代中国史料丛刊三编》第77辑第768册，文海出版社，1994年，第13279页。

〔5〕 曹振镛：《钦定工部则例》卷十八《保固一》，《故宫珍本丛刊》第297册，海南出版社，2003年，第166页。

〔6〕 曹振镛：《钦定工部则例》卷十八《保固一》，《故宫珍本丛刊》第297册，海南出版社，2003年，第162页。

〔7〕 曹振镛：《钦定工部则例》卷一〇九《通例十二》，《故宫珍本丛刊》第298册，海南出版社，2003年，第364页。

〔8〕 允禄：《大清会典（雍正朝）》卷一九七《工部一》，《近代中国史料丛刊三编》第77辑第768册，文海出版社，1994年，第13283页。

为了不致因查估而贻误工期，清代工程做法对于在京各处工程预算评估期限做出了明确规定："在京各处咨报千两以内应修工程，文到日即行派员查估，自派查之日起，限二十日内将应修丈尺、做法造册呈递。其承司分核算钱粮细数，亦限二十日缮册呈堂。约估之案限十日内呈堂，按册核明，即行分别奏办。倘查估时与原报册内实在应修情形不符，难以估计，应驳令各该处另册送估。抑或查估后，内有款项繁多，钱粮较大，势难依限核算者，准查估官据实呈明，酌量展限，统于奏修摺内将展限原由详细声叙。如有逾违，均即查明，分别参处。其银数在千两以上，奏请钦派大臣者，查估大臣自接到部文之日起，亦限二十日内将应修做法、丈尺查勘明确，奏明造册送部。工部自查勘大臣奏报到日，按二十日限内核算钱粮。"〔1〕

为对工程预算勘估加以规制，明代规定"若营造计料，申请财务及人工多少不实者，笞五十，若已损财物或已费人工，所损物价及所费雇工钱，重者坐赃论"〔2〕。工程预算评估所得出的结论未必与工程实际所需钱粮、物料情形完全相符，这样具有增加工料钱粮的"续估"就势在必行。"续估"初期由工程承修者自行开展，而"向来修理工程俱先勘估，次派承修，后派验收，层层稽覆，而承修之员每以原估不敷，动辄续估，并不具奏，任意增添，往往有倍于原估者，实开浮冒之弊"〔3〕。为对"续估"加以规制，嘉庆二十四年(1819 年)规定："原派勘估之员毋须详加查勘，悉数估计。如有遗漏，本处该管人员即逐一指出，令勘估之员一并估入。奏准后，承修之员办理，其承修之员不准再有续估。若非漏明处所，拆卸后另有别项情形，准承修之员奏明，仍交原勘估之员再行勘估，奏准交办……如承修之员未经奏明，私行续增工程，查出加倍赔交，仍治罪不殆。"〔4〕

二是促进物料管理的规范化。

在工程营造中物料成本占工料预算的最大比例，在营造过程中，没有合适的物料及时供应，就会造成交期延迟，造成损失。清代建筑营造所需物料"俱有厂局存贮，所以重收掌，惜材用"〔5〕。规定物料的管理是明清代工程做法的一项重要内容。清工部设立了包括都吏科、营造科、柜科、砖木科、杂科、

---

〔1〕 曹振镛：《钦定工部则例》卷一〇七《通例十》，《故宫珍本丛刊》第 298 册，海南出版社，2003 年，第 354 页。

〔2〕 申时行：《大明会典》卷一七二《刑部十四》《律例十三》，《续修四库全书》第 792 册，上海古籍出版社，1995 年，第 193 页。

〔3〕 曹振镛：《钦定工部则例》卷一〇八《通例十二》，《故宫珍本丛刊》第 298 册，海南出版社，2003 年，第 358 页。

〔4〕 曹振镛：《钦定工部则例》卷一〇八《通例十二》，《故宫珍本丛刊》第 298 册，海南出版社，2003 年，第 358 页。

〔5〕 允禄：《大清会典(雍正朝)》卷一九七《工部一》，《近代中国史料丛刊三编》第 77 辑第 768 册，文海出版社，1994 年，第 13383 页。

夫匠科、皇木场、木仓、收掌所、琉璃窑、料估所等在内的多个物料管理部门。在物料收取方面规定(康熙二十三年):“交送物料,若不精好,经收验官人验看,如果不堪用将铺户、匠役惩处,令其换送。”〔1〕

就物料折损问题来说,对于坛庙取用五色土、营造所需琉璃砖瓦、城砖、金砖、临清砖、石头、木植等可以通过重量、数量、体积、尺寸等加以确定的都要先行造册,待料到之后均要由专员凭册验收,如有折损要追究有关人员的赔偿责任,如有轻价勒买、携带私木、无故逗留私卖等弊,则要追究其相应责任。〔2〕领取木植等物料,则要凭工程处所做应修一切活计、做法、尺寸、色样、件数等可供备查的单册进行,工程做法规定:“各工行取木植文到时,务将所作工程开具做法、尺寸、清单,送部查复。”〔3〕

就物料运到迟延的问题来说,清代工程做法或者对于物料运到时间做出了明确规定,或者直接规定办料期限,或者路途较远时由途经地方催促行程,避免无故逗留。除确有风雨阻滞外,耽误时日的要追究责任,对于截取木料的规定则更加详细。如《钦定工部则例》就规定,建筑工程领取木植每100根,内廷工程准许截锯20根,外工每100根准其截锯10根,搭盖天棚架木准其截锯二成,筵宴供应一切棚座架木准其截锯一成。又规定:锯解杉木段以木植大小径寸折见方尺70尺,用锯匠1工。锯解杉木板片平面折见方尺70尺,用锯匠1工。锯解柏木、檀木等硬木以锯板平面折见方尺70尺,用锯匠1工2分。取用物料时需开具详细工程做法册。“凡需用一切石料须开明何项料石明目长宽厚尺寸,并块数,以及大小几面,坐糙坐细名色。”“凡需用铁锭、铁锔等项须开明长宽厚分寸,并应用处所个数觔数。”“凡需用一切椿木须开明长径尺寸,锯下木鼻木梢尺寸,并椿木实在长丈尺寸,逐一分析,如有应坐榫眼之处,亦须开明榫眼数目做法,并将应用椿木处所用多用少缘由声明。”“凡需用木植板片须开明何项木植长径宽厚丈尺并锯路长宽,丈尺方圆做法之处,逐一分晰。”〔4〕

“凡如所用原木应开明长径丈尺,橔木及板片应开明长宽厚各尺寸,砖石瓦片勾头,滴水,土坯俱应开明长宽厚尺寸,如用砍细砖应将砍净尺寸开明,碎石砖黄土等项应开明方数,并每方之长宽厚尺寸,蓆箔应开明长宽丈尺。”〔5〕旧料主要来自建筑物拆卸、倒塌所得,包括木、石、布、砖、瓦等几种类型。清代工程做法对于旧料的管理给以较多关注,真正做到了物尽其用。

〔1〕允禄:《大清会典(雍正朝)》卷一九七《工部三》,《近代中国史料丛刊三编》第77辑第768册,文海出版社,1994年,第13427页。
〔2〕曹振镛:《钦定工部则例》卷十四《物料一》,《故宫珍本丛刊》第297册,海南出版社,2003年。
〔3〕曹振镛:《钦定工部则例》卷十五《物料》,《故宫珍本丛刊》第297册,海南出版社,2003年,第148页。
〔4〕清工部编:《工部简明做法册》,《故宫珍本丛刊》第340册,海南出版社,2000年,第227页。
〔5〕清工部编:《工部简明做法册》,《故宫珍本丛刊》第340册,海南出版社,2000年,第233页。

三是促进施工工期监管规范化。

清代工程营造中的做法，通常不是由承修者，而是由工程预算评估者决定并造册报部，要求承修者严格遵守，否则将要承担“造作不如法”的责任。“凡造作不如法者，笞四十，不堪用及应改造者，各并计所损财务及所费雇工钱，重者坐赃论。”[1]施工工期是工程营造最重要的问题之一，包括备料期限和开竣工期限两部分内容，两者在时间上相继进行。清代工程做法对此均有较为明确的规定，以确保工程及时交付使用。根据承修主体的不同情形，营造活动的工期也有区别。

首先，钦派大臣的承修期限。“钱粮在一千两以内者，备料二十日，工作四十日；二千两以内者，备料三十日，工作五十日；五千两以内者，备料四十日，工作六十日。如工程较大，酌量递加。”[2]并要求造册报部以备核查，“如有逾违，均照例查明参处”。对于特殊情形做补充规定：“在京修造各工，如工程浩大，银数至三万两以上，难以依限完工者，具折奏明，另行定限。”[3]这就避免了承修大臣为了规避责任致工程草率的情形发生。“如物料、工价二百两以内者，限一月；工价五百两以内者，限两月；一千两至二千两以内者，限三月；三千两至五千两以内者，限四月，如式完竣。”[4]“坛庙工程千两以上者仍照旧例具奏，交部会同太常寺修理，未及千两以上之土工、木作咨部委官会同监修，仍将工程丈尺，造册咨部。”[5]据曹振镛《钦定工部则例》卷一“坛庙大小修工程”条记载，一旦“承修之员因限期已届，修理未完，规避处分，捏报工竣者，照例议处”。此外，修理京、通各仓备料工作限期与之相同，但是其迟延、捏报之法律责任则另行规定。

其次，在京工程耗银一千两以下者，由工部派员查估并确定修缮期限。午门内乾清门以外及皇城、紫禁城有应修葺者，烧造琉璃瓦，定限三个月内烧造，送往工所。据曹振镛《钦定工部则例》卷一“壇廟大小修工程”条记载，在各省工程中，通例以“城工”为例做出了规定：“各省城工所需料物或系本地出产，或须越境购办，各处难易情形不齐，令分别工程大小，自行酌定限期报部，工竣依限报销。其余大小一切工程照此办理。”尽管各省工期“自行酌定”，但是造册报部之后就必须严格执行，“如有迟延，将承修之员及督催不力之该管

---

〔1〕 托津：《大清会典事例（嘉庆朝）》卷六六四《工部一》，《近代中国史料丛刊三编》第69辑第686册，文海出版社，1991年，第4173页。

〔2〕 曹振镛：《钦定工部则例》卷一《坛庙》，《故宫珍本丛刊》第297册，海南出版社，2003年，第54页。

〔3〕 曹振镛：《钦定工部则例》卷一《坛庙》，《故宫珍本丛刊》第297册，海南出版社，2003年，第54页。

〔4〕 托津：《大清会典事例（嘉庆朝）》卷六八五《刑部》，《近代中国史料丛刊三编》第69辑第686册，文海出版社，1991年，第4164页。

〔5〕 托津：《大清会典事例（嘉庆朝）》卷六六四《工部一》，《近代中国史料丛刊三编》第69辑第686册，文海出版社，1991年，第4593页。

上司一并奏请议处”。

四是促进工程监修与验收规范化。

在营造活动中,工程监修人员负责对施工现场或施工中某一特定环节、过程进行监视、督促和管理修改,使其结果能达到预定的“做法”。工程监修是保障料物数量及施工质量的必要设置。据曹振镛《钦定工部则例》卷一《壇廟大小修工程》条记载,清代工程做法规定:“银数在千两以下至二百五十两以上者……轮值堂官一人率属监修”河渠工程兴建时“河工遇有工程,于兴工之始……派定承修、监修、总办各员,开列清单先行具奏。”[1]

又据托津《大清会典事例(嘉庆朝)·工部》“坛庙规制”“城垣”和“营建通例”等条记载,各地城垣坍塌修理时要求“各省委员修理城工,督抚布按,每人各管一处,若城工有数处者,则令各管一处”。城垣工程修建完成时,则“令附近道员验看”。京师城垣则由“步军统领会同工部各委官一人,不时巡视”[2]。

工程监管人员的选拔和职责:“凡遇工程必拣贤能司官引见委用,务令坚固修造,三年内倒坏定例,令其陪修,每月具题册籍,将监管工程司官职名及物料估计支用钱粮,逐件详明分晰细数,造册具奏。”[3]“一应工程匠役工价银百两以上者,部拣贤能司官引见,候旨令其临造,如工程不坚,三年内倒坏,将监造官革职,戴罪勒限陪修。”[4]“康熙五十八年奏准一应修理工程,部选贤能官料估复算,再掣籖,别委司官、笔帖式作管修工,不应交与原估官承修以杜冒修。”[5]这表明监修与承修在时间上具有同步性。工程竣工后,应当由监修官出具“查验无浮印结”报部备查。

如前所述,工程预算查估人员造册报部的内容包含做法、丈尺、应修处所等项内容,该册即监修及稽查的依据。只要在造册时对做法详加解释,非建造专业人员也可看懂其中较难理解的工程做法,这样即使不懂建造技术的监修官也可以履行监督职责。工程完工后即有专员前往现场验收,与监修相比,清代工程做法似乎更加强调验收的监督作用,负责工程验收的人员通常包括以下几类:原估大臣,这是较常见的一类验收。“倘原估大臣有出差等事,仍由该工另行奏请简派大臣查验”,各省直督抚主持各省城工及衙署工程

---

〔1〕 曹振镛:《钦定工部则例》卷五十《河工二十》,《故宫珍本丛刊》第297册,海南出版社,2003年,第54页。

〔2〕 托津:《大清会典事例(嘉庆朝)》卷六六四《工部一》、卷六六五《工部二》,《近代中国史料丛刊三编》第69辑第686册,文海出版社,1991年,第4638页。

〔3〕 托津:《大清会典事例(嘉庆朝)》卷六八一《工部》,《近代中国史料丛刊三编》第69辑第686册,文海出版社,1991年,第5302页。

〔4〕 托津:《大清会典事例(嘉庆朝)》卷六八一《工部》,《近代中国史料丛刊三编》第69辑第686册,文海出版社,1991年,第5303页。

〔5〕 托津:《大清会典事例(嘉庆朝)》卷六八一《工部》,《近代中国史料丛刊三编》第69辑第686册,文海出版社,1991年,第5304页。

的验收，钦派大员主持耗银千两以上的某些重大工程的验收，如草仓、苏子两河工程等。对于工程验收期限也有明确的规定。清工程做法规定："承修大臣依限修竣之日，限行咨报原估大臣查验。原估大臣自接到之日起，限十日内验收完竣。"城垣例规定，"城工完竣后，藩司道府各予限一个月勘验转报"，"道府督办城工，于工竣勘验后未经结报之前，遇有升迁离任事故，仍令原勘官出结申送，不得移交后任展限令勘，以致要工不能及时销结"。在工程验收方法方面，验收官以原估册为依据，对工程做法、丈尺等项进行核对。[1]

3. 官修匠作则例对民间建筑业的影响

(1) 官式则例流向民间。

匠作则例的编订使得工程营造有案可查、有章可循。这些规则和定例很快流向民间。清代编修了大量的建筑则例。王世襄先生的《王世襄蒐集清代匠作则例目录》和《清华大学珍藏清代匠作则例目录》两本目录收录的则例就有近百种之多。除官修则例外，还有一些无撰著者的抄本则例，这类抄本或是施工单位组织抄录以作为施工的脚本，或是工匠艺人在各处修造留下的记录，部分抄本可能成为向徒弟传授经验的课本。

明清官式建筑的大量工匠由民间招募。"洪武营南京悉为吴匠，吴匠聚于苏州之香山。永乐营北京复用北匠，聚于冀州。"[2]工程完工后，工匠将所抄录的建筑则例携带回乡，并在民间不断传抄，工匠流动促进了官式建筑技术流向民间，客观上促进了建筑技术的交流。当时不少官方建筑设计师参与设计各地官式建筑工程，随着这些工程修建，大量官方则例渐渐被传抄，并对江南建筑技术产生影响。《营造法原》一书中说："北方建筑翘头（向檐外挑出的栱头）有作六分头、菊花头、蚂蚱头等，南方营造无此规定。但在个别古建筑中尚保存此制，想系应用法式与则例遗制。"[3]

民间建筑行业总是要吸收官式建筑技术标准，这就必然导致官方建筑则例在民间流传，从而对民居的设计产生影响。建筑则例中所包含的对技术管理的方式为民间所使用，它促进了传统建筑行业在技术管理方面的进步。如清代形成的官式建筑工程的包工制度及其相应的技术管理制度，在清代中期的江南建筑行业中被广泛应用。建筑则例中建筑技术的标准化对民间建筑行业的影响有绝对和相对两个层面。所谓绝对层面是指传统建筑技术照搬官式建筑标准，而相对层面是指传统建筑技术采用与官式相似的标准。如

[1] 曹振镛：《钦定工部则例》卷一〇七《通例十》，《故宫珍本丛刊》第 297 册，海南出版社，2003 年，第 54 页。
[2] 朱启钤：《中国营造学社开会演词》，《建筑百家杂识录》，中国建筑工业出版社，2004 年，第 2 页。
[3] 姚承祖：《营造法原》，中国建筑工业出版社，1986 年，第 17 页。

"重宁寺佛作,则造内工作法"[1],说明重宁寺是以官式做法完成的。又如:"《营造法原》第七章殿庭总论最后有一个殿庭屋架木料名称件数尺寸工数表,该表格中以殿庭各个部件的尺寸作为计算工数的依据,这种技术管理的标准,与斗口制下的各则例中的标准有很大的相似性。"[2]

(2) 促进民间建筑工匠专业化分工。

建筑技术的标准化,不仅使官式建筑严格按照则例进行,而且要使来自全国各地的民间招募工匠在营造活动中团结协作,这就造成部分工匠长期从事某一特定技术工种,他们于工程结束后回乡,在民间营造中照搬和模仿官方技术标准,使官式建筑技术在民间得以流传,官式建筑样式被民间翻版,官式建筑管理方式也在民间得以采用。如长期在民间流传的《鲁班经》中就包含仓库、牛栏、马厩、凉床式、镜架及镜箱式、鼓架式、屏风、牙轿、大床、风箱、面架等制作技术,反映了当时以木工工种标准划分建筑技术种类的情况。明清建筑技术种类的划分,以建筑的等级作为标准,使木作建筑主要分为大式大木技术和小式大木技术,也使其他建筑工种越分越细,出现用工作程序划分技术工种的趋势。康熙朝《大清会典》载:"营缮司分存各项匠役五百一十八名,木匠八十四名,石匠五十七名,瓦匠二十七名,搭材匠一百一十四名,土作匠十名,锯匠四十七名,油匠五十四名,画匠二十名,钉铰匠十名,雕銮匠二十三名,菱花匠六名,铸匠六名,琉璃匠十六名,黑窑匠二名,山子匠二名,钢丝网匠十名,明瓦匠四名,绳匠七名,匠夫十二名。"[3]到清代中期,《工段营造录》提到土作、搭材作、瓦作、砖作、石作、装修作、雕銮作、铜铁作、油漆作、画作、裱作、陈设作、佛作等 13 个工种,而《工程做法则例》的"工限"部分,反映出建筑业内部的工种分工情况。其中明文提到的工匠名称就有石匠、木匠、锯匠、安装木匠、盘头砍尖木匠、菱花匠、雕銮匠、镟匠、锭铰匠、编网匠、网匠、砍砖匠、瓦匠、埫砖匠、窑匠、錾花匠、搭材匠、油匠、錾砍油匠、画匠、裱匠、镟花匠、夯夫、碣夫、壮夫等 25 种,说明当时建筑施工分工之细。这些工种处于建筑施工的不同程序之中,而且每个工种里面还有若干子工种。清代还发展出了专门负责皇家建筑等的设计及其图样、模型制作的工匠,即供职于样式房的样子匠。样子匠以雷氏一族最为著名,即所谓"样式雷"世家。"样式雷"世家主持国家建筑设计 200 多年。皇家的主要建筑如宫殿、皇陵、圆明园和颐和园等,都是由其家族世代负责的。

---

〔1〕 李斗:《工段营造录》,上海科学技术出版社,1984 年,第 22 页。

〔2〕 马峰燕:《江南传统建筑技术的理论化》,苏州大学 2007 年硕士学位论文,第 31 页。

〔3〕 伊桑阿:《大清会典(康熙朝)》卷一三二,《近代中国史料丛刊三编》第 727 册,文海出版社,1992 年,第 6556 页。

(3) 促进传统建筑工匠现代转型。

传统工匠角色的现代转型，有五个基本要素：工匠身份地位的转换、工匠组织的角色转换、工匠培养方式的转换、工匠角色评价与认同的转变、工匠知识结构与技术素质的综合转换等。其中，与建筑技术标准化本身有密切关系的是第三个和第五个要素。师徒口头相授是民间建筑工匠技艺传承的主要形式，基本上靠言传身教。由于建筑技术的特点，虽然同一工种随着经验的积累可以有相对固定的操作规范和技艺，但工匠个人因素的作用大，技艺传授时随意性大，出现错误在所难免。建筑则例在民间流传后，各式建筑则例就成为向徒弟传授经验的课本，对于工匠技艺学习起着保障作用。所以说，则例流传使经验型技术向理论型技术转变，这个转变是由学者和工匠共同完成的。[1] 当建筑技术标准的内容因为不断变化的技术要求，逐渐变得庞大而复杂的时候，传统工匠就必须求助于掌握专业理论的学者，或者自己去掌握那些理论。这样就出现了工匠与学者合一的建筑师，如《扬州画舫录》中记载："姚玉调，苏州人，工小楷，精于医。子蔚池，有异才，善图样，平地顽石，构制天然。朱棠字惠南，深明算学。史松乔出样异常。""古丽成，苏州人，精宫室之制，凡内府装修出两淮者，图样尺寸皆出其手。又潘承烈字蔚谷，亦精宫室装修之制。而画得董巨天趣，又黄氏兄弟好构名园，尝以千金购得秘书一卷，为造制宫室之法，故每一造作虽淹淹之才，亦不能巧其所从。"[2]这些建筑师既从事建筑设计又进行建筑理论研究，他们已经成了现代意义上的建筑设计师。

五、清代建筑业技术经济兴起及其历史背景

中国传统产业技术理论化在明代中后期江南地区已普遍出现，表现在建筑业中，就是以《鲁班经匠家镜》流传为主要标志的木作技术理论化。同时，明中后期至清代前期江南出现了一些专门论述园林建筑技术的文本，其中著名的有《长物志》《园冶》和《一家言・居室器玩部》等建筑技术文本。这些文本的内容涉及多方面园林工艺，如园林中建筑、假山和池沼的布局，建筑室内装潢与陈设，花木蔬果栽种，禽鱼饲养，等等，标志着建筑技术的文本化和理论化有了较大发展。从明末清初到清末民初，江南传统建筑技术理论化发展具有明显的继承性和内在关联性[3]，为清代建筑业技术经济的兴起提供了必

〔1〕 余同元：《中国传统工匠现代转型问题研究——以江南早期工业化过程中工匠技术转型与角色转换为中心》，复旦大学历史地理研究中心 2005 年博士论文，第 104—105 页。

〔2〕 李斗：《扬州画舫录》卷二，中华书局，1995 年。

〔3〕 余同元：《明末清初到清末民初：江南产业技术理论化的差异性与关联性研究》，《明清论丛》第 9 辑，紫禁城出版社，2009 年。

备的前提条件。

明代中后期，由于社会经济文化的发展，江南建筑有了显著变化。原先以大木作为主的建筑工匠，在施工结束之后，往往应主人的要求还要承担房屋内部装修和家具制作等小木作任务。《鲁班经》的前身是藏于宁波天一阁的明中叶（大约是成化、弘治年间，即1465—1505年）之刻本[1]《鲁班营造正式》。万历时焦竑的《国史经籍志》中也著录了这本书，简称为《营造正式》，但是没有注明作者的姓名和身份。目前学术界研究认为《鲁班营造正式》的形成时间是元末明初[2]，但是《鲁班营造正式》对后世的影响不是很大。在《鲁班营造正式》之后流传较广的《鲁班经》有两种：一是万历时刊于杭州的《鲁班经匠家镜》（又名《鲁班造福经》），二是崇祯时刊刻的《鲁班经匠家镜》。[3] 清代刊本有《新刻京版工师雕镂正式鲁班经匠家镜》《新镌工师雕斫正式鲁班木经匠家镜》等版本，内容虽有出入，但均从万历本和崇祯本衍化而来。直到20世纪初，仍然以木刻本或石印本的形式流传于长江中下游及东南沿海诸省，成为民间工匠的技术准绳。《鲁班经》的流传表明了明清木作行业发展的两个情况，一是木作行业中出现了比较统一的技术标准，二是行会与行会之间也保留着各自不同的技术标准。风水理论在社会上广泛流传，尤以江南及其周边地区为甚。顾颉刚汇考各地方志所得的明代30个著名风水师之中，南方人有28个，尤以南直隶、江西、浙江为多[4]，活动范围多在江南及其周边地区。不少人有风水著作流传于世，其中关于房屋建造的有婺源人李景溪的《阳宅秘诀》和苏州人徐懋荣的《堪舆汇纂》（八卷）等书。明末天启七年（1627年）还刊刻了黄一凤《宅法全书选择集要》（八卷）等，到清代风水书就更多了。民国时钱义选曾经统计明代中后期至民国初期流传的157种不同版本的各类风水书，其中关于宅法的有16种，占十分之一强。[5] 在这样的社会风气之下，承当具体建造的工匠掌握风水理论的知识是很有必要的。因此自万历本以后，《鲁班经》的内容呈现两方面的变化：一是增加了小木作内容，二是风水理论与建筑技术紧密结合。在明清建筑技术文献中，文本内容获得发展的第

---

〔1〕 该刻本是福建建阳麻沙版。参见潘谷西编：《中国古代建筑史》（第四卷），中国建筑工业出版社，2001年，第539页。

〔2〕 北京科学出版社编：《中国古代建筑技术史》（第三册），台湾博远出版有限公司，1993年，第946页。

〔3〕 上海古籍出版社2002年版的《续修四库全书》（第879册）一共收录了两种《鲁班经》，一种是天一阁本，另一种即此处所讲的崇祯刻本。

〔4〕 参见顾颉编：《堪舆集成》（第二册），重庆出版社，1994年，第319—325页。

〔5〕 钱文选将风水书分成七类：峦头（即形法派，共43种）、理气（即理法派，共69种）、水龙（6种）、宅法（16种）、罗经（即罗盘，4种）、选择（8种）、钳记（即各地风水地图，多是皖南、苏南、浙江等地，11种）。刊本以康熙、乾隆时期为最多，此外还有不少抄本，有部分风水书是托名之作（如托名唐代风水师赖文俊等），以增加刊本的权威性。参见钱文选编《钱氏所藏堪舆书提要》（七卷），上海商务印书馆民国三十一年（1942年）铅印本（藏于北京图书馆）。

一个特征是口诀或歌诀化，万历本《鲁班经匠家镜》第三卷几乎全是风水图和口诀，一共71幅图，每幅图附有一首口诀。它们都是有关建筑布局宜忌的内容，对宅形的长短、阔狭、缺陷、门、路，以及四周的石、水、山、树等作了详细讲解。

在风水理论的影响之下，《鲁班经》的内容还穿插了大量术数内容，几乎房屋上的每一个尺寸都和吉凶息息相关，同时，工匠在建造房屋时采用魇镇术来保障自己的利益。术数内容在《鲁班经》中突出表现在“门光尺”的应用和符咒、禳解等巫术的应用两个方面。

明清时期在建筑方面普遍使用了两种尺度。一种是营造尺（又称为曲尺，当它上面标注“六白”“八白”字样时，可以称为紫白尺），是从春秋战国时期开始形成的营造业专用的尺度。比通行的律尺大，二者均采用十进制，律尺一尺相当于营造尺的八寸一分。另一种是门光尺（又称为鲁班真尺、八字尺），顾名思义，按照此种尺度制造出来的门户可以光耀门楣。门光尺一尺相当于营造尺的1.44尺，折合公尺约为46厘米（32厘米×1.44＝46.08厘米）。该尺见于天一阁本《鲁班经》[1]，受八卦概念的影响采用八进制（每一寸为5.76厘米，是营造尺每一寸的1.8倍），每一寸分别对应“财”“病”“离”“义”“官”“劫”“害”“吉”（有的书将“吉”改为“本”）八个名称，这些名称代表着制造门户方面的尺度宜忌。因为建筑流派的不同，对上述八个名称也有不同的标注。比如按照五行学说，在八个名称旁分别标注“一白木”“二黑土”“三碧水”“四禄土”“五黄金”“六白火”“七赤金”和“八白水”或者对应各种星宿的名称[2]，依次是“贪狼星”“禄存星”“文曲星”“巨门星”“武曲星”“廉贞星”“破军星”“辅弼星”。在具体制作门户时，先用营造尺测量预备作门户的木料的长度，再对照门光尺的尺度，按照压白之法在营造尺（其上也有相应的标记）上选择吉祥的尺寸。除门户之外，建筑的其他部件尺寸也采用这种选择方法。一把门光尺融合了五行、八卦、洛书、九星、紫白等多种学说，并且也影响了营造尺用法。清代《工部工程做法则例》卷四十《装修做法》中，开列出124种按照门光尺裁定的尺寸，分为“添财门”31个，“义顺门”31个，“官禄门”33个，“福德门”29个，分别对应门光尺中“财”“义”“官”“吉”四种常用尺度，将门光尺的应用发挥到极致。

《鲁班经》附录符咒、禳解等巫术，主要以“秘诀仙机”“禳解类”和“鲁班秘

---

〔1〕 据郭湖生先生考证，门光尺最早记载于南宋陈元靓编《事林广记》别集卷六中，参见郭湖生《关于〈鲁般营造正式〉和〈鲁班经〉》，载《科技史文集》第7辑《建筑史专辑（3）》，上海科学技术出版社，1981年，第102页。

〔2〕 见明代午荣等：《新镌京版工师雕斫正式鲁班经匠家镜》（故宫本）三卷，海南出版社，2003年，第43页。

书”等形式出现。秘诀仙机的内容是“工完禳解咒”，为五行相生相克的理论拼凑而成。禳解类内容有12种都属于“符”，分别有“瓦将军”（附有祝词）、“泰山石敢当”“兽牌”（官署及富贵人家则使用石狮）、“天官赐福”板、“一善”符、“太公在此”符、“倒镜”（即凹面镜）、“吉竿”、“黄飞虎”符、“山海镇”符、“九天元雷”符、“篱笆”（象征枪箭，用以阻隔邪气）等，施用于建筑的不同部位。鲁班秘书的内容一共72条，以“符”为主，分成三个部分，一是匠人符咒，主要是匠人的臆造，有27种，一个符咒对应一件事情；二是主人禳解符咒，种类不多且千篇一律，可以说是“一剂除百病”；三是家宅多祟禳解，这些是道士及风水师发明的符咒。明清时流传的《灵驱解法洞明真言秘书》便是上述符咒禳解等巫术内容的合订本。[1]

在中国传统建筑技术现代转型的早期，建筑技术文献内容的广度是第一位的，实质就是突出技术文献的适用性，所以我们能够看到诸多《鲁班经》文本的流传，其内容已经超出一般意义上的建筑技术范围。这种现象不单单是木作行业技术文献所独有的，在军器制造业中也出现了240卷的《武备志》（晚明茅元仪撰），内容广博，几乎与军事相关的知识均有涉及；而包含食品加工业知识的《多能鄙事》（学术界现在多认为《多能鄙事》为刘基撰而非托名）和《居家必备》更是以百科全书著称。晚明这些技术文本化和理论化的空前发展，无疑为清代建筑业技术的理论化和标准化奠定了厚实的基础。

〔1〕 参见马峰燕：《江南传统建筑技术的理论化》，苏州大学2007年硕士学位论文，第20—22页。

附录一　醍醐海阔　德性山高[1]

——张海鹏先生与明清史研究

著名史学家张海鹏先生于 2000 年 9 月 5 日溘然长逝，吾辈损导师，史坛折巨子，痛哉！惜哉！曩者瞻依，今兹失据，一望大江东去，哀思缕苍天。忆昔授业门下，先生待如亲子，其督责之严，期望之深，至今刻骨铭心，须臾不敢或忘。幸蒙山根幸夫教授台翰嘉谕后学，特嘱为其《明史研究》撰写一篇纪念张海鹏先生的文章。捧读翰示，情意拳拳。山根幸夫教授乃日本著名的中国史特别是明清史研究专家，是张海鹏先生生前十分推崇的国际汉学学术友人，缛教谆谆，敢不遵命？

但论人论学，非成就大、见识高者难以当其任，何况"评价学术，除非评论者的见识超过所评对象，否则难以征信"？故呈现这篇纪念短文，只能如时贤所主张的那样，"将思想还原为历史，使主观变成客观"，即将主观的学术评价，变成探讨学者心路历程的事实分析；在具体学术评论上，既重先生研究论著的征引，也适当融进先生在学术活动与教学实践中的诸多理念。因为，"学者用笔写的历史固然重要，其言行同样也是值得探究的历史。认识后者对于理解前者尤为关键，而且如此一来可以寓史法于史学之中。"[2]先生坚守教学与史学研究岗位 40 多年，长期给历史系本科、专科学生和研究生讲授中国史方面的各门专业课，先后主持和完成国家、省、市及学校重要科研课题与研究项目 10 多项，学术成果除其亲自撰写的 50 多篇论文以外，还有其主编和与人合作出版的千余万言的学术著作。[3] 其内容几乎涵盖了中国历史的方方面面，可谓穆穆皇皇，博大精深。惟吾等才疏学浅，且"于夫子之道宫墙外望

〔1〕 原文蒙日本已故明清专家山根幸夫先生约稿，发表于日本《明代史研究》2002 年第 30 辑。

〔2〕 桑兵：《国学与汉学——近代中外学者交往录》，浙江人民出版社，1999 年，第 16—17 页。

〔3〕 其主编和与人合作出版的主要史学著作有：《明清徽商资料选编》（张海鹏、王廷元共同主编，黄山书社出版）；《中国十大商帮》（张海鹏、张海瀛联名主编，黄山书社出版）；《徽商研究》（张海鹏、王廷元共同主编，安徽人民出版社出版）；《中国古代史》（朱绍侯、张海鹏、齐涛联名主编，福建人民出版社最新修订版）；《中国传统文化论纲》（张海鹏、臧宏联名主编，安徽教育出版社出版）；《安徽文化通史》（上、中、下）（南京大学出版社出版）；《中国历史大事典》（山东大学出版社出版）；《中国通史》（安徽人民出版社出版）；《皇子传》《冤臣传》（均由河南人民出版社出版）；《中国考试史文献集成》第一卷（高等教育出版社出版）。

耳”,只得于先生对明清史研究的诸多贡献中,择其荦荦大端者述之一二,以期为不肖弟子对恩师的永远纪念。先生在明清史教学和研究中的重要贡献和学术地位,正如他逝世后中国明史学会发来的唁电所说的:“先生长期从事中国史特别是明清史的教学和研究,成果累累,桃李满园;他又开创徽学研究领域,具奠基之功。”这个评价是名副其实的,下面仅从四个主要方面略为说明之。

一、开拓明清史研究新领域,创业奠基,建宗立说,领时代潮流,名归实至

先生关于明清史的研究,大体可以1983年为界分为前后两大时期。前期以明清社会经济和思想文化问题为主要内容,主要论文有10多篇,特别强调研究明清资本主义萌芽缓慢发展问题的重要性。

记得我们刚入大学不久,就看到先生在《安徽师范大学学报》(1979年)上发表的《论历史发展的动力》论文,并听他讲述中国封建社会长期延续的原因问题。他说,研究历史要先从大处着眼,讨论历史发展的动力问题,“既是研究历史,又是考察现实”,“人类社会漫长历史是怎样发展来的,我们需要正确了解;而今天新长征的巨大动力是什么,我们也需要认识清楚”。他认为,只有结合中国历史实际去研究历史发展动力问题,才是正确的认识途径;而在中国历史研究中,中国封建社会长期延续的原因问题是一个核心课题,这个问题与中国资本主义萌芽缓慢发展的原因问题是一体两面。所以,研究明清史首先要探讨明清资本主义萌芽发展缓慢的特点及其缓慢发展的原因。后来,他与助手合作发表《论明清资本主义萌芽缓慢发展的原因》一文,提出明清资本主义萌芽之所以发展缓慢,是与我国封建经济结构的特点分不开的。这篇文章中的观点,后来被白钢研究员在《中国封建社会长期延续问题论战的由来与发展》一书中列为一家之说,并做了长篇内容摘介。[1]

关于明清史研究的深入发展,先生认为,首先就是要围绕明清资本主义萌芽发展缓慢的特点及其缓慢发展的原因问题,去深入探讨明清社会经济这个时代性课题;同时要着眼于现实和立足于地方,进行明清社会经济史的区域研究,即选择一个历史区域,以其社会经济为核心,进行全方位的研究,既借以探讨该区域发展的个性特征,又研究它与其他地区社会经济发展的共同规律。故自1983年以后,先生就以敏锐的学术眼光,率先选取江南徽州地区的经济文化进行系统研究,从而成为徽学研究的开拓者和奠基人之一。他在《〈徽商与明清徽州地区教育发展〉序》中说:“我国自唐代以后,经济重心就逐

---

〔1〕 白钢:《中国封建社会长期延续问题论战的由来与发展》,中国社会科学出版社,1984年,第243页。

渐南移,与此同时,文化重心也踵继其后。由是东南半壁,迎来了由历史发展的形势而造成的大发展的新时期。历经五代、宋元,降及明清,无论经济的繁荣、文化的昌盛,就整体来看,南方都超过了北方。江南的徽州,便是一块较为典型的境域。"〔1〕

怎样开展徽学研究?先生主张第一步先研究徽商。他在《明清徽商资料选编》的前言中指出:"徽州学的内容,除要研究徽州的政治沿革、自然环境、语言、风俗习惯、土地制度、佃卜制度、宗教制度、历史人物、阶级斗争等课题外,还有诸如'新安学派'、'新安画派'、'新安医派'这些大的研究领域,更有待于学者们的纵横驰骋。而上述这些课题,往往又与徽商有密切的联系,在某种意义上说,徽商是其酵母。""研究明清时期徽商,可以从一个侧面考察我国封建社会后期的政治史、经济史、文化史。更重要的是,徽商所留下的踪迹,还为我们探索我国封建社会长期延续、资本主义萌芽缓慢发展的原因,提供了颇有价值的资料。"〔2〕

徽商课题一经确定下来,先生便率领研究骨干王廷元教授、王世华教授、唐力行教授等一行深入徽州各地访求徽商资料,凡地方志、档案、笔记、小说、契约、文书、碑刻、谱牒等无不搜寻抄录,同时又南下北上,东奔西走,遍访全国各地图书馆、博物馆中的有关文物史籍,从几百种文献资料中搜集徽商资料百余万言,爬梳剔抉,索引钩沉,最后编成40万字的《明清徽商资料选编》,于1985年出版。这部珍贵资料集,不仅被日本、英国、德国等世界著名大学和图书馆收藏,而且马上赢得中外学者的好评和青睐,吸引了一大批学者投入徽商研究,一时形成"徽商研究"热潮,既为徽商研究树立了第一座丰碑,又奠定了先生在徽商和徽学研究中的重要的学术地位。与此同时,徽商研究的力作《论徽商"贾而好儒"的特色》一文又于《中国史研究》上发表,第一次提出了徽商"贾而好儒"的特点,在史学界产生了很大的反响。〔3〕

接着,便是扩大徽商研究队伍,周晓光教授、李琳琦教授加盟。大家一起承担徽商研究的各项课题任务,分工协作,专题研究,在国内外一些著名的学术刊物上发表系列研究论文,主编并出版了《中国十大商帮》(黄山书社初版,后由香港中华书局和台湾万象图书公司再版)、《富甲一方的徽商》(王世华著,浙江人民出版社出版)、《徽商与经营文化》(周晓光、李琳琦著,世界图书出版公司出版)等。这一时期,先生身任安徽师范大学校长,公务极其繁忙,但他仍然亲自主持和领导着整个课题研究,并亲手撰写了一系列徽商研究论文,主要有:①《徽商与徽州文化》(《中国典籍与文化》1986年第2期);②《从

〔1〕 张海鹏:《〈徽商与明清徽州地区教育发展〉序》,《安徽师范大学学报》2001年第1期。

〔2〕 张海鹏:《明清徽商资料选编》,黄山书社,1985年。

〔3〕 张海鹏、唐力行:《论徽商"贾而好儒"的特色》,《中国史研究》1984年第3期。

〈汪氏阄书〉看徽商的资本出路》(《光明日报》1986 年 4 月 23 日);③《论徽商经营文化》(《安徽师范大学学报》1999 年第 3 期);④《徽商进入两淮的几个阶段》(《货殖》第 2 辑,中国商业出版社 1996 年版);⑤《徽商在两淮盐业经营中的优势》(《明史研究》第 4 辑,黄山书社 1994 年版);⑥《两淮盐商的衰落和徽商门楣的光大》(《徽商研究》,安徽人民出版社 1995 年版);⑦《从扬州到徽州的繁荣看明清徽商的历史作用》(《第六届明史国际学术讨论会论文集》,黄山书社 1997 年版);⑧《徽商研究十五年》(《安徽师范大学建校七十周年论文集(A 集)》,安徽人民出版社 1998 年出版)。

在这些论文中,先生对徽商的渊源流变、经营范围、活动区域、经营特点、资本走向、历史作用、衰落原因、文化特征等重大问题,既作纵向的历史考察,又进行横向系统分析,得出了经得起历史考验的结论,显示出深厚的学术造诣和开拓创新的进取精神。正是在这样的研究基础上,隆重推出了皇皇巨著《徽商研究》(1995 年版,54.6 万字)。全书既有关于徽商历史发展中诸多具体史实的精辟考论,又注意从中国历史发展的整体脉络中探讨徽商的特点及徽商精神的旨要与内涵,还特别注重对徽商资本与明清社会经济发展变化等一些重大问题的研讨,充分体现了作者对明清社会经济史研究的开拓与创新精神。南京大学历史系范金民教授在《中国社会科学》上发表了对《徽商研究》的长篇评论,称其“既为徽商研究的集大成之作,也为迄今为止国内传统商人研究篇幅最为宏大之作,在林林总总的商人研究成果中,恰如根深叶茂的老树,又当融融春日开出了绚丽的花朵”[1]。作为中华人民共和国国家社科基金项目和国家八五规划重点图书,《徽商研究》不仅在学术界好评如潮,而且以其极高的学术价值,先后获得安徽省社会科学优秀成果一等奖、国家教育人文社会科学研究成果二等奖和首届国家社科基金项目优秀成果三等奖等殊荣,竖起了徽商研究史上的第二座丰碑。

很快,先生又迈出了徽商研究的第三步——一方面进一步搜集新资料,推出一部 100 万字的《徽商资料集成》,然后在此基础上撰写一部宏富齐皇的《徽商发展史》;另一方面将徽商研究同徽学中的其他方面研究结合起来,推动整个徽学研究。早在《明清徽商资料选编》一书的前言中,先生就明确指出:“研究徽商,又是研究徽学的一个重要内容。”徽州在明清时期,不仅以商贾之乡“富甲江南”,而且以其颇具特色的“新安文明”而被誉为“文献之国”“东南邹鲁”。徽州不仅商成帮,而且学成派,这是先生一再强调的徽学研究中的两大核心。先生一直认为,明清徽州地区经济文化发展的内在动力是“贾”“儒”互动。他说:“徽州的发展变化,固然与几百年来全国经济文化发展

[1] 范金民:《老树春深更著花》,《中国社会科学》1997 年第 2 期。

的走势有着密切的关系;但与此同时,却又有其内在的动力。若问:这内在的动力是什么呢?从事实看来,便是教育与徽商。……明清时期的徽州,之所以能'富甲江南',就是富在这支'虽为贾者,咸近士风'的商帮;而徽州商帮的多数人能够很快致富,其主要原因乃是富在教育。""徽州的教育与徽商之间的相互作用及其结果用以下公式表述出来:教育——徽商——教育——'江左望郡'。这也是明清徽州史之'纲'。"〔1〕

为此,先生于 1985 年就指导周晓光侧重研究新安理学(时晓光随先生读研究生,硕士论文即为《新安理学的演变》),后又指导李琳琦(亦随先生攻读硕士研究生)侧重进行徽州教育研究。如今,周晓光教授担任《徽州文化全书》中《新安理学》一书的主撰,李琳琦教授的博士论文《徽商与明清徽州教育》及《徽州文化全书》中的《徽州教育》两书也均已问世。徽学研究中的"学"与"商"两大核心区域的开拓,均是先生整个徽学研究计划的题中之意。

2000 年 3 月 24 日,先生又在《光明日报》上发表《徽学漫议》一文,对徽学的基本含义,徽学的内容范围,徽学的历史沿革、区域分布、性质特征,徽学研究的宗旨目的、对象任务、方法途径、意义作用,以及徽学与徽州文书的关系、徽学与新安理学的关系、徽商与徽州教育的关系,等等,进行了全面的论述,提出了徽学研究的系统计划和方案,为创造徽学研究的辉煌明天而运筹决策。奈何天不假年!其早就计划编写出版的《徽商资料集成》《徽商发展史》和由先生担任总顾问的大型丛书《徽州文化全书》等重要的徽学研究项目正在全面推进之际,先生突然病逝,其损失是无法估量的。幸有先生组建的徽学研究中心仍在继续着先生的事业,可以让先生含笑于九泉矣!

二、组建和领导明清史教研机构,教学与研究相结合,谆谆育人,堪称师表

先生认为,重大的课题研究,必须依靠集体协作,只有发挥团体学术精神,进行群体学术攻关,才能取得重大成果。1983 年,先生与王廷元教授、王世华教授、唐力行教授(后于 1989 年调走)等人组建了安徽师范大学明清史研究室,确立徽商研究课题,进行专门的、系统的徽商研究,开全国团体研究明清徽学的风气之先。后又在此基础上,建立了安徽师范大学徽商研究所,与王廷元教授、王世华教授、周晓光教授、李琳琦教授等一起,发表和出版了徽商研究的系列论著,完成了国家基金课题"徽商研究"任务,获得了国家级科学研究优秀成果大奖。这些都是发挥集体协作的优势进行团体学术攻关的结果。近年来,为大力推进徽学研究,先生又领导徽商研究所的几位教授,组

〔1〕 张海鹏:《〈徽商与明清徽州地区教育发展〉序》,《安徽师范大学学报》2001 年第 1 期。

建了安徽师范大学徽学研究中心，从而使徽商研究与徽学研究齐头并进；同时帮助安徽大学（合肥）申请国家教育部人文社会科学（徽学）重点基地和筹建徽学研究中心，并担任该中心名誉主任，推动了徽学研究的全面发展。

先生认为，学术事业的发展，除了有赖于学术基地和学术团体机构的建设以外，还要大力培养人才，不断更新知识，不断改进方法，不断补充新鲜血液。治国人才不易寻，学术人才更难得。为了培养明清史和明清徽学研究的专业人才，先生更是呕心沥血，功勋卓著。他从教 40 多年，培养了大批学子，可谓桃李满园。正如其得意门生、现任安徽师范大学校长的王世华教授所说的那样："他非常注意培养人才，一旦发现好苗，就精心栽培，大力扶持。他曾悉心呵护过的学生，如今有的已成博导，蜚声史坛，有的已是博士后，教授，颇有建树，使他所开创的徽学研究事业后继有人。"先生虽然离开了我们，但他开创的事业如今蒸蒸日上。在如何培养人才方面，先生一贯主张寓教于学，教学相长。他一方面要求学生"善学"，一方面自己身体力行，学高为师，身正是范。其勤奋的精神，严谨的学风，认真的态度，创新的追求，是他留给弟子的宝贵遗产。〔1〕

作为先生的不肖弟子，我自 1979 年考入安徽师范大学历史系本科班读书（时先生为历史系主任，讲授"明清史专题"等课程），至 1985 年考入先生门下攻读明清专业研究生（时先生为安徽师范大学校长兼明清史研究室主任、研究生导师），再到 2000 年先生仙逝，20 多年来，主要是在先生的指导下，进行明清史教学和研究工作。凡"明清史专题研究""明清史科学""徽学与徽商研究""中国经济史""中国商业史""中国文化史"等专业课知识及其学习、研究的方法，无不来自先生悉心传授；凡教学、科研中的大小问题，或亲聆教诲，或电函传达，无不请教叩问。所以在长期的耳提面命之中，听到先生每每强调的治学宗旨有两条：一是"做学问先学做人"的基本原则；二是"经世致用"的价值追求。

每一届研究生入学后，先生上第一节课就讲"做学问先学做人"的道理。这个道理包含两层意思：一指治学的根本目的，一讲治学的基本途径。从终极目标上讲，治学的根本目的是"做人"而不是"谋生"，所谓"读书明理"首先是指明人伦道理，因为人才是"人"与"才"的合体，只有先"成人"，然后才能"成才"，所以说"做学问要先学做人"。从治学的途径上讲，自古有"尊德性"（偏重于道德实践而求仁者，又称"穷理"，穷得物理也）和"道问学"（偏重于认知活动而求智者，又称"尽性"，尽得人性也）之分。有人主张尽心以知天，以仁统智；有人强调穷理以知性，以智统仁。宋明时期"理学"与"心学"的关键

〔1〕 王世华：《张海鹏与徽学研究》，《安徽日报》2001 年 9 月 21 日。

之分即在于此，只有将两者有机结合起来，才能既穷得物理又尽得人性，否则必蔽于一曲而暗于大方。用顾炎武的话说，就是要“博学于文，行己有耻”。这是先生对弟子的基本要求，也是他自己一贯坚持的行为准则。

具体到日常生活中，先生要求学生时刻注意人格修养，淡泊宁静，严于律己，宽以待人，正人品以正学品。在《中国传统文化论纲》的序言中，先生强调指出：“中国传统道德，一向重视做人，注重人生价值，把‘舍生取义’作为人生最高的价值取向。而做人就是从‘修身’做起，然后‘齐家’以及于‘治国’，认为只有‘身修’才能‘家齐’以至于‘国治’。往日的那一套修身、齐家、治国的具体内容虽多已成为历史的陈迹，但按照今天的道德准则，吸取其中的精华，提倡做人，提倡修身，提倡建立温馨和谐的家庭，提倡报效祖国，提倡‘先天下之忧而忧，后天下之乐而乐’，这在当前来说，还是完全必要的。”

具体到学术研究中，先生要求治学与做人、立言与立身齐头并进；在史学研究中，则表现为史才、史学、史识与史德并重。先生经常说，学问是老老实实的事情，来不得半点投机取巧；强调要勤奋耕耘和厚积薄发，要拿出经得起历史考验的有学术价值的研究成果。这里介绍一段师门辱教的经历，从中可以看出先生是如何指导学生进行学术研究的。

记得在做硕士学位论文的时候，我定的题目是《中国长城文化带的演变》，主要是想对先生《论“中国”》[1]一文中有关民族关系的思想进行发挥。先生看过提纲后说：“这个题目很大，够你做一辈子，硕士论文还是先做《明代长城文化带演变》吧。”经过三年努力，完成了论文写作，通过了论文答辩。先生又说：“虽然通过答辩，不等于研究成功，还要进一步深入探讨，才能拿出像样的成果。”1991 年，先生致函陈高华研究员（当时任中国社会科学院历史研究所所长），介绍我去中国社会科学院历史研究所，跟随历史地理研究室主任陈可畏研究员进修，就硕士论文中的民族贸易市场问题作进一步研究。1995 年 8 月在凤阳第六届明史国际研讨会期间，我将《明代后期长城沿线的民族贸易市场》一文呈请先生修改后交《历史研究》发表。算起来整整十年成此一文，还步步离不开先生的指导！但拙文发表后，曹永年教授就其中的三个关于民族贸易市场（即“马市”）的市场表提出商榷，认为该表中所列市场有很大问题。看到商榷文章后，先生立即电话指示我：“一要当面感谢曹教授，因为他是学术前辈；二要对此问题重新研究，对别人的批评，有则改之，无则加勉。”根据先生的教导，我于长春第七届明史国际学术讨论会上向曹教授敬酒致谢，并在黄山书社 1997 年出版的《明史论文集》中发表了《明代马市市场的设置与分布》，在 1998 年第 1 期《民族研究》上发表了《明代马市市场考》一文，

〔1〕 张海鹏：《论“中国”》，《安徽史学》1985 年第 4 期。

虽然基本维持原说，但却是重新研讨的结果。同时，刊载在《历史研究》上的拙文又被推荐翻译到《中国社会科学》英文版上再次发表。[1] 至此，先生才在电话中表示满意。每每忆及此事，总是先生懿德柔声不绝心耳。

先生常常教导学生的另一条治学宗旨是"经世致用"。他认为，史学向来都是与现实社会有着密切的联系，历史是现实的"昨天"，而现实则是历史的延续和发展；"述往事，思来者"，"继往开来"，都说明历史与现实的关系，史学应该服务现实。他说：关于历史学社会功能的讨论，大家见仁见智，各有卓识，"但归纳起来，一言以蔽之，即是如何'经世'，离开了经世还有什么功能可言。历史学本来就是一门'经世'的学科。"[2]

先生在做人方面的谦虚谨慎和温良宽厚，在学术研究上的认真执着和勤奋严谨，无不为弟子们树立了光辉的榜样。记得先生在担任大学校长的那些年头(约1985—1994年)，既要处理诸多的政务，又要承担重要的课题研究，还要指导研究生学习，真是千头万绪，一片繁忙。但先生总是夜以继日地工作，将一切事情都处理得有条不紊，将拥有数千名学生的一所大学领导得蒸蒸日上，真正显示了做人与做学问的统一，立言与立身两成的大家风范。

三、主办大型国际学术活动，推动海内外明清史研究的交流、协作和深入发展，规模既宏，众望所归

先生特别重视学术研究的国际交流，认为学术繁荣的主要标志，应该是国外的明清史研究与国内学术研究的互补互促、互动互进，明清史研究学者既要走出去，又要请进来，而以团体的形式进行实际的学术交往则是最理想的途径。因此，他总是百般努力，千方争取，为他所领导的学术组织主办各种形式的国际学术研讨会。就我所知，先生亲手主办和参与组织主办的大型国际学术讨论会就有10多次，如第一届中国明史国际学术讨论会(1985年9月，黄山)，第一届朱元璋国际学术讨论会(1998年，凤阳)，以第六届明史国际学术讨论会(1995年8月，凤阳)，明清徽州社会经济史讨论会(1990年，芜湖)，朱元璋与明初社会学术讨论会(1989年，凤阳)，以及徽学与中国商业史方面的国际学术会议，等等。每次会议，从方案的策划、经费的筹集、会务的筹备、代表的邀请到会议论文集的出版，先生都是事必躬亲，安排周密。

特别是作为中国明史学会副会长，先生为推动明史研究的全面开展，率先于1985年秋发起和主办了第一届明史国际学术讨论会。会议在著名的风景胜地黄山召开，中外专家学者100多人参加了这次盛会。会议全面交流了

---

〔1〕 Yu Tongyuan. Trade Between Ethnic Communities in Market Towns Along the Great Wall During the Late Ming Period, Social Sciences in China, 1997(4).

〔2〕 张海鹏：《中国传统史学的特点》，《安徽师范大学学报》1995年第4期。

当时世界各国明史研究的成果，同时还组织代表考察徽州明清建筑，观赏了黄山美景。这是一次开创性的明史学术盛会，为日后明史研究的国际学术交流创造了良好的范例。从此以后，明史国际学术研讨会每两年举办一次，从未中断。

在黄山明史会上，中外代表又向先生提出了回到朱元璋的老家凤阳召开一次国际学术会议的要求。在当时的条件下，要筹备一个大型的国际学术会议，需要做艰巨的努力。但为了实现国际学术界的美好愿望和进一步推动明清史研究的繁荣，先生又以非凡的组织能力，千方百计地筹集经费，组织人力物力，策划方案，落实计划，终于于 1995 年 8 月在凤阳召开第六届明史国际学术讨论会。这次会议由先生主持，来自十几个国家和地区的中外学者 180 多人齐集一堂，盛况空前。会后又于黄山书社出版了 65 万字的会议论文集，在论文集的序言中，先生高兴地写道："在凤阳召开的明史学术会议，几乎是学者们的共同夙愿。记得 1985 年秋，第一届明史国际学术讨论会在黄山汤泉宾馆召开时，就有不少与会同仁提出'回到老家'开一次明史会的建议，而且希望殷切。相隔整整十年，大家的愿望终于成了现实。这是值得庆幸的。……在几天的会议中，凤阳——这个古钟离之域，每天都沉浸在浓郁欢快的气氛之中。通过会前传媒的连续介绍，对于这次会议的召开，凤阳城乡几乎是家喻户晓。'老家'的领导和人民为能首次迎来 180 多位中外嘉宾而深感无比兴奋与自豪；治明史的中外学者对在明代'老家'受到盛情友好的接待也感到十分快慰而赞不绝口。实事求是地说，这是一次异乎寻常的学术盛会。"〔1〕尽管历十年才实现国际明清史学者的夙愿，但这十年期间，先生为筹备这次大会所付出的艰辛努力，也是学术界同仁们有目共睹的。

先生生前曾担任不少全国性学会和地区性学术团体的领导，主要有中国史学会理事、中国明史学会副会长、中国朱元璋研究会会长、中国商业史学会副会长、安徽省历史学会会长、炎黄文化研究会副会长等职务。先生认为，自己被学术界推举为会长、副会长，既是一种荣誉，又是一种责任和义务，要积极组织开展学术研究活动，推进学术研究的交流和发展，才能不辜负学界同仁的信任。

先生去世前不久，还在其《徽商研究十五年》中说："我们拟以安徽师范大学徽商研究中心的名义，主办一次徽商国际学术讨论会，邀集国内外的一些同行，共同深入地研讨这一课题，也请与会学者对我们的成果进行一次客观评价。这对我们必将是鼓舞，也是鞭策。"〔2〕讵料先生壮志未酬身先去，不能不说是国际学术界的一大损失。

---

〔1〕《第六届明史国际学术讨论会论文集》，黄山书社，1985 年，第 1 页。

〔2〕 张海鹏：《徽商研究十五年》，《安徽师范大学建校七十周年论文集》，安徽人民出版社，1998 年。

四、法而后成，变而后大，树学界风范，示来者轨则

先生立言与立身之道渊源有自，大底出乎桐城、入乎徽州，法于传统而变于有用也。

先生家乡安徽省枞阳县，1949 年以前属于安徽省桐城县东乡。桐城是闻名中外的文化古县，有清一代是桐城人文鼎盛时期，时人誉之曰："天下文章其在桐城乎！"闻名天下的桐城派大师中，有不少出自桐城东乡。故先生常常戏称："枞阳出人，桐城出名。"上大学之前，先生在家乡度过了童年和青少年时期并担任乡村教师，对家乡先贤桐城派的思想学说和文学作品既了如指掌又心存敬意。他认为新文化运动以来，学界对桐城派的贬毁大都源自论之者好恶随心，因而大都有失精当。

为了正确评价桐城派，先生撰写了《简论姚鼐的文学主张及其思想倾向》[1]一文，指出姚鼐师承其乡前辈的可贵之处，乃在于学而能变，不囿于师说，故能青出于蓝而胜于蓝。用姚鼐的话说，就是"有所法而后成，有所变而后大"。没有"法"就没有准绳，不能"变"则得不到发展。姚鼐还说："大抵学古人，必始而迷闷苦毫无似处，久而能似之，又久而自得不复似之。"模仿古人的文章，开始因难得入门而苦闷，这是自然的；时间久了，功夫深了，必然学得很像；再继续努力，"功夫深处却平夷"，就能脱开前人的窠臼，超过前人，别开新面，这就是"久而自得不复似之"了。学习前人只有达到自己有创见的地步，才可称之为"善学"。

姚鼐之"变而后大"者，关键在其义理、词章、考证三结合主张的正确性。三者本都是独立的学科，各有不同的特点，但在古代文学与学术没有截然分途的情况下，学文的人，欲有大成，"必兼收之，乃足为善"。虽云义理、考证、词章三者不可偏废，但三者不是平列的。义理是主干，词章与考证是依附它的枝叶，合起来便是郁郁葱葱的大树。从治学的角度看待这一主张，是有可取之处的。义理、词章、考证，近似我们今天所说的文、史、哲。义理为哲，词章为文，考证属史。文、史、哲的基础理论知识和基本训练，是"善为属文者"所不可缺少的。只有将此三者"兼收"而"善用"之，才能写出意境高、风格新、摒去空言、不落俗套的好文章。故先生强调把义理、词章、考证三者结合起来，以期文章的主题鲜明，内容充实，文字优美。

先生之取法桐城派，落脚在"变而后大"之一途。因而他一再强调治学贵在创新。所谓"新"，就是新问题，新材料，新方法，新观点。此四新之中，有二到三新，方可着手著文。但先生之论著，大都追求四新兼备并能义理、词章、

---

〔1〕 张海鹏：《简论姚鼐的文学主张及其思想倾向》，《艺谭》1981 年第 1 期。

考证三结合。表现在其徽商研究论著中,既提出了新问题、选择了新视角,又采撷了新材料、发表了新见解。特别注重运用科学的研究方法去研求新问题、得出新结论。在中国社会经济史研究中,往往是引用文献记载者多,利用文献档案者少;从宏观角度论述者多,作微观分析者少;进行静态分析研究者多,进行个案追踪溯源、探寻发展轨迹者少。为改变这种状况,先生在研究中强调了研究方法上的多重多层次结合,即要尽可能地做到继承与创新相结合,文书档案与文献记载相结合,宏观研究与微观研究相结合,主观分析与客观考察相结合,历史方法与逻辑方法结合,比较分析与实证分析结合,历史的解释与现实的评述结合,史与论结合,等等。[1] 这些结合正是先生在研究中反复尝试和努力运用的研究方法。研究途径的正确和研究方法的科学,才使先生在明清史诸多领域的研究中,发前人所未发,提出了自己独到的见解。[2]

陈寅恪先生在《陈恒〈敦煌劫余录〉序》中强调:"一时代之学术,必有其新材料与新问题。取用此材料,以研求问题,则为时代学术之新潮流。治学之士,得预于此潮流者,谓之预流。"20 世纪以来,中国文化与历史的研究,因甲骨文、敦煌文本、汉魏简帛和徽州文书四大发现而先后形成研究浪潮,其中以徽州文书发现和挖掘较晚,而至 20 世纪 80 年代后形成学术研究新潮流。先生以超迈的学术理念、求实的学术品格、严谨的学术作风和沉渊揭底、开拓求新的学术精神,得预于明清史研究潮流而开拓徽学研究的天地,谓之"预流"可也。《宗镜录》曰:"故得法性山高,顿落群峰之峻;醍醐海阔,横吞众派之波。"借此以喻先生学术操行之高,或不为过。

---

〔1〕 张海鹏、臧宏:《中国传统文化论纲》,安徽教育出版社,1996 年。
〔2〕 王世华:《张海鹏与徽学研究》,《安徽日报》2001 年 9 月 21 日。

附录二　做学问先学做人[1]

——张海鹏先生门下辱教记

恩师张海鹏先生之为人师，德高望重，对学生处处爱护、栽培，和风煦煦，殷切、体贴、宽容、无微不至。诸弟子对先生言必称师，行必恭敬，对先生的教训铭刻于心并时时反省，对先生传授的为人、治学、做事方法切实履行与实践。唯独我自出师门后四处飘荡，成绩平平，深感有辱师门。已故史学家罗尔纲曾在胡适门下求学问道五年，作《师门辱教记》，即“有辱师门教诲”之意。这里借用“师门辱教”之意，回忆在张先生门下受教期间，听到和见到的先生关于怎样做人的言传与身教。

作为先生的不肖弟子，我自 1979 年考入安徽师范大学历史系本科班读书(时先生为历史系主任，讲授“明清史专题”等课程)，至 1985 年考入先生门下攻读明清专业研究生(时先生为安徽师范大学校长兼明清史研究室主任、研究生导师)，再到 2000 年先生仙逝，20 多年来，主要是在先生的关怀和指导下，进行明清史教学和研究工作。凡“明清史专题研究”“明清史文献资料”“徽学与徽商研究”“中国经济史”“中国商业史”“中国文化史”等专业课知识及其学习、研究的方法，无不来自先生悉心传授；凡教学、科研中的大小问题，或亲聆教诲，或电函传达，无不请教叩问。所以在长期的耳提面命之中，听到先生每每强调的治学宗旨有两条：一是“做学问先学做人”的原则要求，二是“经世致用”的价值追求。在拙作《醍醐海阔　德性山高——张海鹏先生与明清史研究》(此文已于 2002 年 4 月在日本《明代史研究》第 30 辑表，国内多有转载)一文中，我对先生关于“做学问”与“做人”的言教及身教有提纲要领的记述，在此基础上，以下专就先生在如何做人方面的言传与身教作补充叙述，谨以此表达弟子对恩师的永远纪念。

一、人生三大事做人第一

“立德”(做人)、“立功”(做事)、“立言”(做学问)的“三不朽”观，是历代中

---

〔1〕 原文提交 2011 年在芜湖安徽师范大学召开的“纪念张海鹏先生诞辰 80 周年暨徽学国际学术讨论会”交流讨论，收入安徽师范大学出版社 2013 年版《纪念张海鹏先生诞辰 80 周年暨徽学国际学术讨论会文集》。

国知识人追求人生成就价值的中心信仰。来源于《左传》襄公二十四年范宣子与叔孙豹论“不朽”：

二十四年春，穆叔如晋。范宣子逆之，问焉，曰“古人有言曰：‘死而不朽’，何谓也?”穆叔未对。宣子曰：“昔匄之祖，自虞以上为陶唐氏，在夏为御龙氏，在商为豕韦氏，在周为唐杜氏，晋主夏盟为范氏，其是之谓乎?”

穆叔曰：以豹所闻，此之谓世禄，非不朽也。鲁有先大夫曰臧文仲，既没，其言立，其是之谓乎！豹闻之，“大上有立德，其次有立功，其次有立言”，虽久不废，此之谓三不朽。若夫保姓受氏，以守宗祊，世不绝祀，无国无之，禄之大者，不可谓不朽。

“立德”即树立高尚的道德，“立功”即为国为民建立功绩，“立言”即司马迁所说的成一家之言。此三者是虽久不废且流芳百世的。唐孔颖达在《春秋左传正义》中对德、功、言三者分别做了界定：“立德谓创制垂法，博施济众”；“立功谓拯厄除难，功济于时”；“立言谓言得其要，理足可传”。后人将“立德”简化为“做人”，将“立功”简化为“做事”，而将“立言”简化为“做学问”。

每一届研究生入学后，张先生上第一节课就讲“做学问先学做人”的道理。这既是如何处理做人(立德)、做事(立功)与做学问(立言)的相互关系问题，同时又是关于成就信仰和人生价值选择与实践的问题。对不朽价值的追求，是古圣先贤超越个体生命而追求永生、超越物质欲求而追求精神升华的文化不朽观。因为知识人在学校里当老师(做事)和做学问是合二为一的，所以先生要我们先认识做学问与做人的关系，并开宗明义，要求“做学问先学做人”。中国文化往往区分“为学”与“为道”，《老子》曰：“为学日益，为道日损。”“为学”是一个经验领域的求知过程，其对象主要限于现象世界的特定对象；“为道”则指向形而上的存在根据，其要旨在于把握世界的统一性原理与发展原理。可见“为道”(做人)比“为学”(做学问)难度更大。

“做人”是一种通俗的说法。它指的是一个健全人必备的基本素质，它是思想品德、道德规范、世界观、人生观、价值观以及各种非智力因素，如情感、意志、毅力等方面的总和。正确反映客观事物的系统知识叫学问，而知识是生活经验的积累，是人生智慧的源泉，它是生命之源的动力，教育的全部意义就在于揭示知识与人的生活、生存、发展的内在联系。一个人再有学问，如果人品不合格，就不可能有什么大成就。子曰：“入则孝，出则弟，谨而信，泛爱众亲仁。行有余力，则以学文。”意思是在父母面前要孝顺父母，与兄弟相处要尊敬兄长，说话要谨慎而讲信用，博爱大众而特别亲近那些有仁德的人。做到了这些之后，才谈得上学习文化知识。孔子的这番话揭示了做人与做学问的关系，即首先是品德修养，其次才谈得上学习文化知识。德育第一，智育第二，这两者的关系是非常明确的。换句话说，如果你要学习文化知识，精通学问之道，也只有从做人的体会、人生的经验入手，才能够学有所成，学以致用。所谓世事洞明皆学问，人情练达即文章也。

“做学问先学做人”这个道理包含两层意思：一指治学的根本目的，一讲治学的基本途径。从终极目标上讲，治学的根本目的是“做人”而不是“谋生”，所谓“读书明理”首先是指明人伦道理，因为人才是“人”与“才”的合体，只有先“成人”，然后才能“成才”，所以说“做学问要先学做人”。从治学的途径上讲，自古有“尊德性”（偏重于道德实践而求仁者，又称“穷理”，穷得物理也）与“道问学”（偏重于认知活动而求智者，又称“尽性”，尽得人性也）之分。有人主张尽心以知天，以仁统智；有人强调穷理以知性，以智统仁。宋明时期“理学”与“心学”的关键之分即在于此，主敬是道德涵养，穷理是知识增进，只有将两者有机结合起来，才能既穷得物理又尽得人性，否则必蔽于一曲而暗于大方。用顾炎武的话说，就是要“博学于文，行已有耻”。这是先生对弟子的基本要求，也是他自己一贯坚持的行为准则。具体到日常生活中，先生要求学生时刻注意人格修养，淡泊宁静，严于律己，宽以待人，正人品以正学品。具体到学术研究中，先生要求治学与做人、立言与立身齐头并进；在史学研究中，则表现为史才、史学、史识与史德并重。先生经常说，学问是老老实实的事情，来不得半点投机取巧；强调要勤奋耕耘和厚积薄发，要拿出经得起历史考验的有学术价值的研究成果。

在芜湖读书期间，常常于晚饭后陪先生爬赭山（1985—1988 年王世华、彭克明、刘玉龙、周晓光、李琳琦和我同届在先生门下读研究生，周末或节日总是到先生家聚餐，全是师母张妈妈亲手做的饭菜，饭后多陪先生散步谈学论道），他几次边走边给我们背诵和讲解欧阳修的《醉翁亭记》，他很欣赏并赞同欧阳修的人生实践和做人主张。欧阳修反对单纯以文辞、言语来安身立命，其《送徐无党南归序》（欧阳修《文忠集》卷四十三）阐述了修身、施事、立言三者的关系。在欧阳修看来，最好的途径，首先是修身，其次为施事，再次才是见之于言。据此，先生曾经要求我们年轻时先不要急于发表学术论著，等到修身行事成熟了再发表成熟的作品。后来由于看到我们要依靠发表评职称、挣工资，先生才同意我们发文章，并笑谓“聊补无米之炊也”。

张先生认为学界对桐城派有不少误解。他认为桐城派不少人物追求修身、施事、立言三结合。特别是桐城方氏很有代表性。桐城方氏为海内著名世家，如清代著《滇黔纪闻》（戴名世《南山集》的原本）的方孝标、桐城文派鼻祖方苞、长期担任直隶总督和太子太保的方观承等，人人皆知。而自明及清，桐城方学渐、方大镇、方孔炤、方以智、方中通，一家五代，不仅俱以易学为家学而扬名天下，而且皆能学用结合，则更值得我们研究。

方学渐，人称明善先生，明代中叶桐城学术领袖，东林党魁。他主张儒释道三家兼容，崇尚实学，图以朱学补阳明心学之空幻，著有《易蠡》等书 20 多种，建桐川会馆讲学论易，为桐城方家易学创始者。朱彝尊云：“方氏门才之盛，甲于皖口，明善先生实濬其源。东南学者，推为帜志焉。”

方学渐长子方大镇，字君静，号鲁岳，万历十七年(1589 年)进士，授大名府推官，升为御史、巡盐浙江，后迁大理寺少卿，著《易意》《诗意》《礼说》等书各若干卷，论“学”以“性善”为主旨，论“治”必基于人君的德行。

方大镇之子方孔炤，万历四十四年(1616 年)进士，为官为学皆名重一时。

方孔炤之子方以智，崇祯十三年(1640 年)进士，载书泛游，遍访大家，博览群书，四处交游，结识学友，学兼古今，贯通中西。

方以智次子方中通，受家学影响，从小喜爱易学、数学和天文学，著作有《周易深浅说》《数度衍》等多种。其中《数度衍》24 卷附 1 卷，几乎包罗了当时传入的所有西算知识以及当时所能见及的中算知识，是一部数学方面的百科全书。

著名的易学著作《周易时论》为方孔炤所著。凡《图象几表》8 卷，《上、下经》《系辞》《说卦》《序卦》《杂卦》15 卷。其立说以时为主，有所忧患而发于言，感慨激烈，故名《时论》。其讲“象数”，穷极幽渺，自河洛源流切入，探讨河洛之学意涵及其所引发的系列问题，透过太极分化的角度，以“密衍”与“互藏”等论说解决易学之奥秘。记得我做毕业论文时，写明代九边的沿革[1]，张先生叫我读桐城方氏著作，指导我读方孔炤的《全边纪略》[2]，要我从中领会桐城方氏几代人如何学用结合，如何做学问与做人统一。在“三不朽”中，“立德”有赖于见仁见智的外界评价，“立功”需要跻身垄断性官场和风险性商场，这些往往非书生能力所及。于是，文人每以“立言”为要务，如曹丕《典论·论文》曰：“盖文章经国之大业，不朽之盛事。年寿有时而尽，荣乐止乎其身，二者必至之常期，未若文章之无穷。是以古之作者，寄身于翰墨，见意于篇籍，不假良史之辞，不托飞驰之势，而声自传于后。”胡适则将“三不朽”称为“三 W 主义”。“三 W”即指英文“Worth”“Work”“Words”，这三个词的含义与“立德、立功、立言”相近。先生赞同胡适关于不朽的主张。在《不朽——我的宗教》一文中，胡适由传统“三不朽”论引发提出“社会不朽”，曰：“‘小我’虽然会死，但是每一个‘小我’的一切作为，一切功德罪恶，一切言语行事，无论大小，无论是非，无论善恶，都永远留存在那个‘大我’之中。”“社会不朽”论旨在把每个人的一己行为与人类的历史发展关联在一起，给有限的个体生命赋予永恒的意义。所以胡适称“社会不朽”论乃是人生的“宗教”，其“教旨”是：“我这

〔1〕 余同元：《明代九边述论》，《安徽师范大学学报》1989 年第 2 期，第 223—240 页。中国人民大学《中国地理》1989 年第 8 期全文转刊。

〔2〕 方孔炤(1590—1655)，字潜夫，号仁植，方大镇之子、方以智之父，著名易学家，任嘉定州知州、右佥都御史、湖广巡抚等。著有《周易时论》23 卷、《全边纪略》12 卷等。

个现在的‘小我’,对于那永远不朽的‘大我’的无穷过去,须负重大的责任,对于那永远的‘大我’的无穷未来也须负重大的责任。我须要时时想着,我应该如何努力利用现在的‘小我’,方才可以不辜负了那‘大我’的无穷过去。方才可以不遗害那‘大我’的无穷未来。”社会不朽与文化不朽的信仰提供着人生进取的动力源泉。

张先生非常重视学用结合和知行合一的施事与实践,他常常教导学生的另一条治学宗旨是“经世致用”。在《中国传统史学的特点》《论历史的发展动力》等学术论文中,他认为,史学向来都是与现实社会有着密切的联系,历史是现实的“昨天”,而现实则是历史的延续和发展;“述往事,思来者”“继往开来”都说明历史与现实的关系,史学应该服务现实。他说:关于历史学的社会功能的讨论,大家见仁见智,各有卓识,“但归纳起来,一言以蔽之,即是如何‘经世’,离开了经世还有什么功能可言。历史学本来就是一门‘经世’的学科。”

二、人生价值选择以义利之辨为核心

义利之辨是中国传统伦理学最核心、最基本的问题,也是学术研究和人生价值选择的首要课题。对义利关系的态度,集中体现了中国伦理道德的价值取向。从内涵上看,“义”是指道义、正义,既是人们的行为要遵循的道德规范与准则,也是人们进行道德评价的标准;“利”是指利益、名利,既指国家、集体、社会利益,也指个人利益,既指物质利益,也指精神利益,是一个广泛的概念。义利观以义利关系认识为核心并受义利关系的制约,义利关系的内容主要有物质生活追求与精神生活追求的关系、物质利益与伦理道德的关系、个人利益与社会公共利益的关系、志向动机与利益效果的关系等。先生指导我写《廉吏传》中的《刘宗周传》期间,教读《刘子全书》(当时无点校本,先生请邱树森教授介绍我到南京大学图书馆古籍部阅读)及慎独学说,要求以其义利之辨中的舍生取义作为学习的切入点。

刘宗周是明末著名的儒学大师,也是宋明理学殿军人物。他开创的蕺山学派,在中国思想史特别是儒学史上影响很大。清初大儒黄宗羲、陈确、张履祥等都是这一派的传人。刘宗周的思想学说以“慎独”为宗旨。他在自己的著作中反复强调“慎独”之重要,认为慎独是学问的第一义。他认为“君子之学,慎独而已矣。”“学问吃紧工夫,全在慎独,人能慎独,便为天地间完人。”“独者,本心之谓,良知是也。”“独”即是本心,是良知,是人具有的一种主观道德能力,“慎独”则是一种内省的道德修养功夫。他把“独”提升到本体论高度,而把“慎独”说成是最重要的修养方法:“独之外别无本体,慎独之外别无功夫。”所以,“独”是“至善之所统会”,不仅宇宙中的万事万物,而且人类的一切道德准则都统摄在“独”(或者叫本心、良知)之中:“独中具有喜、怒、哀、乐。

四者,即仁、义、礼、智之别名。"希望通过内省的功夫,收拾人心,使人人向善,跻于道德之域,以解救"世道之祸"。刘宗周为官五起五落,历经万历、天启、崇祯、弘光四朝,"通籍四十五年,在仕六年有半,实立朝者四年"。其绝笔之作是《人谱》,原名《证人小谱》,成书于崇祯七年(1634 年),三易其稿而后成。他认为佛教谈因果、道教谈感应,都出于功利目的,不能真正成就圣贤人格,而儒者所传《功过格》也难免入于功利之门。所以强调:"今日开口第一义,须信我辈人人是个人。人便是圣人之人,圣人却人人可做。""做人之方,尽于《人谱》。"介绍如何成圣是《人谱》一书的目的,书中首列《人极图》,第二篇为《证人要旨》,第三篇为《纪过格》,最后附以《讼过法》《静坐法》《改过说》。"言过不言功,以远利也。"主张"学者诚知人之所以为人,而于道亦思过半矣。将驯是而至于圣人之域,功崇业广,又何疑乎!"弘光元年(1645 年)五月,清兵攻破南京,南明福王被俘遇害,潞王监国。六月十三日,杭州失守,潞王降清。十五日午刻,刘宗周效法伯夷、叔齐开始绝食。当时江南士大夫纷纷降清做贰臣,背叛了平时所学仁义之道。刘宗周则以自己的义行壮举,成就自己的道义人格。至弘光元年(1645 年)闰六月初八日,刘宗周绝食两旬而死。现代学者牟宗三甚至认为,刘宗周绝食而死后,中华民族的命脉和中华文化的命脉都发生了危机。张先生让我研究刘宗周,可惜当时没有完全领会先生的旨意。虽然写成《五起五落不易志的刘宗周》收入《廉吏传》[1]一书,但离先生的要求,无论理论还是实践,都相差万里!

张先生除了在日常生活中不时讲述义利关系问题外,还在报纸上公开发表《义利之辨》(刊于《光明日报》和《安徽日报》的专门论文),评说中国历代义利观的演变及社会价值。孔子曰:"君子喻于义,小人喻于利。"(《论语·里仁篇》)《大学》说:"君子贤其贤而亲其亲,小人乐其乐而利其利。"又说:"民之所好好之,民之所恶恶之,此之谓民之父母。"可见,对于"君子"(领导者)而言,能让普天下"小人"(百姓)得以"利其利",正是人生之"大义"。所以荀子主张先义后利,"先义而后利者荣,先利而后义者辱"。(《荀子·荣辱》)孟子主张见利思义和舍生取义,其答梁惠王说:"王何必曰利?亦有仁义而已矣。"(《孟子·梁惠王》)又强调:"生,亦我所欲也;义,亦我所欲也;二者不可兼得,舍生而取义者也。"(《孟子·告子上》)义成为主观道德意识、道德判断与客观道德法则和原则的总称。西汉董仲舒概括孔孟的义利观,提出"正其谊(义)不谋其利,明其道不计其功"(《汉书·董仲舒传》)。但墨家有不同的看法,墨子认为"义,利也"(《墨子·经说上》),主张义利一致。宋代学者程颢指出:"大凡出义则入利,出利则入义。天下之事,唯义利而已。"(《二程语录》)在此基础

〔1〕 周怀宇:《廉传吏》,河南人民出版社,1988 年。

上，陈亮、叶适认为道义和功利并不矛盾，功利体现在道义之中，离开功利无所谓道义。如叶适说："古人以利与人，而不自居其功，故道义光明。既无功利，则道义乃无用之虚语耳。"(叶适《习学记言》)清代学者戴震、颜元等也认为义利不可偏废，理欲应该统一。

张先生每每赞扬岳飞"文臣不爱钱，武臣不怕死"的名言(见先生所写《论冤臣》，《安徽史学》1994 年第 3 期)。认为中国传统儒家所讲的"义"主要是指正义、道义和公益，"利"主要是指个人利益和物质利益；儒家有重义轻利的价值取向，把"义"看作是人安身立命的根本，主张"以义制利""公利为上"和"舍生取义"，强调对利的追求应该以义为准绳加以节制。岳飞出生在一个农民家庭，跟从名师学习武艺，能左右开弓，还精通兵法，南宋初参加北方抗金队伍，多次立下战功，很快升为将领。岳飞的军队纪律严明，行军露宿，只许士兵睡在廊檐下，被老百姓称呼为"岳家军"。岳家军练兵认真，作战勇敢，能够以少胜多，被金兵赞誉为："撼山易，撼岳家军难！"这些皆源自岳飞一生廉洁正直，不计较个人得失。所以有人问他："天下何时才能太平？"他回答说："文臣不爱钱，武臣不惜死，天下便可太平！"

义利关系是人类社会中普遍存在着的一种价值关系，义利观则是人们对义利关系的理论抽象和概括。历史上不同学派的思想家，有着各具特色的义利观。从价值导向和目标追求上看，义利关系主要体现为利益与诚信两大问题。市场经济要以诚信为基础，要靠制度来建立。一个社会，诚信破坏很容易，但要建立诚信却不易，破坏诚信之后重建更难。从传统社会转向市场经济必须有相应的诚信体系，西方国家建立诚信之路也相当艰难。马克思《资本论》反映出了原始资本积累时期资本家如何靠抢劫、诈骗、造假之类不讲诚信的卑劣手段起家。100 多年过去之后，现代市场经济卜，各国谋求实施把诚信与利益联系在一起的法律制度，也就是通过利益来维护诚信，但诚信与利益的矛盾更加尖锐，"马太效应"依然存在。特别是资产阶级以个人主义为核心内容的伦理道德原则滋生了利己主义、实用主义、拜金主义、享乐主义、唯利是图、先利后义、见利忘义等思想观念，使人们的义利观陷入了模糊化、功利化和极端化的泥潭。日本现代企业家之父涩泽荣一在《论语与算盘》中提出了"士魂商才"说，主张商人既要有"士"(武士)的操守、道德和理想，又要有商家的才干与务实精神。张先生认为徽商早已有了贾而好儒与儒贾合一的理论和实践，所以他带领大家一起研究徽商。

利益关系种类大体可以一分为三，即完全的利益关系、完全的感情关系和兼有利益与感情的关系。其中完全的利益关系与完全的感情关系都不多见，最广泛的是兼有利益与情感的关系，它始终离不开道德和法律的驱动和维护。公平正义的建立与诚信待人如何实现？诚信主要靠法律维护还是靠道德自律？既是历久弥新的学术课题，又是知行合一的实践课题。张先生把义利之辨同名与利、群与己、贾与商、诚信和利益、王道与霸道、道德与功利等关系结合在一起进行新思考，强调义利一致，认为诚信和利益，尤其在长远利益上应该是一致的，但当诚信与利益发生矛盾时应如何抉择？诚者，为人之本；信者，处世之基。要相信诚信是为人处世的基本准则。

每思先生义利之说教，联系现实中这个金钱至上的社会，不能不感慨万千！利益是对于生存和发展的一种客观追求，但须取之有道。所谓利益最大化，就是指用最少的投入得到最大的收益，一味追求利益，难免误入歧途。社会在现阶段存在诸多利益冲突，如社会分配利益冲突、政府与公众利益冲突、劳资利益冲突等。在社会分配利益冲突方面，社会贫富差距悬殊，造成社会对立现象越来越严重。怎样做到为政治国不与民争利？又怎样做到在社会利益分配中去为民谋利？这就要求义利并重、以义导利和义利统一，要求人们努力做一个能平衡良知和利益的人，相信利益和诚信之间可以相互协调。资本家的本质就是残酷无情地榨取劳动者的剩余价值以获得利益的最大化，利益最大化必然带来利益冲突。所以我们有必要反思张先生的义利说教，自觉重温孟子的义利王霸思想，发扬民贵君轻、见利思义、穷不失义与达不离道的价值追求，接受诚信可以带来利益的选择认同，争取获得利益的同时也能够保持诚信原则。

三、做人的根本途径是内圣外王的人格修养

怎样做人？做什么样的人？中国古代的“大学之道”提出了一套系统的方案。“大学之道”，出自经典文献《大学》。《大学》原为《礼记・大学篇》，后来被单独抽出来，成为一本书。宋代大学者朱熹又将其列为儒家四书之首，其成为传统文人第一部必读的中国文化经典。所以“大学”又称“大学之道”。“大学之道”又称“内圣外王之道”。“内圣外王之道”语出《庄子・天下篇》，后来被人写成论文编入《礼记》之中，名曰《大学》或《大学之道》。“内圣外王”之道是中国传统的人格修养之道。

在先生主编的《中国传统文化论纲》[1]一书的序言中，张先生强调指出：“中国传统道德，一向重视做人，注重人生价值，把‘舍生取义’作为人生最高的价值取向。而做人就是从‘修身’做起，然后‘齐家’以及于‘治国’，认为只有‘身修’才能‘家齐’以至于‘国治’。往日的那一套修身、齐家、治国的具体内容虽多已成为历史的陈迹，但按照今天的道德准则，吸取其中的精华，提倡做人，提倡修身，提倡建立温馨和谐的家庭，提倡报效祖国，提倡‘先天下之忧而忧，后天下之乐而乐’，这在当前来说，还是完全必要的。”对古代中国人来

〔1〕 张海鹏、臧宏：《中国文化论纲》，安徽教育出版社，1996 年。

说,“内圣外王”的人格结构至少从形式上代表了其实现人生价值的两个侧面,而实质上这两个侧面又是统一的。“内圣”是“外王”的前提,而“外王”又是“内圣”的条件,缺少任何一面,人格形态都不会完美。对完美人格的追求,便形成了一种理想的人生模式。

儒、墨、法三家的“内圣”是从事道德修养,以追求一种崇高的道德境界;其“外王”是从事政治实践及其他社会事务,以建功立业。道、玄、禅三家的“内圣”是追求一种超越而自由的精神境界;其“外王”则是指从事俗务,即要求以出世的精神干入世的事业。可以说,儒、墨、法三家所设计的人格是一种道德人格,代表着人们对至善的追求;而道、玄、禅三家所设计的人格则是一种逍遥人格,代表着人们对自由的追求。

人格也称个性,是指人在一定社会制度与传统文化中所形成的旨在调节人与自然、人与社会、人与自身关系的行为准则,以及实际行为所凸现出来的精神素质。真、善、美的人格修养是理想的人格。理想人格是一个社会、一个民族文化中人们最推崇的人格范型,是一定的文化环境与社会制度中,出于现实的需要,人们的利益、要求、期望集中于某一楷模身上的人格范型,典型地体现了该社会文化的基本特征和价值标准。格物、致知、诚意、正心、修身、齐家、治国、平天下的“内圣外王之道”中,格物,研究事物本质;致知,把握事物规律;诚意,端正自己的意念,集中自己的注意力;正心,让自己的心变得公正公平,才是根本。不朽的信仰为文化传承指明了方向,说到底就是自觉的求真、求善和求美的理想和实践,总归为实践“不朽”的“内圣外王”之道。

梁启超说:“‘内圣外王之道’一语包举中国学术之全体,其旨归在于内足以资修养而外足以经世。”人生修养包含在人对三大关系(即人与自然的关系、人与社会的关系、人与自我的关系)的正确处理之中,核心内容是求真、求善、求美的人格修养之道,也就是中国儒、释、道三教都孜孜以求的“内圣外王之道”。中国传统的各家哲学均以“内圣外王之道”作为人格设计的基本架构和理想目标,但各家对其内涵的界定又有所不同。儒、墨、法三家的“内圣”是从事人文道德修养,以追求一种崇高的人生境界,其“外王”是积极从事政治实践及社会事务,以建功立业;道、玄、禅三家所设计的人格则“内圣”是“外王”的前提,而“外王”又是“内圣”的条件。各家“内圣外王”都强调对完善人格的追求,形成了一种理想的中国人生模式,其中包含着高度的文化自觉精神。

“内圣外王”在于正其身,亦在于诚其意。以出世之道,寻求入世之利;以入世之利,得出世之乐,这就是内圣外王的真正境界。人格修养之道,首先讲的是回归内心,修炼自我,完成自我的成长过程。首先是“格物、致知、诚意、正心”,接下来才是“修身、齐家、治国、平天下”。所以人们常常忙着“平天下”,忘了前面的“修身”。而修身前面的四步,那是儒家真正的文化:格物,研究事物的本质；致知，把握事物的规律；诚意，端正自己的意念，集中自己的注意力；正心，让自己的心变得公正，公平。这些才是根本，有了这些，不平天下，你也问心无愧。

如何由“内圣”开出新“外王”？张先生认为道德学问（内圣）可以与事功（外王）结合。“心安是国安也，心治是国治也。”（《管子·心术下》）心安、心治是治身、内圣，国安、国治是治国、外王，二者究其实乃是一体和一理。美国第36任总统约翰逊在1965年的就职演说中说：“经过两次世界大战，美国形成了强大的军事工业体系、发达的金融体系和繁荣的科研体系，这三大体系支撑和引导着美国的国家和社会，影响着世界。”他同时奉劝美国民众：“不要为种在地里的那点瓜果争斗，要关注人类的公平自由，不允许一个痛苦无助的人遗漏在我们的视线之外。”社会与经济现代化发展，意味着新的政治文化和政治制度——民主制度的形成。新“外王”要以新“内圣”为基础，特别要在以“仁”为核心的一系列修身养性的道德观念中注入西方的人格独立的观念，从而由修身到立已，由立已而觉已，由觉已而觉人，从而才可能最终产生精神独立与思想自由的人格。1958年由现代儒学家牟宗三、徐复观等人联合发表的《为中国文化敬告世界人士宣言》，强调要发展儒家的“心性之学”，以建立中国的新道统、新政统和新学统。这就是当代新儒家所谓要从“内圣外王”之学中开出外王事功一面的新使命，即“儒家第三期文化使命应为三统并建，即重开生命的学问以光大道统，完成民主政体建设以继续政统，开出科学知识以建立学统”。这应该是新时代“内圣外王”的基本目标。

人在通过机能实现意向时，既是一种外在的文化追求，又体现为内在的精神体验。美国文化人类学家林顿（1893—1953年）在《人格的文化背景》中认为，“人格”与“社会”“文化”三者互动。不论任何人，他作为一个社会成员，都在社会结构中居于特定的地位，有着特定的身份，并扮演特定的社会角色；同时他又是文化的享受者、修正者和传承者。每一个社会都存在着“基本人格”和“身份人格”。前者是共同人格因素形成的综合体，后者是个人的基本人格类型。所以说文化传承本质上是“文化不朽”与“内圣外王”的理想和追求，张先生做人的理论与实践，首先体现了这个根本的理想和追求。

四、人生修养的关键是内在超越与外在超越

在《皇子传》（河南人民出版社1991年版）序文中，张先生认为帝王之家培养出为史家称颂的皇子，端在于皇子人生的内外超越的成功。外在超越是指家庭的学校的社会的教育，如“庭训有方”“师教有术”“遇物而教”；内在超越指自身的努力，如“自立有道”“以史为鉴”“弗纳于邪”等。

关于“庭训”与“师教”，康熙皇帝的自幼成长经历便很有代表性。康熙皇帝是中国历史上很有作为的帝王之一，在位61年，雄才大略、文治武功，开创

了有名的“康熙盛世”，被史家称为具有谦恭仁爱、平和慈祥品格的杰出政治家，端在其所受“庭训”与“师教”的成功。他晚年亲笔撰写了一部洋洋数万言的《庭训格言》，共 246 则，详细介绍了他从儒家经典中学习的人生修养经验。其训曰：“仁者以万物为一体，恻隐之心，触处发现，故极其量，则民胞物与，无所不周。语其心则慈祥、恺悌，随感而应。凡有利于人者则为之，凡有不利于人者则去之。事无大小，心自无穷。尽我心力，随分各得也。”又曰：“仁者无不爱。凡爱人爱物，皆爱也。故其所感甚深，所及甚广。在上则人咸戴焉，在下则人咸亲焉。己逸而必念人之劳，己安则必思人之苦。万物一体，恫瘝切身，斯为德之盛，仁之至。”强调：“凡人养生之道，无过于圣人所留之经书。故朕惟训汝等熟习《五经》、《四书》，性理诚以其中，凡存心养性立命之道，无所不具故也。看此等书，不胜于习各种杂学乎？”

关于“遇物而教”，旨在强调教育方式的灵活多样性和学习方法的自主性。要在理论课学习的同时重视实践课，特别是文化素质教育，一定要教师言传身教和学生学习实践相结合，要在道德教育过程中遇物而教，使道德规范在学生生活实践中自觉内化。如明代医师万金《育婴家秘》曰：“小儿能言，几教之以正言。能食，则教以恭敬，勿作也。言语问答，教以诚实，勿使欺妄也。衣服器用，五谷六畜之类，遇物则教之，使其知之也。或教以数目，或教以方隅，或教以岁月、日月之类。”18 世纪法国启蒙思想家卢梭主张让儿童在生活中和各种活动中学习，通过观察获得直接经验，主动地进行学习。现代美国实用主义教育家杜威主张“教育即生活”，以儿童的直接经验为起点，让儿童通过直接生活进行学习，不断改造经验，掌握丰富知识。中国现代教育家陶行知在其生活教育理论中提出“生活即教育”的思想，他认为儿童过什么生活便受什么教育，主张把教育和学习的内容扩大到整个社会和大自然中去。

关于“自立有道”，中国古代有智、仁、勇“三达德”的要求，又叫作“君子”之道，是对自立之道的基本解释。孔子曰：“君子道者三，我无能焉：仁者不忧，知者不惑，勇者不惧。”其中“仁”是核心。“仁”是什么？简言之就是“泛爱众，而亲仁”，就是“克己复礼为仁”，就是“己欲立而立人，己欲达而达人”，就是“己所不欲，勿施于人”。“己所不欲，勿施于人”即忠恕之道，要求根据自己内心的体验来推测别人的思想感受，达到推己又及人的目的。换句话说，己之所欲，亦施于人。推己及人的肯定方面，称之为“忠”，即“尽己为人”；推己及人的否定方面，称之为“恕”。推己及人的这两个方面合在一起，就叫忠恕之道，亦称“挈矩之道”“仁之方也”（实行仁的方法）。《大学》曰：“所恶于上，毋以使下。所恶于下，毋以事上。所恶于前，毋以先后。所恶于后，毋以从前。所恶于右，毋以交于左。所恶于左，毋以交于右。此之谓挈矩之道。”《中庸》曰：“忠恕违道不远，施诸己而不愿，亦勿施于人。所求乎子以事父，所求乎臣以事君，所求乎弟以事兄，所求乎朋友先施之。”《大学》所举强调忠恕之道的否定方面,《中庸》所举强调忠恕之道的肯定方面。曾国藩极为推崇孔孟“自立立人、自达达人”之道,认为孔子所说的“己所不欲,勿施于人”与孟子所说的“取人为善,与人为善”都是“忠恕之道”和“仁义之道”。如果一个人懂得这样的道理,则说明这个人见识广博、胸襟开阔,能成大事。

关于“弗纳于邪”,就是要学习做人的正当道理,不要因骄傲、矜夸、过度、放纵而走火入魔。《左传·隐公三年》记载,春秋时期卫国贤臣石碏劝卫庄公曰:“臣闻爱子,教之以义方,弗纳于邪。骄、奢、淫、佚,所自邪也。……夫宠而不骄,骄而能降,降而不憾,憾而能眕者,鲜矣。且夫贱妨贵,少陵长,远间亲,新间旧,小加大,淫破义,所谓六逆也。君义,臣行,父慈,子孝,兄爱,弟敬,所谓六顺也。去顺效逆,所以速祸也。君人者,将祸是务去,而速之,无乃不可乎?”这段话的大意是:喜爱孩子就要教导他做人的正当道理,不要使他走入邪路。骄傲、矜夸、过度、放纵,是走入邪路的主要原因。这四种恶习的产生,又主要是由于过分宠爱和赏赐的缘故。一般说来,受到宠爱而不骄傲,骄傲而能安于地位下降,地位下降而不怨恨,怨恨而能忍耐,这种人是少有的。还有,卑贱的伤害高贵的,年少的欺负年长的,关系疏远的离间亲近的,新来的离间交情长久的,势力小的凌驾势力大的,道德败坏的破坏品行端正的,叫作“六逆”。君王按照正当道理行事,臣下执行正确的命令,父亲慈爱儿子孝顺,兄长友爱,弟弟恭敬,叫作“六顺”。抛弃“六顺”而去效法“六逆”的行径,就是祸乱到来的原因。

关于“以史为鉴”,是先生讲得最详细彻底的。“以史为鉴”的基本内涵是“资治通鉴”和“读史明智”两方面。“居今之世,志古之道,所以自镜也”,这是司马迁“究天人之际,通古今之变,成一家之言”的根本途径。魏徵对唐太宗说:“殷鉴不远,在夏后之世。臣愿当今之动静,以隋为鉴,则存亡治乱可得而知。”唐太宗就是从这个角度理解“以史为鉴”的意义。杜牧也强调秦朝覆亡留给后世的教训:“秦人不暇自哀,而后人哀之。后人哀之而不鉴之,亦使后人而复哀后人也。”可见“以史资治”乃是“治国平天下”的关键环节之一。但刘知几认为“以史为鉴”既可“资治”也可“明智”,所以他强调:“史之为用,其力甚博,乃人生之急务,为国家之要道。”历史是一面明镜,是好是坏都可以照见自己的影子。所以说历史不光教人学好,也能教一些人学坏。关键是如何“读史明智”。要求积极地吸取历史的经验教训,以便更好地把握自己,大到治理国家,小到自我修养,都应该走正道而不要走邪路。故曰“以铜为鉴可正衣冠,以古为鉴可知兴衰,以人为鉴可以明得失,以史为鉴可以知兴替。”所谓“前车之覆,后车之鉴”“鉴古知今”“鉴往知来”“观今宜鉴古,无古不成今”“明镜可以照影,古事可以知今”“温故而知新”“推陈以出新”“返本以开新”,等等,都说明“以史为鉴”是中国传统文化的核心理念之一,也是中国人生修养的根本方法之一。

任何一个人都具有认识、情感、意志等机能的自我意识和自我控制能力，其内驱力是人所固有的求真、向善、爱美意向，它使人不断实现自我超越（内在超越与外在超越），从而驱动知识人的学术研究和创新。关于超越的标准说法是："天道一方面是超越的（Transcendent），另一方面又是内在的（Immanent 与 Transcendent 是相反字）。天道既超越又内在，此时可谓兼具宗教与道德的意味，宗教重超越义，而道德重内在义。"〔1〕人如何实现与自然、社会以及自我身心内外之和谐而达到"超凡入圣"的境界，也就是说如何摆脱有限的自我限制而达到"天人合一"的境界呢？照中国传统哲学看，这就必须论证人的内在本质可以通于超越性的"天"，即由人的内在性的发挥可以达到与超越性的"天"的统一。汤一介先生认为，从儒家说，最早提出"内在性"与"超越性"问题的是孔子。《论语》中记载着子贡的一段话说："夫子之言性与天道，不可得而闻也。"因为"天道"是超越性的问题，"性命"是内在性的问题，而这两个问题是属于形而上的问题。照中国传统哲学的看法，形而上的问题是"超言绝象"的；"超言绝象"自然不可说，说了别人也听不懂，只能自己去体会，所以孔子提倡"为己之学"，而反对"为人之学"。〔2〕

"内在超越"（immanent transcendent）是当代新儒家的一个重要概念，20 世纪 50 年代初期由唐君毅、牟宗三等人提出，其后由余英时等学者申论而流行。余英时认为文化变迁可以分成很多层：首先是物质层次，其次是制度层次，再其次是风俗习惯层次，最后是思想与价值层次；文化变迁的层次也是文化整体构成的层次，价值系统处在文化整体系统的中心位置上；文化系统的各层次通过有价值观念的人的文化主体地位有机联系着；人与自然的关系，人与人（个人与个人、个人与群体、群体与群体）的关系，人与自我的关系等，既构成不同层面的文化领域，也展现着价值系统的不同层面；价值系统的中枢是通过对两个问题的实际解决来确定的：一是所谓人间的秩序和道德价值源于何处，一是价值世界和现实世界的关系。余英时先生还强调，中国和西方在形成各自价值系统时都承认人的价值具有超越的源头（"天"或"上帝"），但中国人对这一超越源头只作肯定而不去穷究所以，西方人则起初凭借理性后来又诉诸宗教，一味对超越的源头作执着的探溯；因此，在中国人那里，超越世界与现实世界是"不即不离"的，超越世界一直不曾被外在化、形式化；在西方人那里，占主导地位的倾向是超越世界与现实世界的分裂，同现实世界分开了的超越世界一开始就被外在化和形式化了。因此对第一个问题的解决体现着中西文化之"同"，对第二个问题的解决体现了中西文化之"异"，这两个问题的联结是我们理解中西文化异同的"总关键"。人们怎样从现实世

〔1〕 牟宗三：《中国哲学的特质》，台湾学生书局，1974 年，第 30—31 页。

〔2〕 汤一介：《论儒家的境界观》，《儒道释与内在超越问题》，江西人民出版社，1991 年。

界达于超越世界呢？中国人走的是“尽其心者知其性，知其性则知天”（孟子）的“内在超越”的路径，西方人走的是以实体化的超越世界（“上帝之城”）反照现实世界、鞭策人们努力向上的“外在超越”的路径。两种路径产生了人对自然、人对人、人对自我、人对生死问题的两种不同态度，对这两种态度——其展开即是中西价值系统——的分野的把握，即是从文化整体意义上把握了中西文化的分野。[1]

如何提高身心修养？张先生强调身心关系的辩证统一。身心关系是学术研究的又一永恒课题，它在中国古代亦称“形神关系”，西方则称“灵肉关系”。身是指相对于精神的感性肉体，即人的物质性躯体，心则是指相对于躯体而言的精神、意识、观念、情感等。人类对身心关系的认识，曾经历了一个由“形神结合”到“形神分离”，再到形神辩证统一的肯定——否定——否定之否定过程，即由混沌认识到经验认识，再到理性认识三大发展阶段。但身心究竟是一种实体的两种属性，还是两种实体？或者完全是两个实体（如精神与大脑分别说）？对这个问题学者难以做出明确回答，古今中外的各种身心关系理论都不能令人满意地解决身心问题这一古老难题。“仁义礼智根于心”（《孟子·尽心上》），唯心主义一元论认为身体的作用只不过是躯壳而已；唯物主义则走向另一极端，往往过分强调精神、心灵是肉体的机能。其实，凡人必身心同时俱有，把身体和心灵看作是截然不同的东西，再考虑其相互作用的结果是有害的，我们有必要继承中国传统形神关系中的身心不二论，承认心灵中的各种现象具有身心合一的根本属性；而且无论从认识意义之心还是境界意义之心看，自觉与觉悟的程度都会决定人们的思想行为的后果，努力从改造内心来追求人生健康和实现社会平等正义必然是正确的修养途径之一。因此，在人与自然的物质交换中我们必须提倡天人合一的价值取向，在人与社会的行为转化中我们必须提倡诚信友爱的价值取向，在人与自己的自我意识互动中我们必须提倡内在超越的价值取向。三组价值取向的正确自觉选择，必然彰显出人们求真、向善、爱美的自我意识和内在超越。[2] 这就是：

求真（自然科学技术）——人与自然关系的价值选择；

求善（社会政治经济）——人与社会关系的价值选择；

求美（人文艺术修养）——人与自己关系的价值选择。

处理好自己和自我的关系，一要珍爱自己，同时还要超越自己。人活在地球上，其实最重要的就是不断实现对自我的超越，才能把自己的注意力从

---

〔1〕 余英时：《从价值系统看中国文化的现代意义》，见何俊：《余英时学术思想文选》，上海古籍出版社，2010年。

〔2〕 余同元：《中国文化概要》（修订本），人民出版社，2011年。

外界的攀比收回内心，种好自己的心田。把自己当作一个主人，高楼住得，茅屋居得，寒也耐得，暑也熬得，表扬经得，批评听得，顺境处得，逆境受得。生活的大浪把你卷入高峰，你积极主动地活着；卷入低谷，还积极主动地尽自己的责任，内心就可立于不败之地。

五、做人的智慧以与人为善和识人之长为要

张先生时常告诫我们，与人相处，要谦和礼让，淡泊名利。他特别强调看人要先看别人的长处，处世要与人为善。只有宽阔的胸襟、博大的情怀，才能赢得友谊，增进团结。只有度量博大，才能解人之难，释人之谜，扬人之长，谅人之短，从而产生巨大的吸引力和感召力，使人乐于亲近。而胸襟偏狭者则往往因为嫉人之贤，妒人之能，讥人之短，扬人之过，无形中形成了一种排斥力，使人避而远之。

在做人的智慧方面，张先生对其家乡桐城先贤的理论和经验表示赞赏。记得 20 世纪 90 年代末，先生应山东大学出版社之邀到济南主持《中国古代史》（山东大学出版社 2000 年版，朱绍侯、张海鹏、齐涛主编）教材修订工作。我和陈长征（曾随先生读硕士研究生，现为山东工商学院教授）由烟台前去请教，谈到古人立身处世良方时，先生告诫《聪训斋语》有可读之处。后来捧读几遍，其中饮食起居，人情物理，处处娓娓道来，深入浅出，让人感到终身受益。明清时期，桐城张家曾极度煊赫。张英（1637—1708 年），字敦复，号乐圃，安徽桐城人。康熙六年（1667 年）进士，授编修，充日讲起居注官，旋入直南书房，升翰林学士，兼礼部侍郎衔，再官至文华殿大学士，兼礼部尚书。致仕后啸咏于林泉，卒谥文瑞，赠太子太傅。著有《易书衷论》《恒产琐言》《笃素堂文集》等著作。他为官则民生利病，四方水旱，知无不言；为人则低调和易，不爱显摆，唯好山林之乐。康熙皇帝评价他："张英始终谨慎，有古大臣风。"张英致仕后撰编《聪训斋语》，告诫子孙如何立身处世。关于此书的撰写原因，张英说："余久历世途，日在纷扰荣辱劳苦忧患之中，静念解脱之法，成此八章。自谓于人情物理，消息盈虚，略得其大意。"他教子有方，四个儿子皆考中进士，全都官居要职。尤其是次子张廷玉，雍正时官至保和殿大学士，并出任军机大臣，堪称权倾朝野的重臣。这里仅列《聪训斋语》大意如下：

1. 读书养性与山林之乐

张英在《聪训斋语》开头就谈到养心的问题。他说："人心惟危，道心惟微。"也就是说人的欲望之心是很危险的，约束的道德之心是很微小的。但是怎么来克制呢？他认为"人心至灵至动，不可过劳，亦不可过逸，惟读书可以养之。书卷乃养心第一妙物。""读书可以增长道心，为颐养第一事也。"他一生饱读诗书，心境异常澄澈。朱用纯谈到读书的重要性时说："子孙虽愚，经书不可不读。"也就是指无论任何人，读书都是第一要事，古人读书万卷，就会

心胸开阔，有君临天下的感觉，如此心性自然开朗。张英不仅强调读书养心，还提出通过读书以内省自律之法。他说："凡喜怒哀乐、劳苦恐惧之事，只以五官四肢应之，中间有方寸之地，常时空空洞洞，朗朗惺惺，决不令之入。"也就是说要在内心里设有城防，并将城门紧闭，不能让喜怒哀乐及劳苦恐惧入内。不过，"有时贼势甚锐，城门稍疏"，外来干扰混入其内。但他"即时觉察，便驱之出城外，牢闭城门"，使心地仍然宽绰洁净。他努力从内心修养自己，自觉地抵御外来的种种压力。他追求一种超然的人生状态，意在保持天真快乐的心情和健康长寿的身体。也就是说内在修行更重要，这才是养心的重点。

张英在《聪训斋语》中谈到，人们不仅要在世俗世界中保持一颗快乐仁慈的心，还要到自然山水中自得其乐，这样才能体验到世界的广大与美妙。张英说："人生不能无所适以寄其意，予无嗜好，惟酷好看山种树。""山居宜小楼，可以收揽群峰众壑之势，竹杪松梢更有奇趣。余拟于芙蓉岛南向，构一小楼，题曰'千崖万壑之楼'，大溪环抱，群峰耸峙，可谓快矣。筑小斋三楹曰'佳梦轩'。夫人生如梦，信矣。"从这些自然可以看出他行为的大气。

关于山林居住饮食，张英说："燔炙熬煎香甘肥腻之物，最悦口而不宜于肠胃。彼肥腻易于粘滞，积久则腹痛，气塞。寒暑偶侵则疾作矣。"要"食只八分饱，后饮六安苦茗一杯，若劳顿饥饿，归先饮一二杯，以开胸胃。""食忌多品一席之间，遍食水陆，浓淡杂进自然损脾，予谓或鸡鱼凫豚之类，只一二种饱食良为有益。"张英主张："人生于珍异之物绝不可好。"说名贵瓷器、古玩字画等，皆不可收藏；歌舞声伎及禽兽博弈之属，更不可好，因为这些都耗费钱财物力，容易惹气而遗后患，不可以训子孙。唯有山林之中，山水花木，差可自娱，而非人之所争。

2. 助人为乐以养生

养生不止包括这两个方面，还包括养情、养寿、养气等很多方面。快乐是最重要的养生方法。张英也教诲孩子以助人为乐，自己也以身作则，他把家人为自己做寿的钱拿来周济穷人，说："能做好事一两件，其乐逾于日享大烹之奉多矣。"这样的人心胸自然开阔。关于养寿，张英说："昔人论至寿之道有四：曰慈，曰俭，曰和，曰静。"他认为："人能慈心于物，不为一切害人之事，即一言有损于人，亦不轻发。推之，戒杀生以惜物命，慎剪伐以养天和。"即胸有吉祥和悦之气，灾害不侵，自然可以长寿。俭，不仅财用应当节俭，一切事都应当节俭。饮食节俭，可以养脾胃；嗜欲节俭，可以聚精神；言语节俭，可以养气息非；交游节俭，可以择友寡过；应酬节俭，可以养身息劳；夜坐节俭，可以安神舒体；饮酒节俭，可以清心养德；思虑节俭，可以减少烦恼。人常和悦，则心气自然而五脏安康。静有二义：身不过劳，心不轻动。这四条，对于养身，极为切实。为官之家大抵都有僮仆，张英主张："僮仆最不宜多，但有得力二三人训论有方，使令得宜，未尝不得兼人之用。"也就是说只要有几个得力僮仆就够了,很多仕宦之家都喜欢用很多的僮仆来壮大排场,张英认为:“太多则彼此相诿,恩养必不能周,教训亦不能及,反不得其力。”他让自家僮仆“自治生业”,以“省游手游食之弊,不至于冗食为非”。

3. 宽厚忍让以养德

张英《聪训斋语》总结说:“自古只闻忍与让,足以消无穷之灾悔;未闻忍与让,翻以酿后来之祸患也。”从而归纳出“欲行忍让之道,先须从小事做起”。“忍让”,并非只是口头上说说而已,而是言必信,行必果,说到做到,处处以身作则。如张英的老家因修筑围墙之事而与邻居互相争夺地界,发生了矛盾和纠纷,张英接读家信以后,主张自动放让,于是赋诗代信,劝说家人主动让出地界。他在诗中写道:“千里修书只为墙,让他三尺又何妨?长城万里今犹在,不见当年秦始皇。”张英的名字也和这“六尺巷”佳话一起为人们世代传诵。从心理方面告诫人们说:“人有喜庆,不可生嫉妒心;人有祸患,不可生欣幸心。善欲人见,不是真善;恶恐人知,便是大恶。”这种待人宽宏大量,遇事忍让,舍得吃小亏,绝不占他人便宜的人,能够赢得群众支持,人际关系自然和谐融洽。这样,既可保证事业取得成功,又可促进本人的身心健康,故曰:“终身失便宜,终身得便宜也。”

张英《聪训斋语》还谈到要慎愤怒、慎寒暑、养护元气,等等。这些良好的做人经验和方法,值得我们进一步总结和借鉴,这也许是张先生推荐阅读张英《聪训斋语》的用意所在。

六、自强不息端在自奉俭约和淡泊明志

在讨论刘宗周的历史评价时,张先生特别强调刘宗周为官“刚正不阿”和为人“自奉俭约”的精神值得总结。“俭约”和“奢逸”,“退让”与“争强”,这是两种截然不同的处世态度,其结果也是迥然相异的。孔子曰:“奢则不孙,俭则固。与其不孙,宁固。”对自己过于奢侈珍爱,往往会失去生命活力,使人不思振作和进取。《荀子·非十二子》:“上功用,大俭约而僈差等。”《后汉书·郎顗传》:“夫救奢必于俭约,拯薄无若敦厚。”杜甫《送卢十四弟侍御护韦尚书灵榇归上都》诗:“俭约前王体,风流后代希。”罗大经《鹤林玉露》卷十一:“奢则妄取苟求,志气卑辱,一从俭约,则于人无求,于己无愧,是可以养气也。”自奉上的“减几分”和处事上的“退一步”,同成事上的“增几分”“进一步”是密切相关的。《菜根谭》中说:“人生减省一分,便超脱一分。”这种超脱,不仅会带来许多精神上的愉悦,而且会赢得事业上的进取和成功。

先生自幼生活清贫,即使后来生活条件好了,他仍然反对奢侈,不但自己谨守俭约,而且以此要求家人、子女和学生奉行不易。他特别注重防微杜渐,不看重物质享受上的满足,而是把注意力放在自我修养的完善和精神世界的充实上。在教育年轻人如何养成朴素习惯上,他特别推崇先贤诸葛亮、司马

光和吕坤等人。诸葛亮的《诫子书》曰:“夫君子之行,静以修身,俭以养德。非淡泊无以明志,非宁静无以致远。夫学须静也,才须学也,非学无以广才,非志无以成学。慆慢则不能研精,险躁则不能理性。年与时驰,意与岁去,遂成枯落,多不接世。悲叹穷庐,将复何及。”司马光的《训俭示康》即教子俭约,列举了许多前贤的真知灼见和正反两方面的例子,来教诲儿子。司马光不仅有言传,而且还有身教。在他的影响下,其子司马康在生活上秉承美德,自甘素俭,终能守父之成。吕坤就在他写的《续小儿语》中主张:“待人要丰,自奉要约,责己要厚,责人要薄。”

先生在做人态度方面的谦虚谨慎和温良宽厚,在学术研究上的认真执着和勤奋严谨,无不为弟子们树立了光辉的榜样。记得先生在担任大学校长的那些年头(约 1985—1994 年),既要处理诸多的政务,又要承担重要的研究课题,还要指导研究生学习,真是千头万绪,一片繁忙。但先生总是夜以继日地工作,将一切事情都处理得有条不紊,将拥有数千名学生的一所大学领导得蒸蒸日上,真正显示了做人与做学问的统一,立言与立身两成的大家风范。在《师门辱教记》中,罗尔纲对其师胡适评价曰:“我还不曾见过如此的一个厚德君子之风,抱热诚以鼓舞人,怀谦虚以礼下人,存慈爱以体恤人;使我置身其中,感觉到一种奋发的、淳厚的有如融融的春日般的安慰。”将这段话加到恩师海鹏先生头上似不为过。

总而言之,什么是人生的价值和意义?人应该怎样生活?路应该怎样走?对这一系列问题的不同回答构成了不同的人生观。在这方面,恩师张海鹏先生融古今中外为一体,从言传与身教两大方面给我们阐明并展示了人生的价值和意义。总结其特点如下:

第一,张先生的做人风范显示了安徽师范大学老一辈人文学者群体的人格魅力。安徽师范大学是安徽建校最早的高等学府,自 1928 年创立以来,历经省立安徽大学、省立安徽学院、国立安徽大学、安徽师范学院、皖南大学、安徽工农大学、安徽师范大学等历史时期,姚永朴、刘文典、周予同、吕思勉、宛敏灏、张涤华等著名文史学家曾在此任教。历史专业经历了文史、史地、历史等科系的发展,至今已有 80 多年的办学历史,是安徽高校办学历史最悠久的学科之一,师生纯朴,学风优良。由新中国成立前和文革前教学过来的安徽师范大学历史系教授很多,且多有大家风范,就我所闻和所就教者,如陈鹏教授、陈正飞教授、光仁洪教授、胡殿咸教授、陈怀荃教授、苏诚鉴教授、万绳楠教授、叶孟明教授、王廷元教授、杨国宜教授、夏子贤教授,汪宏玉教授、杨邦兴教授、张绍叔教授、陶秀教授、杜拯民教授、管敬绪教授,等等,都是身怀理想,道德文章俱佳的史学家。“君子谋道不谋食,君子忧道不忧贫。”他们生活清贫但忧道忧民,以传道授业解惑来实现学术传承和文化不朽的使命。或云身体的不朽靠传宗接代,宗教的不朽寄托于天国和来世,中国知识人传统的不朽追求，就是在这人间寻找人生意义，创造人生价值，实现文化和文明的持续传承。宋代张载有名的“四句教”概括了中国人的人生哲学：“为天地立心，为生民立命，为往圣继绝学，为万世开太平。”这个“四句教”寄托着国人的人生理想和“生命中心论”的信仰。这种不朽精神的历史传承，充分体现在安徽师范大学历史系老一辈学者的教育教学理念之中，张先生是这些老一辈学者的代表人物，其道德文章亦是渊源有自。

第二，张先生的做人方法显示了学用结合与知行合一的事功内涵。人格修养的发展过程，总是内在地指向知与行和言与行的统一。言行一致、知行统一，是中国文化所反复强调的不二途径。在张先生那里，道德就是实践“做人”的学问。以“修身、养性、齐家、治国、平天下”为主导价值观的传统伦理思想和强烈的处世态度决定了实践在道德中举足轻重的地位，通过行动践行人伦关系的要求乃是道德的最高境界，人格的磨炼最终落实在人生或现实生活中。所以，中国历代圣贤都因其在人生道路上体现了至高无上的仁德，或在行动上创造了丰功伟绩才成贤入圣。其实，道德根本上是实践的。在西方，道德哲学或伦理学就是“实践哲学”。如西方伦理思想史上占统治地位的“规范伦理学”，以研究道德与人的现实生活，与人生、个人需要、礼仪、幸福的关系为基本特征，以确定道德准则、道德原则为基本宗旨。亚里士多德的伦理学就是根据实践来定性的，他认为伦理学这门科学的目的，不是知识而是实践。

第三，张先生的做人成功是知识人高度文化自觉的结果，显示了中国传统人文精神及人格修养方法的辉煌博大。任何时代的社会文明若要持续发展，都不可能没有价值系统的支持。即使在这所谓虚无空虚的时代，人们心里依然有许许多多的价值追求与理性信念。传统社会的现代转型，终结于现代社会核心价值的建立，它既是一种文化的继承创新与温故知新，又是一种文明的返本开新与推陈出新，更是一种持续不断的人性觉醒，简称为“文化自觉”。文化自觉首先是自觉地对以下三组关系中根本价值的正确选择与理性认定：

一是人与自然之间的关系——天人合一或天人相分的文化自觉；

二是人与社会之间的关系——道德诚信与钱权名利的文化自觉；

三是人与自我之间的关系——内在超越与外在超越的文化自觉。

知识人的学术传承与文化创新，必须自觉地展开生命活动中蕴含的这三种主要关系的价值选择和社会实践(即价值观念对象化)。[1] 中国传统价值观有着绵延不绝的生命力，诸如：自强不息的进取精神，凛然大义的气节情

---

〔1〕 余同元：《知识人怎样文化自觉》，《传统文化研究》，群言出版社，2011年。

操，民贵君轻的民本意识，求是务实的现实态度，趋善慎独的思想境界，谦和礼让的道德风貌，等等。自觉继承这些优良传统，是建设新时代新人格的基石。在此基础上，坚持自己的文化理想，吸收西方优秀文化成果，才能焕发文化创造的活力。张海鹏先生的做人思想与风范，处处闪耀着文化自觉的光芒。

2011 年 8 月 18 日初稿，2011 年 11 月 1 日再稿

附录三　本书作者主要论著目录

（截至 2012 年）

一、专著

1.《历史争议人物张献忠》,台湾文津出版社,1994 年。

2.《王朝鼎革与英雄悲歌》,河北大学出版社,1999 年。

3.《崇祯十七年》,台湾老古文化出版社、香港经世书库 2002 年 10 月同时出版,人民出版社东方出版中心 2006 年再版。

4.《传统工匠现代转型研究——以明清江南工匠技术转型与角色转换为中心》,天津古籍出版社,2012 年。

5.《关东鲁商》,齐鲁书社,2008 年,第一作者(与王来刚合著)。

6.《中国文化概要》,人民出版社,2008 年初版,2011 年修订再版,主编并撰写约十万字。

7.《清朝通史·光绪宣统卷》,紫禁城出版社,2003 年,主编并撰写十几万字。

8.《影响中国历史进程的一百次战争》,北京师范大学出版社,1993 年,第一主编并撰写 20 万字。

9.《万里江山千年大战》,台湾派色文化出版社,1995 年,第一作者。

10.《枪杆子出政权》,台湾派色文化出版社,1995 年,第一作者。

11.《历史典籍中的苏州菜》,天津古籍出版社,2012 年,第一作者(与何伟合著)。

12.《中国圣贤·戚继光传、黄宗羲传》,山东人民出版社,2005 年。

13.《中国历代皇后全传》,山东教育出版社,1993 年。撰写其中 13 位皇后人物传记:李存勖皇后刘玉娘评传,李嗣源皇后曹氏传,李从珂皇后刘氏传,石敬瑭皇后李氏传,刘知远皇后李氏传,王建妃徐氏传,孟昶妃徐氏传,朱元璋皇后马氏传,朱厚熜皇后陈氏传,朱厚熜皇后张氏传,朱厚熜皇后方氏传,朱载垕皇后陈氏传,朱载垕皇妃李氏传等。

14.《南怀瑾谈心兵难防》,台湾微阁文化事业有限公司,2003 年,第一编辑。

15.《世界各国事变大史典》,安徽人民出版社,2003 年,参撰 5 万字。

16.《清史图典》(共十二册),紫禁城出版社,2002 年,任编委并参编光绪宣统册。

17.《中国历史大事典》,山东大学出版社,2000 年,撰写明清部分 5 万字。

18.《四库大辞典》,吉林大学出版社,1996 年,撰写史部传记类约 6 万字。

19.《梦里梦外探红楼》,白山出版社,2010 年,编委。

20.《影响世界历史的重要人物系列丛书》(共五本),群众出版社,1996 年,编委。

21.《传统文化研究》,副主编,第 15—22 辑,群言出版社连续出版。

二、论文

1.《城濮之战辨析》,《烟台师范学院学报》1987 年第 1 期。

2.《明代九边述论》,《安徽师范大学学报》1989 年第 3 期;中国人民大学复印报刊资料《中国地理》1989 年第 10 期全文转载。

3.《洪武年间杰出知府陈灌方克勤》,河南人民出版社 1989 年版《廉吏传》。

4.《五起五落不易志的刘宗周》,河南人民出版社 1989 年版《廉吏传》。

5.《明代长城文化带的形成与演变》,《烟台大学学报》1990 年第 3 期;中国人民大学报刊复印资料《明清史》1990 年第 8 期全文转载。

6.《评〈汉唐和亲研究〉》,《祁连学刊》1990 年第 4 期。

7.《建国兴邦的代善和莽古尔泰》,河南人民出版社 1991 年版《皇子传》。

8.《明太祖北部边防政策与明代九边形成》,《烟台师范学院学报》1991 年第 1 期。

9.《评〈汉唐和亲史稿〉》,《民俗研究》1993 年第 3 期。

10.《明代后期长城沿线的民族贸易市场》,《历史研究》1995 年第 5 期,1997 年获山东省哲学社会科学优秀科研成果二等奖。

11.《出新意于法度之中》,《南京师范大学学报》1995 年教材建设研究专辑。

12.《中国历史上气候变迁的时空差异性及其影响》,《安徽教育学院学报》1996 年第 3 期;中国人民大学报刊复印资料《中国地理》1996 年 11 期全文转载。

13.《教学与科研相结合、加强历史学专业建设》,时事出版社 1996 年版《教学成果探索与建设论文集》,1997 年获山东省优秀教学研究成果二等奖。

14. 德怀特·艾森豪威尔,群众出版社 1996 年版《军旅勋臣》,用“余元子”笔名发表。

15. Trade Between Ethnic Communities in Market Towns Along the Great Wall During the Late Ming Period. Social Sciences In China. Vol. XVlII, No. 4, Winter 1997, Page 145—153;独著,《中国社会科学》英文版 1997 年 4 期第 145—153 页。

16.《明代马市市场的设置与分布》,提交1995年凤阳第六届明史国际学术讨论会交流讨论,收入黄山书社1997年版《第六届明史国际学术讨论会论文集》。

17.《嘉靖时期山东吏治与巡抚洪芳洲的吏治举措》,《烟台师范学院学报》1997年第3期。

18.《重新塑造中国文化精神》,《中国文化研究》1997年第3期。

19.《中国历史上游牧人口的南移与西迁》,收入齐鲁书社1998年版《移民史论集》,刊于《人口学刊》1997年2期(笔名"余元子")

20.《究天人之际、通古今之变》,《安徽日报》1997年11月10日理论版。

21. 高校历史题库的命题程序和方法刍议,原刊于《高师教育研究》,《安徽教育学院学报》1997年第2期再刊;用笔名"余元子"发表。

22.《明代马市市场考》,《民族研究》1998年第1期,被美国柯尔比科学文化中心选为优秀科学论文。

23.《洪朝选巡抚山东述论》,《洪芳洲研究论文集》台湾1998年出版。

24.《山东半岛胡姓人口的迁移与分布》,齐鲁书社1998年版《移民史论集》。

25.《评〈富甲一方的徽商〉》,《安徽日报》1998年4月24日理论版。

26.《明代衡王府庄田》,《烟台大学学报》1999年第3期。

27.《论中国历史上农牧民族的二元一体化》,《烟台大学学报》1999年第3期,《新华文摘》1999年第10期摘要介绍。

28.《中国传统农业与农民问题研究》,《中国通史教程·专题篇》,山东大学出版社,1999年。

29.《什么是五四精神:论胡适对五四精神的阐释》,《烟台师范学院报》1999年5月20日。

30.《纪念澳门回归的历史丰碑》,《烟台师范学院学报》2000年第3期。

31.《努尔哈赤评传》,山东教育出版社2000年版《世界著名将帅传》。

32.《明代商人与商帮》,湖南人民出版社2001年版《第八届明史国际学术讨论会论文集》,第一作者。

33.《论〈社会政策与法规〉的学科属性及其教学大纲的制订》,《苏州大学学报》2001年教学专辑。

34.《明初抑商到便商政策下的商人与商业》,《烟台师范学院学报》2002年第3期。

35.《走向跨学科的历史社会学》,《苏州大学学报》2002年第1期。

36.《 醍醐海阔、德性山高》,日本《明代史研究》2002年第30号。

37.《回应〈兵法社会与兵法文化〉》,《东方文化》2002年第6期专题座谈。

38.《为母亲河树碑立传》,《中国新闻出版报》2002年6月26日。

39.《评〈明清江南望族与社会经济文化〉》,《上海师范大学学报》2002年第 4 期。

40.《徽学研究的开拓与创新》,《安徽史学》2003 年第 3 期。

41.《在自然人化与人化自然中诠释黄河》,《广西师范大学学报》2003 年第 2 期,第一作者。

42.《江南望族史研究的开拓与创新》,日本《明代史研究》2003 年第 31 号。

43.《侯方域献缴抚十议》,《传统文化研究》2003 年第 11 辑。

44.《明末清初的社会震荡与文化变奏》,《第九届明史国际学术讨论会论文集》,厦门大学出版社,2003 年。

45.《儒家读经教育及其现代意义》,《儒学与全球化》,齐鲁书社,2004 年。

46.《明后期治河政策中重民生与重陵运的价值冲突》,《第十届明史国际学术讨论会论文集》,南京大学出版社,2005 年。

47.《清末历史发展中的时代共性与民族个性》,《传统文化研究》2004 年第 12 辑。

48.《GIS 与区域社会经济史研究》,《苏南社会结构变迁研究》,北京图书馆出版社,2004 年。

49.《传统工匠及其现代转型界说》,《史林》2005 年第 4 期,中国人民大学报刊复印资料《经济史》2005 年第 6 期全文转载。

50.《传统工匠的现代转型》,《光明日报》2005 年 7 月 20 日第 11 版。

51.《清代中原人口北移与农牧经济二元一体化发展》,《明清论丛》第 6 辑,紫禁城出版社,2005 年,第一作者。

52.《晚清边疆与内地一体化发展的途径和标志——兼说“走西口”、“跑口外”与“闯关东”》,《西北民族研究》,天津古籍出版社,2005 年,第一作者。

53.《江南制造总局:跛足的先行者》,《21 世纪经济报道》2005 年 12 月 26 日第 35 版,第一作者。

54.《明清工匠除籍入仕与江南传统工匠现代转型》,《故宫博物院八十华诞暨清史国际研讨会论文集》,紫禁城出版社,2006 年。

55.《中国传统工业文献初步统计与明清江南工业著作的地域分布》,《明清时期江南社会史研究》,群言出版社,2006 年。

56.《中庸中和:和谐社会的哲学基础》,《传统文化研究》,群言出版社,2006 年,第一作者。

57.《黄老政治:文化立国的典范》,《文化立国求索》,香港人民出版社,2006 年。

58.《历史观发展与历史教学改革》,《中学历史教学研究》2006 年第 1 期。

59.《史学理论发展与历史教学改革》,《中学历史教学研究》2006 年第 3 期。

60.《史学方法革新与历史教学改革》,《中学历史教学研究》2006 年第 4 期。

61.《创新的江南人口社会史研究》,《中国社会经济史研究》2006 年第 3 期,第一作者。

62.《朱元璋研究的推陈出新》,《安徽师范大学学报》2006 年第 5 期,第一作者。

63.《中国传统工业行业分化与明清工匠职业分工的发展》,《第十一届明史国际学术讨论会论文集》,天津古籍出版社,2007 年。

64.《文化自觉与社会和谐发展——费孝通文化自觉理论及其意义诠释》,《传统文化研究》第 15 辑,群言出版社,2007 年。

65.《把科学研究引入教学实践、培养自主创新型史学研究人才》,《历史教学问题》2007 年第 4 期。

66.《中国民族政策史研究的开拓与创新》,《明史研究》第 10 辑,黄山书社,2007 年。

67.《明清江南早期工业化社会的形成与发展》,《史学月刊》2007 年 11 期,中国人民大学报刊复印资料《明清史》2008 年第 1 期全文转载。

68.《明清江南织布技术的理论化》,《故宫学刊》第 4 辑,紫禁城出版社,2009 年,第一作者。

69.《历史视野中的企业社会责任》,《现代苏州》2008 年第 3 期。

70.《苏州传统企业家如何履行社会责任》,《传统文化研究》第 16 辑,群言出版社,2008 年。

71.《明末清初到清末民初:江南产业技术理论化的差异性与关联性研究》,《明清论丛》,紫禁城出版社,2009 年。

72.《明清江南工业技术的文本化与理论化》,《张其凡教授荣开六秩纪念文集》,上海人民出版社,2009 年。

73.《江南市镇早期工业化中工业行业与职业团体之发展》,《安徽师范大学学报》2009 年第 2 期。

74.《天下安危系九边九边之首称辽东——明代辽东政治经济地位述论》,《第十二届明史国际学术讨论会论文集》,辽宁师范大学出版社,2009 年。

75.《"文化"及"中国文化"概念》,《传统文化研究》第 17 辑,群言出版社,2009 年。

76.《清代孝义文化的发展》,2009 年第十三届国际清史学术研讨会。

77.《明末清初到清末民初:关东鲁商的成长与分布》,2009 年提交复旦大学"清代地理国际学术研讨会"宣读,收入复旦大学历史地理研究所主编《清代地理国际学术研讨会论文集》出版。

78.《传统工匠现代转型及其历史意义》,《鲁东大学学报》2010 年第 5 期。

79.《多种视角看明史》,《文化学刊》2010 年第 5 期。

80.《评〈多维视野的大明帝国〉》,《中国史研究动态》2010 年第 5 期。

81.《由〈清史稿孝义传〉看清代孝义文化》,《明清论丛》第 10 辑,紫禁城出版社,2010 年。

82.《明清社会近代转型及转型障碍》,《江南大学学报》,2011 年第 5 期,《新华文摘》2012 年第 3 期摘要介绍。

83.《楚水漫漫吴波漾漾——由汉志三江沿革看皖南与长三角历史地理相关性》,《池州学院学报》2011 年第 2 期,收入邹逸麟主编:《明清以来长江三角洲地区城镇地理与环境研究》,商务印书馆,第 315—334 页。

84.《〈管子内政寄军令论〉读后》,《传统文化研究》第 18 辑,群言出版社,2011 年。

85.《嘉隆政局与高拱对西南边疆的治理》,《高拱明代政治及其他》2011 年第 4 期。

86.《明清社会近代转型及转型概述》,《第十三届明史国际学术讨论会论文集》,湖南人民出版社,2011 年。

87.《朱元璋故里情怀与凤阳帝乡情结》,《明太祖与凤阳》,黄山书社,2011 年。

88.《东林名将缪希雍堪舆思想述要》,《东林书院创建 900 周年论文集》,方志出版社,2011 年。

89.《关东鲁商之兴起与发展》,《鲁东大学学报》2011 年第 5 期。

90.《论日本儒学对先王之道的解读》,《学术界》2011 年第 12 期。

91.《三禁开放与明清东南社会近代转型研究》,收入吴松弟主编:《走入历史的深处——中国东南地域文化国际学术研讨会论文集》,上海人民出版社,2012 年。

92.《引人入胜的战争史新作》,《文汇报·读书周报》2011 年 11 月 18 日。

93.《刘伯温堪舆思想的景观生态学诠释》,《明史研究》2012 年第 2 辑。

94.《明清宫廷与江南历史文化互动研究》,《故宫学范畴学术研讨会论文集》,紫禁城出版社,2012 年。

95.《中国出版史研究的开拓与创新》,《编辑之友》2012 年第 10 期。

96.《做学问先学做人——张海鹏先生门下辱教记》,《张海鹏先生诞辰 80 周年暨徽学国际学术研讨会论文集》,安徽教育出版社,2012 年。

97.《清代〈匠作则例〉技术标准化及其经济效应》,《明清论丛》第 13 辑,紫禁城出版社,2012 年。

98.《知识人怎样文化自觉》,《传统文化研究》2011 年第 19 辑,《文略》2013 年全文转刊。

99.《明清出版业近代转型研究》,《历史档案》2012 年第 4 期。

100.《明月清风醉江南》,《中华读书报》2012 年 2 月 26 日。

后 记

文化大革命结束后，本人有幸于1979年考入安徽师范大学历史系读书，学士论文选题就是《试论明清经济变迁与社会转型》，指导老师有张海鹏、王廷元、夏子贤等教授。当时之所以研究这个问题，与张海鹏老师明清史专题讲座和王廷元老师明清资本主义萌芽问题讲授有关，也得益于美籍华裔学者唐德刚先生在安徽师大的学术讲座。20世纪80年代初，中国改革开放刚刚拉开序幕，1981年学校即请来美国教授讲课，讲述传统中国如何现代转型，中国如何走出中世纪，如何实现现代化。蒙童如我，新鲜好奇，懵懂初开，如获至宝。2005年跟随张海鹏先生攻读硕士研究生，研究方向还是明清社会经济史，到现在算起来已经30多年。其间蒙张海鹏先生指点最多，所以特选取两篇纪念张先生旧文附于书后，以不忘恩师教导，同时也算是对自己学习研究明清社会经济史的一点回顾。30多年流浪辗转，教书糊口，始终以讲授明清经济、地理、社会和文化为主，特别是围绕着社会现代化的追求，于明清社会现代转型问题念念不忘，直到后来在复旦大学攻读博士研究生，还是以此作为研究对象。本着教学与科研相结合的原则，平时教学之余，也以研究明清社会经济史及明清历史、地理相关问题为主，发表了研究论著百余篇部，与当年同学及学界同行比起来，成果实在是少得可怜，水平也很有限，所以一直不敢结集献丑。这次选集出版也是一拖再拖，在苏州大学社会学院王卫平教授、王玉贵教授及苏州大学出版社盛莉编辑等一再催促下，才勉强交稿。书中《晚清边疆与内地一体化发展的途径和标志》《明清江南织布技术的理论化》《清代技术经济史发微》等三篇论文属于合作完成，第二作者分别是曾经随我在苏州大学专门史专业攻读研究生的王来刚、黄康健和何伟，在此特别声明。另外，苏州大学研究生史献浩、程宇铮、陈伟、王大文、霍聃、吴洋飞等同学帮助搜集编辑《本书作者主要论著目录(截至2012年)》并校对文稿，在此表示衷心感谢！

余同元
2015年7月30日
于苏州古城南采莲巷8号